소비자 중시의 시장경제론

. . . . 이종인

Consumer-Oriented Market Economy

박영사

머리말

경제원론에서 익혔듯이 시장경제의 주체는 기업, 가계, 정부, 그리고 외국이다. 여기서 기업은 생산활동의 주체이고 가계는 소비활동의 주체인 '소비자'를 대표하는 최소 단위이다. 독자는 기업과 가계(소비자) 중 누가 시장의 주도권을 갖고 있다고 믿고 있는가?

소비자와 기업의 상호관계에서 최종적인 의사결정의 힘은 소비자에게 있다. 소비자가 선호하는 상품은 판매가 늘어나지만 선택해주지 않는 기업의 상품은 시장에서 퇴출당하기 십상이다. 자유시장경제에서 소비자가 행사하는 지배적 역할을 의미하는 이른바 소비자주권(consumer sovereignty)이 인정되는 것이다. 그럼에도 불구하고 시장에서는 여전히 생산자의 힘이 우세하며 관련된 정책들에서도 소비자의 시선(視線)이 홀대받는 경우가 적지 않다. 시중에 나와 있는 많은 경제학 서적에서도 이러한 소비자의 의사결정의 힘을 그다지 강조하지 않는다.

이러한 배경에서 저자는 수년 전부터 '소비자를 중시(重視)하는 시장경제'에 포커스를 둔 전문성과 교양을 겸비한 책의 집필을 구상해왔다. 일전에 두 분의 전문가와 의기투합하여 '소비자와 글로벌마켓 중심의 시장경제' 제하의 책을 출간한 적이 있었지만, 여러 사정으로 이러한 집필 의도를 충분히 반영할 수 없었는데, 박영사의 배려로 저자의 초심에 오롯이 맞춘 이 책의 출간을 진행할 수 있었다. 그리하여 지난 이태 동안, 한국소비자원 정책연구실에서 체득한 소비자 관련 실무 경험과 여의도연구원에서의 국민생활정책 개발 노하우를 전공인 경제학과 법경제학(law and economics) 이론에 접목하는 시도를 반복해왔고, 2020년 정초에 결실을 맺게 되었다.

저자는 이 책을 기획하면서 다음과 같은 몇 가지 집필 방향을 염두에 두었다. 첫째, 기존의 소비경제학이나 시장 환경, 그리고 소비자정책에 관련된 저서들과는 차별화하여 경제학을 포함한 기초적 사회과학 이론에 바탕을 두되 시장에서 빈번하게 제기되는 소비자문제들을 중점적으로 조명하려 했다. 둘째, 여러 교재들에서 볼 수 있는 소비자정보를 망라하는 백과사전식 체제 내지 형태는 지양하고자 했으며, 셋째, 가급적 한 학기 강의용으로도 활용할 수 있도록 전체를 14개의 장으로 구성하고자 했다. 마지막으로, 소비자문제와 시장경제, 그리고 관련 정책에 관심 있는 일반 독자에게도 유용한 다양한 정보를 가급적 많이 제시하고자 했다. 각 장의 주제에 관련된 흥미로운 뉴스나 참고할 만한 <읽을거리>와 사례 조사 등을 추가하고, 각 장 말미에는 참고문헌을 두어 관련 내용을 독자 스스로 참고해볼 수 있게 배려하였다.

　　이 책의 출간은 여러 분들의 도움이 있었기에 가능했다. 특히 다양한 아이디어로 책의 내용을 업그레이드할 수 있게 해준 건국대학교 소비자 정보학과 학생들과, 이 책의 전체 내용을 읽고 교정의 일을 충실히 해준 아내 김지영 권사와 산뜻한 표지 디자인으로 책에 생기를 더한 막내 이혜리 애니메이터에게 고마움을 전한다. 덧붙여, 어려운 출판 여건에서도 소비자와 경제문제 전문서의 학술적 가치에 비중을 두어 선뜻 출간을 결정해준 박영사의 안종만 대표와 편집부원 여러분께 감사드린다.

　　이 책을 집필하면서 소비자와 시장경제에 관련된 이론적 토대를 여러 경제현상에 맞게 설명하고 또 다양한 응용을 통해 독자들의 이해를 돕고자 노력했으나 막상 출간을 앞두고 보니 부족한 부분이 한두 곳이 아니다. 저자의 능력 부족 탓이며 미흡한 부분은 다음 기회에 보완해나갈 것을 약속드린다. 이 책에 대한 독자 여러분의 건설적인 지적과 비평을 바란다.

2020년 1월 25일(庚子年 正初)

저자 이종인 씀

차례

1부
소비자 중시의 경제구조

01장 시장경제체제와 소비자문제 ···································· 5

1. 시장경제에서의 소비자문제의 본질 ·························· 6
   1) 시장경제체제 ··· 6
   2) 시장경제에서의 소비자의 위치 ·························· 7
   3) 소비자문제의 본질 ······································· 8

2. 소비자문제의 발생 원인과 해법 ····························· 9
   1) 소비자문제의 원인 ······································· 9
   2) 소비자문제의 해법 ······································· 13

3. 소비자의 권리와 책임 ····································· 14
   1) 소비자의 기본적 권리 ···································· 14
   2) 소비자의 책임 ··· 16

02장 사회과학의 핵심 개념과 소비자 행동 ···················· 20

1. 합리성 ··· 21
   1) 합리적 소비자 ··· 21
   2) 인간의 비합리성 문제 ···································· 23

2. 최적화와 균형 ·· 24
   1) 최적화와 소비자의 효용 극대화 ························· 24
   2) 시장균형과 일반균형이론 ································ 25

3. 효율성과 형평성 ·· 28

   1) 파레토효율성과 칼도-힉스효율성 ························· 28

   2) 형평성 ··· 30

   3) 효율성과 형평성 간의 선택 ······························· 31

4. 탄력성 ·· 33

   1) 탄력성: 반응의 지표 ····································· 33

   2) 수요의 탄력성 ··· 33

   3) 여타 탄력성 개념 ·· 35

5. 기회비용 ·· 36

   1) 감추어진 비용 ··· 36

   2) 소비에 있어서의 비교우위 ······························· 36

2부

소비자중심의 경제학의 기초

03장 경제학 이론 체계에서의 소비자와 소비(자)경제학 ·············· 43

1. 소비 의사결정 이론 ··· 43

   1) 소비의 결정: 소득-소비가설 ···························· 43

   2) 소비자 의사결정의 문제 ································· 47

2. 불완전 정보와 소비자 행동 ······························· 51

   1) 경제학적 시각에서의 소비자문제 ······················ 51

   2) 불완전 정보와 소비자 행동 ···························· 52

차례

3. 경제학 이론 구조에서의 소비자의 자리매김 ·············· 57
    1) 미시경제학에서의 소비자이론 ························· 57
    2) 소비(자)경제학 ······································· 58

04장 시장에서의 가계와 기업의 행동 ······················ 62

1. 가계의 행동 ··· 63
    1) 소비자의 선호 변화와 수요 ························· 63
    2) 효용함수와 효용 극대화 행동 ······················ 65
    3) 경제적 최적해 '한계비용=한계편익' ·················· 67
    4) 소비자 수요와 수요의 가격탄력성 ··················· 68

2. 기업의 행동 ··· 72
    1) 기업의 이윤 극대화 행동 ·························· 72
    2) 단기적 행동과 장기적 행동 ························· 74

05장 시장 기능의 한계와 소비자후생 ···················· 77

1. 보이지 않는 손 ······································ 78
    1) 경제학적 관점에서의 소비자문제의 원인 ··············· 78
    2) 경쟁시장에서의 균형 ····························· 80
    3) 독·과점시장에서의 균형과 불공정거래 가능성 ··········· 81
    4) 시장 균형분석 사례: 주택임대차 시장 ················ 86

2. 시장경제의 한계와 소비자 선택의 제약 ················· 87
    1) 시장실패 ······································· 88
    2) 정부의 역할과 정부실패 ··························· 94

3. 소비자와 후생 ······································· 98
    1) 후생과 후생경제학 ······························ 98
    2) 소비자잉여와 생산자잉여 ·························· 99

　　3) 사회적 후생 ……………………………………………… 100

06장　거시경제 · 개방경제와 소비자 ………………………… 103

　1. 거시적 시장균형 ……………………………………………… 103
　　1) 거시경제와 소비자의 위치 ……………………………… 103
　　2) 국민소득과 생계비 측정 지표 ………………………… 107

　2. 실업 · 인플레이션의 소비생활에의 영향 ……………… 114
　　1) 실업과 소비자 …………………………………………… 115
　　2) 인플레이션과 소비자의 실질소득 …………………… 117

　3. 정부의 거시정책과 소비자후생 ………………………… 120
　　1) 재정정책 …………………………………………………… 120
　　2) 통화정책 …………………………………………………… 123

　4. 개방경제와 소비자의 이익 ……………………………… 125
　　1) 국제무역 …………………………………………………… 125
　　2) 환율 ………………………………………………………… 128
　　3) 개방적 무역정책과 소비자 이익 ……………………… 130

차례

3부
소비자경제와 소비자문제

07장 안전한 소비생활 ··· 137

1. 소비자안전의 중요성과 안전성 확보 수단 ····························· 138
   1) 소비자안전의 경제학 ·· 138
   2) 안전성 확보 수단 ·· 140

2. 식생활 안전 ··· 144
   1) 먹거리 안전의 중요성 ··· 144
   2) 유전자변형식품(GMO)과 표시의 적정성 ························ 146
   3) 농산물 안전관리 제도 ··· 151

3. 결함제품 리콜의 소비자경제학 ··· 154
   1) 리콜제도의 의의와 리콜 현황 ······································ 154
   2) 리콜의 법·제도적 성격과 절차 ··································· 157
   3) 외국의 결함 보상제도 ·· 161
   4) 리콜의 사회적 비용과 소비자문제 ································ 162

4. 제조물책임과 소비자안전 ··· 165
   1) 제조물책임의 경제적 의의 ··· 165
   2) 제조물책임의 내용 ·· 168
   3) 제조물책임이 소비자안전에 미치는 효과 ························ 169
   4) 제조물책임에 대한 징벌배상 ·· 172

08장   신용사회와 소비자금융 생활 ···················· 177

1. 소비자신용과 소비자금융 ···························· 177
   1) 소비자신용 및 소비자금융의 의미 ················ 177
   2) 소비자신용의 종류 및 특성 ······················ 178
   3) 소비자신용의 장단점 ···························· 180

2. 신용관리의 중요성과 신용회복지원제도 ·············· 181
   1) 소비자 신용관리의 중요성 ······················ 181
   2) 효과적인 소비자 신용관리 ······················ 184
   3) 소비자 신용회복지원제도 ······················ 185

3. 신용카드 이용과 합리적 소비 ······················ 188
   1) 보편화된 플라스틱 머니와 모바일 머니 ·········· 189
   2) 신용카드 소비자문제와 해법 ···················· 190

4. 서민금융과 소비자 ································ 195
   1) 서민금융의 의의와 금융소외 ···················· 195
   2) 서민금융 소비자보호 제도 ······················ 198
   3) 금융소비자 보호 방안 ·························· 202

09장   환경문제와 소비자 ·························· 206

1. 환경과 환경문제 ································ 207
   1) 환경 중시의 소비생활 ·························· 207
   2) 환경문제 발생의 원인 ·························· 210
   3) 범지구적 환경문제 ···························· 213

2. 환경문제의 특성과 소비자문제 ···················· 215
   1) 다수 피해자 문제와 집단소송, 보상불능 ·········· 215
   2) 인과관계 증명의 어려움과 공동 책임 ············ 217
   3) 피해의 잠재성과 장기성 및 시효 ················ 219

차례

3. 환경문제의 경제적 해결 ································ 221

1) 환경 규제의 당위성 ···························· 221

2) 경제적 규제 수단 ····························· 223

3) 소유권 확립을 통한 해결 ····················· 225

4) 지속가능한 경제와 녹색성장 ·················· 227

10장 소비자거래의 법경제학 ························ 231

1. 전통적 거래이론과 소비자계약 ··················· 232

1) 거래 계약 강제의 2가지 기본적 문제 ··········· 232

2) 장기 거래 계약에서의 평판 효과 ··············· 234

3) 소비자계약 ································· 236

2. 거래약관과 약관의 규제 ························· 239

1) 약관에 의존하는 소비자거래 ················· 239

2) 약관에 대한 규제 ························· 241

3. 할부거래 및 특수거래와 소비자 ·················· 245

1) 편리하지만 위험한 할부거래 ················· 245

2) 방문판매 등 특수거래와 소비자 보호 ··········· 247

4. 표시 · 광고 규제와 소비자보호 ··················· 256

1) 부당한 표시 · 광고의 규제 ··················· 256

2) 온라인광고와 소비자문제 ··················· 260

11장 **전자상거래의 확산과 소비자보호** ···································· 267

1. 전자상거래의 유형과 특성 및 소비자문제 ···················· 268
   1) 전자상거래의 일반적 유형과 특성 ························· 268
   2) 전자상거래 소비자문제 ···································· 275
   3) 전자상거래 소비자문제의 해결 방향 ···················· 276

2. 글로벌 전자상거래와 소비자문제 ······························ 279
   1) 해외직구 · 역직구 형태의 전자상거래의 확산 ············ 279
   2) 글로벌 전자상거래 소비자문제 ··························· 283

3. 글로벌 전자상거래 소비자 분쟁의 해결 ···················· 286
   1) 글로벌 전자상거래 여건과 소비자 분쟁 ·················· 286
   2) 관련법과 제도 ··· 287
   3) 선진국 · 국제기구의 정책 ·································· 290

12장 **소비자 불만과 분쟁의 해결** ·································· 293

1. 소비자 불만 및 분쟁의 전형 ································ 294
   1) 소비자 불만 · 피해 현황 ································· 294
   2) 소비자 분쟁의 전형 ······································ 296

2. 소비자 분쟁의 해결: 소비자 ADR ··························· 299
   1) 소비자 상담 ·· 299
   2) 소비자 피해의 구제 ······································ 300
   3) 소비자 분쟁의 조정 ······································ 301

3. 글로벌 ADR과 소비자 분쟁의 해소 ························· 303
   1) 글로벌 ADR ··· 303
   2) 국제 상거래에서의 소비자 분쟁의 해소 ················· 304

차례

4. 소비자 분쟁 해결의 제도적 진전 ·················· 307

   1) 집단분쟁조정제도 ····························· 308

   2) 소비자단체소송제도 ··························· 310

4부

시장경제와 소비자정책의 지향

13장   **한강의 기적과 소비자정책의 연혁** ·················· 317

1. 경제발전 과정과 소비자문제의 태동 ·················· 318

   1) 경이로운 경제발전 과정 ······················· 318

   2) 소비자문제의 발생과 소비자정책의 태동 ·············· 321

2. 소비자정책의 연혁 ·························· 323

   1) 태동기(1960~1970년대) ······················ 325

   2) 형성기(1980년대) ·························· 326

   3) 정착기(1990년대) ·························· 327

   4) 성숙기(2000년대) ·························· 327

   5) 전환기(2010년대) ·························· 328

14장   **소비자정책의 현재와 미래** ···················· 331

1. 소비자정책의 현주소 ························· 332

   1) 소비자정책의 비전과 목표, 추진 실적 평가 ············· 332

   2) 소비자정책의 추진 체계 ······················· 334

2. 글로벌 소비자정책의 현재와 전망 ·· 339

  1) 주요 선진국의 소비자정책 ·· 340

  2) 우리나라 소비자정책에의 시사 ··· 349

  3) 소비자정책의 국가 · 지역 간 협력 ······································ 353

3. 소비자정책의 미래상(象) ·· 358

  1) 소비자정책 추진 체계의 개선 ·· 358

  2) 소비자정책 중점 추진 분야 ·· 359

찾아보기 ··· 365

읽을거리 차례

읽을거리 1.1   시장실패와 외부효과 ······························ 12

읽을거리 1.2   보이스피싱 피해를 예방하려면 ······················ 17

읽을거리 2.1   합리적 인간(the reasonable man) ················· 23

읽을거리 2.2   3불 정책과 효율성과 형평성 간의 선택 ··········· 32

읽을거리 2.3   서비스와 기회비용 ···························· 37

읽을거리 3.1   행동경제학의 거목 게리 베커 ·················· 50

읽을거리 4.1   탄력성의 응용: 휘발유 가격과 조세귀착의 문제 ········· 70

읽을거리 5.1   전력 독점과 캘리포니아 블랙아웃 ··············· 84

읽을거리 5.2   공공재와 공유자원의 비극 ···················· 94

읽을거리 6.1   대공황(Great Depression) ···················· 106

읽을거리 6.2   빅맥지수와 구매력 평가 ····················· 112

읽을거리 6.3   점증하는 장기복합불황 공포에서 벗어나려면 ······ 119

읽을거리 6.4   인플레이션세(inflation tax) ·················· 122

읽을거리 6.5   '외풍에 취약' 한국 무역의존도, 일본의 2.4배 ········· 127

읽을거리 7.1   'GMO-두부파동' 소보원 승리 ················· 147

읽을거리 7.2   미국의 GMO 표시제 시행,
              우리 식품 안전에는 문제 없나 ················ 149

읽을거리 7.3   급발진 사고, '내 탓이오'? ···················· 171

읽을거리 7.4   핀토자동차 제조물책임 사건 ·················· 174

읽을거리 8.1   고령층 가계부채 리스크 커져… 1인당 7,900만 원 ········· 179

읽을거리 8.2   금융소비자를 위한 꿀 팁 ···················· 182

읽을거리 8.3   취약채무자, 감면 제도 이용하세요! ············· 186

읽을거리 8.4   미국에서 '크레디트카드'의 의미 ··············· 193

읽을거리 9.1   경제활동 줄이기가 환경위기 해결책 아니다 ········ 209

읽을거리 9.2   소비자 건강을 위협하는 미세먼지 ·············· 211

읽을거리 9.3   고엽제와 환경오염 문제 ····················· 220

읽을거리 9.4   가습기살균제 사건의 시사점은? ··············· 228

읽을거리 10.1 「공정거래법」중 표준약관 조항 ······················· 244

읽을거리 10.2 소비자의 항변권 ···································· 246

읽을거리 10.3 「방문판매법」 제7조(방문판매자 등의
                소비자에 대한 정보제공 의무) ···················· 254

읽을거리 11.1 세계 전자상거래 시장 확장 추세…
                "2020년 4조 580억 달러 규모" ················· 272

읽을거리 11.2 한류열풍과 급증하는 역직구 ··················· 282

읽을거리 11.3 해외구매 단계별 소비자 주의사항 ············ 285

읽을거리 12.1 고령 소비자 피해 상담 15% 급증 ············ 296

읽을거리 12.2 의류건조기 집단분쟁… '위자료 10만 원' 지급 결정 ·········· 309

읽을거리 13.1 기적으로 이루어진 나라, 대한민국 ············ 322

읽을거리 14.1 3·15 완후이(晩会): 소비자 권익 보호? or
                글로벌기업 길들이기? ························· 352

읽을거리 14.2 일본 주도 CPTPP 협정에 우리도
                적극적으로 참여해야 한다 ····················· 356

1부

소비자
중시의
경제구조

Consumer-oriented
Market Structure

제1장   시장경제체제와 소비자문제
제2장   사회과학의 핵심 개념과 소비자 행동

소비자는 생산자와 더불어 2대 경제주체의 하나이다. 소비자와 기업 간에, 상품(goods & services)의 거래 과정에서 발생하는 이른바 소비자문제는 소비자의 일상의 경제활동 중에 발생하며, 소비자문제들을 해결하는 과정 역시 시장에서의 경제활동의 범위 내에서 이루어진다. 따라서 우리는 시장경제구조의 틀 속에서 소비자문제의 본질과 해법을 살펴볼 수 있다.

우리가 그동안 배워왔던 시장경제(market economy)는 이른바 경쟁적 시장과 대칭적 정보가 그 바탕이 되어 (적어도 효율성 측면에서는) 매우 우수한 제도이다. 하지만 현실의 시장은 경쟁적이지 못한 경우가 적지 않으며 거래 당사자 간 정보도 비대칭적인 경우가 많다. 외부효과 문제와 무임승차(free rider) 문제 등 시장의 내부에서 자원 배분의 비효율성을 초래하는 수많은 요인들이 존재하며, 그로 인해 이른바 시장실패(market failure)가 나타난다. 따라서 정부가 일정 부분 역할을 담당해야 할 당위성을 가지며, 시장(경쟁)정책이나 소비자정책의 형태로 시장에 개입하게 된다.

제1부에서는 소비자를 중시하는 경제구조에 관해 살펴본다. 우선 제1장에서는 시장경제체제 아래서의 소비자문제의 본질과 바람직한 소비자문제의 해결 방향, 그리고 시장에서의 소비자의 권리와 책임에 관해 정리한다. 제2장에서는 소비자의 행동에 밀접한 관련이 있는 소비자학과 경제학을 포함한 사회과학에서 활용되는 합리성과 균형의 문제, 효율성과 형평성 간의 상충관계, 탄력성과 기회비용 등과 같은 핵심 개념들을 살펴본다.

서문에서도 언급했지만, 이 책은 기존의 소비자경제에 관련된 교과서들과는 달리 시장경제구조 안에서의 소비자문제를 강조한다. 제1부의 2개의 장은 그런 관점에서 이 책의 도입 부분에 해당한다고 볼 수 있다.

시장경제체제와 소비자문제

수년간 이어지고 있는 경기침체의 그림자가 더욱 짙어지고 있다. 이러다간 '잃어버린 20년'으로 불리는 일본식 장기복합불황의 늪에 빠지는 것은 아닌지 염려되기도 한다. 이에 따라 소비자의 구매심리 위축에 따른 장기적 물가하락 (deflation) 우려 등에 대응하는 정부의 적극적인 재정·금융 개입을 요구하는 목소리도 커지고 있다. 그럼에도 불구하고 이른바 '보이지 않는 손'에 이끌리는 시장경제체제의 우월성에 대한 신념은 확고부동하다.

그렇다고는 하지만 시장경제체제는 자유방임의 상태에서는 유지될 수 없으며 정부의 적극적인 개입 등 일정 부분의 역할이 불가피하다. 국가경제의 존립의 바탕이 되는 국방과 치안, 공정한 사회질서의 확립과 공공사업의 운영 등을 위한 각종 준칙의 마련과 모니터링, 제재 등의 역할은 정부의 몫이다. 특히 자본주의 시장경제의 한 축을 이루고 있는 주체인 '소비자'가 불편함이나 피해를 입는 이른바 '소비자문제'의 해결에 있어서도 정부의 역할이 강조된다.

제1장은 이 책의 도입 부분에 해당된다. 책의 '제목'과 '차례'를 통해서도 전체 내용에 대한 개략적인 파악이 가능하겠지만, 우선 제1장을 읽어봄으로써 저자가 이 책에서 피력하고자 하는 집필 의도와 방향을 읽을 수 있을 것이다. 제1절에서는 시장경제체제 아래 소비자의 자리매김과 소비자문제의 본질이 무엇인지 살펴본다. 이어 제2절에서는 시장에서 발생되는 제반 소비자문제의 기본적인 원인을 고찰해본 후에 그러한 문제에 대한 시장 중심의 해법을 제시한다. 끝으로 제3절에서는 시장에서의 소비자의 기본적 권리와 책임의 문제를 제기한다.

1 시장경제에서의 소비자문제의 본질

우리가 그동안 배워왔던 시장경제는 이른바 경쟁적 시장(competitive market)이 바탕이 되어 (적어도 효율성의 측면에서는) 매우 우수한 제도이다. 하지만 현실의 시장은 경쟁적이지도 못하고 거래 당사자 간 정보도 대칭적이지 못한 경우가 다반사다. 시장의 내부에 자원 배분의 비효율성을 초래하는 외부효과와 공공재와 같은 수많은 요인들이 존재하며, 그로 인해 이른바 시장실패(market failure)가 나타난다. 그리하여 정부가 일정 부분 역할을 담당해야 할 당위성을 갖게 되며, 경쟁정책이나 소비자후생정책과 같은 형태로 시장에 개입(intervention)하게 된다. 하지만 정부도 완벽할 수 없어 이른바 정부실패(government failure)가 뒤따른다. 소비자 선택의 문제를 포함하여 경제 문제의 원활한 해소를 위해서는 이러한 시장실패와 정부실패 문제를 해소하고, 시장 기능과 정부 기능의 장점들을 잘 조화시켜 활용해나갈 필요가 있다.

1) 시장경제체제

일상생활에서 흔히 말하는 시장경제라는 것은 자본주의 시장경제를 의미하며 자유기업경제라고도 한다. 자본주의 시장경제에서는 자본과 토지와 같은 생산수단이 사유화되고, 기업은 이윤을 얻기 위해 이 생산수단을 이용하여 공장을 짓고 노동자를 고용하여 상품을 생산한다. 소비자 역시 만족스러운 소비생활을 위해 보다 낮은 가격의 좋은 품질의 상품을 선택한다.

이러한 시장경제 체제에서는 생산·교환·분배·소비가 모두 자유시장기구(free market mechanism)에 의해 이루어진다. 다시 말해 새뮤얼슨(Paul A. Samuelson)이 정의한 세 가지 기본적 경제 문제인 What & How much to produce, How to produce, For whom to produce의 문제가 모두 시장기구에 의존하여 달성되는 것이다.

이러한 시장경제체제에서는 애덤 스미스(Adam Smith)의 이른바 '보이지 않는 손(invisible hand)'에 이끌리어 개별 경제주체들이 자신의 이익을 추구할 때 한정된 자원이 가장 필요로 하는 부분에 쓰이게 되며 결과적으로 사회의 이익도 함께 증진된다.[1] 예컨대 생산자는 보다 높은 가격에 상품을 만들어 팔고자 하고 소비자는 보다 낮은 가격에 사려고 하는데 시장에서 '가격 메커니즘(price mechanism)'에 이끌리어 공급에 비해 수요가 큰 부분, 즉 가격이 상승한 부분으로 상품이 팔려 소비자 만족이 늘어나며, 생산자 역시 주어진 자원을 가격이 상승한 상품을 생산하는 데 사용함으로써 이윤을 얻게 된다. 따라서 소비자와 생산자 모두에게 이익이 되어 사회 전체적으로도 주어진 자원이 효율적으로 활용되는 결과를 낳게 되는 것이다.[2]

2) 시장경제에서의 소비자의 위치

사회의 곳곳에 '소비'의 모습이 있다. 인간은 각자의 욕구에 따라 수많은 상품이나 서비스를 소비한다. 아마도 이런 소비행위는 인간이 살아 있는 한 계속될 것이며 유행, 개인적 취향, 습관에 따라 다양한 형태로 이루어질 것이다. 수많은 사람이 소비생활을 영위하고 있기에, 수많은 모양의 소비 형태가 존재한다.

이 세상을 살아가면서 우리는 소비의 주체인 소비자가 되어 경제활동의 중심 역할을 한다. 그러면서도 소비자는 늘 '약자'의 존재로 인식되어왔다. 사실 소비자는 거래에서 약자의 위치에 종종 서게 된다. 그럴 수밖에 없는 이유들도 있다. 무엇보다 각자의 관심과 행태가 너무나 다양해서 통합적인 힘(power)을 갖기 어렵다. 더군다나 관심은 있어도 정보가 부족해서 전문성이 떨어진다. 자본주의 경제체제에서는 생산자는 자본과 조직력, 그리고 정보력을 기반으로 한 기업조직을 통해 특정 시장을 전문화하게 되고, 이들과의 거래 관계에 있는 소비자에 비해 우월한 힘을 가지기 쉽다. 소비자가 시장에서 약자일 수밖에 없는 배경이다.

---

1) 그의 유명한 『국부론(*An Inquiry Into The Nature and Causes of The Wealth of Nations*, 1776)』 상권 500쪽에서 언급된 내용이다.
2) 이러한 오늘날의 '보이지 않는 손'의 개념은, 그러나 애덤 스미스가 말했던 의미와는 다소의 차이가 있다. 그는 『국부론』에서 개인이 자신의 상태를 개선하려고 자연스럽게 노력하는 것을 막지 말라는 의미에서 '자연적 자유(natural liberty)'와 '보이지 않는 손'을 주장했지만, 더불어서, 사회 전체의 안정을 위협하는 몇몇 개인의 자연적 자유의 행사는 제한되어야 함을 강조했다. 따라서 '보이지 않는 손'이라는 은유나 '자연적 자유'에 의해 그가 강조하고자 하는 것은, 사회적 이익을 증진시키는 범위 내에서 개인의 사익 추구를 허용하는 것이 바람직하다는 것이다(김수행 옮김, 『국부론』(상), 2007).

소비자주권: 소비자는 약자인가?

사실 시장경제에 미치는 소비자의 힘, 다시 말해 이들의 선택은 대단한 영향력을 갖는다. 소비자가 눈길을 주는 상품은 판매가 늘어나지만 선택해주지 않는 기업의 상품은 이른바 비인기 품목이 되어 백화점의 가판대에서조차 순식간에 사라져버린다. 소비자의 눈 밖에 나면 어떤 상품도 끝장인 것이다.

정리해보면, 소비자와 생산자의 상호관계에서 최종적인 의사결정의 권한은 소비자에게 있다. 이른바 소비자주권(consumers' sovereignty)에 의존하게 된다. 일반적으로 소비자주권이란, 시장경제에서 상품의 소비자가 궁극적으로 지속적인 생산과 생산 행태 및 수량 등을 결정한다는 개념이다. 소비자가 시장에서 어떤 상품을 구매하는 것은 해당 상품에 대해 돈을 지급함으로써 투표(선택)하는 행위라는 의미이다. 이러한 소비자의 투표(선택) 행위는 생산자의 이윤에 영향을 미친다. 결과적으로 소비자의 선택의 변화는 대응하는 기업의 생산 패턴의 변화로 나타난다. 다시 말해 소비자가 선택한 상품은 생산이 늘어나고 선택하지 않은 상품은 생산이 줄어드는 효과가 나타난다.

소비자주권은 소비자들이 많은 상품들 가운데 마음에 드는 것을 고를 수 있다는 '선택의 자유'가 보장된다는 소극적인 의미를 넘어서, 이들의 자주적인 선택이 시장과 경제구조를 통해서 궁극적으로 생산자들이 '어떤 상품을 얼마만큼 생산할 것인가'를 결정토록 하는 데 절대적인 영향을 미치게 된다는 적극적인 의미를 담고 있는 것이다.

3) 소비자문제의 본질

그럼에도 불구하고 우리가 소비생활을 하고 있는 시장경제는 여전히 생산자의 힘이 우세하다. 관련된 정책들에서도 소비자의 시선이 홀대받는 경우가 적지 않다. 그래서 곳곳에 있는 '소비'라는 개념과 함께 '소비자문제' 또한 각양각색으로 나타나게 된다.

소비자와 생산자(기업) 간에 상품의 거래 과정에서 발생하는 문제가 모두 소비자문제이다. 소비자는 일상생활에서 수많은 상품을 구매하고 소비하게 되는데, 이러한 교환 내지 거래 과정에서 다양한 문제에 직면하게 된다. 소비자문제(consumer affairs)란 소비자들이 상품이나 서비스를 구입, 사용함에 있어 그들의 권리가 침해당함으로써 유발되는 문제를 말한다. 어떤 기업의 허위 표시나 과장된 광고로 인한 피해나 불만, 사기나 기만적인 행위로 인해 생기는 여러 문제, 약속했던 보증(warranty)을 지키지 않는 것과 같은 계약 불이행에 기인하여 발생하는 소비자 피해, 자동차 급발진 같은 안전이나 기능 결함에 의한 위해(hazards) 등이 대표적인 소비자문제들이다. 또한 실제로 발생된 피해나 손해뿐만 아니라 발생 가능성이 있는 잠재적 불만이나 손해까지도 소비자문제의 범위에 포함된다.

이러한 소비자문제는 여러 이유로 발생된다. 상품 자체의 품질이나 안전성에 결함이 있어 발생되는 이른바 소비자안전 문제에 더하여, 시장에서의 경쟁원리가 제대로 작동되지 않거나 정부의 잘못된 규제에 의해서도 소비자문제가 발생할 수 있다.

다양한 형태의 소비자문제는 시장경제체제에서 발생하는 바람직하지 않은 여러 문제에서 출발하기 때문에 본질적으로는 경제 문제이며, 시장경제에서의 이른바 시장실패로 인해 발생한다. 따라서 이러한 소비자문제의 해법 역시 해당 문제에 대한 소비자들의 바른 인식에서 시작된다.

2. 소비자문제의 발생 원인과 해법

1) 소비자문제의 원인

소비자문제는 불과 몇 년 전까지만 해도 악덕 기업의 부도덕한 우월적 행위로 인한 약자인 소비자들의 피해 문제 혹은 소외계층을 위한 사회복지의 문제 등의 차원에서 바라봤다. 하지만 근래에는 기업과 대등한 입장에서 소비자의 자율과 책임을 강조하는 이른바 '소비자주권' 관점에서 소비자문제를 이해하려는 경향이 크다.

어쨌거나 소비자문제는 시장경제체제에서 발생하는 바람직하지 않은 여러 문제에서 출발하기 때문에 본질적으로는 경제 문제라는 점을 앞에서도 강조하였다.

소비자문제와 '시장의 실패'

시장경제체제에서는 경제 문제들을 결정하는 주된 요인이 바로 소비자의 선택이다. 앞의 글에서 강조했듯이 소비자가 선호하는 상품은 많이 팔리고, 그렇지 못한 상품은 비인기 종목이 되어 시장에서 퇴출된다. 결국 시장에서 제품 생산의 결정권(decision right)이 소비자에게 주어져 있다는 의미이다. 다시 말해 소비자주권의 문제이다. 국정의 최종 최고 결정권자가 국민이라는 이른바 '국민주권'의 의미를 생각해보면 이해하기 쉬울 것이다. 차이점이라고 하면, 국민주권은 1인 1표임에 반해 소비자주권은 소비자의 구매력의 크기에 달려 있다는 점이다. 다시 말해 한 나라 경제의 주인, 주권자는 생산자나 공급자가 아니라 바로 우리 소비자라는 것이다. 이런 사고의 틀 안에서 소비자 불만이나 피해와 같은 소비자문제를 그것도 소비자의 시선으로 바라볼 필요가 있다.

같은 맥락에서, 상품을 소비하는 과정에서 왜 안전사고나 분쟁과 같은 소비자문제가 생기는지도 경제적으로 이해할 수 있다.

우리가 소비생활을 할 때 스스로를 되돌아보면, 기업에 비해 정보나 전문성이 부족해서 권리 행사에 어려움이 많다는 것을 느끼게 된다. 경제학에서는, 현실의 시장기구가 바람직하게 작동하지 않는 이른바 시장실패를 소비자문제의 주된 원인으로 본다. 따라서 시장의 실패를 해결하는 것이 곧 소비자문제의 근본적인 해결책이 된다는 얘기다. 시장이 실패해서 소비자문제가 초래되는 원인에는 여러 가지가 있지만, 이론적으로는 다음의 4가지 범주로 요약된다.[3]

우선적으로는, 기업과 소비자, 기업과 정부 등이 서로 거래할 때 당사자 간 정보의 불균형 혹은 정보가 부족하거나 왜곡될 때 시장의 실패가 나타난다. 예를 들면, 자동차의 안전성에 관한 정보가 제조회사보다 부족한 소비자는 사고 발생 가능성을 합리적으로 판단하기 어려워진다.

이런 시장실패의 관점에서 소비자문제를 살펴보면, 공해와 같은 외부효과(externality)도 소비자문제를 일으키는 주된 원인이다. 예를 들어보면, 섬유제조 공장에서 방출되는 매연이나 폐수는 공기와 하천을 오염시켜 그 섬유를 소비하지 않는 이웃 주민들에게도 손해를 끼친다. 하지만 정부의 개입이 없는 시장에서는 그러한 문제를 야기한 당사자인 섬유공장이 그 비용을 부담하지 않으려 한다.

---

3) 시장실패에 관해서는 이 책의 제5장에서 구체적으로 살펴본다.

소비자문제는 또, 다른 사람들이 생산한 소비자정보를 공짜로 소비하려는 무임승차자(free rider) 심리에 의해서도 발생한다. 이 경우 대상이 되는 상품은 대부분 이른바 비경합성과 비배제성의 특성을 갖는 공공재(public goods)이다. 아무리 훌륭한 정보라도 이러한 공짜족들이 많으면 많을수록 회사로선 손해이기 때문에 좋은 정보를 소비자한테 제공하지 않으려고 한다. 결국 시장의 실패가 발생하게 되고 또 소비자문제도 야기된다.

독점이나 과점과 같이 시장이 경쟁적이지 못한 경우도 시장의 실패를 초래하는 주된 원인이다. 독과점시장에서 소비자는 상품의 가격이나 품질뿐 아니라 소비의 기회마저도 불리한 상황에 놓이게 된다.

이러한 4가지 원인 외에도 소비자문제를 초래하는 여러 시장실패 상황들이 있을 수 있다. 갑작스럽게 물가가 폭등하거나 실업이 늘어나는 경우, 국제 정세가 불안해지거나 (환율급등 등의 이유로) 수출길이 막히는 경우에도 시장의 기능이 제대로 움직이지 않을 것이다.

소비자문제의 근본 원인은 '정보 비대칭'

이른바 시장실패를 초래하는 이러한 배경들 중에서 무엇보다 핵심은 '정보(information)'에 있다. 위험이나 불확실성을 초래할 수 있는 잘못된 정보나 정보 부족 문제가 소비자문제의 근본 원인이라는 의미이다. 이를 '정보 비대칭' 내지 '비대칭성 정보'의 문제라고 한다.

이러한 소비자 정보의 비대칭성의 주된 요인은 현대산업사회의 특징인 '고도의 분업'과 '전문화'에서 찾을 수 있다. 시장이 복잡하고 전문화되어감에 따라 소비자들은 시장에 공급된 정보를 소화하는 데 물적, 시간적 제약과 분석 능력의 한계에 직면하게 된다. 기업에 비해 소비자가 상품의 품질 정보, 가격 정보 등이 부족하거나 잘못 알고 있으면 소비자의 올바른 판단을 기대하기가 어렵다.

오늘날은 정보의 홍수시대이다. 예전보다는 소비자들이 상품정보를 훨씬 많이 갖고 있다. 그럼에도 소비자 피해는 줄어들지 않고 있는 이유는 무엇일까?

설사 올바른 정보를 많이 갖고 있더라도, 현실적으로 사람들은 합리적인 판단을 하지 못하는 게 사실이다. 예컨대, 유행이나 개인의 취향, 습관에 따라 소비를 함에 따라 유행 추구 풍조, 준거집단(準據集團)[4]에 의한 영향, 신분 유지와 상승을 위한 체면 중시 등의 비합리적 소비 행위 등을 들 수 있다. 특히 사고

(accidents)와 같은 안전에 관련된 문제는 그 위험을 어느 정도 인지하고 있을지라도, 설마 나한테 그런 일이 일어날까··· 하는 심리가 있어서 덜 조심하는 경향도 없지 않다.

　　정보가 충분하더라도 소비자의 나이나 학력수준 등에 따라 이해력이나 자기보호 능력이 다르기 때문에 소비자문제가 야기되는 경우도 있다. 예를 들어, 본드(접착제) 흡입이 우리 몸의 신경조직에 영향을 미쳐 환각을 일으킨다는 위해정보가 오히려 청소년들의 호기심을 자극시킨다는 조사 결과도 있다. 더불어 현대산업사회의 특징인 고도분업과 전문화로 시장이 복잡해지면서 소비자는 시장에 공급된 정보를 소화하는 데 물적, 시간적 제약과 분석 능력의 한계에 직면하게 된다.

읽을거리 1.1 시장실패와 외부효과

'시장실패(market failure)'는 말 그대로 시장기구가 그 기능을 제대로 발휘하지 못하여 생산자원과 생산물과 같은 자원이 적재적소에 효율적으로 배분되지 못하는 상태를 말한다.

이 용어를 처음으로 사용한 경제학자는 바토(Francis Bator) 하버드대 케네디 행정대학원 명예교수이다. 그는 MIT 경제학교수로 재직하던 1950년대 후반에 자유시장경제의 장점과 한계를 피력한 두 편의 논문을 발표하였는데, 그중 '시장실패의 해부학(the anatomy of market failure)'에서 당시 경제학의 주류였던 일반균형모형이 전제하고 있던 확실성과 완전정보 등의 가정들이 현실과는 거리가 멀다는 점을 지적했다. 즉 불확실성과 정보의 불완전성 문제를 제쳐 놓고 전통적인 경제 분석의 틀 내에서 살펴보아도 경쟁의 불완전성, 공공재, 외부효과 등이 자원 배분의 왜곡을 초래하는 시장실패의 요인임을 지적했다.

또한 그는 현실에서 경제주체들이 완전한 정보를 얻을 수 없다는 점도 자원 배분의 효율성을 저해하는 요인임을 강조했다. 거래 당사자 간의 정보의 부족은 생산자가 소비자의 수요 이상으로 재화와 서비스를 산출토록 하거나, 반대로 수요에 못 미치게 산출토록 하는 비효율을 초래한다는 것이다. 더불어 소비자도 정보 부족에 기인하여 상품의 선택과 소비에 있어 적정한 판

---

4) 어떤 개인 스스로가 구성원인지 아닌지를 확인하고 또 그것의 규범을 따르게 되는 집단을 준거집단이라고 한다. 다시 말해 우리가 어떤 사람들이나 집단의 가치와 기준을 하나의 준거의 틀로서 받아들일 때, 그 사람들이나 집단은 우리에게 준거집단이 되는 것이다. 사회집단이나 학교집단, 노동자집단, 또래집단 등이 대표적인 예이다.

단의 왜곡을 야기시킨다는 것이다.

이러한 시장실패에 관한 이론 정립 등의 공헌으로 바토 교수는 2001년 스티글리츠(Joseph Stiglitz) 교수와 함께 공동으로 노벨경제학상을 수상했다.

한편, 생산이나 소비 등 경제활동에서 다른 사람에게 의도치 않은 혜택이나 손해를 발생시켰으면서도 이에 대한 대가나 비용을 치르지 않는 상태를 경제학 교과서에서는 외부효과 내지 외부성(externality)이라고 한다. 소비자문제와 같이 외부효과로 인해 발생하는 제반 문제점을 치유하는 방편들을 전문적 용어로는 '외부효과를 내부화(internalize)한다'라고 표현한다(이 책의 제5장에서 소비자 선택을 제약하는 시장실패와 외부효과의 문제를 정부의 역할과 연관지어 살펴보고 있다).

자료: 이종인, 『세상을 바꿀 행복한 소비자』, 이담북스(2012), 52쪽.

2) 소비자문제의 해법

앞서 살펴보았듯이, 소비자의 행동에 관련된 다양한 경제이론들이 발전되어왔지만 정보 비대칭의 문제 등으로 인해 야기되는 현실에서의 소비자문제를 설명하는 데는 여전히 한계가 있다. 또한 시장에서의 경제적 교환(거래)은 소비자뿐 아니라 생산자 내지 공급자의 행동에 관한 분석도 함께 고려해야만 시장에서 발생하는 다양한 소비자문제에 대한 객관적 설명이 가능해질 것이다.

하지만 현실에서는 거래 당사자 간 비대칭 정보 또는 정보 부족에 의해 소비자가 약자인 경우가 많으며, 따라서 많은 소비자문제는 상대적 강자인 생산자 내지 공급자 측면에서 비롯되기도 한다.

앞에서 우리는 소비자문제를 이른바 '시장실패'에 기인한다고 배웠다. 따라서 그 해법도 경제이론적 측면에서 이해할 수 있겠다.

앞서 말한 외부효과(공해)와 공공재(무임승차자 문제), 독과점의 폐단, 비대칭 소비자정보 등으로 인해서 시장경제가 효율적인 기능을 하지 못할 때, 정부가 개입하여 적절하게 규제를 하거나 지원을 할 수 있다. 또한 올바른 정보를 제공하거나 적절한 교육·훈련을 통해 소비자문제를 해소할 수 있게 된다.

또한 그런 시장실패를 보완하기 위해 법과 제도를 효과적으로 운용해서 소비자 권리(주권)를 확보토록 하면 된다. 예를 들어, 사업자의 사기행위나 기망행위에 대한 처벌을 강화하고, 피해 발생 시 신속하고 저렴하게 구제해줄 수 있는

'재판 외 분쟁 해결(ADR)' 시스템을 운용하며, 집단소송제와 같은 소비자의 집단적 의사를 반영할 수 있는 채널을 제도화하는 것을 들 수 있다.

소비자문제의 해결은 결국 소비자들이 스스로의 권리(주권)를 행사할 수 있는 여건이 조성돼야 한다고 요약할 수 있다.

③ 소비자의 권리와 책임

경제적 관점에서 시장실패의 문제를 해결하는 것이 소비자문제의 해법임을 앞에서 강조했다. 하지만 소비자문제는 자신에게 주어진 권리의 자력 행사가 어렵거나 불가능함에서 비롯되는 것으로 이해할 수도 있다. 전형적인 법과 사회적 관점이다.

'경제'도 어려운데 딱딱한 '법' 문제까지 알아야 하나…. 독자의 불편한 심기가 눈에 보듯 선하다. 하지만 염려하지 않아도 된다. 여기서는 소비자의 권리와 책임 문제만 간단히 지적하려 한다. 이 책의 전체 내용을 이해하는 데 필수적인 지식, 가장 기본적인 사항이다.

경제적 관점이든 법적 관점이든, 소비자문제의 해결은 결국 소비자들이 스스로의 권리(주권)를 행사할 수 있는 여건 조성이 중요하다. 소비자에게는 과연 어떤 권리가 주어져 있는지 살펴본 후에 스스로의 책임 문제도 함께 지적해보겠다.

1) 소비자의 기본적 권리

소비자의 권리에 대한 최초의 정치적인 제스처로는 1960년대 초 미국의 케네디(John F. Kennedy) 대통령이 연방의회에서 제시한 '소비자의 4대 권리'의 표방이다. 즉, 안전할 권리, 알 권리, 선택할 권리, 의사를 반영시킬 권리가 소비자의 기본적인 권리다. 이러한 소비자 권리는 사회·경제적 제도 내에서 소비자가 향유할 수 있는 가장 기본적 권리라고 볼 수 있다.

1975년에는 경제협력개발기구(OECD)에서 이와 비슷한 5대 소비자 권리를 선언했고, 1980년에는 세계 소비자단체들의 협의기구인 국제소비자기구(CI)에서

도 소비자의 7대 권리를 선언했다.[5]

　이와 같이 소비자의 기본적 권리는 세계 각국의 소비자운동과 행정, 정책의 목표로 이용되고 있다.

　우리나라는 「소비자기본법」 제4조에 "소비자는 다음 각 호의 기본적 권리를 가진다"라고 규정함으로써 소비자의 8대 기본적 권리 향유를 당연시하고 있다. 즉 케네디 대통령의 4대 권리에 더하여 보상받을 권리, 교육받을 권리, 단체를 조직하고 활동할 권리, 안전하고 쾌적한 환경에서 소비할 권리를 추가한 8대 권리를 보장하고 있다.

　그런데, 현실적으로 이러한 권리들이 모두 법이나 제도로 확실하게 보장받고 있을까?

　사실 「소비자기본법」에서 규정한 소비자 권리는, 그것이 침해당했을 때 가해자에 대한 구체적인 처벌 조항이 뒷받침되어 있지 않아서 선언적인 측면도 있어 보인다. 하지만 이 소비자의 8대 권리는 「소비자기본법」이 아닌 다른 여러 법에 의해 보장되고 있다고 보는 것이 타당하다. 예를 들어 「약관규제법」, 「독점규제법」, 「할부거래법」, 「방문판매법」, 「제조물책임법」 등에서의 구체적인 법 조항들을 통해 이러한 소비자의 권리가 보호받고 있는 것이다.

　그 밖에도 소비자안전을 위한 법으로 「식품안전법」, 「전기용품·생활용품안전관리법」, 「농산물검사법」, 「수산물검사법」, 「축산물위생처리법」, 「고압가스안전관리법」 등이 있고, 소비자에게 상품의 양이나 규격을 속이는 것을 막기 위해 「계량 및 측정에 관한 법률」, 「표시광고법」, 「산업표준화법」 등이 있다.

　더불어서 「소비자기본법」을 근거로 한 '소비자 분쟁 해결 기준'도 소비자의 권리를 보호해주는 실질적인 역할을 하고 있다.[6] 또한 2007년에 도입된 집단분

---

5) 미국과 영국 등 선진국의 소비자단체들이 중심이 되어 1960년 4월에 설립한 소비자 보호를 위한 민간 중심의 국제단체이며, 영문 명칭인 Consumers International의 줄임인 CI로 나타내기도 한다. 국제소비자기구는 1995년에 국제소비자연맹(IOCU: International Organization of Consumers Unions)에서 개칭하였고, 영국 런던에 본부가 있으며, 유럽, 아시아, 남미, 북미, 아프리카 등 5개 지역사무소가 있다. CI는 매 3년마다 총회(World Congress)를 개최하여 다양한 소비자문제 해결을 위한 분야별 토의를 하고 있으며, 조직 내 이사회와 집행위원회를 운영하고 있다. 2020년 1월 현재 122국가의 270여 개 단체가 가입되어 있으며, 우리나라는 5개 소비자단체가 가입해 있다.(다음 자료를 참고하였다. 「국제기구의 소비자정책 이슈분석 및 대응방안 연구」(이종인(2004) 및 CI의 홈페이지 정보)

6) 소비자 피해가 생겼을 때 소비자는 가해 사업자(기업)를 상대로 다툼을 하게 되는데, 소비자와 사업자 사이에 발생하는 분쟁을 원활하게 해결하기 위해 「소비자기본법」에 따라

쟁조정제도와 단체소송제도 역시 '보상받을 권리'와 '단체를 조직하고 활동할 권리'를 뒷받침해주는 중요한 제도이다.

그런데 법에서 보장된 이러한 소비자 권리가 잘 지켜지지 않는다고 판단될 경우에는 어떻게 해야 할까?

합리적으로 판단하여 적절히 행동해야 한다. 예를 들어 소비 과정에서 부당한 피해를 입었을 경우에는 8대 기본권 중의 하나인 '보상받을 권리'를 행사해야 한다. 자신의 권익을 스스로 지키려 해야 하는 것이다.

우선적으로 판매자 내지 제조사와 합의를 통해서 문제를 해결하는 것이 시간과 노력을 줄일 수 있는 바람직한 방법이다. 하지만 현실적으로 판매자와 소비자는 이해관계가 상충하기 때문에 원만한 합의에 이르지 못하는 경우가 많다. 이런 경우에는 「소비자기본법」에 따라 각 지자체에 설치되어 있는 소비자상담실을 이용하거나 신뢰할 수 있는 시민단체, 정부기관인 한국소비자원에 상담과 피해의 구제, 분쟁의 조정을 신청하면 된다.

그래도 해결이 안 된다면 최종적으로는 민·형사 소송을 통해서 손해를 배상받거나 범법행위에 대한 처벌을 요구할 수 있다.

2) 소비자의 책임

이러한 소비자의 기본적 권리를 누리기 위해서 잊지 말아야 할 것이 있다. 소비 생활에서의 책임이 뒤따른다는 것이 그것이다.

'법에 대한 무지는 용서받지 못한다'라는 법언(法言)이 있다. 소비자도 자신의 의사결정이나 선택에는 스스로 책임을 져야 한다. 「소비자기본법」 제4조를 보면 소비자는 "스스로의 안전과 권익을 향상시키기 위하여 필요한 지식을 습득해야 하고, 자주적이고 성실한 행동과 환경 친화적인 소비생활을 함으로써 소비 생활의 향상과 합리화에 적극적인 역할을 다하여야 한다." 다시 말해 기업이나 판매자의 책임뿐 아니라 소비자도 상품 구입에 있어 가격과 품질, 디자인 등을 고려해서 신중한 선택을 해야 하는 것이다.

정부에서 정해놓은 기준이다. 이 기준은 분쟁 당사자 사이에 분쟁의 해결을 위한 합의 내지 권고의 기준으로 활용되며, 이전에는 '소비자 피해 보상규정'으로 불렸다. 2020년 1월 현재 142개 업종 620개 품목에 대해 품목별로 피해 보상의 기준을 제시하고 있다.

또한 자신이 사용하고 있는 상품의 가격과 품질이 적절한지 신중하게 판단하고, 소비자의 권리를 주장하고 공정한 거래를 위하여 행동할 책임이 있다. 부적절한 소비로 다른 사람의 기분을 상하게 하지 않을 사회적 책임과 더불어서 환경을 오염시키는 물건을 사용하지 않으며 자연환경을 보호할 책임, 그리고 소비자문제를 해결하기 위해 단결할 책임도 중요한 소비자의 책임이다. 또한 무분별한 충동구매나 과시적 소비로 인한 재산상의 손해는 스스로의 책임이다. 상품을 구입한 후에도 상품설명서를 꼼꼼히 읽고 지침대로 사용하는 습관을 가져야 한다.

소비생활을 하다보면 법이나 제도를 잘 몰라 뜻하지 않게 피해를 입거나, 판매자의 사기와 같은 범죄행위로 인해 곤란을 겪는 경우가 생긴다. 늘어나는 보이스피싱이나 스미싱으로 인한 금전적 손실이나 빈번한 온라인 중고장터 사기 피해가 대표적이다.

이러한 상황에 처했을 때에는 우선 가해자가 누구인지, 피해에 대해 보상받을 권리가 있는지, 덧붙여서 누구의 책임인지 자신의 책임은 잊지 않았는지도 꼼꼼히 따져봐야 한다. 그런 후에 앞에서 설명한 권리 행사를 위한 절차들에 따라 문제를 자주적으로 해결해야 한다.

우리 스스로가 법에서 정한 소비자 권리를 충분히 누리고 또 책임도 다하는 야무지고 현명한 소비자가 된다면 대한민국의 소비자문제는 상당 부분 해결될 것이다. 물론 경제적으로 시장실패의 문제를 개선하고, 법과 사회적으로는 소비자 권리의 자력구제 여건이 조성되어야 한다. 이 점은 사회적 책임을 다하는 기업과 정책 결정자로서의 정부 내지 국가의 몫이다.

읽을거리 1.2 ➕ 보이스피싱 피해를 예방하려면

보이스피싱(voice phishing)의 우리말은 '전화 사기(電話 詐欺)'이다. 범행 대상자에게 전화를 걸어 마치 가족이 납치당한 것처럼 가장하거나, 우체국 등을 사칭하여 송금을 유도하고 개인정보와 금융정보를 캐 가려고 시도한다. 보이스피싱은 분명한 범죄행위이지만, 전화 사기단의 경우 대부분 해외에 콜센터를 두고 있고 송금과 대포통장 개설 등 각각의 역할이 점조직으로 분담되어 적발이 어렵다. 보이스피싱 피해를 입지 않으려면 조심하는 것이 상책이다.

보이스피싱에서 피싱(phishing)은 'fishing(낚시)'이라는 말에서 파생된 것으로 타인의 개인정보를 낚는다는 의미이며 경우에 따라서는 해당 정보를 이용해 사기를 친다는 의미로 쓰이기도 한다.

보이스피싱과 유사한 말로 스미싱(smishing)과 파밍(farming)이 있다. SMS(문자 메시지)와 피싱(phising)의 합성어로서 문자 메시지 피싱이라고도 하는 스미싱은, 문자에 포함된 인터넷 주소 터치를 유도해 휴대전화에 악성코드를 설치하는 수법으로 개인정보를 빼내어 범죄에 악용하게 된다. 파밍은 악성코드에 감염된 PC를 조작해 위조 사이트로 유도한 후 계좌나 비밀번호를 입력하게 한 뒤 그 정보로 금전을 인출해 가는 수법을 말한다.

최근에는 메모리해킹이라는 사기 수법도 등장했다. 피해자 PC의 메모리에 악성 프로그램을 설치하여 정상 사이트에 접속하더라도 거래 오류를 발생시키거나 팝업창을 띄워 금융거래정보를 입력하게 한 뒤 금전을 인출해 가는 수법이다.

이러한 스미싱이나 파밍, 메모리해킹 피해를 예방하려면 무엇보다 스마트폰의 보안 설정을 강화하고, 의심되는 문자 메시지나 인터넷주소를 클릭하지 않도록 해야 한다. 특히 co.cc로 끝나는 홈페이지 주소는 주의해야 한다. 또한 출처가 분명하지 않은 파일은 가급적 설치하지 않도록 하고, 인터넷뱅킹 직후 거래 내역을 조회해보는 습관을 가질 필요가 있다. 최근 들어 스마트폰 이용자들이 늘어남에 따라 더욱 기승을 부리는 이러한 보이스피싱으로 인한 소비자 피해도 급증하고 있으니 주의해야 한다.

자료: 저자(이종인) 글.

 검토 과제

01 소비자와 생산자의 상호관계에서 최종적인 의사결정의 권한은 누구에게 있는가? '소비자주권(consumers' sovereignty)'의 개념을 응용하여 설명하라.

02 시장기구가 제 기능을 제대로 발휘하지 못해 발생되는 '시장실패'의 개념을 바탕으로 '소비자문제'의 원인을 설명해보라.

03 「소비자기본법」에서는 소비자의 8대 기본적 권리 향유를 당연시하고 있다. 여기서 말하는 8대 권리는 무엇인가?

04 본문에서는 소비자문제의 원인을 시장실패에서 찾아보고자 하였다. 또 다른 관점에서 소비자문제의 원인을 피력해보라.

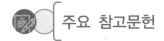 주요 참고문헌

이승신·이종인·박정근(2014), 『소비자와 글로벌마켓 중심의 시장경제』, 박영사.

이종인(2012), 『세상을 바꿀 행복한 소비자』, 이담북스.

이종인(2015), 『경쟁정책과 소비자후생』, 법영사.

이종인(2015), 『당신이 소비자라면』, 이담북스.

Adam Smith(김수행 옮김, 2007), 『국부론』(상), 비봉출판사.

2장 사회과학의 핵심 개념과 소비자 행동

　자연과학 분야와 마찬가지로, 사회과학에도 특화된 전문적 표현들이 있다. 이들 중에는 특정 학문을 전공하지 않은 경우에는 이해하기 어려운 경우가 많지만 상당 부분은 이미 일상화되어 실생활에 사용되고 있다. 소비자학을 포함한 사회과학 전반에 걸쳐 활용되는 일상용어가 된 경우가 흔하다. 예를 들어 '기회비용'과 '합리성', 그리고 '효율성' 등이 대표적인 표현이라 하겠다.[7]

　이러한 용어들은 제3장의 <그림 3-1>에서도 살펴볼 소비자 또는 소비생활 관련 학문 분야에서도 대부분 그대로 사용된다. 이 장에서는 이러한 용어들 중 경제생활에서 일상화된 개념들에 관해 명확히 이해해보도록 한다. 특히 소비자학이나 경제학을 배웠던 사람이라면 누구나 접했던 개념들이고 경제학을 배우지 않은 사람이라도 일상생활 중에 종종 사용되는 핵심 개념 7가지를 선별하여 살펴보도록 한다. 즉, 합리성, 최적화, 균형, 효율성, 형평성, 탄력성, 기회비용 등의 개념을 중심으로 그 경제적 의의와 일상의 소비생활에서의 활용에 관해 살펴본다.

　사실 이러한 개념들은 소비자라는 경제주체의 행위를 이해하는 데 필수적이다. 우선, 합리성의 개념과 이를 통한 합리적 소비자, 그리고 행동경제학 측면에서의 합리성에 관하여 알아본다.

---

7) 대학에서 경제학을 한번이라도 접해본 경우라면 가장 기본적인 경제 문제는 '자원의 희소성'에 있다는 것을 쉽게 이해할 수 있을 것이다. 물이나 공기와 같이 우리 주변에 언제든지 존재하는 것이라면(물론 지금은 맑은 물이나 공기도 희소한 자원이 되고 있다) 경제생활의 기본적 문제가 해결되었다고 볼 수 있다. 자원은 부족한데 해당 자원을 원하는 사람들이 많아서 발생하는 이른바 '경제 문제' 때문에 우리는 선택을 해야 하며, 그러한 선택에는 반드시 대가가 따르게 된다(이 대가를 '기회비용'이라고 한다).

① 합리성

사회과학 분야에서 가장 많이 사용되는 개념을 꼽으라면 단연 합리성 (rationality)이 1순위일 것이다. 예컨대 여러 사회과학 이론에서 일반적으로 설정 하고 있는 기본 가정 중의 하나는 '모든 경제주체는 합리적으로 행동한다'는 명 시적 또는 암묵적 가정이다. 물론 경제학뿐 아니라 법학이나 사회학 등 다른 학 문 분야에서도 인간의 합리성을 기본적으로 전제하는 경우가 많다.

1) 합리적 소비자

합리성의 의의

합리적이라는 말은 특히 경제학에서는 수단으로서의 합리성을 말한다. 즉 원하는 목표가 일단 설정되었다면 이를 가장 좋은 방법으로 성취하고자 하는 노 력(수단)에서 합리성을 이해할 수 있다. 예컨대 인간의 합리적 행동이란 목적과 일관된 행동을 의미하며 따라서 체계적인 움직임을 의미하는 것이다. 이어서 설 명하겠지만, 이러한 합리성이 전제되지 않으면 또 다른 중요한 경제적 개념인 최적화와 균형, 효율성의 의미가 무색해진다.

체계적이고 계획적으로 목적 달성을 위해 최선을 다하는 소비자의 이른바 '합리적 소비 등 합리적 행동의 판단'은 '한계적(marginal)'으로 이루어진다. 여기 서 '한계적'이라는 말의 의미를 예를 들어 설명해보자.

한 소비자가 소비를 통해 자신의 만족 수준을 최대로 높이기 위해 어떤 소비상품 을 선택하려 한다고 가정하자. 그는 이 선택이 자신의 '최선의 선택(best choice)'인지 여부를 알기 위해 주머니사정 등을 감안하여 '주어진 제약하에서 내가 택할 수 있는 가장 최선의 선택인가?'라고 스스로 반문해본다. 만일 그렇지 않다면 처음 의 선택 수준보다 근소(very small)하게 늘리거나 줄여본다. 그렇게 함으로써 드 는 비용보다 얻는 만족감이 더 큰 경우는 그러한 근소한 변화가 더 좋은 결과가 되며, 그러한 물음에 '그렇다'라는 경우는 더 이상 근소한 변화가 불필요하게 된 다. 이러한 근소한 변화를 경제학에서는 '한계적(marginal)'으로 표현한다(제4장에 서 이러한 '한계적'이란 말의 의미를 보다 상세히 공부하도록 한다).

사실 합리성 개념은 인간의 행동에 관련된 것으로서 경제학에서보다는 법학이나 철학, 사회학 등의 분야에서 더 많이 사용된다. 예컨대 영어권 국가들의 사회규범이나 법 관습에서는 이러한 인간의 합리성을 가장 기본적인 판단의 기준으로 삼는다.

'합리적 소비자'의 한계

소비생활 속에서 '합리적일 수 없는' 인간의 행동을 볼 때 인간의 합리성을 전제하는 대부분의 경제이론은 사실상 한계가 있을 수밖에 없다. 예컨대 많은 사람들은 일상생활 속에서 자신이 부닥칠 수 있는 위험성에 대해 과소평가 (underestimate)하는 경향이 있다. 예를 들어 하루에도 수많은 자동차 사고 소식을 접하고 있으면서도 '설마 내가'라는 생각을 가지고 자신과는 무관하다는 심리적 판단을 하기도 한다.[8] 또한 소비자는 통계적으로 낮은 사고 발생 가능성을 무시하거나 그에 무감각한 성향이 적지 않다. 셋째, 탄산음료의 병이 폭발하는 경우처럼 제품의 사고 발생 빈도가 매우 낮은 경우, 구매 경험(learning by doing)에 의해 얻은 제품의 위험 정보가 정확하지 않을 수 있으며, 피해의 규모가 매우 큰 경우에는 경험에 의한 위험 정보의 획득이라는 전제 자체가 무리한 설정이다. 넷째, 반복해서 사용 또는 이용하지 않는 제품의 경우 단기에 있어서는(또는 장기에서도) 구입 전에 제품의 특성을 상대적으로 잘못 판단할 수 있다(이종인 박사학위 논문, 76쪽).

하지만 이러한 합리성의 가정이 예나 지금이나 경제학 등 사회과학 이론에서 차지하는 위치에 전혀 흔들림이 없는 것은 그 나름대로의 이유가 있기 때문이다. 무엇보다도 합리성의 가정이 현실의 사회현상에 대해 유용한 예측을 가능케 한다는 사실이다. 예컨대 한 사람의 행동은 비합리적일 수 있지만, 수많은

---

8) 이 점은 인간이 지니고 있는 합리성의 한계(bounded rationality)로 인하여 야기된다고 볼 수 있다. 특히 제품의 안전 문제에 있어서 소비자는 잠재적인 위험(potential risks)에 대해 잘못된 인지(認知)와 판단을 할 수 있다. 관련된 조사 결과를 보면, 소비자는 자신의 안전 의식 수준이 낮다고 응답한 경우가 전체의 67.2%로 나타났으며, 이와 같이 안전 의식 수준이 낮은 이유 중 "설마 내가 사고를 당하겠는가 하는 안이한 생각 때문에"라고 응답한 경우가 전체의 절반을 차지하였다(한국소비자보호원, 제품 결함에 의한 소비자 피해실태 조사(내부 자료, 1998. 8.). 이러한 소비자의 성향이 존재하는 한 제품 또는 작업장에서의 위험에 대한 충분한 정보가 주어진다고 하더라도 제품의 위험 정도를 정확히 판단할 수 없게 될 가능성이 있다.

사람들의 총체적 행동의 결과는 합리적인 행동으로 수렴(converge)된다는 것이다.

2) 인간의 비합리성 문제

소비자의 소비 의사의 결정에 관한 종래의 여러 이론들을 통해 소비행동의 기본적인 사항들을 이해할 수 있다. 하지만 기존의 이론들은 대부분 이상적인 경제적 인간(homo economicus) 또는 합리적 소비자를 전제하고 있으며, 그러한 전제 아래 소비자는 자신의 효용 최대화를 추구한다고 간주하고 있다.

하지만 현실에서의 소비자의 행동은 합리적이지 못하거나 이타적인 경우도 없지 않는 등 합리성의 가정이 성립하기 어려운 현상이 많이 나타나며, 이론상으로도 가정의 완화 내지 해소의 필요성이 제기되어왔다. 그러한 흐름 중의 하나가 이른바 행동경제학(behavioral economics) 내지 인지경제학(cognitive economics) 분야이다. 행동경제학의 구체적인 내용에 관해서는 제3장에서 살펴보도록 하겠다.

읽을거리 2.1 ⊕ 합리적 인간(the reasonable man)

인간은 이성적 동물이며 인간 이성은 합리적이라는 명제가 특히 서구인들이 전통적으로 갖고 있는 생각이다. 서구의 철학(philosophy)과 논리학(logic)에서는 인간 이성이 합리적이라는 전제 위에 인식론을 전개했고 사고(thinking)의 논리 규칙들을 도출했다. 이런 입장은 사람들이 주어진 상황에서 논리적 사고와 합리적 판단을 한다는 것을 전제하고 있다. 논리적 규칙에 맞지 않는 사고, 자신의 욕구를 최적화하지 않는 행위의 선택은 비합리적인 사고들이며, 인간 이성이 마땅히 보여야 할 합리성을 벗어난 잘못된 것으로 여겨져온 것이다.

영미법 국가들의 법 관습에서는 본문에서 살펴보았듯이 이러한 인간의 합리성을 법적 판단의 기준으로 삼고 있는 경우가 많다. 하지만 영미법에서 법적 판단의 기준으로 삼는 이러한 인간의 합리성에 기초한 법원칙들에 대해 비판적인 글들도 적지 않다. 허버트 경(Lord A. P. Herbert)이 쓴 『합리적 인간(the reasonable man)』이라는 에세이는 유명한 풍자 글이다. 그중 일부를 소개한다.

"합리적 인간은 이성적이고, 하나의 표준이 되며, 우리들이 지향하고자 하는 선한 시민의 성품을 모두 지닌 존재이다. 합리적 인간을 만나지 않고서는 영국의 영미법을 구성하는 판례의 숲

속을 산책하거나 여행하는 일이 불가능하다. (중략) 합리적 인간은 늘 타인을 배려하고, 사리분별(思慮分別)이 바로 자신의 인생 지침이며, 안전제일이 인생의 좌우명이다. 그는 자신이 가는 곳을 일정불변하게 주시하고 있으며, (중략) 움직이는 버스에는 결코 승차하지 않으며, 아직 정차하지 않는 기차에서는 절대 내리지 않으며, (중략) 시민들에게 자신의 삶의 모습을 본받으라고 공허하게 애원하면서, 사법부(司法府)의 하나의 기념비로 우뚝 서 있는 사람이다."

자료: 쿠터·율렌(이종인 옮김), 『법경제학』, 비봉출판사, 2000, 311쪽.

2 최적화와 균형

1) 최적화와 소비자의 효용 극대화

사회과학 중 특히 경제학 연관 분야에서 합리성 다음으로 중요한 개념이 바로 최적화(optimization)이다. 최적화라는 말은 사회과학의 전유물이 아니며 교육학과 컴퓨터공학 등 다양한 분야에서 실용적으로 사용되고 있는 용어이기도 하다. 교육학에서는 '인간과 조직의 합리성, 지식과 정보의 가용성을 전제하였던 고전적 조직이론학자들의 의사결정 모형'을 의미하며, 공학에서는 '최대의 효율이 얻어지도록 시스템이나 프로그램을 수정하는 것'을 의미한다.

경제학을 포함한 사회과학에서는 극대화(최대화, maximization)와 극소화(최소화, minimization)를 합쳐서 부르는 개념으로서, '개별 경제주체가 주어진 제약조건 아래서 최선의 의사결정을 함으로써 자신의 목적을 실현시키고 있는 상황'으로 최적화를 정의하고 있다. 예컨대 소비자들은 효용(utility)을 극대화하려 하고, 기업들은 이윤 극대화와 비용 최소화를 추구한다. 경제학자들은 대부분의 사람들이 합리적으로 판단하며, 이 합리성은 극대화 내지 최소화를 요건으로 하고 있기 때문에, 이러한 최적화 행동(optimizing behavior)을 가정한 모형들이 유의하다(significant)고 본다.

주어진 제약 아래서의 최선의 선택 문제는 이 극대화 또는 최소화를 이용하여 수학적인 방법으로 설명될 수 있다. 즉, 수학에서 정수(整數)를 작은 수에서 큰 수까지 순서를 정할 수 있는 것과 마찬가지로 합리적인 시장에서의 소비자도 자신에게 주는 만족감의 크기에 따라 여러 선택 가능한 재화들의 순서를 정할 수 있다.[9] 따라서 보다 나은 선택은 보다 많은 수와 연관된다.

경제학에서는 이러한 조합을 소비자의 효용함수(utility function)라고 부른다. 또한 선택상의 제약은 수학적으로 표현하여 가능성 제약(feasibility constraint)이라고 한다. 주어진 제약하의 최선의 선택은 바로 주어진 가능성 제약하 효용함수의 극대화를 의미한다. 예를 들어 '소비자는 상품 구매 시 주어진 소득 제약 아래 자신의 만족 수준을 극대화하려 한다'라고 표현할 수 있다.

최적화는 경제주체들이 자신이 할 수 있는 최선을 다한다는 의미이다. 그런데 현실에서는 사람들이 비합리적으로 행동하거나, 효용을 계산하기가 불가능한 경우가 상당히 많다. 또한 추구하는 목표가 잘못 정의되는 경우도 종종 있다. 이러한 여러 상황을 해석하기 위해 경제학자들은 전통적 경제이론에서 전제하고 있는 합리성(full rationality)의 가정을 완화하는 방법론에 대해 논쟁을 거듭하고 있으며, 실제로 이 가정을 완화 내지 배제한 경제모형을 설정하거나 아예 합리성의 가정을 전제하지 않고 심리학적 측면에서 경제 문제를 다루기도 한다.

2) 시장균형과 일반균형이론

(1) 안정균형과 불안정균형

사회과학 학문 분야에서 합리성과 최적화 다음으로 중요하게 다뤄지는 개념으로 균형(equilibrium)이 있다. 균형이란 '일단 어떤 상태가 달성되면 새로운 교란 요인이 없는 한 그대로 유지되려는 경향'을 의미한다. 흔들리는 천칭(scale)의 양쪽에 작은 물건들을 하나씩 올려놓되 무게가 같아지면 더 이상 움직이지 않게 되는데 이 상태가 균형 상태이다. 경제에 있어서도 일정 조건이 충족되면 대비되는 두 경제량(經濟量)이 더 이상 변화되지 않고 안정된 '균형' 상태가 되며, 그 상황에서의 경제량의 값을 균형치라고 부른다.

일반적으로 경제학에서는 상호작용이 발생하는 장소가 어디이든 어떤 상황이든 관계없이(예컨대 시장, 선거, 게임, 회사, 결혼 등) 그 상호작용의 패턴이 균형을 유지하려 한다고 가정하게 된다. 특히 미시경제학 분야에서는 최적화와 균형

---

9) 소비자 효용이론에서는 이를 효용의 서수성(ordinality)이라 한다.

간에 매우 밀접한 관계가 있음을 여러 상황에서 잘 보여주고 있다. 다시 말해 모든 개인이나 집단의 행동은 극대화 내지 최소화를 추구하는데, 이 최적화 행동은 이들이 안정된 상태인 균형을 지향하게 된다는 것이다. 이들 경제주체들의 행동의 궁극적인 목표는 균형이 아니라 최적화이지만, 이들 주체들의 상호작용은 균형 상태를 이끌어내게 되는 것이다.

　　균형에는 안정균형(stable equilibrium)과 불안정균형(unstable equilibrium)이 있다. 예를 들어 <그림 2-1>과 같이 산골짜기에 쌓인 눈뭉치는 안정적 균형 상태를 유지하는 반면, 산꼭대기에 놓여 있는 눈뭉치는 불안정한 균형 상태가 될 것이다.

　　외부의 교란 요인이 없다면 상호작용의 결과는 하나의 안정적 균형에 도달하게 된다. 그러나 사회생활에서는 하나의 상호작용이 균형에 도달하기 전에 여러 외부적 교란 요인이 개입함으로써 쉽게 균형에 이르지 못한다. 그렇지만 균형 분석은 그 나름의 중요한 의미가 있다.

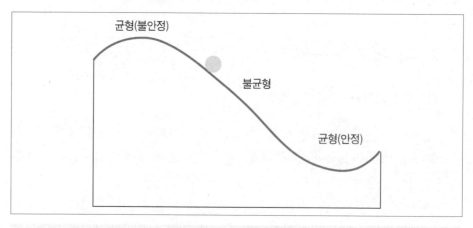

[그림 2-1] 균형과 불균형

　　상호작용 분석에 있어 가장 단순한 형태는 정체 상태 아래에서의 분석이다. 변화의 전 과정을 모두 고려하여 분석하는 것은 매우 어렵기 때문에 대부분의 경우는 여러 균형 상태를 서로 비교해보는 이른바 비교정학(comparative statistics) 분석을 적용하고 있다.

(2) 일반균형이론

어떤 소비재의 공급이 수요를 초과하면 시장가격은 하락하게 되는데, 가격이 떨어지면 공급은 줄고 수요는 늘어난다. 그러다가 해당 재화의 공급과 수요가 일치하게 되면 더 이상 줄거나 늘어날 요인이 없어져 시장에서의 균형 상태가 실현되는 것이다. 이때의 가격을 균형가격이라 하고, 수급량을 균형수급량이라고 부른다. 이러한 수요공급의 법칙은 대표적인 균형이론의 하나이다. 수요공급의 법칙과 같이 특정 상품의 수요공급이라는 사회경제 현상의 일부분에 국한된 이론을 부분균형이론(partial equilibrium theory)이라고 한다.

이러한 부분적 균형을 수많은 재화의 관계로까지 확대한 경우의 균형은 이른바 일반균형이론으로 설명될 수 있다. 일반균형(general equilibrium)이란, 여러 여건(생산의 기술적 조건, 기호, 재화 및 생산요소의 부존량 등)이 주어져 있으며, 완전경쟁과 효용 및 이윤 극대화 원리가 작용한다는 가정 아래서 가격을 포함한 모든 경제량이 전면적인 균형 상태에 놓이는 것을 의미한다.

일반균형이론은 왈라스(Marie Esprit Léon Walras)라는 경제학자가 창시하였으며, 이후 유명한 파레토(Vilfred Pareto)에 의해 계승되어 최근에는 애로우(Kenneth Joseph Arrow)의 이시일반균형모형(intertemporal general equilibrium model), 레온티에프(Wassily Leontief)의 산업연관분석 분야로 발전했다.

이러한 일반균형이론은 애덤 스미스의 이른바 '보이지 않는 손'으로 표현된 시장경제체제에서의 가격기구(price mechanism)의 기능을 총괄적으로 이해하는 데 매우 유용한 분석틀을 제공했을 뿐 아니라, 사회후생과 관련 경제정책의 이론적 기틀이 되고 있다.

3 효율성과 형평성

1) 파레토효율성과 칼도-힉스효율성

(1) 효율성의 의의

경제적 사고에서 필수적으로 활용되는 중요한 개념에서 효율성(efficiency)이 빠질 수 없다. 우리는 보다 적은 비용으로 만족 수준을 높이는 경우를 흔히 현명한 소비행동이라는 의미로 '효율적 소비'라는 표현을 사용하기도 한다.

경제학에서는 효율성의 개념을 다양한 범주에서 정의하고 있다. 예를 들어 생산에 있어서의 효율성을 보면, (1) 보다 적은 생산요소(inputs)의 조합을 사용하여 동일한 생산물(outputs)을 더 이상 생산할 수 없거나, 혹은 (2) 동일한 생산요소의 조합을 사용하여 보다 많은 생산물을 생산할 수 없는 상황을 일컬어 '생산에 있어서 효율적이다'라고 한다.[10] 또한 소비의 효율성을 보면, (1)보다 적은 소득(돈)을 사용하여 목표하는 효용(만족) 수준을 더 이상 달성할 수 없거나, (2) 같은 지출(돈)로 더 높은 효용(만족) 수준을 달성할 수 없는 상황은 소비에 있어서의 효율성이 달성된 것으로 정의한다.

앞서도 소개하였지만, 유명한 경제학자인 애덤 스미스는 경쟁적 시장에서는 이른바 '보이지 않는 손'에 의해 소비자의 효용 극대화와 생산자의 이윤 극대화가 달성되고 그 결과 우리 사회에 가장 큰 부(wealth)로 귀결된다고 하였다.[11] 이는 시장에서 소비자와 생산자가 각각 효용 극대화와 이윤 극대화를 추구하며, 그 결과 소비의 효율성과 생산의 효율성이 달성되어 마침내 사회적 효율성이 달성된다는 것이다.

다양한 효율성의 개념과 유형이 존재하지만, 아래에서 설명하는 파레토효율성 기준이 가장 일반적이다.

---

10) 달리 표현하면, 보다 적은 생산요소의 조합을 사용하여 동일한 생산물을 생산할 수 있는 다른 방법이 있다면 현재 상태는 효율적이지 않은 것이다.

11) 그의 유명한 『국부론(*An Inquiry into The Nature and Causes of The Wealth of Nations, 1776*)』에서 언급한 내용이다.

(2) 파레토효율성과 칼도-힉스효율성

경제학에서의 효율성에 대한 정의 중에는 자원 배분에 있어서의 만족 수준을 나타내는 이른바 파레토효율성(Pareto efficiency)이 있다. 다른 어떤 사람의 만족을 더 악화시키지 않고서는 적어도 한 사람의 만족 수준을 높이는 것이 불가능한 상태를 파레토 효율적이다(Pareto efficient)라고 한다. 예컨대 시장에 영수와 영희라는 두 명의 소비자와 우산과 빵이라는 두 재화만이 존재한다고 하자. 처음에 두 재화가 두 사람에게 배분되어 있는 경우 이 배분이 파레토 효율적인지 여부를 살펴보자. 만일 이 두 사람 중 영수(혹은 영희)의 만족을 더 낮추지 않고서는 영희(혹은 영수)의 만족을 더 높일 수 있도록 빵과 우산을 배분하는 다른 방법이 없는 경우, 이 배분을 파레토 효율적인 배분이라고 한다.

한편 파레토개선(Pareto improvement)이라는 표현도 종종 사용되는데, 이는 하나의 자원 배분 상태에서 다른 사람에게 손해가 가지 않게 하면서 최소한 한 사람 이상에게 이득을 가져다주는 것을 의미한다.

또 다른 효율성의 개념으로 칼도-힉스효율성(Kaldor-Hicks efficiency)이 있다. 어떤 정책으로 어느 한쪽에 손해가 생기더라도 그로 인한 다른 쪽의 이익의 크기가 그 손해보다 크면 효율적이라는 의미이며, 이를 잠재적 파레토효율성(potential Pareto efficiency)이라 부르기도 한다. 즉 어떤 정책의 결과 발생된 손실을 이익 부분에서 모두 보상하고서도 (사회에 미치는) 이익이 크다는 것이다. 이러한 칼도-힉스효율성은 파레토효율성이 지나치게 이상적이어서 현실에서의 공공정책에 적용하기 어려운 여건에서 그 대안의 하나로 제시된 것이다.

이러한 효율성은 명쾌한 수학적 개념이기도 해서 경제학에서는 수학적 분석 방법으로 효율성을 분석하는 경우가 일반적이다.

효율성의 개념은 앞서 설명한 최적화 개념과 일맥상통한다. 즉 어떤 사회 구성원의 경제적 후생은 그들이 누리는 총 잉여(total surplus: 소비자잉여+생산자잉여)로 측정할 수 있다면, 이러한 총 잉여를 극대화하는 자원 배분의 속성이 바로 효율성이라고 볼 수 있는 것이다.

2) 형평성

효율성에 초점을 둔 경제체제는 결국 규제 없는 경제, 이른바 정부의 개입이 없는 자유방임(laissez-faire)의 경제로 귀결된다. 하지만 현실에서 자유방임의 경제체제는 '신화(myth)'에 불과하며 어떤 형태로든 정부의 규제가 없을 수 없다. 적어도 시장이 잘 작동되도록 하는 기본적 게임의 법칙은 정부가 설정해 주어야 하는 것이다.

이상적인 자유방임의 경제에서도 제기되는 경제 문제가 있다. 다름 아닌 '시장에서의 자원의 배분이 과연 공평한가?'의 문제이다.

(1) 형평성의 의의

효율성과 대비되는 중요한 사회적 개념으로 형평성 내지 공평성(equity)이 있다. 형평성이란 사회구성원들 사이에 경제적 후생이 사회통념상 불편부당하게 배분되는 것을 의미한다.[12] 형평성은 적용되는 여건에 따라 여러 의미를 갖는다. 예컨대 평등성(equality), 공평성(fairness), 동등함(sameness), 정당한 권리(right)의 보장, 받을 만한 자격(deserts), 소득배분(distribution of income), 지불능력(ability to pay) 등의 의미로 해석되기도 한다.

형평성은 이와 같이 다양한 뜻으로 해석되고 있어서 사실 그 의미를 명쾌하게 정의하기는 거의 불가능하다. 하지만 일반적으로 기본재산·재능의 형평성, 과정의 형평성, 결과의 형평성 등 3가지로 구분하여 형평성을 정의하고 있다.

(2) 형평성의 3가지 관점

기본재산·재능 또는 천부의 형평성(equity of endowments)은 말 그대로 한 사회에서 개인의 부나 자원의 원천적 배분을 의미한다. 이 기준에 따르면 상속 재산이나 개인적 재능에 차이가 없어야 이른바 천부적 형평성이 달성된다. 이러한 형평성의 기준은 그러나 현실에서는 적용되기 어렵다. 비록 개인의 노동력의 대가나 상속된 부의 재분배는 과세 등을 통해 공평하게 할 수 있지만 개인의 지능이나 신체상태, 유전적 질병 등의 특성은 공평하게 할 방법이 없는 것이다. 다

---

12) 일반적인 공평성과는 달리 형평성의 (법적) 개념은 동등한 자를 동등하게, 동등하지 않는 자를 동등하지 않게 취급하는 것을 뜻하며, 전자를 수평적 형평성, 후자를 수직적 형평성이라고 한다.

시 말해 개인의 천부적 형평성은 어떤 사람에게는 이익이 되는 반면 또 어떤 사람에게는 불이익을 주는 '불공평'한 결과를 낳게 된다.

과정의 형평성(equity of process)이란 모든 개인이 자신의 능력을 바탕으로 동등하게 경쟁하여 소득을 얻을 기회가 주어져야 한다는 의미이다. 천부적 형평성과 과정의 형평성을 구분할 때 흔히 사용하는 사례는 달리기 경주이다. 천부적 형평성은 모든 경기자가 동일한 출발선에 서 있어야 한다는 관점인 반면, 과정의 형평성은 모든 경기자에게 공정한 게임의 조건과 동등한 거리와 규칙이 제공됨을 의미한다.

현실에서는 이 두 가지 형평성의 기준이 잘 준수되지 않거나 지켜지기 어려운 경우가 많다. 예컨대 세계 여러 국가들에서 소수민족들의 자녀들은 교육의 기회가 제한되거나 상대적으로 열악한 교육 환경에 직면하게 되고 또 인종차별을 겪거나 사회 진출에 어려움을 겪는 비율도 상대적으로 높다.

이러한 두 가지 형평성 기준은 비록 결과가 동등하지 않더라도 불공평하다고 하지 않을 수 있다. 하지만 결과의 형평성(equity of outcomes) 기준은 '결과의 절대적 공평(absolute equality of outcomes)'을 판단의 기준으로 삼는다. 그런데 사실 꼼꼼히 살펴보면 결과의 형평성이란 개념 자체에도 여러 판단의 기준이 있을 수 있다. 마르크스(Karl Heinrich Marx)가 주창한 공산주의 이념과 같이 '능력에 따라 생산하고 필요에 따라 배분'하는 것도 그 하나가 될 수 있을 것이며, '동일한 효용을 주는 결과'를 기준으로 삼을 수도 있을 것이다. 하지만 어떤 판단의 기준이든지 절대적 공감을 얻는 것은 불가능해 보인다.

3) 효율성과 형평성 간의 선택

지금까지 살펴본 효율성의 목표와 형평성의 목표 사이에는 특히 소비자정책을 포함한 공공정책과정에서 상충관계를 보이는 경우가 많다. 경제적 효율을 높이는 정책들이 형평성을 훼손할 수 있으며, 형평성 제고 차원에서 추진되는 많은 복지정책들이 효율성을 저하시키는 경우도 없지 않다. 사살 많은 정책들은 자원 배분의 효율성과 사회구성원들의 형평성 제고 간의 상충관계를 경험하게 된다. (앞서 살펴보았듯이) 형평성의 경우도 사회적으로 일치된 판단의 기준을 갖기 어렵다.

예컨대 의료서비스는 기본적으로 시장의 '보이지 않는 손'에 맡길 경우 불완전한 정보와 불확실성으로 인해 공익성이 저해되는 등 시장실패에 처할 위험이 매우 높아 국가의 공적 개입이 이루어지고 있는 분야이다. 하지만 의료서비스의 형평성의 가치를 지나치게 강조하여, 국가가 의료시장에 과도하게 개입할 경우 의료보장제도의 권위주의화, 관료주의화 등의 정부실패가 발생하여 효율성을 떨어뜨릴 수 있다. 즉 의료서비스는 시장실패에 따른 형평성의 문제, 그리고 정부실패에 따른 효율성의 문제가 서로 충돌하는 딜레마에 놓여 있는 것이다.

그럼에도 불구하고, 제기되는 문제는 '과연 효율성과 형평성을 동시에 달성하거나 개선할 수 있을까?'에 있다. 가능성이 없는 것은 아니다. 예컨대 공해(pollutions)와 같은 환경문제를 해결하기 위한 '오염물질거래제(pollution permit)'와 같은 시장지향적 정책으로 인해 사회적 비용을 절감하여 효율을 개선하는 동시에 시민들에 미치는 공해물질 감소를 통해 사회적 형평의 문제도 일정 부분 해소되고 있다고 판단된다.

하지만 항상 그러한 긍정적 효과가 나타나는 것은 아니다. 많은 경제정책들은 효율성 위주로 진행되고 있는 것이 현실이며, 경우에 따라서는 형평성에 초점을 둔 정책의 추진으로 인해 효율성을 저해하는 결과를 보이기도 한다. 어쩔 수 없이 효율성과 형평성 간에 선택을 할 수밖에 없는 경우가 적지 않다.

읽을거리 2.2 ⊕ 3불 정책과 효율성과 형평성 간의 선택

대학입시제도에 관련된 교육정책 중에 지난 20여 년 동안 논쟁거리가 되고 있는 3불 정책(三不政策)이란 것이 있었다. 이른바 고교등급제, 기여입학제, 그리고 본고사를 금지하는 3가지의 기본적 교육정책을 말한다. 최근에 들어와서는 주요 논점에서는 비켜 있지만, 불과 수년 전까지만 해도 3불 정책은 모든 국민들에게 가능한 평등한 교육의 기회를 제공하고 대학의 지나친 경쟁에 따른 부작용을 해소하고자 하는 교육정책당국의 요지부동 정책이었다. 하지만 입시철이나 선거철에 편성하여 대학입학 문제가 사회적 이슈화가 될 때마다 해당 정책들과 관련된 효율성과 형평성 간의 갈등이 단골 메뉴가 되었다.

3불 정책은 빈익빈부익부의 양극화 현상의 확대를 막고자 하는 형평성을 강조한 정책이라고 볼 수 있다. 하지만 지난 2007년에는 정부 산하의 국책연구소인 한국교육개발원조차도 당시 정부의 3불 정책의 무용성 내지는 부적절성을 지적하였을 뿐 아니라 그러한 정책들이 오히려 사교육의 격차를 벌렸다는 주장을 했을 정도로 3불 정책에 대한 비판이 많았다. 즉 지나친 평준화로 인해 공교육이 붕괴하자 사교육이 창궐하는 등 정책의 비효율성으로 인해 오히려 형평성까지 훼손하는 결과를 낳았다는 주장이다.

교육서비스는 누구나 누려야 하는 보편적 서비스(universal services)라는 관점에서 형평성의 중요성이 특히 강조되지만 효율성을 무시하는 정책은 양질의 교육서비스의 크기를 줄여 결국 모두 수요자의 효용수준을 낮추게 되는 원하지 않는 결과를 낳는다.

자료: 저자(이종인) 글.

4 탄력성

1) 탄력성: 반응의 지표

소비자학이나 경제학에서 자주 사용되는 주된 개념 중의 하나로 탄력성(elasticity)을 빼놓을 수 없다. 수학이나 물리학 등에서 사용되는 탄력성이란 말은 '어떤 두 변수가 일정한 함수관계 아래서 변화할 때, 그중 한 변수의 변화 정도가 다른 변수의 변화 정도에 반응하는 정도를 가리키는 수치'를 일반적으로 의미한다. 다시 말해 어떤 독립변수(independent variable)가 1% 변할 때 그 변수로 인해 영향을 받게 되는 종속변수(dependent variable)가 몇 % 변하는지를 나타내는 지표를 의미하며 'A의 B 탄력성(B elasticity of A)'을 'A의 변화율 ÷ B의 변화율'로 정의한다.

2) 수요의 탄력성

가격탄력성

탄력성의 개념은 경제학에서 시장의 수요와 공급에 관한 내용을 다룰 때 필수적으로 응용된다. 예컨대 어떤 재화의 가격 변화에 따라 그 수요량이 얼마나 민감하게 반응하는지를 나타내는 지표로 '수요의 가격탄력성', 즉 '수요량의 변화율 ÷ 가격의 변화율'을 정의하고 실제 수식의 계산에 이용하게 된다.[13] 수요의 가격탄력성을 결정하는 기준으로 대체재의 유무, 소득에서 차지하는 비중 등이 있다.

소비자이론에서는 수요의 가격탄력성 이외에도, 수요의 소득탄력성, 수요의 교차탄력성 등의 개념을 유용하게 활용한다.

소득탄력성

소비자 수요의 소득탄력성(income elasticity of demand)은 소득이 증가하였을 때 증가하는 수요의 % 비율을 의미하며 소득탄력도 내지 소득탄성치라고도 한다. 보다 정확하게는 '소득에 대한 수요의 탄력성'이 적절한 표현이다.

만일 어떤 재화의 수요량이 소득과 같은 비율로 증가하거나 감소한다면 소득탄력성은 1이 되고 '단위탄력적'이라고 한다. 현실적으로는 소득탄력성이 1의 값을 갖는 경우는 흔하지 않다. 어떤 재화에 대한 수요가 소득과 같은 방향으로 변동한다면 그 재화는 정상재(normal good)라 불리는 반면에 소득과 수요가 반대 방향으로 움직이는 경우는 열등재(inferior good)에 해당한다. 또한 열등재 중에서 소득 증대에 따른 소득효과가 대체효과의 절댓값을 초과하는 경우, 다시 말해 가격이 상승하면 오히려 수요량이 증가하는 재화를 기펜재(Giffen's goods)라고 한다.[14]

교차탄력성

수요의 가격탄력성과 소득탄력성 외에도 중요한 의미를 갖는 탄력성 개념이 있는데 바로 교차탄력성(cross elasticity of demand)이다. 대체관계 또는 보완관계가 있는 이른바 연관재의 가격 변화에 대하여 해당 상품의 수요량의 상대적 반응도를 나타낸다. 다시 말해, x재의 수요량 변화율을 y재의 가격 변화율로 나눈 몫을 의미한다.

교차탄력성은 재화의 특성을 구분하는 기준으로 활용된다. 즉 두 재화 간에 교차탄력성 값이 0보다 클 경우를 대체재 관계에 있다고 하며, 0보다 작을 경우

---

13) 제4장에서 수요의 가격탄력성에 관해 보다 상세히 살펴보고 있으므로 여기서는 개념만 소개한다.
14) 기펜재는 모두 열등재이지만, 열등재라고 모두 기펜재가 되는 것은 아님에 주의해야 한다.

는 보완재 관계에 있다고 한다. 예컨대 커피에 대한 수요는 홍차의 가격과 같은 방향(+)으로 변화하며, 커피와 대한 수요는 설탕의 가격과 역의 방향(−)으로 변화한다. 한편 어떤 한 재화에 대한 수요가 다른 재화의 가격의 변화에도 전혀 영향받지 않는 경우는 서로 독립재 관계에 있다고 한다. 설탕과 쌀의 경우가 좋은 예이다.

3) 여타 탄력성 개념

공급의 탄력성

수요의 탄력성과 마찬가지로 상품의 공급에 있어서도 탄력성의 개념이 사용된다. 공급의 가격탄력성이란 어떤 상품의 가격이 변화할 때 그 상품의 공급량이 변화하는 정도를 나타낸다. 다시 말해 가격이 몇 % 변할 때 그에 대한 공급량이 몇 % 변화하느냐를 나타내는 비율(공급량의 변화율÷가격 변화율)을 의미한다. 공급량의 변화율은 공급량의 변화분을 원래의 공급량으로 나누어 측정하며, 가격의 변화율은 가격의 변화분을 원래의 가격으로 나누어 측정한다.

공급의 탄력성이 클수록 가격 상승의 효과는 줄어들며, 반대로 탄력성이 적을수록 가격 상승의 효과가 커진다. 이런 점에서 공급의 탄력성의 크기는 생산 능력의 여유 수준을 보여주는 지표가 된다.

이와 같이 시장의 수요와 공급의 문제 등을 고려할 때 탄력성의 개념을 활용하게 되는데, 이 탄력성은 이론적인 측면뿐 아니라 실제적으로도 사회과학뿐만 아니라 자연과학 전반에 걸쳐 매우 폭넓게 사용되고 있다.

나음 설에서는, 선택의 문제에 있어서 소비자에게 중요한 고려를 하게 하는 기회비용의 개념과, 올바른 선택을 위한 비교우위의 문제에 관해 살펴본다.

5 기회비용

1) 감추어진 비용

기회비용(opportunity costs)은 하나의 재화를 선택했을 때, 그로 인해 선택을 포기한 재화 중 차선의 가치를 가진 선택 내지 그 선택의 가치를 말한다. 즉 포기된 재화의 대체 기회 평가량을 의미하는 것으로서, 어떤 생산물의 비용을, 그 생산으로 단념한 다른 생산 기회의 희생으로 보는 개념이다.

예컨대 한 도시가 도시 소유의 빈 땅 위에 병원을 건축하기로 결정한다면, 그 기회비용은 그 땅과 건설 자금을 이용해 이행할 수 있었던 다른 사업(중 최선의 사업)을 의미한다. 그 병원을 건축하는 결정을 함으로써, 그 도시는 스포츠센터, 넓은 주차장 또는 도시의 채무를 탕감하기 위해 그 땅을 매각하는 것과 같은 기회를 상실하게 된다. 더욱 개인적인 관점에서, 독자의 친구와 함께한 금요일 저녁의 음주가무에 대한 기회비용은 만약 독자가 회사에서 야근을 했다면 벌 수 있었던 돈의 양과 독자가 사용해버린 액수의 합계이다. 그것이 항상 화폐적 가치를 의미하는 것은 아니며 포기한 선택들 중 차선의 선택을 의미하는 것이다.

기회비용 이론에서 중요한 것은 경제적 비용(economic costs)과 회계적 비용(financial costs) 개념의 차이다. 기회비용은 회계적 또는 화폐적인 비용으로 표현되지 않기 때문에 행위의 과정 속의 비용은 명백하지 않은 일종의 감추어진 비용(hidden costs)의 특성을 갖는다.

2) 소비에 있어서의 비교우위

기회비용의 개념은 또한 소비자 간의 거래, 사회 내지 국가 간의 교역 문제를 설명할 때 자주 활용되는 이른바 비교우위(comparative advantage)이론에서 필수적으로 사용된다. 예컨대 비교우위는 '다른 생산자에 비해 같은 상품을 더 적은 기회비용으로 생산할 수 있는 능력'을 의미한다.

오랜만에 동네 인근 전통시장을 방문했다. 시장 초입에서 한 할머니가 깐 밤을 한 무더기에 5,000원에 팔고 있었다. 까지 않은 밤은 1kg에 1만 원에 팔았는데 깐 밤은 그의 절반도 되지 않는 양이었다. 기자는 5,000원에 깐 밤을 구입했다. 조금 비쌌지만 밤을 깐 할머니의 노동력에 값을 치른 것이다. 집에서 밤을 까는 수고를 기회비용이라고 보면 합리적 소비라고 생각됐다.

최근 '쿠팡이츠'를 놓고 말이 많다. 어떻게 무료 배달이 가능하냐며 쿠팡의 적자를 걱정하기도 하는 반면 '우리는 속고 있다'며 쿠팡의 속내를 비판한다. 이렇게 고객을 잔뜩 모은 뒤에 유료로 전환해버리면 결국 소비자는 '쿠팡의 늪'에서 헤어 나오지 못하고 그 돈을 지불할 것이라고 말이다. 실제 미국에서 살다가 일시적으로 귀국한 한 친구가 아마존이 그랬노라고 증언했다. 아마존의 편리함에 빠져들었다가 아마존이 가격을 올려도 다른 곳에서 구매하지 못해 마치 아마존의 지배를 받고 있는 것 같다고 토로했다.

1872년 생리학자인 하인즈만과 1875년 프래처는 물을 아주 천천히 데우면 개구리가 끓는 물에서 뛰쳐나오지 않고 죽게 된다는 학설을 발표했다. 끓는 물에 집어넣은 개구리는 즉시 뛰쳐나와 살지만 서서히 덥혀지는 미지근한 물에 들어간 개구리는 위험을 인지하지 못해 결국은 죽게 된다는 것이다. 혹자는 쿠팡이나 아마존의 전략이 이 같은 '삶은 개구리 증후군'을 이용했다고 주장한다. 서서히 물의 온도를 올리듯이 서비스 가격을 야금야금 올릴 것이라고 경고한다.

이 같은 전략이 비난받아야 마땅할까. 인간이 개구리를 삶아먹는 것처럼 아마존이, 쿠팡이 소비자들을 삼켜버리는 것이 과연 지탄받을 일인가 곱씹어볼 필요가 있다. 정보기술(IT)의 발달로 좀 더 편리한 쇼핑, 음식 배달 등의 서비스를 누릴 수 있다면 이에 대한 대가를 지불하는 것은 당연하다. 기자가 깐 밤을 좀 더 비싸게 주고 산 것과 같은 이치다. '로켓배송'으로 필요한 물건을 바로 다음 날 받아볼 수 있다면, '쿠팡이츠'로 맛있는 음식을 해당 식당을 가지 않고도 몇 번 터치로 내 집 식탁에서 먹을 수 있다면 기꺼이 그들의 먹잇감이 자발적으로 돼주겠다.

자료: 『파이낸셜뉴스』(2019. 9.16., 김아름 정보미디어부 기자).

지금까지 살펴본 합리성, 최적화, 균형, 효율성, 형평성, 탄력성, 기회비용 등 일곱 가지 개념은 소비자를 포함한 경제주체들의 행동을 설명하는 데 필수적이다. 이외에도 사회과학 이론에서 이해해야 할 수많은 개념들이 있다. 인간의 욕구(wants)와 희소성(scarcity), 선택(choice)과 가치(value), 선호(preference) 등 경제학의 가장 기본적 개념들뿐만 아니라, 규모의 경제(economy of scale), 대체재(substitutes)와 보완재(complements), 경제적 이윤(economic benefits)과 회계적 비용(accounting costs) 등 다소 이론적인 개념들도 경제생활에서 널리 사용되고 있다. 특히 다양한 사람들 간의 상호작용이 일어나는 시장과 같이 분산화된 상황 아래서는 이 기본 개념들에 대한 올바른 이해가 매우 중요하다.

경제학을 포함한 사회과학에서의 이러한 기본 개념들은 시장경제에서 작용하는 다양한 현상을 분석하고 이해하는 데 폭넓게 적용될 수 있다.

 검토 과제

01 대부분의 경제이론서들을 보면 경제주체들의 합리적 행동을 가정하고 있다. 그런데 사람들은 과연 합리적으로 행동하는 것일까? 자신이나 주변의 사례를 들어 설명해보라.

02 '현실에서는 각종 시장실패가 결합되어 나타난다'고 하는 사실을 인정하고 있는 이른바 차선이론(second−best theory)에 대해 설명하라.

03 파레토효율성과 칼도−힉스효율성의 의미를 살펴보고, 이들 간의 차이점과 장단점을 비교해보라.

04 천부적 형평성(equity of endowments), 과정의 형평성(equity of process), 결과의 형평성(equity of outcomes)의 의미는 무엇이며 서로 어떤 차이가 있는가? 독자는 어느 경우가 보다 현실성이 있는 개념이라고 생각하는가?

05 경제학을 포함한 사회과학의 주된 쟁점인 효율성과 형평성(공평성)은 서로 상충되는가? 소비생활 속에서의 사례를 들어 설명하라.

06 탄력성의 개념을 이용하여 정상재(normal goods)와 열등재(inferior goods), 필수재(necessities)와 사치재(luxuries)를 구분하여 설명하라.

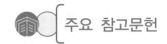

주요 참고문헌

이종인(1999), 「생산물책임원칙이 제품안전성에 미치는 효과」, 박사학위 논문.

쿠터·율렌(이종인 옮김, 2000), 『법경제학』, 비봉출판사.

『파이낸셜뉴스』(2019. 9. 16., 김아름 기자)

한국소비자보호원(1998. 8), 제품 결함에 의한 소비자 피해실태 조사(내부 자료).

Adam Smith(2008), *Selected Chapters and passages from the Wealth of Nations of Adam Smith*, Kessinger Publishing.

Adam Smith(김수행 옮김, 2007), 『국부론』(상), 비봉출판사.

Paul Krugman and Robin Wells(김재영·박대근·전병헌 옮김, 2008), 『크루그먼의 경제학』, 시그마프레스.

2부

소비자중심의
경제학의
기초

Basis of
Consumer-centered
Economics

제3장 경제학 이론 체계에서의 소비자와
　　　소비(자)경제학
제4장 시장에서의 가계와 기업의 행동
제5장 시장 기능의 한계와 소비자후생
제6장 거시경제·개방경제와 소비자

모든 학문에는 다양한 형태의 세부적인 연구 분야가 있다. 경제학이나 소비자경제학의 경우도 마찬가지다. 예컨대 어떤 개인이나 가계의 의사결정 과정을 연구하는 분야가 있을 수 있으며, 한 나라 경제 전체의 움직임을 들여다보는 연구 분야가 있을 수 있다.[1] 제2부에서는 소비자중심의 경제학의 기초에 관해 살펴보기로 한다. 경제학은 전통적으로 크게 두 분야로 나누어지는데, 그중의 하나가 미시경제학(microeconomics)이다. 거시경제학(macroeconomics)이 나라 경제 전체에 관한 경제 현상을 연구하는 경제학 분야임에 반하여, 미시경제학은 가계와 기업이 어떻게 의사결정을 내리며, 시장에서 이들이 어떻게 상호작용하는가를 연구하는 경제학 분야이다. 시장에서 소비자라는 경제주체의 의사선택 내지 의사결정(decision making)에 관해 연구하는 이른바 소비자경제학은 미시경제학의 한 분야라고 볼 수 있다.

시장경제에서의 소비자문제를 탐구하기 위해서는 이러한 미시경제학 이론분 아니라 거시경제학의 기초 지식이 요구된다. 정부의 재정·금융정책과 같은 거시경제정책이 소비자후생에 미치는 영향, 그리고 실업과 인플레이션과 같은 소비생활에 밀접한 변수들에 관한 기초적 지식을 습득할 필요가 있다. 제2부에서는 이러한 시장경제에서의 소비생활에 밀접한 미시경제학과 거시경제학의 주요 내용을 발췌하여 소비자 입장에서 새로이 해석하여 설명하고자 한다.

우선 제3장에서는 종래의 경제학 이론 체계에서의 소비자의 의사결정이론과 소비자의 위치에 관해 정리해보고 경제학적 시각에서 소비자문제의 해법 도출을 위한 배경을 살펴본다. 이어 제4장에서는 시장에서 소비의 주체인 가계(households)[2]가 어떻게 의사결정하는지 살펴보고, 생산의 주체인 기업(firms)의 경제적 행동에 관해서도 개략적으로 설명한다. 제5장에서는 시장의 전반적 기능과 소비자 권익 보호의 한계에 관해 배운다. 소비자문제의 원인을 경제학적 관점에서 재조명해본 후에, 시장경제의 한계를 보여주는 이른바 시장실패 이론을 통해 시장에서 소비자 선택이 제약받는 현상과, 뒤따르는 정부의 역할과 소비자후생의 문제를 살펴본다. 제6장에서는 거시·개방경제에서의 소비자의 위치에 관해 살펴본다. 국민소득과 소비자물가지수, 실업과 인플레이션 등 거시경제변수들이 소비생활에 미치는 영향을 살펴보고 정부의 재정·통화정책이 소비자후생에 미치는 영향에 대해 고찰한다.

---

1) 예컨대 경제학의 경우 개별 경제주체들의 합리적 행동을 분석하는 미시경제학과 경제 전체의 수준에서 고용이나 물가수준, 경제성장과 국제경제 등에 관한 거시경제학으로 대별되며, 보다 세부적으로는 국제경제학, 화폐금융론, 경제성장론, 노동경제학, 산업조직론, 재정학, 자원경제학, 도시경제학, 인구경제학, 그리고 경제사와 경제학설사 등이 있다. 또한 최근에는 정보경제학, 법경제학, 전자상거래경제학, 행동경제학 등과 같은 새로운 경제학의 학문 영역이 생겨나고 있다.

2) 시장에서 상품과 서비스의 최종적 소비활동을 담당하는 경제주체를 경제학에서 가계(households)라고 부른다. 가계는 기업(firms), 정부(governments)와 함께 경제활동을 영위하는 핵심 경제주체이다. 한 집안 살림의 수입과 지출의 상태를 의미하는 가계(family budget)와는 다른 의미이다.

3장 경제학 이론 체계에서의 소비자와 소비(자)경제학

소비자는 소비를 위한 기회비용과 선택상의 여러 여건을 감안하여 의사결정을 하게 되며, 이러한 의사결정에 있어서 정보의 비대칭과 공급자의 이기적 행태와 같은 도덕적 해이 등을 경험하게 된다. 이에 소비자는 한정된 소득 수준 안에서 올바른 선택의 문제를 고민하게 되며, 자신의 선호를 바탕으로 최적의 소비 선택을 위한 합리적 의사결정을 위해 노력하게 된다.

제3장에서는 이러한 소비자 의사결정에서의 특징들을 기초적인 경제학 이론을 바탕으로 살펴보고, 소비자의 소비와 선호의 문제 해결을 통한 행동경제학의 문제까지 공부해보고자 한다. 또한 경제학적 시각에서 소비자문제를 고찰해보고 불완전 정보와 소비자행동의 문제도 함께 검토해본다. 더불어 경제학 이론 구조에서의 소비자와 소비(자)경제학 이론의 위치를 살펴본다.

1 소비 의사결정 이론

1) 소비의 결정: 소득–소비가설

상품의 구매 과정에서 입게 되는 소비자 피해나 안전사고와 같은 소비자문제의 대부분은 소비자의 일상적인 경제활동 중에 발생한다. '경제'를 의미하는 'economy'란 단어가 원래 '집안 살림을 하는 사람'이라는 의미에서 유래했듯이 소비자의 가정 살림살이와 경제는 많은 공통점이 있다. 한 가정에서도 많은 의사결정이 필요하듯이 경제를 구성하는 사회에서도 필요한 자원을 선택하고 행동 방향과 수준을 결정해야 한다. 그 과정에서 가정문제, 소비자문제, 사회문제 등 다양한 문제가 제기되며, 이러한 문제들을 해결하는 과정이 경제활동의 범위 내에서 이루어진다. 그러한 의미에서 경제학(economics)은 '한 사회가 희소한 자원을 어떻게 관리하는가를 연구하는 학문'으로 정의되는 것이 일반적이다.

이러한 관점에서 우리는 소비자문제와 경제학의 관계를 생각해볼 수 있다. 다시 말해 경제학에서의 소비 문제에 관한 분석에는 소비자문제의 발생에 관한 경제학적 해석이 빠질 수가 없는 것이다.

우리들의 일상생활을 보면 매일의 식생활을 위해 식재료를 준비해야 하고, 취미생활을 위해 필요한 용품을 구입해야 한다. 또한 가족과의 해외여행이나 노후의 안정된 생활을 위해, 그리고 불확실한 장래를 대비해 여유자금을 저축한다. 이처럼 우리가 소비 지출과 저축을 위해 필요한 소득을 얻기 위해서는 직장에 나가 일을 하거나 스스로 독립된 사업을 하는 등 경제활동을 하게 된다.

이와 같은 주로 가계의 행동에 관한 여러 경제이론들이 있는데, 그중 '소비'에 초점을 맞춘 것으로는 이른바 '소득-소비가설'이 있다. 이는 '본래의 소비는 소득에 대하여 정(+)의 관계에 있기 때문에 소득이 늘어남에 따라서 소비도 함께 증가한다'라는 이론이다. 소득소비가설은 '절대소득가설', '항상소득가설', '생애소득(life cycle)가설', '(시간적, 공간적)상대소득가설' 등으로 세분하여 이론적으로 정리된다. 이 책이 경제이론서는 아니므로, 각 소득-소비가설들의 의미와 현실에서의 성립 여부 문제만 간략히 살펴보도록 한다.

(1) 절대소득가설

절대소득가설(absolute income hypothesis)은 저명한 경제학자인 케인즈(John M. Keynes)가 주장한 소비함수이다. 단기적으로 처분이 가능한 소득이 증가하면 소비 역시 늘어난 소득의 일정 부분만큼 따라서 늘어난다는 논리이다. 다시 말해 소비의 크기가 당기의 절대소득에 의존한다는 것이 이 가설의 요지이다.

케인즈는, 비록 소비에 영향을 미치는 금융자산, 시장이자율, 정부정책, 장래소득에 대한 기대 등 여러 요인들이 있지만, 단기적으로는 이러한 요인들을 모두 단기적으로 일정불변이라 가정했다. 즉 가계의 소비 수준은 현재 소득에 의해서만 영향받으며, 소득 증가분의 일부분만 소비에 반영되는 것으로 정의하였다.

이러한 절대소득가설을 간단한 수식으로 나타내보자.[3] 앞서 언급했듯이 소득 외 다른 요인들을 일정불변으로 가정하면 소비함수를 $C = \alpha + \beta Y$으로 수식화할 수 있다. 여기서 C는 소비, Y는 당기의 소득 수준을 나타내며, β를 한계소비 성향(MPC), C/Y를 평균소비 성향(APC)이라 한다. APC는 MPC보다 크며, MPC는 0과 1 사이의 값을 갖는다. 케인즈에 따르면 APC는 MPC보다 항상 크며, MPC는 0과 1 사이의 값을 갖는다. 실제 통계에 의하면, 단기적으로는 절대소득가설이 성립하지만 장기적으로는 APC=MPC가 된다.[4]

이러한 절대소득가설은 단기에서는 성립한다. 하지만 장기적으로는 소득과 소비 간의 다양한 영향관계가 나타날 수 있으며, 이러한 부분들을 설명하기 위해 절대소득가설에 대체적인 여러 가설이 등장하게 되었다. 그중 대표적인 것이 항상소득가설, 생애주기가설, 그리고 상대소득가설이다.

(2) 항상소득가설

항상소득가설(permanent income hypothesis)은 소비자가 현재 소득이 아닌 이른바 항상소득에 의해 자신의 소비수준을 결정한다는 이론이며 시카고대학의 프리드먼(Milton Friedman) 교수가 주창하였다.

항상소득이란 어떤 소비자가 일생 동안에 획득할 것으로 기대하는 평균소득을 의미한다. 항상소득과 실제소득은 한 개인의 일생을 통해서는 같은 값을 갖겠지만, 특정 시기나 기간에서는 같아야 할 이유는 없는 것이다. 실제소득은 항상소득보다 클 수도 있고 작을 수도 있는데 프리드먼은 이러한 실제소득과 항상소득과의 차이를 일시소득(transitory income)이라 칭하였다. 또한 소득과 마찬가지로 소비도 항상소비(permanent consumption)와 일시소비(transitory consumption)로 구분하였다.

항상소득가설을 수학적으로는 $C\rho = k(i, w, u) \cdot Y\rho$, $Y = Y\rho + Yt$, $C = C\rho + Ct$으로 나타낼 수 있다. 여기서 Y는 개인가처분소득, $Y\rho$는 항상소득, Yt는 일시소득, C는 실제소비, $C\rho$는 항상소비, Ct는 일시소비, k는 항상소비와 항상소득간의 비례상수, i는 이자율, w는 항상소득에 비인적부(非人的富)의 비율, u는 k에 영향을 미치는 기타의 경제적 요소, ρ는 상관관계를 나타내는 기호이다.

---

3) 수학적 표현에 두려움이 있는 독자는 걱정하지 말기 바란다. 이 단락을 무시해도 절대소득가설을 이해하는 데는 무리가 없다.

4) 이 부분은 뒤에서 설명하는 항상소득가설 등 기타 소득−소비가설을 참고할 수 있다.

프리드먼은 소비자의 일시소득은 일시소비와 독립적이어서 대부분 저축으로 귀결되며, 실제소득 가운에 항상소득의 비율이 클수록 소비 성향이 높고, 일시소득 비율이 클수록 저축 성향이 높다고 주장하였다.

이러한 항상소득가설은 소비자의 소비 결정이 소득뿐만 아니라 개인의 장래소득 등에 관한 기대에 의해서도 영향을 받을 수 있음을 이론적으로 잘 보여주는 소득－소비 이론으로 볼 수 있다.

(3) 생애소득가설

생애소득가설(life-cycle income hypothesis)은 생애주기소득가설 또는 생애주기가설이라고도 하며 앤도(A. Ando)와 모딜리아니(Franco Modigliani)가 제창한 이론이다. 이 가설에 따르면, 사람들은 대체로 남아 있는 여생을 염두에 두고 현재 시점의 소비를 결정하게 된다. 여생 동안 얻을 수 있는 총소득을 노동소득과 자산소득으로 나누면, 소비는 이 두 소득의 선형함수로 표시할 수 있다.

생애소득가설을 수학적으로 표현하면, $C = aA + bWt$로 놓을 수 있다. 여기서 C는 소비 수준, W는 여생 동안 벌어들일 수 있는 근로소득의 현재 가치, A는 자산소득의 현재 가치를 나타낸다.

이 가설에 따르면 평생소득에 대한 소비의 비율은 당기의 소득 수준에 대한 비율보다 훨씬 안정적으로 나타난다. 다시 말해 장기적으로 평균소비 성향과 한계소비 성향이 같아진다는 의미이다. 따라서 소비와 저축 간의 상대적 크기는 연령대에 따라 달라지는데, 청년기와 노년기에는 '소비＞저축' 현상을 보이는 반면에 중년기에는 '소비＜저축' 현상을 보이게 된다.

(4) 상대소득가설

상대소득가설(relative income hypothesis)은 소비가 당기의 소득뿐 아니라 타인의 소득과 자신의 과거 소득의 영향을 받는 변수라는 것이며, 미국의 경제학자 듀젠베리(James Stembel Dusenberry)가 제창한 소득－소비 이론이다. 그는 개인의 소비가 현재의 절대적 소득 수준에 의존하는 것이 아니라 자신이 과거에 누렸던 최고소득(peak income)과 더불어 자신이 속해 있는 사회에서의 자신의 상대적 소득 지위에 의존한다고 주장하였다.

상대소득가설은 두 가지 효과로 요약된다. 첫 번째는 개인의 소비가 타인의 소비 수준에 의하여 영향을 받는다는 이른바 전시효과(demonstration effect)이다. 소비자는 항상 자신이 속해 있는 계층의 사람들과 비교하면서 생활하기 때문에 타인의 소비 형태와 소득 수준에 의해 영향을 받게 된다는 것이다.

두 번째는 자신의 최고 소비 수준에 의해 영향을 받는다는 이른바 톱니효과(ratchet effect)이다. 소득이 증가함에 따라 일단 높아진 소비 수준은 소득이 감소해도 이전 수준으로 감소하지 않는다는 것이다. 다시 말해 현재의 소비가 비가역성(非可逆性)의 작용에 의해 과거의 최고 소비 수준에 의해 영향을 받는다는 것이다.

이상의 대표적인 4가지 소득–소비가설은 매우 정치한 경제이론적 구조를 하고 있어 이 책의 이해 수준을 능가하는 부분이 적지 않다. 더불어서 그러한 가설에서의 여러 주장에 대한 연구자들의 다양한 비판도 존재한다. 관심이 있는 독자는 경제이론서를 참조하기 바란다.

2) 소비자 의사결정의 문제

가계의 소비행동에는 '의사결정'의 문제가 동반된다. 이에 관한 연구는 심리학과 마케팅론, 사회학, 경제학 등 다양한 학문 분야에서 수행되어왔다. 특히 경제학 분야에서는 이른바 '효용이론'의 연구 형태로 진행되어왔다.

(1) 최적 소비 의사 결정

소비자 효용이론은 개인의 '합리성'을 전제하여 소비 선택의 문제를 살펴보고 있다. 이른바 합리적인 소비자는 자신의 '효용'을 최대화(utility maximization)하려 하며, 이때의 소비 행동은 최적의 '의사결정'을 한 것이라는 것이다.[5] 여기서 효용이란 소비자가 어떤 상품을 소비할 때 느끼게 되는 주관적인 만족도를 의미한다.

이러한 효용의 개념과 효용의 최대화 등의 이론은 1870년대 이른바 한계효용학파(school of marginal utility)라 불리는 제본스(William Stanley Jevons), 멩거(Carl Menger) 그리고 왈라스(Marie Esprit Léon Walras) 등이 주창했다. 그 후 후

---

5) 이 책의 제2장에서 합리성과 최적화에 관해 보다 구체적인 설명을 하고 있다.

생경제학을 개척한 영국의 유명한 경제학자 마셜(Alfred Marshall)이 '한계효용체감의 법칙', '한계효용균등의 법칙' 등 고전학파경제학에서의 한계효용이론을 정립했다.

(2) 소비자의 시장행동과 선호 순서

소비에 관한 의사결정을 할 때 소비자의 선호 순서에 주목한 연구가 있는데, 새뮤얼슨(Paul Anthony Samuelson)이 주창한 이른바 현시선호이론(theory of revealed preference)이다.

앞서 말한 '합리적' 선택을 하는 소비자는 구매하고자 하는 상품의 선호 순서가 있다. 그런데 그러한 소비자의 선호 행동은 원래 소비자의 관념 속에서만 존재하므로 외부에서 알아차릴 수 없다. 따라서 소비자의 선호는 상품의 가격 조건에 따라 결정되는 선호량(수요량)으로 나타내어질 뿐이라는 것이다.

새뮤얼슨은 시장에서 관찰되는 이러한 소비자의 행동에는 모순성이 없다는 점을 전제하고 있다. 즉 해당 가격에 따라 나타내어진 소비자의 선호 순서는 일정하며 뒤바뀌지 않는다는 것이다. 그에 따라 다른 여러 소비 이론(한계효용이론, 무차별곡선이론)에서의 논리적 제약을 해소할 수 있게 되었다.

(3) 정보 부족 아래에서의 소비 의사결정

지금까지 살펴본 소비자 의사결정은 모두 정보가 '완전'하다는 전제를 하고 있다. 매우 비현실적인 전제인 것이다. 우리가 생활하고 있는 현실 경제에서 소비자는 정보가 충분하지도 않을 뿐 아니라 거래 상대방과 대등하지도 않은 것이 일반적이다.

불완전 정보(imperfect information) 또는 비대칭 정보(asymmetric information) 여건에서는 장래에 대한 예측에 있어서 필연적으로 불확실성이 뒤따르며, 이른바 위험(risk)이 발생하게 된다. 그러한 불확실성 또는 위험이 있는 상황에서의 소비에 관한 의사결정 문제는 장래에 대한 예상 또는 '기대(expectation)'의 개념을 이용하여 이해할 수 있다. 이른바 기대효용(expected utility)이라는 개념을 통해 정보 부족 아래에서의 소비자의 의사결정 문제를 설명할 수 있는 것이다. 이를 경제학에서는 기대효용이론 또는 기대효용가설(expected utility theorem)을 통해 설명하고 있다.6)

(4) 행동경제학

소비 의사의 결정에 관한 이러한 종래의 여러 경제학 이론들을 통해 소비 행동의 기본적인 사항들을 어느 정도 이해할 수 있다. 하지만 기존의 이론들은 대부분 이상적인 경제적 인간(homo economicus) 또는 '합리적' 소비자를 전제하고 있으며, 그런 전제 아래 소비자가 자신의 효용을 최대화하려 한다고 간주하고 있다.

하지만 현실에서 소비자의 행동은 합리적이지 못하거나 이타적인 경우도 많아서, 합리성과 이기심을 전제로 하는 경제적 인간을 전제로 한 주류 경제학에는 한계가 있을 수밖에 없다.[7] 특히 소비 결정뿐 아니라 소비 의사의 결정의 문제를 정확히 파악하기 위해서는 인간의 합리성과 이기심과는 거리가 있는 소비자들의 여러 의사결정 요인들을 분석할 필요가 있는 것이다.

이러한 배경 아래 기존의 '합리적 인간'이라는 주류 경제학의 핵심 가정에 대해 문제를 제기하는 학자들이 적지 않다. 그 대표적인 경우가 이른바 '행동경제학(behavioral economics)' 연구자들의 관점이다. 이들은 사람이 갖는 여러 사회적, 인지적, 감정적 이유와 편향에 의해 발생하는 다양한 심리학적 현상을 경제학 이론에 도입하였다. 이들은 종래의 (주류) 경제학 이론이 현실과 괴리되었음을 강조하면서 다양한 인간의 심리에 관련된 실험 연구를 통해 새로운 분석 모델을 제시하였다.

행동경제학은 '인지경제학(cognitive economics)'으로도 불릴 정도로 인간의 감정과 심리를 중시한다. 따라서 주류 경제학자가 아닌 심리학자, 인지신경심리학자, 뇌과학자 등도 이 분야에 상당한 기여를 하고 있다. 1978년에 노벨경제학상을 받은 사이먼(Herbert Alexander Simon)과 2002년도 수상자 카너먼(Daniel

---

6) 1730년경 스위스 물리학자 베르누이(Daniel Bernoulli)는, 사람은 화폐에 관해 한계효용이 체감하는 효용함수를 갖고 있는데, 도박이 가져오는 효용의 수학적 기대치 혹은 기대효용을 판단의 기준으로 한다는 가설에 의해 이득의 기대치가 무한대인 도박이라도 실제로는 그 도박에 거금을 내고 참가하는 사람은 없다는 소위 '상트페테르부르크의 역설(St. Petersburg Paradox)'을 설명하려고 했다.

7) 경제학의 주류(main stream)는 '경제적 인간'을 전제로 하는 신고전파 경제학(neoclassical economics)이다. 경제학 이론 분야 중에는 이러한 주류 경제학 외에도 막시즘경제학, 진화경제학, 제도경제학, 생태경제학, 복잡계경제학, 사회경제학, 포스트케인지언경제학, 구조주의경제학, 급진정치경제학, 신오스트리아경제학, 행동경제학, 행복경제학 등 수많은 비주류 경제학이 있다.

Kahneman), 2017년 수상자 탈러(Richard H. Taller) 등이 대표적인 경우이다

주류 경제학에서는 사람들이 일관성 있는 안정된 선호를 바탕으로 한 합리적인 의사결정을 전제하고 있기 때문에 인간의 감정과 심리가 경제학 이론에 끼어들 틈이 없었다. 하지만 행동경제학에서는 사람들이 비록 합리적인 의사결정을 추구하지만 최적화(optimizing) 원리보다는 자신이 기대하는 일정 수준 이상이 되면 선택을 한다는 '만족화(satisfying)' 원리를 주창하면서 주류 경제학이 철저하게 무시해온 인간의 감정을 중요시했다.

이러한 행동경제학은 심리학과 인지신경과학 등에서 축적된 인간의 행동에 관련된 많은 분석 도구와 축적된 지식을 기존의 경제학 학문 분야에 접목함으로써 상당한 학문적 기여를 하고 있다. 행동경제학자들은 다양한 실험과 분석을 통해 인간의 합리성과 이기심을 전제로 하는 주류 경제학 이론들의 불완전함과 오류를 보여주는 증거들을 제시하고 있다. 그렇지만, 아직까지는 높은 수준의 (경제학) 이론 체계로 발전했다고 평가하기는 이르다.

읽을거리 3.1 ⊕ 행동경제학의 거목 게리 베커

2014년 5월 3일 '시카고학파의 거목' 게리 베커 교수가 83세로 세상을 떠났다. 『뉴욕타임스』는 "결혼, 출산과 사망 등 매일 벌어지는 생활 현상들의 원인을 밝혀내려 했던 '행동경제학의 거목'이 세상을 떠났다"고 보도했다. 그는 전통 경제학이 다루지 않았거나 기피했던 인종, 결혼, 교육, 범죄와 형벌 등도 경제학 이론을 통해 분석함으로써 미시경제학의 지평을 넓혔다는 평을 받는다.

경제학의 유용성을 높인 그는 모든 인간은 얻게 될 이익과 비용을 계산하여 자신의 이익을 극대화하려 한다고 주장했다. "개인은 이기적이든 이타적이든, 충실하든 악의적이든 효용을 극대화하고자 할 뿐이다"고 말하기도 했다. 하지만 경제학계 일부에서는 그의 연구 영역 확대를 인정하려 하지 않았지만, 교육·가족·범죄와 형벌의 경제학이 경제학으로 자리 잡는 기틀을 마련한 것은 분명 커다란 업적임에 틀림없다.

그는 어려서부터 인종차별과 불평등의 문제에 관심을 가졌으며, 박사학위 논문의 주제도 차별에 관한 것이었다. 소수계층에 대한 차별이 그들의 소득과 고용, 직업에 어떤 영향을 미치는지

경제이론을 활용하여 분석했다. 이어 노동, 인적자본, 가계, 생산은 물론 경제학이 기피해왔던 인종, 결혼, 교육, 범죄 문제까지도 경제이론으로 설명하고자 했다. '범죄와 형벌: 경제학적 접근'(1968)이 그의 대표적인 논문인데, 여기서 그는 잠재적 범죄자는 범죄 활동에서 기대이익과 기대비용을 비교(형량)하여 자신의 범행 여부를 결정한다는 논리를 폈다. 이와 같이 다양한 사회현상을 경제학과 접목시킨 공로로 그는 1992년 노벨경제학상을 받았다.

자료: 이종인(『범죄와 형벌의 경제학』, 2013) 외.

 2 **불완전 정보와 소비자 행동**

1) 경제학적 시각에서의 소비자문제

소비자와 생산자(기업) 간에, 상품의 거래 과정에서 발생하는 소비자문제는 이 책의 제1장에서도 언급했듯이 시장경제체제 기능상의 문제에서 출발하기 때문에 본질적으로는 경제 문제이다. 시장경제 속에서 상품을 최종 소비하는 생활자로서의 경제적 행동(economic activities)에 중심을 둔 문제가 소비자문제인 것이다.

소비자문제의 발생 원인에 관해서는 정보의 비대칭성과 불완전성, 비경쟁적 시장구조 등에 의한 이른바 시장실패(market failures) 현상으로 보는 것이 피구(Arthur Cecil Pigou)를 중심으로 한 후생경제학의 입장이었다. 오늘날에는 이러한 경제학적 관점에 더해 정보통신기술의 발전과 글로벌 시장의 개방 확대 등 새로운 환경 변화에 따른 소비자들의 선택상의 혼란 측면도 주된 소비자문제를 야기하는 원인으로 인식되고 있다. 그럼에도 불구하고, 현실의 시장기구가 효율적으로 작동하지 않는 시장실패를 소비자문제의 주된 원인으로 인식하는 데는 무리가 없다. 그중에서도 정보의 비대칭성 내지 정보의 불완전성이 소비자문제를 이해하는 가장 중요한 요소이다.

2) 불완전 정보와 소비자 행동

앞서 우리는 정보의 문제와 직결시켜 소비자문제를 살펴보았다. 즉 생산자와 소비자, 판매자와 구매자, 청약자와 수약자 등 거래 당사자 간의 정보의 비대칭 문제 또는 소비자의 정보 부족을 모든 소비자문제의 발생 원인으로 간주한 것이다. 이 절에서는 이러한 '불완전 정보(imperfect information)'에 관해 좀더 자세히 살펴보도록 한다.

많은 경제학 입문서에서는 경쟁적 시장에서 모든 시장 관계자들이 '완전한 정보'를 가지고 있다고 가정한다.[8] 이는 소비자와 생산자가 시장과 시장 거래의 모든 것을 알고 있다는 것이 아니라, 이성적이고 정상적인 의사결정을 하기 위해 필요한 모든 정보를 가지고 있다는 의미이다(예컨대 시장에서의 소비자는 제2장에서 살펴본 '합리적 소비자'라는 것이다).

하지만 현실에서의 소비자는 과거와 현재, 그리고 미래에 관한 정보가 완전하지 않은 경우가 더 많으며, 위험과 불확실성을 초래하는 소비 의사결정을 해야만 한다. 이러한 불완전한 정보 아래서의 행동은 여러 형태의 비정상적인 선택을 가져오게 되는데, 이른바 역선택, 도덕적 해이, 본인-대리인 문제, 크림스키밍, 체리피킹 등의 문제를 야기하게 된다.

불완전 정보는 한 명 이상의 시장 참여자가 의사결정을 위해 필요한 정보를 갖지 못함을 의미한다. 불충분한 정보, 부정확한 정보, 획득 불가능한 정보, 알려지지 않은 정보, 숨어 있는 정보, 왜곡 정보, 정보 취득 능력이 없는 상황 등을 모두 포함한 개념이다. 시장 참여자가 추가적인 정보 또는 정확한 정보를 갖고 있었다면 보다 효율적인 결과를 예상할 수 있었을 것이다. 따라서 그렇지 못한 불완전 정보 상황은 (제5장에서 공부할) 시장실패의 주된 요인 중의 하나가 되는 것이다.

(1) 정보 비대칭

정보 비대칭(asymmetric information)이란 구매자와 판매자가 서로 다른 정보를 갖고 있는 것을 의미한다. 소비자가 구매하려는 상품에 관한 필요한 정보가 없거나 생산자가 그들이 생산하여 판매하는 상품에 관한 충분한 정보가 없다면,

---

8) 경제학자들도 시장경제에서 경쟁과 정보가 불완전하다는 것을 알고 있지만, 이론적 분석과 의사결정의 편의를 위해서 '완전경쟁'과 '대칭적 정보' 상황을 전제하고 있다.

시장 거래에 대한 편익과 비용은 생각했던 것보다 다를 수 있다. 또한 시장에서의 거래를 제약하거나 왜곡하는 결과를 초래할 수 있다.

상대방이 어떤 유형의 경제주체인지 잘 알 수 없는 경우에는 좋은 상품을 파는 사람을 골라서 거래하면 된다. 하지만 정보 부족 또는 비대칭적 정보 상황으로 인해 상대방의 유형을 잘 모르거나 알 수 없는 경우에는 어떤 유형의 상대방과 거래하게 될 가능성이 높을까? 이 절에서 공부할 역선택의 논리에 따르면, 실제로 피하고 싶은 상대방과 거래하게 될 가능성이 높다.

중고차시장

대표적인 예로 중고차시장(레몬마켓)을 들 수 있다.[9] 중고차를 시장에 내놓는 주인은 구매자보다 차에 관한 더 많은 정보를 가지고 있다. 다시 말해 중고차의 구매자와 판매자는 중고차의 품질에 관한 비대칭 정보 상황에 놓이게 된다.

설명의 편의를 위해 고품질중고차시장과 저품질중고차시장이 따로 형성되어 있다고 하자. 고품질중고차의 판매자는 그에 따른 높은 가격을 받고자 하고, 저품질차의 판매자는 적정한 가격을 받고자 할 것이다. 하지만 구매자는 자신이 고품질중고차 시장에서 사는 차가 고품질인지 저품질인지 알 수 없기 때문에 고품질 중고차에 대한 수요는 감소한다. 또한 저품질중고차 시장에서도 생각보다도 더 낮은 품질일 가능성이 있다고 생각하기 때문에 저품질중고차에 대한 수요도 낮아진다.

이러한 상황이 반복되면 고품질중고차의 판매 가격은 매우 낮게 형성되며, 따라서 고품질중고차 판매자는 판매 의사가 없어지게 된다. 결국 중고차시장에 대한 평가가 악화되어 중고차시장 전체의 규모가 줄어들거나 극단적으로는 아예 없어지게 될 수도 있다.

비대칭 정보에 대한 대응

하지만 현실에서 중고자시장은 존재할 뿐 아니라 번성하기도 한다. 왜냐하면 (정부의 인위적인 조치가 없더라도) 당사자들이 비대칭 정보에 대응하여 적절한

---

9) 겉모습만 그럴듯한 물건을 영어로 'lemon'이라 하고 내실 있는 경우를 'peach'라고 한다. 그런 의미에서 영어권에서는 중고차시장을 'lemon market'이라 부른다.

행동을 하기 때문이다.

구매자는 전문가의 조언을 받거나 다른 구매자의 의견을 들을 수 있다. 또한 인터넷 검색을 통해 각종 정보를 수집하고, 해당 차량을 직접 시범주행하는 방법으로 정보를 수집한다. 판매자 역시 제값을 받기 위해, 판매하는 이유를 진솔하게 설명해주거나 차량운행기록을 보여주거나 보증을 해주기도 하며, 자신의 사회적 평판을 알려줄 수도 있을 것이다.

물론 국가 또는 정부가 나서서 정보 비대칭 문제에 따른 시장왜곡현상을 해소할 수도 있다. 문제 있는 중고차를 시장에서 몰아내도록 하는 법이나 규칙(이를 영어권에서는 'lemon laws'라고 한다)을 제정해서 적용할 수 있으며, 연비나 품질검사 결과를 의무적으로 제시토록 할 수도 있다.

(2) 역선택

정보의 격차가 존재하는 시장에서 불완전한 정보에 기초하여 행동하기 때문에 발생하는 비정상적인 선택을 역선택(adverse selection)의 문제라고 하며, 자기선택 또는 반대선택이라고도 한다. 거래에 있어서 어느 일방이 정보를 가지고 있기 때문에 발생하며, 결과적으로 바람직하지 않은 상대방과 거래할 가능성이 높은 현상을 가리키는 말이다.

보험회사와 보험 가입자 간의 관계에서 이러한 역선택의 문제를 쉽게 이해할 수 있다. 보험회사는 가입 희망자들 중 사고의 위험이 낮은 사람만 받아들이고 사고 위험이 높은 사람은 피하고 싶어 한다. 이때 가입 희망자가 어떤 유형인지 쉽게 판별할 수 있다면 별 문제가 되지 않을 것이다. 사고 위험이 큰 가입자에게는 높은 보험료를 요구하여 보험 가입을 포기하게 할 수 있기 때문이다. 하지만 어떤 유형의 가입 희망자인지 알 수 없다면 결과적으로 사고 위험성이 높은 사람들만 자신의 보험을 구매하게 되는 이른바 역선택현상이 나타날 수 있는 것이다.

가입 희망자의 유형을 알 수 없는 경우, 보험회사는 평균적인 사고 확률에 기초해 산출된 보험료(premium)를 모든 보험 가입자에게 적용하게 된다. 사고 위험이 낮은 사람은 그 보험료가 너무 많다고 판단하여 가입을 꺼리지만, 사고 위험이 큰 사람은 그 보험이 자신에게 유리하다고 판단하여 가입하려 한다.

보험회사가 이러한 역선택의 문제를 모를 리 없으며 나름의 대책을 갖고 있다. 예컨대 신체검사기록을 제시토록 하여 객관적 위험 정보를 얻을 수 있으며, 특정한 보장을 받기 전에 일정 기간 이상 가입하게 할 수 있다. 또한 보장의 범위를 제한할 수 있으며, 한 집단의 사람들에게 하나의 보험만 가입하게 하는 것도 역선택을 방지하려는 대비책의 하나가 된다.

(3) 크림스키밍과 체리피킹

크림스키밍(cream skimming)은 말 그대로 생유(生乳) 중에서 맛있는 크림만을 분리해서 채집한다는 의미로, 보험회사가 저비용의 개인을 가입시켜서 이윤을 증가시키기 위해 건강한 고객을 찾으려고 경쟁하는 현상을 뜻한다.

크림스키밍 현상이 일반화되면 고령자나 장애자와 같은 위험성이 높은 집단의 선택권은 제약받을 수밖에 없다. 즉 건강하지 않거나 비용이 많이 드는 집단을 차별하는 결과를 초래하기 때문에 형평성 문제를 야기시키는 문제가 있다.

크림스키밍과 유사한 용어로, 좋은 대상만을 골라 가는 행위를 뜻하는 체리피킹(cherry picking)이 있다. 체리는 다른 과일에 비해 가격이 비싼 편이어서 마음껏 먹기가 쉽지 않다. 아이들이 어렸던 미국 체류 시절, 저자는 종종 인근의 체리농장으로 가족 나들이를 겸해서 체리피킹을 갔다. 1인당 15달러의 농장 입장료만 지불하면 얼마든지 맛있는 체리만 골라서 따 먹을 수 있을 뿐 아니라 농장에서 제공하는 작은 용기에 체리를 담아 올 수도 있다. 먹음직스럽지 못한 체리는 체리피커들의 선택에서 제외될 수밖에 없다.

불완전한 정보 상황에서의 이러한 크림스키밍과 체리피킹 현상은 보험시장의 경우 선택받지 못한 다수 소비자들로 하여금 예상보다 더 많은 비용을 보험료로 부담해야만 하는 부작용이 따른다.

(4) 도덕적 해이

보험에 가입하는 사람은 사고 예방을 위해 합당한 노력을 하겠다는 암묵적 약속을 보험회사뿐 아니라 자신과도 하게 된다. 하지만 일단 가입 후에는 그러한 약속을 지킬 유인이 없어진다. 사고 예방을 위해서는 상당한 비용이 드는 데 비하여 (노력을 소홀히 하여) 사고가 나더라도 어차피 보험사로부터 보상을 받게 되기 때문이다. 보험회사는 가입자의 그러한 도덕적으로 해이한 행동에 대한 완전한 정보를 가지고 있지 못하다.

이와 같이 도덕적 해이(moral hazard)는 원래 보험시장에서 사용되었던 용어이다. 경제학에서는 정보의 비대칭이 존재하는 상황에서 주인(principal)이 대리인(agent)의 행동을 완전히 관찰할 수 없을 때 대리인이 자신의 효용을 극대화하는 과정에서 취하는 바람직하지 못한 행동을 도덕적 해이라고 한다.

이러한 도덕적 해이가 문제가 되는 이유는 타인에게 비용을 전가함으로써, 상대방(보험회사)의 비용을 높이게 되며, 제삼자(다른 보험 가입자)들의 행동(보험계획)에도 영향을 주기 때문이다.

도덕적 해이를 막거나 완화하는 다양한 방법이 있다. 보험 가입자에게 보험료의 일부분을 부담케 하는 공제(deduction) 조항을 활용할 수 있으며, 보험 가입자로 하여금 일정한 비율을 부담하게 하는 공동보험(co-insurance) 방식을 택할수 있다. 또한 보험 가입자에게 유인을 제공하는 방안으로 실적에 비례한 보수를 지급하는 방법도 있으며, 병원 입원일수 제한과 같이 서비스를 제한하거나, 사전에 허가를 받도록 조치할 수도 있다. 또한 일정한 기간이 지난 후에 추가적 서비스를 제공하는 방법도 상대방의 도덕적 해이를 막을 수 있는 수단이 된다.

(5) 본인-대리인 문제

감추어진 행동(hidden action)이 문제가 되는 비대칭적 정보의 상황에서 발생하는 문제의 전형적 예가 바로 본인-대리인의 문제이며, 그로 인해 앞서 살펴본 도덕적 해이 문제가 발생하게 된다.

어떤 일을 자신이 직접 수행하기에는 능력이 부족하거나 또는 다른 이유로 대리인을 선정해 일 처리를 맡기는 경우가 종종 있다. 이때 일을 맡기는 사람을 본인(principal), 의뢰를 받아 대신 일 처리를 해주는 사람을 대리인(agent)이라고 부른다. 그런데 이 둘 사이에는 정보가 대칭적이지 않기 때문에 대리인은 주인의 의도와는 다른 행동을 할 가능성이 있게 된다. 그런데도 본인은 이러한 대리인의 (도덕적 해이) 행동을 알 수가 없어 이른바 본인-대리인의 문제가 발생하는 것이다.

계약 관계나 거래 관계에 있는 수많은 관계에서 이러한 본인-대리인 관계를 읽을 수 있다. 사장님은 종업원이 열심히 일하기를 원하지만 종업원은 일단 근로계약을 체결한 후에는 자신의 노력과는 무관하게 봉급을 받으므로 대충대충 일할 가능성이 있는 것이다. 주주와 경영자, 소송 의뢰인과 변호사, 학생과 스승,

국민과 관료, 특히 국민과 대통령과의 관계도 본인-대리인의 관계로 볼 수 있다.

본인-대리인 문제에 대해서도 다양한 해법이 있을 수 있다. 대리인에게 수수료나 로열티, 발생되는 이익의 배분 약속, 성과에 따른 인센티브 제공 등을 통해 대리인의 일에 대한 근면성을 기대할 수 있다. 또한 대리인에 대한 엄격한 모니터링과 책임을 계약을 통해 명확히 하는 방법도 있으며, '참 잘했어요!'와 같은 칭찬과 격려, 감사의 표현과 같은 비금전적 인센티브도 본인-대리인 문제를 해소하는 데 도움이 된다.

3 경제학 이론 구조에서의 소비자의 자리매김

1) 미시경제학에서의 소비자이론

필자가 대학시절 공부했던 경제원론이나 미시경제학 이론서에는 앞 절에서 소개한 항상소득가설이나 상대소득가설, 생애소득가설 등 소득소비가설과 같은 소비의 경제이론에 관한 내용이 대부분 포함되어 있었다. 하지만 언제부턴가 소비경제학(Consumer Economics, Economics of Consumption)의 본질과 정의, 경제학 체계에서의 소비자학의 위치 등에 관한 사항은 표준적인 경제이론서에서는 더 이상 찾아볼 수 없게 되었다. 이러한 현상은 우리나라뿐만 아니라 미국이나 일본 등 외국의 경우도 크게 다르지 않다.

예컨대 고전경제학파의 조상이라고 불리는 애덤 스미스도 불후의 명저서인 『국부론』(1776)에서 "소비는 전체 생산의 유일한 목적으로서, 생산자는 소비자의 이익을 촉진시키는 데 필요한 사항에만 관심을 갖는다"고 하였고, 유명한 철학자인 스튜어트 밀(John S. Mill)은 "경제학은 생산이나 분배와 불가분의 관계에 있는 것 외에는 부의 소비에 아무런 관계가 없다. 명확한 과학의 주제로서의 부의 소비법칙에 대해서는 아는 바 없으며, 아마도 인간의 향락의 법칙에 지나지 않는다"라고 하여, 소비 이론 자체를 인정조차 하지 않았다.[10]

하지만 시장에서의 소비자의 위치와 역할이 경제이론의 핵심 부분이 됨에

---

10) 日本消費経済学会(編, 1993), 消費経済学総論, 税務経理協会, 21쪽

따라 특히 미시경제학의 많은 부분을 소비자이론이 차지해가게 되었다. 미시경제학은 기본적으로 수요이론과 공급이론 그리고 시장이론으로 구성되는데, 이중에서 수요이론이 소비자이론에 해당한다. 탄력성과 무차별곡선, 효용 극대화 등이 대표적인 소비자이론이다. 또한 비교적 최근에 들어와 이론으로 구성된 불확실성하의 선택 문제도 대부분 시장에서의 소비자의 행동은 분석 대상으로 하고 있다.

앞서 언급했듯이 소득소비이론 등 소비자행동이론은 이제 경제학 교과서에서는 찾아보기 어려운 실정이다. 그렇다고 하여 경제학에서 소비자이론이 배제된 것은 물론 아니다. 소비자이론은 (다른 인접 학문 분야와 더불어) 경제학의 여러 분야 속에 자리를 차지하고 있는 실정이다.

전통적 경제학 이론은 오늘날의 미시경제학(microeconomics) 이론으로 대표된다. 세계 경제의 대공황(great depression)기를 거치면서 영국의 경제학자인 케인즈의 『고용·이자 및 화폐의 일반이론』에 의해 확립된 거시경제학(macro-economics)[11]에도 거시경제정책과 소비자효용 등의 내용들이 포함되어 있긴 하지만 대부분의 소비자이론은 미시경제이론 속에서 읽을 수 있다. 예컨대 미시경제학에서의 불확실성 아래에서의 선택의 문제, 소비자선호체계, 최적 선택 등은 주된 소비자이론이기도 하다. 또한 소비자잉여, 현금보조, 현물보조, 현시선호이론 등 미시경제학에서의 제반 이론과 분석모형들이 소비자이론에서 응용되고 있는 실정이다.

이러한 미시경제학 이론에서의 소비자이론은 제4장과 제5장에서 보다 상세히 살펴본다. 거시경제 또는 개방경제에서의 소비자이론 역시 6장에서 구체적으로 공부하도록 한다.

2) 소비(자)경제학

(1) 소비(자)경제학의 본질

소비(자)경제학은 어떤 학문 분야일까? 어떤 사전에서는 '소비자와 외부 환

---

11) 국민소득 이론에 입각한 소비와 투자, 저축 등의 집계량을 가지고 국민소득의 결정을 논하는 경제학으로서, 1935년 케인즈의 『고용·이자 및 화폐의 일반이론(The General Theory of Employment, Interest and Money)』에 의해 확립된 경제학 이론이다. 현대의 거시경제학은 여전히 케인즈의 절대적인 영향 아래 놓여 있다고 볼 수 있다.

경과의 경제적인 상호작용을 중점적으로 다루는 학문'이라고 정의하기도 하지만, 한마디로 소비 내지 소비자를 중심으로 한 경제학이다. 즉 소비(자)경제학은 공급자 중심의 기존의 경제이론 체제에서 벗어나 소비자를 하나의 주체로 보고 동일한 경제주체로서 행해지는 시장에서의 역할과 의무, 소비자 보호 등에 초점을 맞추어 연구를 진행하고 있는 학문 분야로 이해할 수 있다.

소비(자)경제학은 소비자로 인한 경제 환경의 변화에 주목하는 것에 그치지 않고 소비자와 외부의 상호작용에 의한 경제 활동에도 주목하고 있다.

(2) 소비(자)경제학의 학제적 특성

소비 내지 소비자를 중심으로 한 경제학, 즉 소비(자)경제학이라는 학문체계는 다음의 4가지를 전제하고 있다고 볼 수 있다.

첫째, '소비자'라고 하는 경제주체와 '소비'라고 하는 경제행위는 서로 독립된 존재가 아니라는 점이다. 생산, 유통, 소비 등의 경제행위를 담당하는 경제주체들은 서로 밀접한 연관을 가지고 경제 활동에 참여한다.

둘째, 소비자는 소비의 주체만이 아니라 경우에 따라서는 생활자, 생산자, 근로자의 위치에 서기도 한다는 점이다. 특히 현대 자본주의 시장경제에서의 경제주체들은 그 이해관계가 매우 복잡하게 얽혀 있으며, 소비행위는 생산활동이나 유통활동 등이 없이는 존재할 수 없는 것이다.

셋째, 대부분의 생산은 소비를 그 목적으로 하고 있지만, 이윤을 추구하는 자본주의 사회에서는 소비와 생산이 양립할 수밖에 없는 것이 주된 경제 원칙으로 볼 수 있다.

넷째, 자본주의 시장경제에서 소비행위를 위해서는 지출 가능한 소득의 획득이 선행되어야 한다는 점이다.

소비자 내지 소비를 대상으로 하는 소비(자)경제학은 이러한 전제 아래 인접한 다양한 학문 분야와 연결되어 있다. 경제학은 전통적으로 경제이론, 경제정책, 경제사 등의 영역으로 구분되는데, 이를 소비(자)경제학에 응용해보면 〈그림 3-1〉과 같이 나타낼 수 있다. 또한 경제학은 순수과학의 측면에서 이론경제학과 응용경제학, 공공경제학·공기업론, 경영학 등으로 구분되는데 이 체계를 소비(자)경제학에 응용해보면 역시 〈그림 3-1〉에서와 같이 분류해볼 수 있을 것이다.

소비(자)경제학의 학제적 체계는, 이와 같은 전통적 경제학에 기초한 분야뿐 아니라 가정학, 사회학, 경영학, 마케팅론 등 다양한 학문 분야들에서의 이론들을 응용하고 있는 복합·응용 학문 분야라고 할 수 있다.

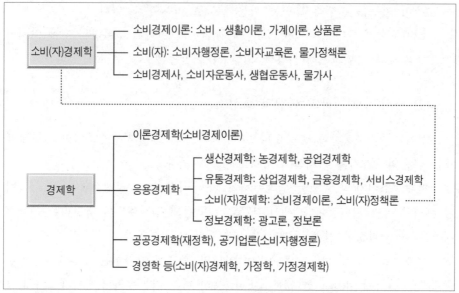

출처: 日本消費経済学会(編, 1993), 所費経済学総論, 税務経理協会, 21쪽 및 관련 문헌.

[그림 3-1] 경제학 분야에서의 소비(자)경제학의 위치

 검토 과제

01 절대소득가설, 항상소득가설, 생애주기가설, 상대소득가설 등 각 소득-소비가설의 장단점을 비교해보라.

02 행동경제학은 전통적 주류 경제학에서의 '합리적 인간' 가정에 이의를 제기하고 있는데, 주로 어떤 측면인지 사례를 들어 설명하라.

03 도덕적 해이 문제는 보험의 경우에 종종 인용된다. 개인화재보험이나 생명보험과 같은 상품의 경우, 보험 가입자가 스스로 도덕적 해이를 줄이려는 인

센티브를 갖고 있다. 예를 들어 설명해보라.

04 경제학에서 소개되는 소비자이론 모형의 사례를 들어보라.

05 전통 경제학에서의 소비자경제학의 위치에 관해 <그림 3-1>을 참고하여 설명해보라.

주요 참고문헌

맨큐(김경환·김종석 옮김, 2018), 『맨큐의 경제학』 제8판, 한티에듀.

『경제학사전』(2011. 3. 9.), 경연사.

이종인(2012), 『세상을 바꿀 행복한 소비자』, 이담북스.

이종인(2013), 『범죄와 형벌의 법경제학』, 한울아카데미.

Steinemann·Apgar·Brown(2005), *Microeconomics for Public Decisions*, South-
    Western.

伊藤セツ·川島美保(2008), 消費生活経済学, 光生館.

朝岡敏行·関川靖(2007), 消費者サイドの経済学, 同文館出版.

日本消費経済学会(編, 1993), 所費経済学総論, 税務経理協会.

4장 시장에서의 가계와 기업의 행동

시장경제에서 소비를 대표하는 주체는 소비자이다. 그런데 개별 소비자의 행동과 경제활동을 체계적으로 정형화하기에는 여러 가지 문제가 있다. 따라서 경제이론에서는 개별 소비자 대신 가계(households)[12]라는 경제단위를 소비의 주체로 간주한다. 경제학에서 가계는 자원과 목표 또는 가치관 등을 공유하는 가족원을 인적 구성으로 하여 자원의 배분 및 소비 활동을 담당하는 경제주체를 의미한다.

이 장에서는 이러한 소비의 주체인 가계와 더불어, 생산을 담당하는 주체인 기업[13]의 시장 행동에 관해 기초적 경제이론을 바탕으로 공부한다.

우선 제1절에서는 소비자선택 및 시장수요 이론(theory of consumer and market demand)을 통해, 한 소비자가 주어진 소득 제약 아래 시장의 수많은 재화와 서비스를 어떻게 합리적으로 선택하는지를 살펴본다. 이어서 제2절에서는 상품과 서비스의 생산을 담당하는 기업이 추구하는 목표가 무엇인지 살펴보고, 어떤 원리 아래서 기업이 공급량을 선택(결정)하게 되는지에 관해 이해한다.

---

12) 가계(家計)는 원래 '한 집안 살림의 수입과 지출의 상태'나 '집안 살림을 꾸려나가는 방도나 형편'이라는 의미를 갖고 있지만 경제학에서의 가계는 자원의 배분 활동이나 소비 활동을 행하는 최소 경제단위를 의미한다.
13) 기업(企業)의 국어사전에서의 의미는 '영업 이익을 얻기 위하여 재화나 용역을 생산하고 판매하는 조직체'이지만 경제학에서는 이윤 추구를 목적으로 하는 생산경제의 최소 단위체를 의미한다.

① 가계의 행동

경제학에서는 소비자의 선택에 관한 일반 이론을 합리적 선택이론(theory of rational choice)이라고 한다. 본 절에서는 소비자선택 및 시장수요 이론(theory of consumer and market demand)을 쉽게 이해해보도록 한다. 즉 소비자가 자신의 소득 제약 아래 시장의 수많은 재화와 서비스를 어떻게 합리적으로 선택하는지를 살펴보고, 이러한 소비자의 선택을 설명하기 위해 합리적 선택이론이 형성되어온 과정과 시장에서의 소비자의 수요에 관해 살펴본다.

1) 소비자의 선호 변화와 수요

전통적인 소비자선택이론은 소비자의 선호(preference)에 관한 분석을 전제로 한다. 소비자들은 자신들이 좋아하거나 싫어하는 상품(goods and services)에 대해 잘 알고 있으며, 자기의 선호를 충족하는 정도에 따라 해당 상품조합들의 순서를 매길 수 있다고 가정한다. 즉 소비자는 서로 다른 상품묶음 A와 B가 있을 때 둘 중 어느 쪽을 더 좋아하는지(혹은 더 싫어하는지), 아니면 동일하게 좋아하는지 비교할 수 있다는 것이다.

이와 같은 소비자의 선호 순위는 선호의 완비성, 이행성, 연속성의 가정에 입각하여 설명할 수 있다(이를 선호체계의 기본 공리(axiom)라고 부른다).

(1) 선호체계의 기본 공리

완비성

선호의 완비성(completeness)이란 소비자가 모든 가능한 상품묶음들 중 어느 쪽을 더 좋아하는지 순서를 매겨 비교할 수 있다는 의미이다. 즉 어떤 재화와 서비스로 구성된 상품조합 A와, 같은 재화와 서비스로 구성된 상품조합 B가 있을 때 소비자가 B보다 A를 더 좋아하거나 A보다 B를 더 좋아하거나 혹은 동일한 정도로 좋아하는지를 분명히 말할 수 있다는 것이다. 완비성 가정 아래서는 소비자는 '비교할 수 없다'라는 결론을 내릴 수가 없는 것이다.

이행성

선호의 이행성(transitivity)은 A, B, C 세 개의 상품묶음이 있을 때 어떤 소비자가 A를 B보다 좋아하고, B를 C보다 좋아한다면 이 소비자는 반드시 A를 C보다 더 좋아해야 한다는 것이다. 또한 이행성 조건은 소비자가 A와 B를 동일하게 좋아하고(즉 선호가 무차별하고), B와 C를 동일하게 좋아한다면, 이 소비자는 A와 C를 동일하게 좋아해야 한다는 조건이기도 하다.

어떤 사람이 A를 B보다 좋아하고, B를 C보다 좋아하며, C를 A보다 좋아하는 경우는 '선호가 순환(circular preferences)된다'라고 한다. 이행성 조건은 이러한 개별 소비자의 선호가 순환되는 것을 인정하지 않는다.

물론 이러한 이행성 가정이 현실에서 항상 성립되는 것은 아니다. 나이가 어린 청소년이나 아동, 정신질환자 중에는 선호가 순환되는 경우가 있을 수 있는 것이다. 하물며 일반인의 경우도 선호가 순환되는 경우를 현실에서 종종 관찰할 수 있다.

연속성

선호의 연속성(continuity)이란 소비자의 선호가 변화해나갈때 연속적으로 변화해가며 갑작스러운 변화는 나타나지 않는다는 의미이다. 즉 두 상품묶음의 양에 미미한 차이만 있다면 이들에 대한 소비자의 선호도에도 아주 작은 차이만 존재해야 한다는 뜻이다. 다시 말해, 소비자의 선호가 갑작스레 변할 것을 인정하지 않는다는 것이다.

(2) 소비자선호의 주관성

이러한 3가지 기본적 가정을 전제해서 소비자는 자신이 선호하는 선택을 할 수 있으며 이를 '합리적 선택'이라고 간주한다. 그런데 소비자의 선호는 매우 주관적이다. 사람들은 서로 다른 다양한 기호(tastes)를 갖고 있는데, 이는 동일한 상품임에도 불구하고 사람마다 다른 선호 순위를 갖고 있다는 것을 반영한다. 이러한 선호의 주관성 문제는 심리학이나 사회학과 같은 타 학문 분야에서 많이 다루어지고 있으며, 전통적인 경제학에서는 소비자의 선호 내지 기호가 주어져 있다(given)고 가정한다. 이 가정은 종종 소비자의 선호가 외생적(exogenous)이라고 표현되는데 그 의미는 소비자의 선호가 경제체계의 외부에서 결정된다는 의미이다.

전통적 경제학에서는 소비자 선호의 주관성 문제를 다루고 있지 않다. 철수가 A라는 상품묶음을 B라는 상품묶음보다 더 선호하고, 영희도 철수와 같이 B보다 A를 더 선호한다고 하자. 이때 철수와 영희 중 누가 A를 더 선호하는지 알 수 없다. 즉 각 소비자의 선호의 순위(order)만 알 수 있으며, 그 선호의 크기(strength)는 알 수 없다. 각 소비자들 간의 후생(well-being)의 비교(불능) 문제는 소비자정책을 포함한 공공정책을 수립하고 집행하는 데 매우 중요한 의미가 있다.

2) 효용함수와 효용 극대화 행동

(1) 소비자 효용함수

소비자의 선호 순위가 정해지면 그 소비자의 효용함수(utility function)를 유도해낼 수 있다. 어떤 소비자가 x와 y라는 두 상품만을 선택할 수 있다고 가정하자. 소비자의 효용을 u로 나타내면 x와 y의 상품묶음으로부터 얻을 수 있는 소비자의 효용을 $u=u(x, y)$로 나타낼 수 있다.

이 효용함수를 <그림 4-1>와 같이 그림으로 나타낼 수 있는데 이러한 그림을 흔히 무차별지도(indifference map)라고 한다. 그림에서 각 곡선은 소비자에게 동일한 수준의 효용 내지 후생을 가져다주는 x, y의 상품묶음들이다. 이때

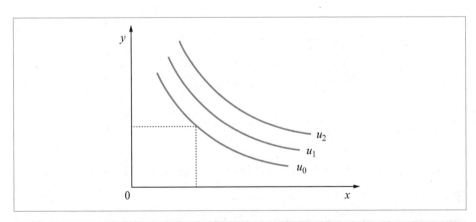

[그림 4-1] 소비자의 무차별지도

이 개별 곡선들을 무차별곡선(indifference curve)이라고 부른다. 즉 그림에서 무차별곡선 u_0 상의 모든 x, y의 상품묶음은 소비자에게 동일한 효용을 주게 된다. 그리고 무차별곡선 u_1 상의 모든 상품묶음이 소비자에게 주는 효용 수준은 u_0 곡선 상의 모든 상품묶음이 주는 효용 수준보다 항상 높음을 의미한다.

(2) 소비자의 소득 제약

소비자는 상품묶음의 선택에 있어 자신의 만족을 가로막는 여러 제약에 직면하게 된다. 즉 시간, 에너지, 지식, 문화, 소득 수준 등과 같이 소비자의 선택을 제한하는 여러 제약 요인이 있지만 그중 가장 큰 제약은 소득 수준이다. 이 소득 수준의 제약을 〈그림 4-2〉에 나타냈다. 그림에서 우하향하는 직선을 예산선(budget line) 또는 소득 제약선(income constraint line)이라고 부른다. 〈그림 4-2〉에서 예산선 아랫부분은 주어진 소득 수준(M: Income) 아래 선택 가능한 모든 x, y의 상품묶음들이다. 소비자가 자신의 전체 소득을 x와 y 두 상품 구입에 모두 쓰고자 한다면, 소비자가 선택하는 상품묶음은 예산선 위의 한 점에 놓이게 될 것이다.

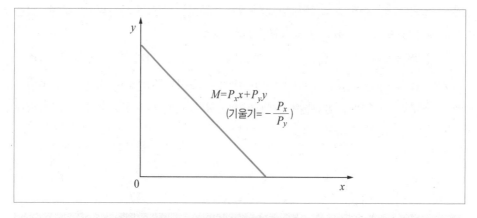

[그림 4-2] 예산선

(3) 효용 극대화 행동

이제 주어진 예산 제약 아래 소비자의 효용을 극대화할 수 있는 x, y의 상품묶음을 살펴보자. 소비자의 기호(preference)는 〈그림 4-1〉에서 무차별지도로 나타냈고, 예산 제약은 〈그림 4-2〉에서 예산선으로 나타냈다.

이 두 그림을 합치면 <그림 4-3>과 같이 나타낼 수 있다. 소비자가 자신의 예산 제약 아래 선택할 수 있는 최적의 상품묶음은 <그림 4-3>의 E점이 되며 이때의 상품묶음은 x^*, y^*가 된다. 이 (x^*, y^*) 묶음은 소비자가 선택할 수 있는 모든 상품묶음 중에서 자신에게 가장 큰 효용을 주는 상품묶음임을 의미한다.

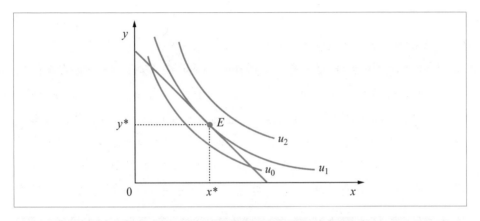

[그림 4-3] 무차별지도와 예산선: 효용 극대화

3) 경제적 최적해 '한계비용=한계편익'

제2장에서도 설명하였듯이, 경제학 이론에서는 어떤 특정한 제약 아래에서의 조건부극대화(constrained maximization)가 매우 중요하다. 경제학에서 조건부극대값(constraint maximum)은 '한계비용과 한계편익이 같아지는 한 점'에서 정의된다(표현이 어려워 보이지만 아래 내용을 읽어보면 쉽게 이해할 수 있을 것이다).

이 극대화 정의를 보다 구체적으로 설명해보자. 한 소비자가 소비행동을 통해서 자신의 만족(효용)을 극대화하기 위해 어떤 상품을 소비(선택)한다고 가정하자. 그는 이 선택이 자신의 최선책, 즉 극대값인지 여부를 알기 위해 '주어진 제약하에서 내가 택할 수 있는 가장 최선의 선택인가?'라고 스스로 반문해본다. 그다음 최초의 선택 수준보다 근소한(very small) 수준을 늘리거나 줄여본다. 이러한 근소한 변화를 경제학에서는 한계(marginal)라고 나타낸다.

소비자가 자신의 최초의 선택에서 근소하게 증가시킨 경우를 보자. 이때 그 상품의 근소한 증가에 따른 추가되는 비용을 한계비용(marginal cost)이라 하고, 근소한 증가에 따른 이익의 증가를 한계편익(marginal benefit)이라고 한다. 소비자는 근소량의 증가에 따른 한계편익이 한계비용보다 더 큰 경우에는, 이 새로운 선택이 더 좋은 결과를 가져왔다고 판단한다. 소비자는 자신의 한계편익이 한계비용보다 더 큰 이상 이러한 근소한 변화 내지 한계적 수정을 계속해갈 것이다. 그렇지만 한계편익이 한계비용과 같게 되거나 더 적어지게 되면 그는 더 이상 한계적 수정을 하지 않을 것이다. 이러한 과정을 통해 소비자의 효용 수준이 극대값(최적해)에 도달하게 된다.

이러한 한계비용과 한계편익의 개념을 이용하여 〈그림 4−3〉에서 E점, 즉 소비자의 소득 제약하에서 효용 극대화를 설명할 수 있다. 예산선 M 상에서의 근소한 이동은 소비자가 x와 y 상품 중 한 상품에 대한 지출을 1단위 줄이고 다른 상품에 대한 지출을 1단위 늘림을 나타낸다. 이러한 예산선 상에서의 이동에 따른 비용과 편익의 측정을 위해 소비자효용의 근소한 변화(혹은 한계적 변화)의 개념을 사용한다. 예를 들어 y 상품 한 단위를 적게 구매하게 되면 이로 인해 효용이 감소되는데 이것이 예산 재배분에 따른 한계비용이다. y의 구매를 줄임으로써 절약한 예산으로 x의 구매를 늘임으로써 소비자의 효용이 증가되는데 이를 예산 재배분에 따른 한계편익이라고 한다. 소비자는 자신의 주어진 소득으로 y에 대한 지출을 줄이고 x에 대한 지출을 늘려나가다가 한계편익이 한계비용과 같게 될 때 더 이상 소득의 재배분을 하지 않을 것이다. 이때 소득 제약 아래 극대화가 달성되며, 바로 〈그림 4−3〉의 E점에 해당한다.

4) 소비자 수요와 수요의 가격탄력성

수요의 법칙

지금까지 미시경제이론 중 소비자의 합리적 행동에 대해 살펴보았다. 이제 소비자선택이론의 핵심 개념인 시장에서의 소비자 수요(market demand)와 수요의 법칙(law of demand)에 관해 공부하자.

어떤 상품에 대한 수요의 양을 결정하는 데 여러 경제변수가 영향을 미치고 있지만, 그중에서 가장 중요한 역할을 하는 것은 바로 그 상품의 가격(P)이다. 일반적으로 다른 모든 조건이 동일하다고 할 때, 해당 상품의 가격이 높아지면 사람들은 더 적은 양을 수요하게 되고, 반대로 가격이 낮아지면 수요하는 양이 많아진다. 이와 같은 가격과 수요량 사이의 관계는 현실에서 매우 빈번하게 관찰된다고 하여 이를 수요의 법칙(law of demand)이라고 한다.

어떤 상품에 대한 이러한 소비자 수요(Q_D)는 해당 상품의 가격뿐 아니라 다른 변수들의 영향도 받는다. 예컨대 수박에 대한 소비자 수요는 다른 상품인 참외값(P_R)의 하락이나 상승에 따라 영향을 받게 될 뿐 아니라, 소비자의 소득 수준(M)과 소비자의 수(N)와 기호(Taste, T) 등에 의해 영향을 받는다. 이와 같이 한 상품의 수요량과 여러 영향 변수들 사이의 관계는 다음과 같이 간단한 수식으로 나타낼 수 있으며, 이를 시장수요함수(market demand function)라고 한다.

$$Q_D = f\ (P,\ P_R,\ M,\ N,\ T)$$

이러한 시장수요함수는 앞서 소개한 수요 법칙을 따르게 되며, 다음 〈그림 4-4〉와 같이 나타낼 수 있다.

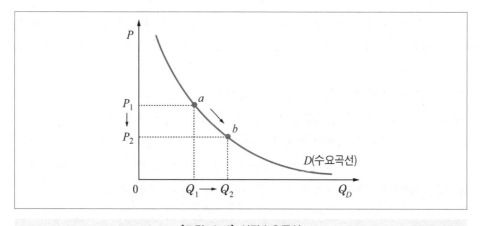

[그림 4-4] 시장수요곡선

수요의 가격탄력성

지금까지 우리는 어떤 상품에 대한 소비자의 수요량이 그것의 결정 요인과 어떤 관계를 갖고 있는지, 즉 〈그림 4-4〉의 수요곡선의 의미를 살펴보았다. 그림에서의 수요곡선(D)은 경우에 따라 더 완만하거나 가파른 형태를 할 수도 있다. 수요곡선의 기울기는 매우 중요한 의미를 갖고 있는데 이를 소비자수요이론에서는 수요의 가격탄력성(price elasticity of demand) 혹은 간단히 수요탄력성(elasticity of demand)이라는 개념으로 설명하게 된다.

수요탄력성은 상품의 가격이 달라질 때 수요량이 얼마나 변하는지를 보여주는 척도이다. 이때 탄력성은 수요량의 변화율(percentage changes)을 가격의 변화율로 나눈 값이다.

$$수요탄력성(e) = 수요량의\ 변화율(\%) \div 가격의\ 변화율(\%)$$

수요탄력성은 대개 e로 나타낸다. 탄력성의 범위는 비탄력적($e < 1$), 탄력적($e > 1$) 및 단위 탄력적($e = 1$)으로 구분된다. 수요가 비탄력적인 상품의 경우 상품가격의 % 변화에 비해 수요량의 % 변화가 적게 된다. 예를 들어 $e = 0.5$인 상품은 가격이 50% 저하될 경우 그 상품에 대한 수요가 25% 증가한다. 반면, 수요가 탄력적인 상품의 경우 상품가격의 % 변화에 비해 수요량의 % 변화가 더 크게 된다. 즉 어떤 상품이 $e = 1.5$이라는 말은 가격이 50% 하락할 때 수요량이 75% 증가하고, 가격이 20% 높아질 때 수요량이 30% 감소하게 됨을 의미한다.

수요탄력성의 크기를 결정하는 요인에는 여러 가지가 있다. 그중 주된 결정 요인은 대체재(substitutes)의 존재 여부이다. 대체재가 많은 상품일수록 수요탄력성이 크고 대체재가 적은 경우는 수요탄력성이 작다. 예컨대 쇠고기, 돼지고기, 닭고기 등과 같은 식품의 경우는 수요의 가격탄력성이 비교적 크며, 소금이나 고추와 같이 적합한 대체재를 쉽게 찾을 수 없는 경우에는 그 탄력성이 상당히 작다. 또 다른 수요탄력성의 결정 요인으로는 상품의 특성을 들 수 있다. 식료품과 같은 생활필수품은 수요의 가격탄력성값이 일반적으로 작다.

읽을거리 4.1 ⊕ 탄력성의 응용: 휘발유 가격과 조세귀착의 문제

경제학 원론 수준에서 탄력성, 특히 수요의 가격탄력성을 설명할 때 흔히 응용하는 사례로 이른바 '조세귀착'이 있다. 조세귀착이란 부과된 세금이 실제로 누구에게 부담되는가에 대해 살펴보는 것을 의미한다. 경제학 이론서에서의 결론은, 누구에게 세금을 부과하든지 관계없이 세금의 실질적인 부담은 동일하다는 것이다. 비록 사치재(luxury goods)에 적용되는 높은 특별

소비세율을 적용받고 있지만 이제는 필수재가 되어버린 휘발유에 부과되는 유류세의 경우를 통해 수요의 가격탄력성 문제를 살펴보자.

우리나라의 경우 휘발유 가격의 절반 가까이는 세금이다. 한국석유공사에서 오피넷(www.opinet.co.kr)을 통해 매주 발표하는 가격 정보를 보면 2020년 2월 초 현재 휘발유 전국 평균 소비자가격은 1,552원 수준이다.

이 중 정유사 공급가는 전체의 47.4%에 불과하며, 나머지는 48.7%의 세금과 3.9%의 유통비용과 마진이 차지하고 있었다. 이 중 정부가 거둬가는 세금의 구성을 보면 교통세(리터당 약 530원), 교육세(교통세의 15%), 부가세(소비자가격의 10%), 기타 지방세인 주행세(교통세의 26%) 등이다. 그 외에도 발표된 세금으로 분류되지 않은 관세(수입가격의 3%)와 수입부과금(리터당 16원)이 있다. 이러한 세목들 중 교통세와 교육세, 주행세는 소비자가격의 변동에 관계없이 정액으로 부과되기 때문에 휘발유 가격이 상승하면 세금의 비중은 줄지만, 가격이 하락하면 오히려 세금의 비중이 커지는 역진적 특성을 갖고 있다.

이런 유류세는 외형적으로는 휘발유 공급자인 주유소와 정유사에 부과된다. 하지만 상당 부분은 휘발유 소비자에게 전가되는데 과연 어느 정도가 소비자에게 전가되는 것일까? 이 문제는 휘발유 수요의 가격탄력성과 공급의 가격탄력성의 크기에 달려 있다. 휘발유는 사실상 필수재여서 수요의 가격탄력성은 매우 작은 반면, 공급의 가격탄력성은 매우 큰 편이다. 그 결과 휘발유 소비세의 부담은 대부분 소비자에게로 귀착된다. 다시 말해 리터당 1,552원 수준인 휘발유 가격의 절반 정도인 세금의 대부분이 소비자에게 전가된다는 말이다. 물론 주유소나 정유사도 세금의 일부분을 부담하지만 수요탄력성과 공급탄력성의 차이로 인해 그 크기가 매우 적게되는 것이다.

따라서 휘발유에 부과된 세금을 말 그대로 소비자가 부담하는 소비세로 불러도 될 만하다.

자료: 저자(이종인) 글

② 기업의 행동

시장에서의 공급은 소비자에게 재화와 서비스를 공급하는 주체인 개별 기업의 의사결정과 관련 있다. 본 절에서는 기업이 추구하는 목표가 무엇인지 살펴보고, 어떤 원리 아래서 기업이 공급량을 선택(결정)하게 되는지 설명한다.

1) 기업의 이윤 극대화 행동

기업이란 생산요소(inputs: 자본, 노동, 토지 등)로부터 생산물(outputs: 재화와 서비스)을 만들어가는 생산의 주체이다. 앞서 수요이론에서 소비자가 소득 제약 하에 자신의 효용을 합리적으로 극대화한다고 가정한 것과 같이, 기업은 소비자 수요와 생산기술(technology of production)의 제약 아래 자신의 이윤 극대화를 추구한다고 가정한다.[14]

이윤, 총비용, 총수입, 한계비용

미시경제학에서는 생산의 총수입(total revenue)에서 총비용(total costs)을 감한 것을 기업의 이윤(profit)이라고 정의한다. 기업의 총수입은 총 판매단위 수(Q)에 각 판매단위의 가격(P)을 곱한 것이다. 총비용은 각 생산물의 단위비용에 사용된 생산단위 수를 곱한 값이다. 이윤 극대화를 추구하는 기업은 제품 생산의 총수입과 총비용의 격차가 최대가 되는 수량을 생산하게 된다. 미시경제학에서는 이를 '기업이 생산의 한계비용(MC: marginal cost)과 생산의 한계수입(MR: marginal revenue)이 같아지는 수준의 상품 수량을 생산하게 될 때 그 기업의 이윤(π)이 극대화된다'라고 표현하고, 다음과 같은 간단한 수식으로 나타낸다.

$$\pi(Q) = TR(Q) - TC(Q)$$

---

14) 기업이 추구하는 최우선의 목적 내지 목표는 물론 이윤 추구이지만, 발전을 추구하는 성장성 목적뿐만 아니라 사회적 책임이라는 비경제적 목적도 있을 수 있다.

한계비용은 생산물의 최종(한계적) 한 단위의 생산에 따른 총비용의 증가분으로 정의된다. 한계수입은 생산물의 판매를 한 단위 추가함에 따른 총수입의 증가분이다. 어떤 기업이 이윤 극대화를 추구하며 q_1 단위를 생산하고 있다고 가정하자. 그리고 이 기업의 경리 담당자에 의하면 q_1 단위를 생산·판매하여 얻는 수입이 q_1 단위 생산에 따른 비용보다 더 크다고 가정하자. 이 경우 그 기업은 q_1 번째 단위의 생산물을 생산하는 것이 자사의 이윤을 증가시키게 될 것은 분명하다. 왜냐하면 총수입이 총비용 이상으로 늘어나기 때문이다.

이제 이 기업이 생산을 확대하여 q_2 번째 단위의 생산물을 생산하려 한다고 가정하자. 이 기업의 경리 담당자에 의하면 q_2 번째 단위의 생산에 따른 한계비용이 한계수입을 초과한다. 즉 q_2의 생산은 총수입을 늘리지만 늘어나는 총수입 이상으로 총비용도 증가시키게 된다. 이 경우 q_2의 생산은 이 기업의 이윤을 감소시키게 된다.

이윤의 극대화

이상의 고찰에서 볼 때, 이윤을 극대화하기 위해서는 한계수입이 한계비용을 상회하는 기업은 생산을 확대해야 하고, 역으로 한계비용이 한계수입을 초과하는 경우에는 생산량을 감소해야 함을 알 수 있다. 따라서 한계비용과 한계수입이 일치하는 점까지 생산하면 그 기업의 이윤이 극대화될 수 있다.

〈그림 4-5〉에서 기업의 한계비용곡선 MC와 한계수입곡선 MR이 교차하는(같아지는) 점이 기업의 이윤이 극대화되는 생산 수준이다. 이 이윤 극대화(profit-maximizing) 생산 수준을 q^*로 나타내었다. q^* 수준의 생산에 따른 총이윤은 그림에서 음영으로 나타낸 부분이 되며, 이는 기업의 총수입($p \times q^*$)과 총비용(q^* 생산의 평균비용 $\times q^*$)의 차로 나타나 있다.

〈그림 4-5〉에서 한계수입곡선 MR은 편의상 시장의 일반적 가격(P)과 같은 수평으로 그려져 있다. 이는 기업이 시장의 일반적인 가격에 자신이 원하는 양을 판매할 수 있음을 의미한다. 즉 한계수입이 시장가격 P와 일치하게 된다. 이 경우 기업은 가격수용자(price-taking)의 위치에 놓이게 되는데 이는 해당 기업이 판매량을 두 배로 늘리더라도 재화나 서비스의 시장가격에는 아무런 영향을 미칠 수 없음을 의미한다. 다시 말해 수많은 기업들이 생산활동을 하고 있고, 이들 대부분이 작은 규모여서 그중 어떤 기업도 재화나 서비스의 시장가격에 영

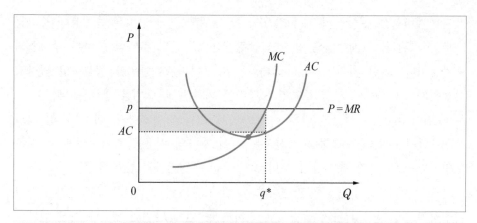

[그림 4-5] 기업의 이윤 극대화 산출량의 도출

향을 미칠 수 없음을 나타낸다.

예를 들어 (미국 등 빵을 주식으로 하는 국가들의 경우) 밀을 생산하는 농가의 수가 매우 많기 때문에 그중 한 농가가 밀 생산을 두 배, 세 배로 늘리거나, 절반으로 줄이더라도 밀의 시장가격에는 아무런 영향을 미치지 못한다(물론 모든 농가에서 밀의 증산을 결정하게 되면 밀의 시장가격에 상당한 영향을 미칠 것이다).

2) 단기적 행동과 장기적 행동

미시경제학에서 기업의 행동은 단기(short run)와 장기(long run)의 서로 다른 두 기간에서 이루어진다고 보게 된다. 이 기간은 달력상의 기간에 그대로 대응하는 것은 아니며, 기업의 생산요소(input)를 기준으로 구분된다. 적어도 1개 이상의 생산요소가 고정되어 있는 기간은 단기라 하고, 모든 생산요소의 투입량을 조정할 수 있는 기간을 장기라고 한다.

일반적으로 단기에서는 자본(기업의 건물, 기계, 기타 내구재)이 고정요소가 되며, 따라서 자본과 관련된 모든 비용이 고정비용(FC: fixed costs)이다. 원칙적으로 단기에서 기업은 이러한 고정비용을 무시한다. 왜냐하면 고정비용은 기업이 생산을 중지하든지, 혹은 수천만 단위를 생산하든지 관계없이 기본적으로 소요되는 비용이기 때문이다.

장기에서는 모든 생산요소가 가변적(variable)이다. 이 경우 고정비용의 개념은 더 이상 적용되지 않는다. 장기에서 기존 기업은 생산능력을 확대해나가든지 아니면 그 산업으로부터 완전히 철수하게 될 것이다. 또한 다른 새로운 기업이 진입할 수도 있다.

이와 같은 기간의 구분은 개별 기업의 이윤 극대화 생산량의 균형 수준과 관계가 있다. 생산 기간의 각 시점에서는 경제 전체의 평균 자본수익률(average rate of return)이 존재한다. 특정 산업의 이윤이 산업 전체의 평균이윤율을 초과하는 경우, 만일 진입장벽(barriers to entry)이 없다면 기업들은 그 산업에 참여(진입)하게 될 것이다. 새로운 기업들이 진입함에 따라 그 산업의 생산물의 가격이 하락하게 되고 개별 기업들의 수입은 감소된다. 동시에 생산요소의 확보를 위한 경쟁이 격화되어 생산요소의 가격이 상승하고 따라서 각 기업의 비용을 압박하게 된다. 이상의 두 요인이 복합적으로 작용하여 각 기업의 이윤이 감소하게 되고 이윤율이 산업의 평균 이윤율 수준으로 하락하게 되면 더 이상 시장 진입이 일어나지 않는다.

경제학에서는 이러한 일을 특별한 방법으로 설명하고 있다. 즉, 자본수익률의 평균을 '경제적 이윤(economic profit)'을 얻기 위해 총수입으로부터 감한(subtracted) 비용의 일부로 간주한다. 따라서 이 산업에 투여된 자본의 수익률이 경제 전체의 평균 수준과 일치할 경우를 '경제적 이윤이 영이다'라고 표현한다.

이상의 고찰에서, 장기 균형에서는 산업의 경제적 이윤이 영이 된다는 결론을 얻을 수 있다. 이 조건은 기업의 평균비용곡선 AC의 최저점에서만 달성될 수 있기 때문에 장기 균형에서는 생산요소가 가장 효율적으로 사용된다. 따라서 경제적 이윤이 영(zero)이라는 조건은 매우 바람직한 상태가 된다.

검토 과제

01 한계비용, 한계생산, 한계편익 등과 같은 용어에서의 '한계(marginal)'의 의미를 설명하라.

02 현실에서 소비자 선호의 이행성이 성립하지 않는 경우를 사례를 들어 설명하라.

03 수요탄력성과 수요의 가격탄력성은 같은 말인가 다른 말인가?

04 "쌀과 같은 생필품은 수요탄력성 값이 일반적으로 크다." 이 표현의 정오를 판단하고 그 이유를 설명하라.

05 기업이 추구하는 최우선의 목표는 이윤 극대화라고 보았다. 현실적으로 이윤 추구 이외의 다른 기업의 목표에는 어떤 것들이 있는지 생각해보라.

주요 참고문헌

맨큐(김경환·김종석 옮김, 2018), 『맨큐의 경제학』 제8판, 한티에듀.
이종인(2012), 『세상을 바꿀 행복한 소비자』, 이담북스.
쿠터·율렌(이종인 옮김, 2000), 『법경제학』, 비봉출판사.
Steinemann·Apgar·Brown(2005), *Microeconomics for Public Decisions*, South-
    Western.

시장 기능의 한계와 소비자후생

앞 장에서는 소비자의 효용 극대화 행동과 생산자의 이윤 극대화 행동에 대해 살펴보았다. 이제 이러한 극대화 행동을 하는 소비자와 생산자가 어떻게 서로 상호작용을 하게 되는지, 그리고 그러한 경제주체 간의 상호작용이 시장에서 어떻게 조화를 이루게 되는지 살펴볼 차례이다.

제1절에서는 우선 완전경쟁시장(perfectly competitive market)에 있어 수요와 공급의 상호작용의 결과 유일한 가격과 공급량의 조합이 결정되는 과정, 즉 시장균형 상황을 애덤 스미스의 이른바 보이지 않는 손에 빗대어 살펴본다. 그다음 시장구조가 독점으로 변경된 경우에는 가격과 공급량이 어떻게 달라지는지에 관해 살펴본다. 이어 공공정책상의 중요한 쟁점이 되고 있는 사례를 들어 시장의 균형이 달성되는 과정을 살펴보도록 한다. 본 절에서의 설명은 대부분 완전경쟁시장과 독점시장(monopoly market)에 대해 할애하지만, 추가적으로 과점시장(oligopoly)의 분석을 위한 게임이론(game theory)에 관해서도 개략적으로 소개한다.

제2절에서는 시상경제의 한계에 관해 살펴본다. 이른바 현실에서 볼 수 있는 경쟁의 불완전성, 시장의 실패, 정보 비대칭의 문제, 정부정책의 실패 등에 관한 경제이론을 요약, 정리한다.

이어 제3절에서 소비자후생의 문제를 기초적인 후생경제학 이론을 접목해 고찰한다. 후생의 일반적·경제적 의미를 살펴보고, 후생의 크기를 관찰하는 척도로서의 사회후생을 이른바 소비자잉여와 생산자잉여, 그리고 제3자잉여의 합으로 산정해내는 후생경제학 기법을 응용해본다.

1 보이지 않는 손

1) 경제학적 관점에서의 소비자문제의 원인

(1) 시장경제체제와 소비자

일상생활에서 흔히 말하는 시장경제라는 것은 자본주의 시장경제를 의미한다. 자본주의 시장경제에서는 자본과 토지와 같은 생산수단이 사유화되고, 기업은 이윤을 얻기 위해 이 생산수단을 이용하여 공장을 짓고 노동자를 고용하여 상품을 생산한다.

이러한 시장경제체제에서는 생산·교환·분배·소비가 모두 자유시장기구(free market mechanism)에 의해 이루어진다. 즉 새뮤얼슨(Paul A. Samuelson)이 정의한 세 가지 기본적 경제 문제인 무엇을 얼마나 생산할 것인가?(What & How much to produce), 어떻게 생산할 것인가?(How to produce), 누구를 위해 생산할 것인가?(For whom to produce)의 문제가 모두 시장기구에 의해 달성되는 것이다.

(2) 소비자문제의 원인

앞서 제1장에서도 살펴보았지만, 일반적으로 소비자문제(consumers' affairs)란 소비자와 기업 간에 상품(goods & services)의 거래로 발생하는 제반 문제를 의미한다. 예컨대 기업의 허위 과장된 표시·광고 내지 기만적인 행위나 약속 불이행으로 발생하는 소비자 피해, 또는 당연히 기대할 수 있는 상품의 안전이나 기능에 미치지 못하는 상품을 소비자가 사용함으로써 발생하는 소비자 위해(hazards) 등이 소비자문제의 전형적인 형태이다.

이러한 소비자문제는 기업과의 상품 거래에서 소비자라는 경제주체가 갖는 특성, 예컨대 정보의 부족, 전문성의 부족, 흩어진 다수의 목소리 등으로 인한 권리의 자력 행사의 어려움 등으로 인해 발생하는 제반 문제이다.

시장실패와 소비자문제

경제학적인 관점에서는, 이러한 소비자의 특성으로 인해 발생하는 시장의 실패(market failure)를 소비자문제의 주된 원인으로 보고 있다. 대개 시장실패는 현실의 시장기구가 효율적으로 작동하지 않는 면이 있음을 의미한다. 경제이론적으로는 다음과 같은 원인에 의해 시장의 실패가 발생한다고 간주한다. 즉 (1) 독점과 같이 시장이 경쟁적이지 못할 때, (2) 공해와 같은 외부효과(externality)가 있을 때, (3) 비경합성(non-rivalry)과 비배제성(non-excludability)의 특성을 보이는 공공재(public goods)가 존재할 때, (4) 거래 당사자 간에 심한 정보의 불균형이 존재할 때 시장기구가 제대로 작동되지 않아 실패(failure)가 나타나게 된다.[15]

이 중 거래 당사자 간 정보의 불균형 내지 소비자의 정보 부족의 문제 중심으로 소비자문제를 살펴보면, 소비자는 기업과의 상품 거래에서 상품의 품질(안전성)에 관한 정보가 기업보다 부족한 위치에 있다. 즉 소비자정보의 비대칭성이 존재하며, 이 경우 소비자의 합리적인 판단이 어려워진다. 소비자정보가 비대칭적이라는 것은 소비자정보의 공공재적 성격에 기인한다. 즉 소비자정보는 (국방, 치안, 공원 서비스 등과 같이) 그 공급량에 관계없이 일단 제공되면 누구나 동시에 이용할 수 있으며(비경합성), 대가 없이 사용하려는 사람을 막을 수 없다(비배제성).

소비자정보의 비대칭성의 또 다른 요인은 현대산업사회의 특징인 '고도의 분업'과 '전문화'에서 찾을 수 있다. 시장이 복잡하고 전문화되어감에 따라 소비자들은 시장에 공급된 정보를 소화하는 데 물적, 시간적 제약과 분석 능력의 한계에 직면하게 된다.

설사 소비자정보가 완전하고 대등한 상태로 제공된다고 할지라도 현실적으로 소비자는 합리적인 판단을 하지 못하는 게 사실이다. 예컨대 유행이나 개인의 취향·습관에 따라 하는 소비행위는 합리적인 소비행위가 되기 어렵다. 또한 소비자는 개인적 이해력의 차이 등에 의해 합리적인 판단이 어려울 경우가 많다.

이러한 시장실패의 결과로, 앞서 소개하였듯이 기업과의 상품 거래에서 소비자라는 경제주체가 갖는 특성, 즉 정보와 전문성의 부족, 권리의 자력 행사의 어려움 등으로 인해 소비자문제가 발생하는 것이다.

(3) 소비자문제의 바람직한 해소 방향

이러한 소비자문제의 해결도 경제학적 관점에서의 시장실패의 교정 수단을

---

15) 시장실패에 관해서는 제2절에서 보다 더 상세하게 고찰한다.

고려하는 것이 정도(正道)이다. 즉 독과점의 폐단, 공해, 비대칭 소비자정보 등의 존재로 시장경제가 효율적인 자원 배분 기능을 제대로 하지 못할 때 적절한 규제와 정보 제공을 통하여 시장실패의 문제를 해결하는 것이 바로 소비자문제를 해소하는 지름길이다.16)

또한 법적으로는 그러한 시장실패를 보완하기 위해 법과 제도를 효과적으로 운용하여 소비자 권리(주권)를 확보토록 해야 한다. 예컨대 사업자의 사기·기만적 행위나 계약 불이행으로부터 소비자를 보호하고, 피해 발생 시 분쟁 처리 비용을 최소화할 수 있는 시스템을 운용하며, 소비자의 집단적 의사 반영을 위한 채널을 제도화하는 등의 방법이다.

결론적으로 소비자정책은 소비자의 주권을 행사할 수 있는 시장 환경을 조성하여 소비자의 합리적 선택을 방해하는 요인들을 없앰으로써 소비자의 후생을 높여나가는 방향으로 추진되어야 할 것이다. 즉 개별 피해를 구제해주는 것만이 궁극적인 소비자문제의 해결은 아닌 것이다.

2) 경쟁시장에서의 균형

경제학에서 경쟁 또는 완전경쟁이란 경쟁자의 숫자가 매우 많은 상태를 의미한다. 한 산업에 수많은 기업이 존재하여 그들 중 한 기업의 행동이 시장가격에 영향을 주지 못하고, 수많은 소비자가 존재하여 개인의 효용 극대화 행동이 시장가격에 영향을 줄 수 없는 산업을 완전경쟁산업(perfectly competitive industry)이라고 한다(흔히 '경쟁 산업'이라 하면 이론적으로는 완전경쟁산업을 의미한다).

이와 같은 완전경쟁산업에서는 생산물의 총수요(aggregate demand)와 총공급(aggregate supply)은 〈그림 5-1〉과 같이 우하향하는 수요곡선 $d = d(P)$와, 우상향하는 공급곡선 $s = s(P)$로 나타낼 수 있다. 총수요와 총공급이 교차하는 점(E)에서 균형가격(이를 시장청산가격(market clearance price)이라고 부르기도 한다)과 균형공급량이 결정된다. 이 균형가격과 균형공급량 수준에서 소비자와 생산자의 의사결정이 일치된다.

---

16) 하지만, 역시 원론적인 사항이지만, 소비자문제(시장실패) 해결을 위한 이러한 규제(정부 개입)가 오히려 큰 부작용을 낳을 수도 있다. 이른바 정부의 실패(government failure)이다. 예컨대 독과점 기업의 가격 횡포로부터 소비자를 보호하기 위하여 가격을 규제할 경우 독과점 기업은 상품의 품질을 저하시켜 독과점 이윤을 확보하려 할 것이다.

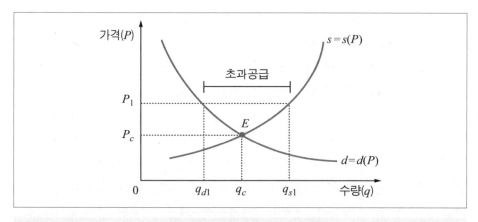

[그림 5-1] 완전경쟁시장의 균형

<그림 5-1>에서 P_c, q_c의 조합이 균형이 되는 이유는 P_c, q_c 조합 이외의 경우를 살펴봄으로써 이해할 수 있다. 최초의 시장가격이 P_1이라 하면 P_1에서 생산자는 q_{s1}의 생산물을 공급함으로써 자신의 이윤을 극대화할 수 있고, 효용을 극대화하려 하는 소비자는 q_{d1} 단위의 생산물을 구입하게 될 것이다. 이 경우 P_1 가격에서 생산자가 팔려고 하는 공급량이 소비자가 구입하려 하는 수요량을 초과하기 때문에 공급과 수요의 결정이 서로 일치하지 않게 된다. 이와 같이 시장에 초과 공급이 나타날 경우에는 시장가격이 하락하게 될 것이며, 이에 따라 소비자는 수요량을 늘리고 생산자는 공급량을 줄이게 되어 공급량과 수요량 간의 격차가 좁혀지게 될 것이다.

이러한 과정에서 시장가격은 P_c에 이르게 되며, P_c에서는 생산자의 공급량과 소비자의 수요량이 일치(그림에서 q_c)하게 된다.

3) 독·과점시장에서의 균형과 불공정거래 가능성

(1) 독점시장

독점(monopoly)은 한 산업에 단지 1개의 생산자만 존재하는 극단적 형태의 시장구조를 말한다. 시장에 진입장벽(entry barriers)이 존재하여 해당 산업에 기업 간 경쟁이 불가능한 경우 독점기업이 생겨나고 또한 유지할 수 있게 된다. 이와 같은 진입장벽은 일반적으로 다음 몇 가지 조건 아래서 나타난다.

첫째, 상품 생산에 필요한 요소를 독점적으로 장악하는 경우를 들 수 있다. 예컨대 우리나라에 하나밖에 없는 약초 재배지를 소유하고 있는 기업은 이것이 원료가 되어 제조되는 약품시장을 독점하게 되는 것이다.

둘째, 기술적 진입장벽인 규모의 경제(economy of scale)가 있는 경우에는 독점이 필연적으로 발생한다. 규모의 경제란 생산 수준을 늘릴수록 평균생산비가 낮아지게 되는 생산의 한 조건을 의미한다. 이러한 규모의 경제가 나타나는 경우에는 한 산업에 하나의 기업이 다른 많은 기업들보다 낮은 비용으로 생산을 할 수 있게 되어 결국 한 기업만 생존할 수 있게 된다. 이처럼 규모의 경제라는 기술적 요인이 독점화의 경향을 가져오게 되는 경우를 자연독점(natural monopoly)이라고 부르는데 전기, 수도사업, 원격통신사업, 전신업, 발전소 등 공익사업(public utilities)은 자연독점인 경우가 많다.

셋째, 진입에 대한 법적 제한이 있을 경우 시장의 독점화가 촉진된다. 예컨대 정부가 특정 산업에 신규 진입을 불허하는 경우, 그리고 특정 기업에 특허권(patent)를 부여하거나, 전매권을 허용하는 경우 독점이 형성·유지된다.

경쟁적 기업과 마찬가지로 독점기업도 한계비용과 한계수입이 일치하는 수준에서 생산을 결정하여 이윤을 극대화하게 된다. 독점기업의 한계비용은, 경쟁기업과 마찬가지로 생산량을 한 단위 더 늘릴 때 드는 비용이며 <그림 5-2>에서 MC곡선으로 나타냈다. 하지만 독점기업의 한계수입은 경쟁 기업의 한계수입과 같지 않다. 한계수입은 판매단위 수의 한계적 변화(혹은 근소한 변화)에 따른 기업의 총수입의 변화를 의미한다. 경쟁적 기업의 경우에는 한계수입이 상품의 가격과 일치하였다. 경쟁적 기업은 시장가격에서 자신이 원하는 단위를 판매할 수 있으므로, 판매단위를 추가할 때마다 판매가격이 그대로 총수입에 더해진다. 하지만 독점기업의 경우는 이와 다르다. <그림 5-2>의 한계수입곡선(MR)에서 보듯이 판매단위가 증가할수록 독점기업의 한계수입은 감소한다. 그림에서 MR곡선이 수요곡선 아래에 위치하게 됨을 유의하라. 이것은 판매단위에 관계없이 한계수입은 항상 시장가격보다 적음을 나타낸다. 그림에서 q_c 단위까지는 판매단위가 증가되어도 MR이 양수가 되지만, 그 크기는 감소한다. 즉, 판매단위가 증가할수록 기업의 총수입은 증가되지만 그 증가 비율은 감소한다. q_c 단위를 생산할 경우 이 기업의 총수입은 더 이상 증가하지 않는다(즉 $MR=0$이다). q_c 단위 이상을 생산할 경우 MR은 음수가 된다. 즉 q_c 단위보다 더 많이 생산할 경우에는 각 생산단위는 독점기업의 총수입을 오히려 감소시키게 된다.

　이와 같이 독점기업의 한계수입과 판매단위 간의 관계가 복잡한 이유는 독점시장에서의 수요곡선이 우하향하기 때문이다. 수요곡선이 우하향하는 것은 독점기업이 판매가격을 낮추어야 함을 의미한다. 즉 생산물의 판매단위를 늘리기 위해서 독점기업은 추가되는 마지막 단위(한계 단위)의 가격만 낮추는 것이 아니라, 판매할 상품 전체의 가격을 낮추어야 한다. 그 결과 생산물의 판매를 한 단위 추가함으로써 얻는 총수입의 증가분이 해당 단위의 판매가격보다 항상 적게 된다. 한계수입이 가격보다 항상 적고 가격(수요곡선)이 감소하기 때문에 MR 곡선도 또한 우하향하고 수요곡선 아래에 위치하는 것이다.

　독점기업은 한계수입과 한계비용이 일치하는 수준의 생산량을 선택함으로써 자신의 이윤을 극대화한다. 〈그림 5-2〉의 q_m 수준이 $MR=MC$인 생산 수준이다. 수요곡선은 q_m의 생산 수준에서 소비자는 p_m 가격을 지불하려 함을 나타낸다. 만일 이 산업이 독점이 아니라 경쟁 산업이라면 기업의 이윤 극대화 행동으로 총공급곡선 s와 산업의 수요곡선 d가 교차하는 점(E^*)에서 균형가격과 균형공급량이 결정될 것이다. 경쟁시장가격 P_c는 독점가격(p_m)보다 낮고 경쟁시장에서의 공급량(생산량, 소비량) q_c는 독점공급량(q_m) 수준보다 많게 된다.

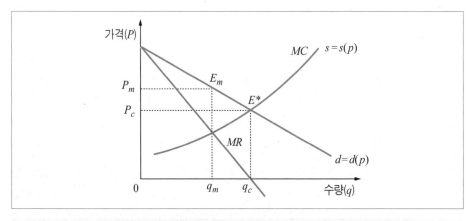

[그림 5-2] 독점기업의 이윤 극대화 생산량·가격 수준

우리는 2011년 9월에 이어 2013년 여름에도 대정전사태, 이른바 블랙아웃(black out) 현상을 경험했다. 전기가 부족해 모든 전력 시스템이 일시 정지하는 블랙아웃이 일부 지역에서 발생한 것이다.

미국의 캘리포니아주에서는 지난 2000년부터 2001년까지 전력 부족이 주 전체를 지배했던 가혹한 시기였다. 공교롭게도 필자는 당시 샌프란시스코 인근의 캘리포니아 버클리(UC Berkeley) 대학에서 연수 중이었다. 5인 가족이 머물던 집에서도 며칠씩 전원이 끊기는 바람에 냉장고와 세탁기가 제 기능을 하지 못해 곤란을 겪었다. 예고 없이 전원이 나갔던 초기에 비해 나중에는 동네마다 순차적으로 전원을 끊는 이른바 강제 순환정전(rolling black out)을 예고해줘서 큰 낭패는 면할 수 있었다. 초강대국 미국에서, 특히 세계 5~6위권의 경제력을 갖고 있었던 캘리포니아주에서 경험한 이러한 '원시적' 현상에 놀라움을 금치 못했었다.

당시의 주된 요인은 — 비록 수많은 학자들과 정책 담당자들 그리고 시민 대표들의 논의와 분석, 연구 결과가 서로 달랐지만 — 특히 남부 캘리포니아 지역을 중심으로 한 천연가스 가격 폭등이었다. 이상한 점은, 캘리포니아주의 천연가스 가격이 그 주요 공급처인 텍사스주보다 훨씬 더 높았다는 사실이다.

천연가스는 주들을 연결하는 송유관(파이프라인)에 의해 운송되었는데 남부 캘리포니아에 공급되는 송유관을 독점했던 엘파소사가 시장가격을 높이기 위해 고의적으로 가스 공급량을 제한했기 때문이었다.

송유관은 독점화되는 경향이 있어서 대부분 정부의 가격규제를 받는다. 따라서 송유관 회사가 천연가스 운송비로 받을 수 있는 금액은 정해져 있다. 하지만 엘파소사는 송유관을 운영할 뿐 아니라 캘리포니아에서 규제받지 않으며 천연가스 판매를 담당하는 자회사가 받는 가스 가격을 높이기 위해 송유관 소유권을 이용했다. 엘파소사는 텍사스주와 캘리포니아주의 가스 가격 격차를 벌리기 위해 송유량을 의도적으로 줄인 것이다.

엘파소사는 이러한 혐의를 부인했지만, 장기간의 논쟁 끝에 2003년 캘리포니아주에 17억 달러를 배상하는 합의서에 동의했다. 당시 많은 분석가와 연구자들은 천연가스 시장에서의 엘파소사의 시장지배력 행사와 같은 여러 시장조작이 캘리포니아 블랙아웃의 주된 원인이었던 것으로 결론내리고 있다(필자도 법경제학 연구자로서 캘리포니아 버클리대학 로스쿨, MBA 등에서 있었던 관련 세미나와 토론회에 참석하곤 했다). 더불어 전력시장과 같은 공공 부문(공익사업)의 규제 완화가 도리어 민간 회사의 시장 조작을 불러온 비판도 만만치 않았다.

독점은 비록 공익사업 분야라 하더라도 일정 부분 시장의 비효율과 그에 따른 소비자후생의 악화를 초래한다. 우리의 경우 앞서 2001년 한국전력의 발전 부문도 개방했지만 미완성이라는 비판이 있으며, 송·배전과 판매 부문은 여전히 독점구조 아래서의 문제점들이 나타내고 있다. 그에 따라 운영의 비효율뿐 아니라 적시의 설비투자가 이루어지지 않아 잠재적 전력 부족을 초래했으며, 그에 따른 적자 누적을 수차례의 전기요금 인상으로 소비자에게 떠넘긴다는 지적도 있다.

공포의 블랙아웃이 올 여름에도 어김없이 찾아올 단골 매뉴가 되지 않으려면 국민의 절약 정신과 요금 인상에만 매달리지 말고 지금부터라도 전력사업의 효율화를 전제한 기존의 전력 공급 체계와 가격 설정 방식 등에 관한 종합적인 진단과 재검토 그리고 대처가 필요할 것이다.

자료: 『조선일보』 칼럼(이종인, 2014. 7. 9), ⟨www.news.chosun.com⟩

(2) 과점시장과 독점적 경쟁시장

경제학에서는 앞에서 설명한 완전경쟁과 극단적 독점 사이에 존재하는 여러 형태의 시장구조에 대해 분석하고 있다. 그중 가장 중요한 시장구조는 과점(oligopoly)과, 불완전경쟁(imperfect competition)의 한 형태인 독점적 경쟁시장(monopolistic competition)이다.

과점시장이란 몇몇 소수의 기업이 한 시장(혹은 주어진 산업) 내에 존재하며 이들 기업들의 이윤 극대화 결정이 서로 의존적 형태의 시장구조를 말한다. 즉 A기업의 최적해는 자신의 한계비용과 한계수입(수요곡선)에만 의존하는 것이 아니라 B, C, D 등 그 산업 내 다른 기업들의 생산량과 판매가격에 의해서도 영향을 받게 된다는 의미이다.

독점적 경쟁시장이란 기업들의 자유로운 시장 진입과 퇴출, 시장 내 다수 기업의 존재 등 완전경쟁시장의 여러 특성을 대부분 가지고 있지만, 상품의 품질이 차별화(differentiated products)되어 있다는 독점시장의 중요한 특징을 하고 있는 시장구조를 말한다. 따라서 차별화된 이질적인 상품(heterogenous products)을 생산하는 기업이 어느 정도의 독점력을 가진다는 점에서는 독점시장과 비슷하지만, 다수의 타 기업과 경쟁해야 하고 또 잠재적 진입자도 고려해야 하는 입장에 있기 때문에 그 독점력에는 한계가 있다.

4) 시장 균형분석 사례: 주택임대차 시장

균형이론을 현실의 문제에 적용해보자. 주택임대시장이 <그림 5-3>과 같다고 가정하자. 임대주택의 수요는 우하향하는 D곡선으로 나타나 있으며 공급은 우상향하는 S곡선으로 나타나 있다. 임대시장이 완전경쟁 아래 놓여 있다고 하면, 이윤 극대화를 추구하는 임대주택 소유자와 효용 극대화를 추구하는 임대주택의 소비자의 독립적 행동의 결과 r_1의 임대료에 h_1 단위의 주택이 공급되고 수요된다. 즉 주택의 수요와 공급이 r_1 가격에서 일치하여 균형이 이루어지고 있다. 이때 수요곡선과 공급곡선이 이동(shift)될 별도의 요인이 없는 한 이 가격과 공급량의 균형이 그대로 유지된다.

이제 정부가 주택임대료가 지나치게 높다고 판단하여 임대료 수준을 하향 안정화하는 정책을 시행하려 한다고 하자.[17) 예컨대 정부가 조례(條例)를 제정하여 균형시장임대료 r_1보다 낮은 수준인 r_m의 임대료 상한(ceiling)제를 실시하기로 결정하였다고 하자. 과연 이러한 정부의 기대가 실현될 수 있을 것인가?

<그림 5-3>의 r_m 수준에서 소비자는 r_1 수준에서보다 더 많은 h_d 단위의 임대주택을 수요하려 할 것이다. 하지만 이때 주택 소유자들이 시장에 공급하려는 임대주택의 단위는 h_1보다 적은 h_s 단위이다. 즉 보다 낮은 임대료로 임대하는 것이 채산성이 맞지 않을 것이 분명하므로 임대주택 공급자들은 r_m 수준에서

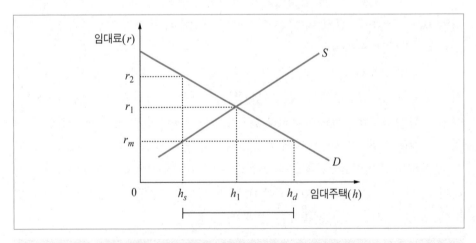

[그림 5-3] 시장에서의 주택임대료 규제의 효과

---

17) 현실에서는 전월세상한제 및 계약갱신청구권 등의 형태로 정책화되어 불리고 있다.

는 소유한 주택의 일부분을 다른 용도(예컨대 매각하거나 친지에게 무상으로 임대하는 등)로 전환하려 할 것이다. 이와 같이 정부에 의한 임대료 상한의 설정 결과 $h_d - h_s$에 상당하는 임대주택의 초과수요(공급부족, shortage)가 나타나게 된다.

만일 이 임대료 상한제가 엄격하게 실시될 경우에는 임대주택의 공급부족 현상이 지속될 것이다. 이러한 상황에서는 이른바 '줄서기'와 같은, 임대주택의 초과 수요자들 중 h_s를 배정하는 방법(non-price methods)이 마련되어야 할 것이다. 어떤 요인으로 수요곡선이 좌로 이동하든지 공급곡선이 우로 이동하게 되면 임대주택의 공급부족 문제는 점차 해소되어갈 것이다. 경우에 따라서는, 임대주택의 생산자가 통상적인 수리와 유지관리를 하지 않으면서 r_m의 임대료가 경쟁적인 임대료가 될 때까지 주택가치의 하락을 방치하게 될 가능성도 있을 것이다.

또한 이 임대료 상한 규제가 느슨한 경우에는 소비자와 생산자는 서로 교섭하여 임대주택의 공급부족을 해소하는 수단을 강구하려 할 것이다. 예를 들어 r_m의 임대료만을 지불하는 다른 소비자보다 더 우선적으로 임대하기를 원하는 소비자는 이중 계약서 작성을 통하여 임대주에게 r_m을 초과하는 실질 임대료를 지불하게 될 수도 있을 것이다.

② 시장경제의 한계와 소비자 선택의 제약

시장경제는 (적어도 효율성의 측면에서는) 매우 우수한 경제이다. 하지만 현실의 시장은 완벽하지 않다.

그 내부에 자원 배분의 비효율성을 가져오게 하는 외부효과와 공공재와 같은 수많은 요인들이 존재하며, 그로 인해 이른바 시장실패(market failure)가 나타난다. 그래서 정부가 일정 부분 역할을 담당해야 하는데, 정부도 완벽할 수 없어 이른바 정부실패(government failure)가 발생한다. 소비자 선택의 문제를 포함하여 경제 문제의 원활한 해소를 위해서는 시장 기능과 정부 기능의 장점들을 조화시켜 활용할 필요가 있다.

1) 시장실패

(1) 불완전경쟁과 시장의 실패

시장경제의 장점과 한계

수많은 기업과 가계가 시장에서 상호작용하면서 분산된 의사결정에 의해 자원 배분이 이루어지는 경제체제를 우리는 시장경제라고 배웠다. 이러한 시장경제는 개인의 이익(私益: private interests) 추구에 의한 의사결정과 사유재산을 근간으로 하는 경제 질서이며, 국민경제의 여러 문제들을 기본적으로 시장의 힘에 의해 해결하는 체제를 의미한다. 또한 가격 변동을 신호로 수요와 공급이 자동으로 조절된다. 다시 말해 '시장가격'이라는 이른바 '보이지 않는 손'에 의해 사익 (private interest)과 공익(public interest)이 서로 조화된다. 그런 관점에서 무계획의 시장경제가 계획경제(planned economy)보다 성공적이라는 평가를 받는다.

이러한 시장경제의 장점을 극대화하기 위한 제도적 장치로는 첫째, 사유재산권의 보호(배타적 이용권, 침해자로부터의 법적 보호, 양도권리), 둘째 경제활동(계약)의 자유 보장, 셋째, 공정하고 자유로운 경쟁을 들 수 있다. 한마디로 정부는 법치주의의 기치 아래 게임의 규칙(rule of game)을 잘 만들어주기만 하면 된다는 것이다.

이러한 시장경제는 (일정 조건에서라면) 적어도 자원의 효율적 배분이 달성될 수 있으며, 소비자주권(consumer sovereignty)을 보다 쉽게 보장할 수 있게 된다.

하지만 시장기구는, 주기적으로 나타나는 실업과 인플레로 인한 사회후생의 현저한 감소를 피할 수 없을 뿐 아니라, 소득 내지 부의 공평한 분배를 실현할 가능성이 매우 낮다. 또한 효율성 측면에서의 성과가 탁월하다 해도 자원 배분의 효율성이 완벽할 수 없는 것이다. 우리는 그 이유를 시장실패에서 찾을 수 있다.

시장실패의 사례

경제이론에서 시장의 실패는 사익 추구가 공익을 초래한다는 애덤 스미스의 이른바 '보이지 않는 손'의 원리가 들어맞지 않는 것을 의미한다.

만일 개인의 사익 추구 행위가 공익을 해치거나 타인을 해롭게 한다면 시장의 가격 메커니즘이 효율적 자원 배분 내지 균등한 소득 분배를 실현하지 못하게 할 것이다. 다시 말해 시장의 기능이 잘 작동하지 않게 되는 것이며 이를 시장의 실패로 이해할 수 있다.

시장실패의 형태 또는 원인은 여러 관점에서 살펴볼 수 있다. 첫째, 시장의 기능상 장애로 볼 수 있는 이른바 독점·불완전경쟁산업, 둘째 시장의 내재적 결함으로서 비용체감산업(규모의 경제), 외부효과, 공공재(예: 국방 서비스), 셋째, 시장의 외재적 결함으로서 소득 분배상의 불균형을 들 수 있다. 그 외에도 위험·불확실성, 물가앙등, 실업, 국제수지 불균형 등도 시장실패의 형태 내지 원인으로 볼 수 있다.

이러한 시장실패의 예를 들어보면, 타인에게 해를 미치나 그에 대한 보상 또는 처벌이 뒤따르지 않는 경우와, 타인에게 이득을 주나 보상받지 못하는 경우를 구분해서 살펴볼 수 있다.

첫 번째의 사례로는 공해와 환경오염이 대표적이며, 새치기, 끼어들기, 음주운전, 불법주차, 시험 부정 행위, 희귀종의 남획, 불법사냥 등을 예로 들 수 있다. 이러한 사례들은 대개 외부불경제 또는 공유자원 형태로 나타나는 시장실패이며 만일 정부의 개입이 없다면 지나치게 많이 생산되거나 지나친 행위가 나타날 것이다.

두 번째의 사례로는 국방·치안 서비스와 방범 서비스의 경우가 대표적이며, 자기 집앞 눈 치우기, 예방주사 맞기, 등대, 과학기술 R&D 등이 좋은 사례이다. 이러한 외부경제 또는 공공재 형태로 나타나는 시장실패의 경우 만일 정부의 개입이 없다면 지나치게 적게 생산되거나 과소한 행위가 이루어질 것이다.

(2) 외부효과 문제

앞서 살펴본 시장실패의 사례들은 일방의 생산, 분배, 소비 행위가 제삼자에게 의도하지 않은 이득 또는 손해를 주었으나, 그 대가를 받지도 지불하지도 않은 경우들이다. 이러한 경우들은 대부분 경제이론에서 설정하는 '시장(market)의 테두리 내가 아니라 밖에 존재하게 된다는 의미에서 외부효과가 발생한다'고 말한다.

외부효과는 근본적으로 소유권 행사에 있어서의 결함에 기인하는데, 부수적으로 발생하는 편익과 비용을 타인으로부터 배제시키기가 (기술적으로) 불가능하거나, 불명확하거나 용이하지 않은 소유권 설정에 기인한다. 이러한 외부효과가 존재하게 되면 사적편익(비용)과 사회적 편익(비용)이 달라진다.

외부효과는 공해(pollution)와 같은 부정적 외부효과 또는 외부불경제(negative externalities), R&D와 같은 긍정적 외부효과 또는 외부경제(positive externalities)로 구분된다.

부정적 외부효과

부정적 외부효과는 <그림 5-4>에서 보듯이 사적편익이 사회적 편익보다 크며, 사적비용은 사회적비용보다 적은 경우이다. 생산자, 소비자 모두 이러한 부정적 외부효과를 야기하는 경제활동에 관여될 수 있다. 생산에 있어서의 부정적 외부효과가 존재할 경우 완전경쟁균형 생산량이 파레토효율적 생산량을 초과하게 되어 재화의 과잉 공급이 발생하게 된다. 환경오염물질을 배출하는 제조업자의 경우가 좋은 예이다. 이들의 생산 활동에서는 현실적으로 오염물질을 발생해서 공해(pollutions)를 야기하게 되지만 그로 인한 사회적비용을 모두 부담하는 것은 아니다.

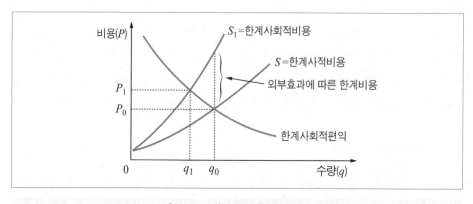

[그림 5-4] 부정적 외부효과

이와 같은 경우 효율적 자원 배분을 위한 정책은 사회적비용과 사적비용 간의 차액에 해당하는 조세를 부과하는 것이다. 즉 <그림 5-4>에서 한계사회적비용과 한계사적비용의 차액(외부효과에 따른 한계비용)만큼을 환경세의 형태로 과세함으로써 부정적 외부효과를 내부화(internalize)할 수 있다.

소비활동에서도 부정적 외부효과를 발생시킬 수 있는데, 자동차 운전의 경우가 좋은 예이다. 운전자들은 자동차 운전이라는 상품을 소비함으로써 공기 중에 환경과 인체에 유해한 배기가스나 소음 등을 방출시킨다. 하지만 그로 인해 발생하는 보행자 건강 침해나 환경오염과 같은 사회적 비용들을 다 부담하지는 않으며 심지어 자신의 비용으로 생각하지도 않는다. 이러한 부정적 외부효과는 결과적으로 과다한 (운전이라는) 소비행위를 하도록 한다.

이러한 소비에 있어서의 부정적 외부효과의 경우도 사회적비용과 사적비용의 차액에 해당하는 유류세나 환경세를 부과함으로써 지나치게 많은 소비를 억제하는 등 외부효과를 내부화할 수 있다.

긍정적 외부효과

긍정적 외부효과는 사회적 편익이 사적편익보다 크며, 사회적비용은 사적비용보다 적은 경우이다. 부정적 외부효과와 마찬가지로 생산활동과 소비활동 모두 긍정적 외부효과와 연관될 수 있다.

우선 긍정적 외부효과를 초래하는 생산활동의 경우를 보자. 기존의 주택을 헐고 새 집을 건축하는 주택환경개선사업을 예로 들어보자. 이윤 극대화를 추구하는 건축업자는 오래된 나무와 아름다운 화초가 있는 정원도 헐고 그 자리에 집합주택을 지으려 할 것이다. 하지만 해당 정원은 소유권이 있는 집주인뿐 아니라 지역주민들에게도 많은 즐거움을 주었던 것이어서, 사회적 편익이 사적편익보다 컸었다. 이때 '정원'이라는 완전경쟁균형 생산량은 파레토효율적 생산량에 미달하게 되며 결과적으로 지나치게 적은 공급을 초래한다.

소비에 관한 긍정적 외부효과도 이와 비슷한 방법으로 이해할 수 있다. 예컨대 보존해야 할 사적지(史跡地)로 지정된 한 민가의 사적편익은 사회적 편익보다 적을 것이다.

이와 같은 긍정적 외부효과가 존재할 경우 효율적 자원 배분을 위한 바람직한 대책은 사회적 편익과 사적편익의 차액을 보조금 형태로 지원하는 것이다.[18]

---

18) 보다 상세한 설명은 공공경제학 교과서나 외부효과에 관련된 논문들을 참고할 수 있다.

외부효과 대처 전략

이러한 외부효과에 대한 전략으로 여러 가지가 있지만 어느 것도 유일한 대책이 될 수는 없다. 외부효과에 대응하기 위한 전략을 구사할 때 반드시 고려해야 할 사항들이 있다. 경제적 효율성을 우선적으로 고려해야 한다. 그 어떤 경우도 장기적으로 손실을 보면서 전략을 구사할 수는 없을 것이다.

제2장에서 공부했던 형평성의 문제 역시 시장실패에 대응할 전략을 짤 때 고려해야 할 중요한 요소이다.

그 외에도, 정책의 실행 가능성과 유연성, 그리고 불확실성과 경제적 인센티브 등도 외부효과 대응 전략 마련 시 고려해야 할 중요한 요소들이다.

가장 대표적인 외부효과 대처 전략은 정부의 규제이다. 법규나 규칙을 통해 금지하거나 통제하는 방식과, 행정명령이나 지침을 통한 정부의 개입 등이 대표적인 규제이다.

한편 세금을 부과하거나 다양한 형태의 보조금을 지급하는 전략은 정부가 직접적 규제를 하지 않고도 외부효과의 문제를 줄이거나 해소할 수 있게 하는 시장지향적인 방식이다. 최근에는 이른바 오염물질 배출권거래제(marketable permits) 형태의 시장지향적 인센티브 전략도 상용화되고 있는 추세이다.[19]

한편 외부효과의 존재가 자원의 효율적 배분을 저해하는 이유 중의 하나는 재산권이 분명하게 확정되어 있지 않아서라는 견해가 있다. 경제학에서는 이를 코즈정리(Coase Theorem)를 통해 설명하고 있다. 코즈정리란 '민간의 경제주체들이 자원 분배 과정에서 재산권이 명확하게 확립되어 있는 경우 만일 아무런 비용의 지불(이를 '거래비용'이라고 한다)이 없거나 미미한 비용으로 협상이 가능하다면, 외부효과로 인해 발생하는 비효율성은 시장에서 스스로 해소될 수 있음'을 의미한다.[20]

---

19) 오염물질을 배출하는 생산활동을 하고 있는 기업들 간에 오염물질의 배출 권한을 일반 상품과 마찬가지로 시장에서 거래할 수 있도록 한 제도를 말한다. 오염 활동 혹은 오염 방지 활동에 대한 권리와 의무를 분명히 정의하고, 이에 대한 자율적 조정을 촉진하여 최소의 사회적 비용으로 적정한 환경오염 수준을 유지하고자 고안된 재산권제도의 하나이다. 우리나라도 이 제도가 지난 2014년 1월 국무회의 심의를 거쳐 배출권거래제 기본 계획이 확정되었고, 2015년부터 본격적으로 시행되고 있다.

20) 코즈정리는 저명한 경제학자인 코즈(Ronald H. Coase)가 쓴 1937년의 '기업의 본질(*The nature of the firm*)'(Econonica Vol. 4 Issue 16)에서 유래했다.

(3) 공공재 문제

사회과학에서 공공재란 소비의 편익을 누구나 공유할 수 있는 재화나 서비스를 말하며 공급 주체와는 직접적 관계가 없다. 이론적으로는 비경합성(non-rivalry)과 비배제성(non-excludability)의 특성[21]을 함께 갖는 재화와 서비스를 공공재 또는 집합재(collective goods)라고 한다. 국방 서비스나 환경보호법, 등대 등이 좋은 예이다. 등대는 주변을 항행하는 선박의 좌초 위험을 줄여주는데, 한 선박이 그 혜택을 본다고 해서 주변의 다른 선박의 혜택을 방해하지 않으므로 비경쟁적이며, 또한 주변을 항행하는 선박이라면 누구든지 등대 불빛의 혜택을 받을 수 있기 때문에 비배제적이다.

흔히 국가 내지 공공 부문의 생산·공급하는 재화와 서비스를 공공재라고 생각하는 경향이 있는데 반드시 그렇지는 않다. 의료보험이나 국민연금, 임대주택 등은 공공재가 아니다.

공공재의 가장 큰 문제는 특정인을 해당 재화 또는 서비스로부터 배제할 수 없어 발생하는 이른바 무임승차자(free-rider) 문제이다. 다시 말해 공공재의 비경합성과 비배제성의 두 가지 특성 때문에 그 생산비를 부담하지 않더라도 일단 생산된 뒤에는 누구나 소비 가능하고 따라서 아무도 그 비용을 부담하지 않으려 한다. 비용을 지불하는 소비자만 손실을 보게 되는 것이다.

이런 공공재의 공급을 시장에 맡기면 어떻게 될까? 공공재의 공급량이 턱없이 부족하거나 극단적으로는 공급 자체가 이루어지지 않을 것이다. 따라서 공공재의 특성을 갖는 재화나 서비스는 시장에서의 가격기구가 작동할 여지가 없어 결국 시장의 실패를 초래하게 된다. 따라서 공공재의 공급은 정부 내지 공공 부문이 일정 부분 그 역할을 담당할 수밖에 없다.

---

21) 비경합성이란 새로운 소비자가 추가로 진입한다 하여도 기존의 소비자에게 영향을 미치지 않는 성질을 말하며, 대개 '소비에 있어서의 비경합성'을 의미한다. 비배제성은 타인을 소비자로부터 배제시킬 수 없는 것을 말한다.

시장에서 환경오염과 같은 해로운 외부효과 문제를 해결할 수 있다면, 다시 말해 오염 사고를 일으킨 자 스스로가 외부비용을 내부화할 수 있다면, 국가의 행정적 내지 사법적 개입이 필요하지 않게 된다.

그러나 현실에서 시장을 통한 환경문제의 해결은 매우 어려운데 그 대표적인 이유가 바로 환경에 관련된 외부효과는 공공재적 성격을 갖는 공해(公害, public bads)라는 점이다. 즉, 사람들의 선호 표출 기피에서 오는 정보의 부족, 높은 거래비용, 무임승차자로서의 행위 등이 시장에서의 자발적 해결을 어렵게 한다.

이러한 환경오염의 공공재적 성격을 이해하는 좋은 예로 '공유자원의 비극(tragedy of the commons)'이라는 고전적 우화가 있다. 대부분의 주민들이 양을 키워 생계를 유지하는 중세의 어느 마을에 있는 목초지는 공유지이므로 누구든지 양을 방목할 수 있었다. 목초지에 풀이 많고 양들의 수가 적을 때에는 문제가 없었지만, 양들이 많아짐에 따라 점차 목초지의 풀이 고갈되어 결국 초원이 황무지로 변하여 그 마을이 황폐하게 되었다는 내용이다. 다시 말해 깨끗한 강물과 같은 환경 자원을 시장에 맡기면 사회적 관점에서 볼 때 과다하게 사용되어 결국 고갈된다는 것이다.

환경오염과 같은 시장의 실패도 일종의 공유자원의 문제로 볼 수 있다. 깨끗한 물과 공기도 초원과 같은 공유자원이기 때문에 과다한 오염물질의 배출은 과다한 방목과 같은 현상이다. 즉, 환경오염 사고로 인한 물적·인적 피해는 오늘날의 공유자원의 비극이다. 이러한 환경오염의 문제는 깨끗한 환경이라는 공유자원에 대한 소유권이 명확하게 부여되지 않아 발생한다. 따라서 만일 '공유자원'에 대한 소유권이 확립된다면 환경오염의 문제는 어느 정도 해결될 수 있을 것이다.

자료: 이종인, 『불법행위법의 경제분석』, 한울출판사(2006), 357쪽.

2) 정부의 역할과 정부실패

(1) 전통적 정부의 역할

정부의 역할은 시대적 상황을 배경으로 한다. 예컨대 중상주의 시대에는 정부가 국민의 경제활동에 적극적으로 개입하여 통제하는 것이 미덕으로 여겨졌지만, 시장의 기능을 중심으로 한 자유경쟁의 근대 야경국가 시대에는 이러한 정부의 간섭을 배제하는 것이 하나의 미덕이었다.

하지만 1930년대 대공황을 겪은 이후 세계적으로 정부의 적극적인 재정정책과 금융정책을 당연시하는 이른바 현대 복지국가 모델에서는 국민경제의 안정적 성장을 위한 경제정책을 시행하고, 사회보장제도를 실시하는 등 정부의 적극적인 시장 개입이 당연시되었다.

최근에는 이른바 '보이지 않는 손'이 작동하는 시장 기능과 불가결한 정부 기능의 장점을 잘 조화하는 시스템이 바람직하다는 관점이 우세하다. 시장경제 체제를 갖고 있는 세계의 많은 국가에서도 전통적인 정부의 역할은 무시하지 않는다. 대표적인 정부의 역할은 ① 사유재산권 보호, ② 시장실패 교정, ③ 가치재의 공급, ④ 소득·부의 재분배, 그리고 ⑤ 거시경제의 안정화 등이다.

시장경제가 잘 작동하려면 무엇보다 정부가 사유재산을 잘 보호해주어야 한다. 열심히 일해서 얻은 소득과 부를 완력으로 빼앗아 가는 것을 용인한다면 사람들은 열심히 일하는 대신 강도가 되려 할 것이다.

또한 시장의 불완전성과 시장실패를 정부가 나서서 보완하고 교정해주어야 한다. 앞서도 살펴보았지만 공해와 환경파괴, 음주운전과 불법주차, 시험 부정 행위와 노상방뇨 행위 등 사익만을 추구하는 행위들은 시장에서 자발적으로 해결되기 어려우며, 정부가 개입하여 교정해야 한다. 하지만 주의할 점은 이러한 정부의 역할이 시장의 기능을 대체하는 것은 아니며 시장의 기능을 보완하고 교정하며 규제하는 데 한정되어야 한다는 것이다.

더불어서, 정부는 의료와 교육 서비스, 국방과 치안 서비스와 같은 이른바 공공재적 성격의 가치재를 공급해주어야 한다. 이러한 가치재는 시장에서는 무임승차자 문제로 인해 제값 받고 팔리지 않으며 따라서 생산 자체가 불가능해진다.

취약계층을 보호하고 소득과 부를 재분배하는 등 이른바 '형평성'의 문제 역시 '효율성'을 중시하는 시장경제에서 충분한 해소가 어려우므로 상당 부분 정부가 그 기능을 수행할 수밖에 없다.

끝으로, 경기변동 조절과 물가안정, 성장 촉진, 빈곤 해소 등 거시경제의 안정화를 위한 제반 정책은 시장의 기능만으로는 달성이 불가능하다.

이러한 정부의 역할에서 우리는 다양한 정부의 얼굴을 그려볼 수 있다. 국방, 치안, 도로항만, 정보 네트워크, 사회적 인프라 등을 공급하는 공공재의 공급자(public goods provider)의 얼굴에 더하여, 기업의 애로를 해소하고 경영을 지원하며 보조금 정책을 담당하는 지원자(facilitator)의 모습도 있다. 또한 각종 법규와 규칙을 제정하여 운용하는 규제자(regulator)의 얼굴을 하고 있으며, 공기업을 운영하는 기업가(entrepreneur)의 역할도 수행한다. 더불어, 한 국가의 경제발전 계획을 세우고 산업정책을 수립하는 등 계획 수립자(planner)의 역할도 중요하지만 국민들에게는 각종 세금을 징수하는 징세자(tax collector)의 일면이 정부의 주된 역할의 하나로 인정된다.

(2) 정부의 실패

시장실패 등의 보완과 교정을 위한 시장에 대한 정부의 개입이 자원의 최적 배분을 저해하거나 기존의 상태를 더욱 악화시키는 경우를 정부의 실패(government failure)라고 한다. 정부실패란 말은 1970년대 후반에 등장했다. 1930년대 대공황 이후 정부의 적극적인 재정정책과 금융정책을 옹호하는 이른바 케인즈학파(Keynesian School)에 힘입어 정부 주도형 성장 전략이 주를 이루었다. 하지만 1978년과 1982년 두 차례 석유파동을 겪은 후 세계적 경기침체에 빠지게 되었고 각국의 정부는 재정적자에서 헤어나지 못하는 상황이 되었다. 그 결과 정부의 적극적인 개입의 한계를 느끼고 그 대안을 모색하는 과정에서 정부실패라는 개념이 제기되었다.

정부의 실패는 여러 형태로 나타난다. 주택임대료상한정책과 최저임금제도, 그리고 농산물보조금제도와 같은 이른바 빈곤층과 사회취약계층을 보호하기 위한 제반 정책과 제도가 오히려 빈곤층과 사회취약계층을 더 어렵게 하는 결과는 시장주의자들이 제기하는 대표적인 정부실패의 예시이다. 또한 환경규제의 결과 경제적 유인이 낮아져 제조업체의 생산성이 저하되는 것도 정부실패의 한 형태이다.

경제이론적으로는 어떤 형태이든 관계없이 정부의 개입은 후생손실(dead-weight loss)을 유발하게 된다. 경제 원칙을 지키지 않는 정부의 시장 개입은 늘 정부실패를 초래할 가능성이 있다. 정부는 게임의 규칙(the rule of game)을 정하고 심판자의 역할에 충실해야 한다.

한편 1980년대 이후에는 정부가 직접적으로 시장에 개입하는 데 한계가 있다는 인식이 확산되어갔다. 다시 말해 정부실패로 인해 정부의 개입이 시장실패

보다 더 나쁜 결과를 초래한다고 본 것이다. 사실 정부의 개입이 없이도 시장에서 자율적으로 실패를 교정하는 자정 작용이 작동한다는 주장도 만만치 않다. 또한 글로벌 경제 환경에서 국가 간 정책 조율이 확대됨으로써 정부의 시장 개입이 더욱 어려워지는 측면도 있다.

(3) 정부의 핵심 역할

앞에서도 강조했듯이 정부는 시장의 기능이 원활히 작동되도록 하기 위한 제도적 장치로서, 국민의 재산권을 보호하고, 계약의 자유를 보장하며, 경쟁의 촉진을 위해 노력해야 한다. 또한 외적의 침입으로부터 자국민의 생명과 재산을 보호하며(국방), 타인의 침해로부터 생명과 재산을 보호(경찰, 사법)해야 한다.

덧붙여, 정부가 해서는 안 되는 역할이 있다. 개인이나 단체의 재산권을 침해하거나, 지나친 시장간섭과 규제, 그리고 결과의 평등을 추구해서는 안 된다.

결론적으로, 시장실패의 교정을 위한 정부의 역할과 시장의 기능을 조화시킬 필요가 있다. 환경오염과 같은 외부효과의 문제도 정부 역할과 시장 기능의 조화 속에서 해결책을 찾아야 하며, 환경규제, 안전, 소비자보호 등 그 정당성이 인정되는 사회적 규제도 일정 부분 시장 기능과 조화함으로써 공익적 목적을 달성할 수 있게 된다.

'어떤 역할을 해야 한다는 것(명분)과, 그 역할을 잘한다는 것(현실)은 서로 다른 이야기'이다. 시장과 정부 양자의 장점을 보완적으로 활용하는 지혜가 필요하다.

1) 후생과 후생경제학

오늘날 경제가 발전하고 복지사회를 지향하면서 소비자후생에 관한 관심이 높아지고 있다. 후생(welfare)이란 사전적으로는 '사람들의 생활을 넉넉하고 윤택하게 하는 일'의 의미이지만, 경제적으로는 '효용을 느끼는 정도'를 의미하며 '직접 또는 간접적으로 화폐로써 측정되는 효용 수준'을 나타낸다.

이러한 경제적 후생을 대상으로 하는 경제학 분야가 '후생경제학(welfare economics)'인데, 국가 경제정책의 목표가 사회 전체의 경제적 후생의 극대화에 있다는 전제 아래 경제적 후생의 개념이나 극대화의 조건을 연구하는 경제학 분야이다. 다시 말해 후생경제학이란 자원 배분과 소득분배가 어떤 조건하에서 최적 상태에 도달하는가를 분석하고, 나아가서 자원 배분과 소득분배를 어떤 방향으로 개편하는 것이 경제적 후생을 극대로 하는가를 연구하는 경제학의 한 분야이다.

후생경제학에서 다루는 사항을 단순화하면 'What is best?'이다. 예컨대 반값등록금을 실현할 것인가? 최저임금 수준을 인상할 것인가? 전월세상한제를 도입할 것인가? 무상급식을 실현할 것인가? 이러한 질문들은 경제적 효율성뿐 아니라 우리 사회에서 정치적이면서도 윤리적 논쟁이 되고 있기도 하다.

예컨대 정부에서 소득재분배 차원에서 고소득자에게 물리는 최고세율을 올리는 세법개정을 추진한다고 하자.[22] 이에 찬성하는 사람들은 고소득자의 자원을 저소득자에게 배분할 수 있다는 관점에서 바람직하다고 보는 반면, 반대 입장의 사람들은 그러한 조세정책이 우리 경제의 '효율성'을 떨어뜨릴 것이라고 우려한다. 어느 쪽이 옳다고 생각하는가? 양측 다 분명한 논리적 근거를 갖고 있지만, 논점은 결국 (제2장에서 공부했던) 효율성과 형평성 간의 상충관계로 귀결된다. 즉 높은 세율은 재분배 효과는 분명히 있겠지만 그에 따른 효율성 저하도

---

22) 실제로 정부에서는 2013년 세법개정 후속 시행령 개정을 통해 최고세율(38%)을 적용받는 과세표준 구간을 3억 원에서 1.5억 원으로 낮춤으로써 1.5억 원 이상 고소득자들로부터 거둬들이는 세금을 크게 늘리기로 했다. 이러한 결정 역시 경제적 평가보다는 정치적 판단의 산물이었다.

무시할 수 없다.

한 가지 유의할 점은, 경제학에서 말하는 후생(welfare)은 우리가 흔히 말하는 저소득 서민들을 위한 정부의 복지 프로그램을 의미하는 것은 아니다. 더군다나 행복이나 삶의 질과 동일어로 사용되는 것도 아니다. 경제학에서의 후생은 기본적으로는 경제적 효율성에 초점을 맞추고 있다.

2) 소비자잉여와 생산자잉여

후생경제학에서의 중요한 결론은 구매자와 판매자 모두가 시장에 자발적으로 참여하여 이득을 얻게 된다는 것이다. 이때 소비자가 얻는 이득을 소비자잉여(consumer's surplus), 생산자가 얻는 이득을 생산자잉여(producer's surplus)라고 부른다.

소비자잉여는 소비자의 최대지불의사(reservation price)의 금액에서 실제로 지불한 금액을 빼고 남은 나머지 금액이며, 〈그림 5-5〉에서 수요곡선과 가격과의 사이 면적인 삼각형 AP_1C가 이에 해당된다. 소비자잉여는 소비자가 시장에 참여하여 얻게 되는 혜택의 척도이다. 즉 모든 사람들이 다 똑같은 '내 마음의 가격'을 가지고 있는 것은 아니다. 주어진 상품에 대한 지불의사액은 각 사람마다 다를 수 있다는 의미이다.

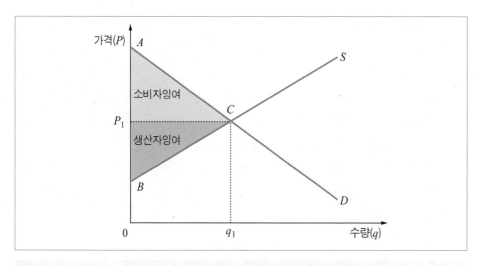

[그림 5-5] 소비자잉여, 생산자잉여 및 사회후생

소비자잉여＝소비자의 최대지불의사 금액－실제로 지불한 금액

생산자잉여는 공급자가 받은 금액에서 생산비용을 뺀 나머지 금액이다. 〈그림 5－5〉에서 가격과 공급곡선의 사이 면적인 삼각형 P_1BC의 크기가 생산자잉여이다. 생산자잉여는 생산자가 시장에 참여하여 얻게 되는 혜택의 척도이다.

생산자잉여＝공급자의 총수입－기회비용

3) 사회적 후생

위에서 공부한 소비자잉여와 생산자잉여의 합에 더하여, 정부와 같은 제삼자 잉여를 합하여 사회적잉여(social surplus) 또는 사회적후생(social welfare)이라고 한다. <그림 5－5>에서 소비자잉여와 생산자잉여를 합한 삼각형 ABC 면적이다(그림에서는 제3자 잉여를 고려하지 않았다). 다시 말해 소비자나 기업이 시장에 참여함으로써 사회에 주는 순 경제적 이익의 합(sum of net economic benefits)이 바로 사회적잉여인 것이다.

사회적잉여(사회적 후생)＝소비자잉여＋생산자잉여(＋제3자 잉여)[23]

후생경제학에서는 경쟁시장에서 사회적잉여의 극대화가 달성된다고 간주하는데, 물론 이론서에서 말하는 경제적 효율성의 관점에서의 주장이다. 앞서 소개했던 애덤 스미스의 이른바 '보이지 않는 손'의 작용에 의한 바람직한 현상이다. 시장경제체제에서 사회적잉여 또는 사회적후생이 극대화된다는 말은 한편으로 소비자잉여로 나타낸 소비자의 후생도 극대화된다는 의미이다.
하지만 이러한 효율성의 관점에서의 후생의 극대화 논리에는 분배 내지 형평의 문제를 불러일으킨다. 극단적인 예로 부자들에게 이익을 주고 가난한 사람들에게는 오히려 부담을 지우는 정책도 후생경제학적 논리로는 효율적으로 귀결될 수 있는 것이다.

---

23) 소비자 및 생산자 이외의 '정부' 등 제3의 경제주체를 상정한 경우에 '제삼자 잉여' 변수를 수식에 포함하게 된다. 하지만 일반적으로는 제삼자 잉여에 대한 고려는 생략한다.

방법론적으로는 후생경제학이 소비자주권의 원칙에 입각한 경제정책 이론이라고 할 수 있다. 즉 (제2장에서 공부한) 경제적 효율성의 원칙에서 사회구성원들인 소비자 전체의 만족을 높이는 것을 목표로 하고 있기 때문이다.

하지만 후생경제학에서는 개별 소비자의 만족, 즉 개인의 효용을 어떻게 통합해서 사회 전체의 만족, 다시 말해 사회적 후생을 정의할 것인가의 문제에 대해서는 뾰족한 해법을 제시하지 못하고 있다. 예컨대 연봉 1억 원인 사람에게 지불한 1백만 원의 상여금과 연봉 1천만 원인 사람에게 지급된 1백만 원의 가치는 분명 다를 것이다. 고소득자들의 소득의 한계효용은 저소득자들의 소득의 한계효용에 비해 낮은 것이 일반적이다. 이러한 단적인 예만 보더라도 사회적후생의 극대화는 명확히 정의하기도 어려울뿐더러, 후생극대화라는 경제적 목표를 어떻게 달성하는지에 대한 수단에 관해서도 다양한 견해가 있다.

검토 과제

01 소비자문제의 원인을 시장실패의 관점에서 이해할 수 있는 구체적인 사례를 들어보라.

02 기술적 진입장벽인 규모의 경제(economies of scale)가 있는 경우에는 독점이 필연적으로 발생하게 된다고 배웠다. 이에 대처하는 정책 수단을 생각해 보라.

03 시장실패를 교정하기 위한 정부의 시장참여 행동에는 이른바 정부실패가 나타날 수 있다. 현실적으로 관찰되는 정부실패의 사례를 들어보라.

04 본문에서는 사회적후생을 소비자잉여와 생산자잉여의 합으로 정의하였다. 소비자와 생산자 외 정부 등 제3의 경제주체의 존재를 고려할 경우에는 사회적후생을 어떻게 정의해야 할 것인가?

주요 참고문헌

김재홍 외 5인(1994), 『정책적 규제비판』, 한국경제연구원.

이종인(2012), 『세상을 바꿀 행복한 소비자』, 이담북스.

이종인(1994), 「한국의 정부 규제 현황과 소비자보호」, 『소비자문제연구』, 제14호.

Steinemann·Apgar·Brown(2005), *Microeconomics for Public Decisions*, South-
    Western.

Mankiw(2018), *Principles of Economics*(8th Ed.), Cengage Learning.

거시경제 · 개방경제와 소비자

한 나라의 경제가 성장하고 번영하기 위해서는 활발한 경제활동이 필수적이다. 경제활동이란 시장에서의 생산활동과 소비활동을 의미하며, 경제성장을 위해서는 많은 재화와 서비스의 생산과 소비가 이루어져야 한다.

이 장에서는 기초적인 거시경제 이론을 바탕으로 제1절에서 거시경제에서 소비자가 서 있는 위치를 살펴보고, 국민소득과 생계비를 측정하는 거시경제 지표들을 이해한다. 이어 인플레이션과 실업 등 거시경제 문제들이 어떻게 소비자 후생에 영향을 미치는지에 관해 제2절에서 구체적으로 공부한다. 제3절에서는 정부의 재정정책과 금융정책을 소비자후생 효과 측면에서 설명하고, 이어서 제4절에서 가속화되는 국경을 넘는 국가 간, 지역 간 경제협력과 개방경제 여건이 소비자의 이익에 미치는 영향을 공부한다.

1. 거시적 시장균형

1) 거시경제와 소비자의 위치

경제활동이 활발해지면 소비자를 대표하는 가계(households)는 근로 기회가 늘어나서 그만큼 소득이 늘어나며, 그 결과 소비자로서의 다양한 재화와 서비스를 누릴 수 있어 삶의 질이 향상될 수 있다. 마찬가지로, 생산자를 대표하는 기업(firms)도 (기업가와 주주의 자격으로) 기업활동을 통한 이윤을 얻거나 배당을 받아 역시 소비자로서 보다 나은 삶을 누릴 수 있다.

하지만 경제활동이 위축되면 기업들의 생산과 판매가 어려워져 생산을 담당하는 근로자의 소득이 줄어들 뿐 아니라 기업의 이윤과 주주의 배당 소득도 감소한다. 그 결과 시장에서의 소비활동이 위축되고 기업의 재고가 누적되며 기업은 다시 고용을 감소시키는 악순환이 반복될 수 있다. 이러한 악순환이 장기화되면 기업의 도산이 늘어나며 경제는 대량실업의 위험에 빠질 수 있다(임덕호, 264쪽).

이와 같이 한 나라 경제활동의 활성화 내지 성장 여부는 소비자를 포함한 국민 전체의 생활수준을 결정하는 데 커다란 영향을 미친다. 경제발전과 활성화를 위해서는 시장경제에 참여하는 기업과 소비자, 그리고 정부와 같은 경제주체들의 역할이 매우 중요하다. 그 전에 한 나라의 경제활동이 어떻게 이루어지는지 이해할 필요가 있다.

한 나라의 경제는 생산자(기업)와 소비자(가계)와 같은 경제주체들과, 생산물시장(재화와 서비스시장)과 생산요소시장 등으로 구성된다. 기업과 가계는 시장에서 만나 거래를 하게 된다. 이때 생산 요소는 가계에서 기업으로, 생산물은 기업에서 가계로 흐르며, 화폐는 그 반대 방향으로 흐른다. 이처럼 가계와 기업은 조직화된 경제 속에서 서로 의존하며 상호작용을 하는데, 이를 경제활동의 순환 또는 경제의 순환이라 하며, <그림 6-1>과 같이 나타낼 수 있다.

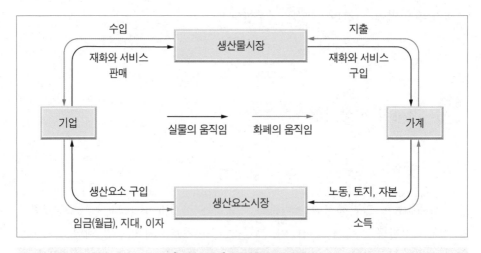

[그림 6-1] 경제활동 순환도

이러한 한 나라 경제의 구성과 경제활동을 공부하기 위해서는 우선적으로 경제의 거시적 접근 방법에 관한 이해가 필요하다.

거시경제학

경제 전체를 하나의 분석 단위로 보고 경제가 어떻게 작동하는지를 살펴보는 이른바 거시분석(macro-analysis)은 세계 경제가 겪어보지 못한 대량 실업과 인플레이션(물가상승)을 초래한 1930년대 대공황(great depression)을 계기로 주목을 받게 되었다. 당시의 전통적인 수요공급이론에 의하면 가격이 상승하게 되면 소비 감소와 생산 증가가 뒤따라 가격이 하락되는 것으로 이해했다. 하지만 대공황 이후 물가가 극단적인 속도로 상승하고[24] 대량 실업이 발생하는 현상을 기존의 경제이론만으로는 설명이 불가능했으며, 적합한 정책 대안도 제시할 수 없었다.

그러한 상황에서 케인즈(Jone Mynerd Keynes)를 비롯한 여러 경제학자들이 경제분석의 역점을 국민소득, 실업, 공황 등과 같은 거시적 문제에 두게 되었는데, 이것이 오늘날 거시적 경제분석 내지 거시경제학(macroeconomics)의 모태가 된 것이다.

거시경제학은 소비자와 생산자, 그리고 정부 등과 같은 경제주체들의 상호작용의 결과로 인해 나타나는 한 나라 경제 전체의 현상에 대한 분석을 통해 국민소득, 물가, 실업, 환율, 국제수지 등 경제 전반에 영향을 미치는 변수들의 결정 요인과 이러한 변수들 간의 상호 관련성을 연구하는 분야이다. 더불어 국민소득의 변화를 설명하는 경제성장이론과 단기적으로 실업과 밀접한 연관을 가지고 있는 경기변동이론을 연구하는 분야이기도 하다.

---

24) 물가가 1달에 50%를 넘게 큰 폭으로 상승하는 현상을 초인플레이션(hyperinflation)이라고 한다. 제1차 세계대전 이후 독일, 20여 년 전의 남미 여러 나라, 10년 전의 이스라엘, 최근의 러시아 등이 20세기에 초인플레이션을 경험한 대표적인 나라들이다. 화폐의 가치가 땅에 떨어져 빵 한 개를 사기 위해 손수레 가득 화폐를 실어 빵가게에 갔다는 유명한 일화도 있다.

읽을거리 6.1 ⊕ 대공황(Great Depression)

1929년의 대공황(Depression of 1929) 또는 1929년의 슬럼프(Slump of 1929)라고도 한다. 1929년 10월 24일 뉴욕 월가(街)의 '뉴욕주식거래소'에서 주가가 대폭락한 데서 발단된 공황은 가장 전형적인 세계공황으로서 1933년 말까지 거의 모든 자본주의 국가들이 여기에 말려들었으며, 여파는 1939년까지 이어졌다. 이 공황은 파급 범위·지속 기간·격심한 점 등에서 그때까지의 어떤 공황보다도 두드러진 것으로 대공황이라는 이름에 걸맞은 것이었다. 제1차 세계대전 후의 미국은 표면적으로는 경제적 번영을 누리고 있는 것처럼 보였지만, 그 배후에는 만성적 과잉생산과 항상적인 실업자의 존재가 있었다. 이런 배경 때문에 10월의 주가 대폭락은 경제적 연쇄를 통하여 각 부문에 급속도로 파급되어 체화(滯貨)의 격증, 제반 물가의 폭락, 생산의 축소, 경제활동의 마비 상태를 불러왔다. 기업 도산이 속출하여 실업자가 늘어나, 1933년에는 그 수가 전 근로자의 약 30%에 해당하는 1,500만 명에 달하였다.

이 공황은 다시 미국으로부터 독일·영국·프랑스 등 유럽 제국으로 파급되었다. 자본주의 각국의 공업생산고는 공황의 과정에서 대폭 하락하였는데, 1932년의 미국의 공업생산고는 1929년 공황 발생 이전과 비교하여 44% 하락하여 대략 1908~1909년의 수준으로 후퇴하였다. 또한 이 공황은 공업공황으로서 공업 부문에 심각한 타격을 주었을 뿐만 아니라, 농업 부문에도 영향을 미쳐서 미국을 비롯하여 유럽·남아메리카에서 농산물 가격의 폭락, 체화의 격증을 초래하여 각 지방에서 소맥·커피·가축 등이 대량으로 파기되는 사태까지 일어났다. 금융 부문에서도 1931년 오스트리아의 은행 도산을 계기로 유럽 제국에 금융공황이 발생하여, 영국이 1931년 9월 금본위제를 정지하자 그것이 각국에 파급되어 금본위제로부터의 잇따른 이탈을 초래, 미국도 1933년 금본위제를 정지하였다.

이 공황은 자본주의 각국 경제의 공황으로부터의 자동적 회복력을 빼앗아 감으로써 1930년대를 통하여 불황을 만성화시켰으며, 미국은 뉴딜정책 등 불황 극복 정책에 의존해야 하였다. 10여 년 동안의 대불황에 허덕인 미국은 제2차 세계대전으로 경기를 회복, 세계대전 기간 중에는 실질소득이 거의 2배로 증가하였다.

자료: 네이버 지식백과(대공황, Great Depression, 두산백과) 및 관련 자료.

2) 국민소득과 생계비 측정 지표

어떤 한 소비자의 경제적 여건을 알려면 우선 그 사람의 소득 수준을 파악해보는 것이 좋다. 소득이 많을수록 더 많고 좋은 소비재를 구입할 수 있으며 보다 여유로운 소비생활을 영위할 수 있기 때문이다. 마찬가지로 한 나라의 경제가 어떤 상태에 있는지, 경제의 동향이 어떠한지 등에 관해 판단하려면 당연히 그 경제 전체 구성원의 총소득, 이른바 국민소득을 살펴보아야 한다. 현실 경제에서 국민소득을 측정하기 위한 하나의 지표이자, 세계적으로 가장 많이 사용되고 있는 대표적인 지표가 국내총생산(GDP)이다.

GDP는 한나라 경제 전체 구성원의 소득 총액(total income)과 그 경제에서 생산되는 모든 재화와 서비스에 대한 지출 총액(total expenditure), 그리고 역시 해당 경제에서의 분배의 총액(total distribution) 등 세 가지 측면에서 살펴볼 수 있다. GDP를 소득과 지출, 그리고 분배 3면에서 동시에 측정할 수 있는 것은 경제 전체로 볼 때 소득총액과 지출총액 그리고 분배총액이 같기 때문이다. 이와 같이 '생산국민소득(GDP) = 지출국민소득 = 분배국민소득'의 공식을 경제이론에서는 '국민소득 3면등가의 법칙'이라고 부른다.

국민소득 3면등가의 법칙이 성립하는 이유를 직관적으로 이해할 수 있다. 〈그림 6-1〉에 나타낸 경제활동 순환도에서, 어떤 소비자가 소비재 구입을 위해 1만 원을 지출하면 해당 판매자는 1만 원의 수입을 올린다. 또 해당 거래로 인한 1만 원은 (임금이나 이자 또는 임대료나 이윤 형태로) 분배된다. 두 사람의 거래 관계로 인해 경제 전체의 지출과 소득, 그리고 분배는 각각 1만 원씩 증가하는 것이다. 즉 해당 거래를 총소득으로 보든 총지출로 보든, 아니면 총분배로 보든 국민소득은 1만 원이 증가하는 것으로 산정된다.

(1) 국민소득의 측정

앞서 설명했듯이 국민소득을 나타내는 대표적인 지표는 국내총생산이며, 그 외에도 국민총생산(GNP), 국민순생산(NNP), 국민소득(NI), 개인소득(PI), 개인가처분소득(DPI) 등 여러 지표가 있다. 본 절에서는 GDP 지표를 중심으로 국민소득의 의미와 측정 방법에 관해 살펴본다.

국내총생산

국내총생산(GDP: gross domestic product)이란 일정한 기간(보통 1년) 동안에 한 나라에서 생산된 모든 재화와 서비스의 시장 가치를 말한다. 이는 한 나라에서 일정 기간 생산된 모든 생산액을 의미하며, 그 나라의 경제적 후생 수준을 비교적 잘 나타내는 것으로 받아들여진다. 국적을 불문하고 한 나라의 국경 내에서 이루어진 생산 활동을 모두 포함하는 개념이다.

우리나라의 경우 GDP는 다음과 같은 원칙과 절차에 따라 계산된다. 첫째, 가계와 기업, 정부 등 모든 경제주체의 생산 및 지출과 같은 경제활동을 대상으로 하여 추계한다. 재화는 자가소비 등 판매를 목적으로 하지 않더라도 생산액에 포함되지만 서비스는 타인에 의해 제공될 수 있는 활동 중 가계의 자가소비를 위한 가사노동, 개인 서비스 활동은 생산의 범위에서 제외된다. 둘째, GDP 통계는 경제활동별, 분기별로 작성, 제공된다. 셋째, GDP 통계는 시장가격 기준으로 평가되며, 해당 연도 가격 기준인 명목GDP와 기준 연도 가격 기준인 실질GDP로 구분한다. 넷째, GDP는 제조업, 건설업, 도·소매업 및 음식·숙박업 등 13종류의 경제활동으로 분류하여 추계한다(임덕호, 2016, 248쪽).

GDP에는 국내에 거주하는 비거주자(외국인)에게 지불되는 소득과 국내 거주자가 외국에 용역을 제공함으로써 수취한 소득이 포함된다. 세계은행(IBRD)과 경제협력개발기구(OECD)의 통계조사의 자료로 이용되고 있으며, 우리나라 역시 1995년 4분기부터 국가의 경제 규모를 나타내는 지표로 국민총생산(GNP) 대신 국내총생산(GDP)을 사용하고 있다.

〈그림 6-2〉는 이러한 기준에 의해 한국은행과 국제통화기금(IMF)에서 추계한 명목GDP를 기준으로 한 한국 및 세계 평균 경제성장률의 추이를 보인 것이다. 그림에서 보듯이 우리나라 GDP 성장률은 2010년 이후 하락 추세이며 세

계 경제성장률에 비해서도 낮은 수준을 지속하고 있다.[25]

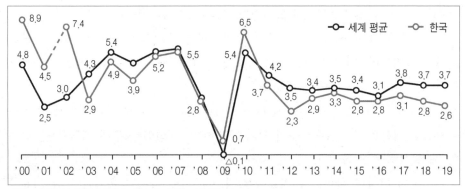

자료: IMF 및 한국은행(2019.11.), 단위: 전년비 %

[그림 6-2] 한국 및 세계평균 경제성장률 추이

국민소득에 관한 다른 지표들

국민총생산(GNP: gross national product)은 1인당 국민소득이나 국가경제의 규모 등을 파악하는 지표로서, 한 나라의 국민들이 국내뿐 아니라 해외에서 생산활동에 참가한 대가로 벌어들인 총소득을 의미한다. GNP는 GDP에서 우리 국민들이 외국에서 벌어들인 소득을 더하고 외국인들이 우리나라에서 벌어들인 소득을 뺀 금액이다.

시장이 국내로 한정되었던 시대에는 GNP를 경제활동 규모의 주요 지표로 사용하였으나 국민들의 해외 진출이 늘어나면서부터 대외수취소득을 제때 정확히 산출하는 것이 어려워지는 등 문제점이 있어, 세계적으로 GNP 대신 GDP를 국민소득 산출의 주요 지표로 사용하게 된 것이다. 즉 국가 사이의 자본과 서비스의 이동이 활발해진 개방경제에서는 국적에 따른 GNP보다, 국가 내의 경제활동을 반영하는 GDP가 보다 유용한 지표로 인정받고 있다.

국민순생산(NNP)은 국민들의 총소득에서 감가상각을 뺀 수치이다. 감가상각은 한 경제가 보유하고 있는 장비나 구조물이 닳아 없어지는 것을 말한다.

---

25) <그림 6-2>에 나타난 2019년도 성장률은 IMF와 한국은행의 예상치이다. 2019년도 성장률(잠정치)은 2020년 3월 이후에 발표될 예정이지만, 1월 22일 한국은행이 발표한 속보치에 따르면 10년 만에 최저치인 2.0%로 나타났다.

국민소득(NI: national income)은 한 나라 거주자들이 재화와 서비스의 생산 과정에서 벌어들인 소득의 합을 말한다. 국민소득은 국민순생산에서 간접세(판매세)를 빼고, 기업에 대한 보조금(경상보조금)을 더한 금액이다.

개인소득(PI: personal income)은 국민경제를 구성하는 개인에 대해 지불된 소득을 의미하며, 개인이 받는 요소소득에 이전 소득을 합한 금액에서 법인유보와 법인세를 공제한 금액을 말한다.

개인가처분소득(DPI: disposable personal income)은 개인이 임의로 소비와 저축으로 처분할 수 있는 소득의 크기를 말하며, 개인이 정부에 세금 등을 납부한 후 보유하는 소득이다.

이상의 다양한 국민소득 지표들은 각기 목적에 따라 활용되지만 각 지표가 보여주는 경제활동 상황은 언제나 유사하다. 다시 말해 GDP가 크게 늘어나면 다른 국민소득 지표들도 비슷하게 늘어나게 된다.

(2) 소비자물가지수와 GDP 디플레이터

국내총생산(GDP)은 일정 기간 동안 한 나라에서 생산된 모든 재화와 서비스의 최종 생산물의 시장가치를 평가한 것이다. 따라서 상품의 생산량에 관계없이 시장가격이 오르면 GDP가 증가하고, 시장가격이 하락하면 GDP가 감소하는 모순이 발생한다. 각국 정부는 이러한 모순을 시정하기 위해 해당 연도의 가격을 반영한 명목GDP뿐 아니라 기준 연도 가격을 반영한 실질GDP도 동시에 발표한다. 또한 소비자의 전반적인 생계비 수준을 측정하기 위해 소비자물가지수를 작성하여 발표해오고 있다. 학자들은 이와 더불어 소비자물가의 변동을 반영하는 GDP 디플레이터(GDP deflator) 지표를 개발하여 활용하고 있다.

소비자물가지수

정부에서 물가를 측정할 때 모든 소비재나 서비스의 가격을 전수 조사하는 것은 아니다. 소비자물가지수(CPI: consumer price index)는 일반 도시 가계가 소비생활을 영위하기 위하여 구입하는 재화와 서비스의 가격 변동을 나타내는 지수이며, 우리나라는 통계청에서 조사하여 매월 발표하고 있다. 소비자물가지수는 도매물가지수와 함께 일상생활에 직접 영향을 미치는 물가의 변동을 추적하는 중요한 경제지표의 하나이다.

소비자물가지수를 계산하는 방법은 다음과 같다.

우선 물가 산정에 포함되는 품목, 즉 소비 비중 1/10,000 이상 품목 중에서 상품묶음을 선정한다. 2020년 현재는 460개 재화와 서비스가 조사 대상 품목으로 선정되어 있다. 둘째, 각 시점에서 해당 상품의 가격을 조사한다. 셋째, 상품묶음의 연도별 구입비용을 계산한다. 넷째, 기준 연도의 물가지수를 100으로 설정하고, 각 연도의 소비자물가지수를 계산한다. 우리나라의 경우 2020년 현재의 기준 연도는 2015년이며 5년마다 바꿔 작성하게 된다.

이러한 절차를 통해 구해진 소비자물가지수는 다음과 같이 연도별 물가 상승률, 즉 인플레이션율(inflation rate)을 계산하는 데 이용된다.

$$물가상승률 = \frac{해당\ 연도\ 물가지수 - 기준\ 연도\ 물가지수}{기준\ 연도\ 물가지수} \times 100$$

소비자물가지수는 물가변동이 평균적 도시 가계의 소비생활에 미치는 영향을 나타내는 지표로서, 어느 특정 개인이나 집단, 계층의 소비생활에 미치는 영향을 나타내지는 않는다. 또한 개별 소비자는 자신이 자주 구입하는 품목들의 가격 변동을 통해 물가를 느끼게 되므로, 이러한 방식으로 산출되는 소비자물가지수와 체감물가 사이에 다소의 차이가 있을 수밖에 없다.

생활물가지수, 근원 소비자물가지수, 신선식품지수, 빅맥지수

소비자들의 체감물가를 설명하기 위해 구입 빈도와 지출 비중이 비교적 높아 가격 변동을 민감하게 느끼는 141개 품목으로 작성한 생활물가지수(CPI for living necessaries)도 소비자물가지수의 보조 지표로서 통계청이 작성하여 제공하고 있다. 생활물가지수는 소비자들이 장바구니를 들고 시장에 갔을 때 느끼는 물가를 반영한다고 해서 '장바구니 물가지수'라고도 부른다.

농축수산물이나 석유류와 같이 변동성이 큰 품목은 전체 소비자물가의 추세를 왜곡할 가능성이 비교적 높다. 이러한 점을 고려해 통계청에서는 '농산물 및 석유류 제외지수'를 발표한다. 즉, 가뭄이나 장마와 같은 계절적 요인이나 국제유가 변동 등 일시적 충격에 따른 물가변동분을 제거하여 물가변동의 장기적 추세를 파악하기 위해, 소비자물가 조사 대상 460개 품목에서 곡물 이외의 농산물과 석유류를 제외한 407개 품목의 가격 변동만을 집계하여 작성한 지수이다.

이를 '근원 소비자물가지수' 또는 '핵심물가지수'라 부르기도 한다.

통계청에서는 또한 신선 어패·채소·과실 등 기상 조건이나 계절에 따라 가격 변동이 큰 50개 품목으로 작성한 '신선식품지수'도 발표하고 있다. 생활물가지수 대상 품목 가운데 가공식품을 제외한 농·수·축산물을 위조로 구성된 지수이다.

<표 6-1> 연도별 소비자물가상승률과 생활물가상승률 비교

(단위: 전년 대비, %)

연도	2010	2011	2012	2013	2014	2015	2016	2017	2018	2019
소비자물가	2.9	4.0	2.2	1.3	1.3	0.7	1.0	1.9	1.5	0.4
생활물가	3.4	4.4	1.7	0.7	0.8	-0.2	0.7	2.5	1.6	0.2
신선식품지수	21.3	6.3	5.9	-1.3	-9.3	2.1	6.5	6.2	3.6	-5.1
농산물·석유류 제외지수	1.8	3.2	1.7	1.6	2.0	2.2	1.6	1.5	1.2	0.9
식료품·에너지 제외지수	1.8	2.6	1.6	1.5	1.7	2.4	1.9	1.5	1.2	0.7

자료: 통계청(연도별 소비자물가 등락률, 2020.1. 현재).

읽을거리 6.2 ➕ 빅맥지수와 구매력 평가

최근 언론 등에서 여러 나라들의 물가를 비교하면서 빅맥지수라는 말을 종종 사용한다. 빅맥지수(Big Mac index)는 각국의 통화가치가 적정 수준인지 여부를 살피기 위해 각국에서 판매되는 맥도날드 빅맥버거의 현지 가격을 달러로 환산한 가격을 의미한다. 전 세계 어느 도시든지 맥도날드가 입점하지 않은 곳이 거의 없기 때문에 대표 메뉴인 빅맥의 가격을 비교함으로써 각국 또는 각 도시의 상대적 물가 수준과 통화가치를 비교해볼 수 있는 것이다. 빅맥지수는 '환율은 각국 통화의 상대적 구매력을 반영한 수준으로 결정된다'는 이른바 구매력평가설(購買力平價說)과, '동일 제품의 가치는 세계 어디서나 같다'는 일물일가(一物一價)의 원칙을 기초로 하여 산출하게 된다.

빅맥지수는 영국의 경제 주간지 『이코노미스트(The Economist)』가 처음 고안한 지표로, 1986년부터 매년 상·하반기에 발표해오고 있다. 햄버거 가격을 통해 경제 상황을 설명한다고 하여 햄버거경제학을 의미하는 '버거노믹스(Burgernomics)'로 불리기도 한다.

빅맥지수를 읽는 방법은 매우 간단하다. 예컨대 2020년 1월 현재 한국(또는 서울시)에서 빅맥이 4,900원이고, 미국(또는 뉴욕시)에서 3.57달러라 하자. 이때 일물일가의 원칙에 따르면 1달러는 1,372원이어야 한다. 그렇지만 현재의 환율이 1,170원이므로 달러 대비 원화의 가치가 17.3%나 높게 평가되고 있는 것을 알 수 있다. 이와 같이 빅맥지수로 나타낸 구매력과 실제 환율을 비교해봄으로써 해당 국가의 환율이 적정한지를 평가해볼 수 있다.

하지만 환율이 구매력만을 기준으로 형성되는 것이 아니기 때문에 빅맥버거만으로 적정환율 수준을 평가하는 데는 한계가 있다. 각국의 임금 수준, 건물임차료, 국민들의 식습관, 기타 시장여건 등이 나라마다 다르기 때문에 빅맥지수가 현실을 제대로 반영하지 못할 수 있는 것이다. 최근 들어 햄버거가 비만이나 성인병을 유발하는 정크푸드의 하나로 인식되어 세계적으로 소비량이 감소하는 추세인 점도 이 지수의 유효성을 약화시키는 측면이다. 그에 따른 대안으로 스타벅스의 카페라테 가격을 기준으로 하는 스타벅스지수(Starbucks index), 애플사의 아이팟 가격을 기준으로 하는 아이팟지수(iPod index) 등의 용어도 매스컴에서 종종 등장하고 있다.

자료: 저자(이종인) 작성

소비자물가지수 측정상의 문제점과 GDP 디플레이터

소비자의 생계비의 변동을 측정하기 위한 소비자물가지수는 시장에서의 생활물가를 제대로 반영하지 못하고 있다는 비판이 있다. 앞서도 언급했듯이 소비자물가지수는 도시에 거주하는 가계의 평균적 소비지출에 기초하기 때문에 개별 소비자의 장바구니 물가와는 느낌상 상당한 차이가 있을 수 있다. 이외에도 다음과 같은 물가지수 측정 방법상의 문제점도 존재한다.

첫째, 소비자물가지수는 소비자들의 대체효과에 따른 왜곡을 반영해주지 못한다. 소비자들은 가격이 비싸진 상품의 소비는 줄이는 대신 상대적으로 싸진 상품의 소비를 늘리는데, 소비자물가지수는 고정된 상품묶음을 모두 계산에 넣으므로, 소비자들의 이러한 소비 대체 가능성을 반영해주지 못한다.

둘째, 새로운 상품이 등장하더라도 소비자물가지수는 정해진 햇수(5년)마다 상품묶음을 반영하므로 이러한 변화를 제때 반영할 수 없다. 예를 들어 OLED 모니터 신제품의 인기가 크게 늘어 기존의 LCD 모니터에 대한 소비가 크게 줄었지만 OLED 모니터와 같은 소비자물가지수를 반영하는 신제품이 포함되지 않아 몇 년간은 지수의 변화에 반영되지 않는다. 따라서 소비자의 생계비를 제대로 반영하지 못할 수 있다.

셋째, 상품의 품질 변화를 물가지수에 반영하는 데 한계가 있다. 예컨대 같은 가격이더라도 아이스크림의 중량이 줄어 소비자의 구매력이 감소하더라도 소비자물가지수는 이를 유연하게 조정하기 쉽지 않다.

이러한 소비자물가지수의 문제점을 보완하는 지표로 GDP 디플레이터(GDP deflator)가 있는데, 이는 명목GDP를 실질GDP로 나눈 % 비율을 의미한다. 즉,

$$GDP \ 디플레이터 = (명목GDP/실질GDP) \times 100$$

명목GDP는 총생산물의 가치를 현재 가격으로 측정한 것이고, 실질GDP는 해당 가치를 기준 연도 가격으로 계산한 것이다. 따라서 GDP 디플레이터는 기준 연도 물가수준에 대한 비교 연도의 물가수준을 보여준다.

정책 담당자들은 소비자물가의 변화 등을 파악하기 위해 소비자물가지수와 GDP 디플레이터 지수의 동향을 비교하면서 관찰한다. 물가를 반영하는 이 두 지수는 비슷하게 움직이지만 각 지수의 특성을 반영한 차이점을 보이기도 한다.

② 실업·인플레이션의 소비생활에의 영향

우리나라 경제가 당면한 과제 중의 하나는 실업 문제, 특히 청년실업의 해소이다. 장기적 저성장과 고령화도 해결해야 할 중요한 거시경제 과제이지만, 전 세계적으로 일반 실업률에 비해 2배 이상 높은 수치를 보이고 있는 청년실업이 앞으로 더 악화될 수 있다는 전망에 사회 진출을 앞둔 청년층의 마음을 어둡게 한다. 실업 문제와 더불어 글로벌 경제가 직면한 문제가 물가변동에 관련된 인플레이션과 디플레이션이다. 본 절에서는 거시경제의 대표적 논점이 되어온 실업과 인플레이션이 소비생활이 미치는 영향에 관해 살펴본다.

1) 실업과 소비자

(1) 실업과 실업률

실업(unemployment)은 직업이 없이 일자리를 찾고 있는 상태를 말한다. 따라서 현재 직업이 있으면서도 보다 조건이 좋은 일자리를 찾고 있는 소비자는 실업자가 아니다. 마찬가지로 직업이 없더라도 일자리를 찾고 있지 않는 경우도 실업자가 아닌 것이다. 통계적으로는 조사 대상 주간에 수입 있는 일을 하지 않았고, 지난 4주간 일자리를 찾아 적극적으로 구직활동을 하였던 사람으로서 일자리가 주어지면 즉시 취업이 가능한 사람을 실업자로 정의한다.

한 나라의 실업과 고용 상황을 나타내는 대표적인 용어가 실업률이다. 실업률(unemployment rate)은 전체 경제활동인구 중 실업자의 비율을 의미한다. 이때 경제활동인구(economic-activities population)는 조사 시점 기준 만 15세 이상인 국민 중 취업자 수와 지난 4주 동안 일자리를 찾고 있는 미취업자 수를 포함한다. 청년실업률은 15~29세 경제활동인구 중에서 실업자의 백분율을 말한다. 한편 경제활동참가율(participation rate of economic activities)은 경제활동인구를 만 15세 이상의 인구로 나눈 값이다.

〈그림 6-3〉은 통계청에서 작성하여 제시하는 우리나라 실업자 수와 실업률의 연도별 추이를 보여주고 있다. 정부에서는 매월 15일 현재 만 15세 이상 인구 중 경제활동인구를 대상으로 고용지표들을 조사한다. 2019년 1/4분기 현재 우리나라 실업률은 4.5%이다. 우리나라 실업률은 지난 수년간 3~4% 수준의 비교적 안정된 수준을 보여왔다. 같은 시점의 주요국들의 경우와 비교해보더라도 매우 건전한 수준이다(2013년 11월 기준으로 미국 6.6%, 독일 5.0%, 프랑스 11.1%, 일본 4.0%인 반면 한국은 2.7%였다). 이 수치는 OECD 회원국들의 평균인 7.3%보다 훨씬 낮은 수준이며, 사실상 완전고용상태로 봐도 무방할 수준이다. 하지만 최근 들어 지속되는 경기침체와 정책 판단 착오 등의 영향으로 실업자가 증가하고 따라서 실업률이 증가하고 있는 추세이다. 무엇보다도 5~7% 수준을 보여왔던 청년실업률이 최근 들어 10%대에 이르면서 청년실업이 주된 사회문제로 부각되고 있다.

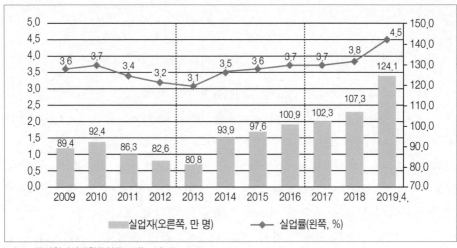

자료: 통계청 '경제활동인구조사', 2019. 4.

[그림 6-3] 연도별 실업자 및 실업률 추이

(2) 고용률

실업률이 낮다는 것은 그만큼 고용률이 높다는 의미로 이해된다. 고용률 (employment-population ratio)은 15세 이상 생산가능인구(경제활동인구＋비경제활동인구) 중 일자리를 가지고 있는 사람의 백분율로 나타낸다. 고용률은 실업률 통계에서 제외되는 비경제활동인구 수를 포함하고 있다. 따라서 구직을 단념했거나 노동시장에 빈번히 들어오고 나가는 반복실업 등에 의한 과소 추정과 경기 변동에 따른 변동성이 문제가 되지 않는 지표이다. 그러한 장점 때문에 최근에는 우리 사회에서 고용률을 주된 고용지표로 활용하는 경향이 높아지고 있다.[26]

실업률이나 고용률은 조금만 변동되어도 우리 경제에 커다란 영향을 미친다. 예컨대 지난 1개월간 실업률이 0.5% 증가했다는 것은 실업자 수가 약 13만 명이나 늘었다는 것이다. 실업은 소득원의 소멸에 따른 당사자의 경제적 고통뿐 아니라 실업자 가족 전체의 경제생활을 위협하며, 심각한 사회문제나 국가경제의 위기를 초래할 수도 있다.

---

26) OECD에서도 회원국들에게 고용률을 적극적으로 활용하도록 권장하고 있다.

2) 인플레이션과 소비자의 실질소득

(1) 인플레이션, 디플레이션, 스테그플레이션

앞 절에서 소비자의 생계비를 측정하는 지표로 소비자물가지수와 GDP 디플레이터에 관해 공부했다. 이들은 모두 어느 한 시점에 있어서의 물가수준을 나타내며 주로 분기별, 연도별 물가를 비교하는 데 활용된다. 물가에 관련된 또 다른 경제용어로는 인플레이션이 있다. 인플레이션(inflation)이란 물가가 전반적 지속적으로 상승하는 경제 현상을 말한다. 인플레이션은 앞서 공부한 소비자물가지수로도 측정할 수 있으며, GDP 디플레이터를 기준으로 구할 수도 있다.

<표 6-2>는 건국 이후 우리나라의 연평균 인플레이션율을 보여준다. 한국전쟁 직후 연평균 170%의 극심한 물가상승을 겪었으며 1960년대 이후 다소 안정적이었으나 여전히 10%가 넘는 고인플레이션이 1970년대 말까지 지속되었다. 2000년대에 들어와서는 선진국 수준으로 안정되었으며 최근에는 전 세계적인 경기침체의 영향으로 저인플레이션 기조를 보이고 있다.

〈표 6-2〉 연평균 물가상승률 추이

1950~1959	1960~1969	1970~1979	1980~1989	1990~1999	2000~2009	2010	2012	2014	2015	2016	2017	2018
170.0	13.3	12.7	8.4	5.7	3.2	3.0	2.2	1.3	0.7	1.0	1.9	1.5

자료: 통계청, 소비자물가지수 및 관련 자료 종합, 단위: %.

전반적 물가수준이 지속적으로 상승하는 인플레이션에 반해, 물가가 하락하고 산출량 저하, 실업의 증가 등 경제활동이 전반적으로 침체되는 경제 현상을 디플레이션(deflation)이라고 한다. 디플레이션이 발생하면 한 나라 안에서 유통되는 화폐의 양이 감소하여 물가가 떨어지고, 돈의 가치가 상승하여 경제활동이 침체된다.

최근 세계적인 저인플레이션 기조에서 산업 부문별로 가격하락 현상을 겪고 있다. 특히 부동산·주택 시장에서 최근 수년간 지역에 따라 심한 가격하락을 겪고 있는데, 이러한 경제의 한 부문에서의 가격이 하락하는 현상을 디플레이션이라고 하지는 않는다.[27] 디플레이션은 전반적인 물가수준이 하락하는 경제 현상으로서, 인플레이션율이 0% 이하인 경우를 의미한다. 디플레이션은 인플레이션 문제를 해소하기 위해 정책적으로 물가상승률을 낮추는 디스인플레이션(disinflation)이나 경기가 불황인 디프레션(depression)과는 구분되는 개념이다.

인플레이션과 연관된 경제용어로 스태그플레이션(stagflation)이 있다. 이는 스태그네이션(stagnation: 경기침체)과 인플레이션(inflation)을 합성한 용어로, 경제가 불황인 상황에서 전반적인 물가가 상승하는 현상을 말한다. 경기가 침체되면 물가는 하락하는 반면에 물가가 계속적으로 상승할 때는 경제가 호황 상태에 놓여 실업률이 하락하는 것이 일반적인 경제 현상이다. 하지만 미국의 1970년대 초반기와 같이 지구촌의 일부 지역 내지 국가에서는 경기 침체가 지속되었는데도 소비자물가가 지속적으로 상승하는 스태그플레이션 현상을 종종 겪고 있다.

(2) 인플레이션의 경제적 의미

인플레이션이 소비자들의 경제생활에 미치는 영향을 다음과 같이 정리해 볼 수 있다. 첫째, 인플레이션은 서로 다른 시점에서의 화폐가치의 하락을 의미한다. 따라서 인플레이션이 발생하면 월급생활자의 실질소득이 감소하여 소비자들의 구매력(purchasing power)이 떨어지고 생활수준도 나빠진다. 특히 월급생활자들과 연금 등 이자소득에 의존하는 노령 소비자의 실질소득이 그만큼 감소하여 소비생활에 애로를 겪게 된다.

둘째, 인플레이션은 고소득층에 비해 빈곤계층의 경제생활을 더 어렵게 한다. 예컨대 주식인 쌀 1포대의 가격이 4만 원에서 5만 원으로 25% 올랐다고 하자. 월수입이 1천만 원인 고소득층에게는 소득 대비 0.1%의 부담만 추가되지만, 월수입이 1백만 원인 저소득층에게는 1%의 부담이 늘어나므로, 저소득층의 어려움이 훨씬 더 큰 것이다.

셋째, 인플레이션은 소득과 부의 재분배를 초래한다. 대개 부자들은 금융자산과 더불어 땅이나 주택과 같은 실물자산을 많이 소유하고 있다. 인플레이션 동안에는 화폐의 가치가 떨어지기 때문에, 사람들은 실물자산을 선호한다. 그 결과 부동산과 같은 실물자산의 가격이 상승하게 되어 고소득층의 부는 증가하고, 저소득층의 부는 상대적으로 감소한다.

그 외에도 인플레이션은 화폐가치의 하락을 의미하므로 채권자보다는 채무

---

27) 흔히 '주택시장의 디플레이션'이라고 표현하기도 하지만, 이는 옳지 않은 표현이다.

자에게 경제적 이득을 가져다준다. 또한 기업들의 수출 의욕을 감퇴시키고 수입을 촉진하는 효과가 있다.

점증하는 장기복합불황 공포에서 벗어나려면

이달 초 발표된 소비자물가상승률을 두고 설왕설래다. 9개월 연속 1% 미만을 유지하던 소비자물가가 지난 9월에 사상 첫 마이너스를 기록하여 충격을 주더니 10월에도 전년 동월 대비 0%로 나타났다. 전문가들은 이러한 저물가가 경기침체의 악순환을 초래하는 본격적인 디플레이션의 서막이라며 경고하고 있다. 반면에 정책당국은 "소수점 셋째자리는 플러스"라며 '마이너스물가'에서 벗어났다고 안도하는 모습이다.

지난달 중순 한국은행은 기준금리를 역대 최저인 1.25%로 낮추면서 추가적인 인하 가능성까지 시사했다. 최근의 수출·투자 급감에 따른 성장세 추락에 더해, 연속되는 마이너스 물가에 따른 '디플레이션 공포' 확산을 경계한 것이다. 해소 기미가 없는 미·중 간 무역전쟁과 예상을 벗어난 중국 경제의 둔화 속도 등 악화되는 대외경제 여건도 금리인하 촉진의 배경일 것이다. 한 번도 경험해보지 못한 0%대 기준금리 시대가 2년 내 도래할 것이라는 우려의 목소리도 들린다.

우리 경제는 2017년 3분기 이후 27개월째 하방곡선을 그리고 있다. 설비투자와 제조업 가동률이 2년 넘게 감소세이고, 반도체와 석유화학제품이 이끌던 수출증감률도 13개월째 급락세이다. 고용은 악화되고 소득분배도 최악 상황을 갱신 중이다. 한국은행을 포함한 주요 기관들의 올해와 내년도 성장률 전망치도 속속 하향 조정되고 있다.

우려되는 진짜 위기는 이러한 저성장 쇼크에 지속되는 0%대 저물가가 결합되어 나타날 극심한 경기침체의 장기화, 이른바 장기복합불황이다. 실제로 최근의 저물가 지속 현상은 경기 부진에 따른 소비와 투자의 감소 등 수요 위축 측면이 강하게 작용하는 것으로 파악되나. "디플레이션 진입 가능성이 아직은 낮다"는 정부 시각과는 달리 학계에서는 사실상 디플레이션에 근접한 상황으로 진단한다. 일본의 '잃어버린 20년'이 우리에게도 눈앞의 현실로 다가오고 있다.

2017년 중반까지만 해도 3%대의 성장률로 견실했던 우리 경제가 이렇게까지 추락한 것은 정책의 실패 외에는 달리 설명할 길이 없다. 급속한 최저임금 인상과 경직된 근로시간 단축으로 대표되는 정부의 친노동·반기업 정책 노선이 고용 악화와 소득격차 확대, 내수위축과 성장률 추락을 초래한 배경이다. 경제학 교과서에서 말하는 '정부실패'의 전형이다.

더 큰 문제는 정부가 이러한 정책실패를 인정하기보다는, 경기상황에 대한 오판과 아집을 고집한다는 점이다. 심지어 뚜렷한 근거도 없이 "경기는 좋아질 것"이고 "디플레이션 가능성은 낮다"며 장밋빛 희망고문을 지속하고 있다. 잘못된 경기 진단은 잘못된 처방으로 이어져 우리 경제의 회복을 더욱 어렵게 할 것이다.

정부는 하루빨리 장기 저성장 국면을 인정하고 디플레이션이 수반되는 장기복합불황 가능성을 조기에 차단해야 한다. 경제 상황에 대한 오판과 오기를 배제하고 잘못된 정책들은 대폭적으로 수정해가야 한다. 무엇보다, 국가 주도, 규제 일변도 정책을 시장 중심의 자율 경제로 전환함으로써 민간 경제의 자생력 회복에 주력해야 한다.

자료: 『헤럴드경제』 칼럼(이종인, 2019.11.12.), 〈www.news.heraldcorp.com〉

 정부의 거시정책과 소비자후생

앞서 살펴본 실업과 인플레이션은 거시경제에 있어서 대표적인 경제의 불안 요소이다. 높은 실업률과 불안정한 물가변동은 많은 경제적 비용을 유발시켜 경제성장을 어렵게 만든다. 한 나라가 추구하는 경제 목표는 고용확대와 물가안정, 그리고 경제의 지속적 성장이다. 이러한 거시경제 목표의 달성을 위해서는 바람직한 정부의 경제정책들이 마련되고 시행되어야 한다.

정부의 경제정책은 조세와 정부지출의 조정을 통한 재정정책과, 화폐공급이나 금리를 조정하여 거시경제의 동향을 조정하는 금융정책으로 구분하여 이해할 수 있다. 본 절에서는 정부의 재정정책과 금융정책의 의미, 그리고 해당 정책들이 국민의 소비생활에 미치는 효과에 관해 개괄적으로 설명하도록 한다.

1) 재정정책

1930년대 대공황 이전까지는 예산의 수입과 지출의 균형을 유지하는 것이 바람직한 재정정책의 목표라는 믿음이 유지되고 있었다. 그러나 대공황을 겪으면서 케인즈는 경기를 안정시키기 위해서는 정부의 지출을 늘리고 조세를 감면하여 경제를 활성화하고 실업을 감소시켜야 한다고 주장했다.[28] 이러한 케인즈

---

28) 이러한 주장은 케인즈의 경제이론을 신봉하는 이른바 케인즈학파(Keynesian) 경제학의

의 주장은 당시에는 받아들이기 어려웠다. 왜냐하면 애덤 스미스의 '보이지 않는 손'에서 볼 수 있듯이 당시에는 시장에서의 수요와 공급의 자동 조절 기능이 주된 경제적 신념이었으며 따라서 정부 개입의 최소화가 하나의 미덕이라 믿어졌던 시기였기 때문이다.

하지만 케인즈가 주축이 된 정부지출확대와 조세축소를 통한 재정정책(fiscal policy)이 세계경제의 대공황의 여파를 수습할 수 있었다는 것은 역사적으로 확인이 되었다.

재정정책은 국민경제의 고용을 늘리거나 물가를 안정된 상태로 유지토록 조정하게 된다. 경기침체기에 실업이 늘어나고 투자와 소비가 침체되어 있을 때 정부 차원의 공사를 늘려 지출을 늘리거나 세율을 낮춰 경기를 회복시키는 적극적인 정책을 펴게 된다(이를 확대재정정책 또는 적자재정정책이라고도 한다). 부동산 경기 활성화를 위해 양도소득세를 줄여주거나 기업의 투자 유도를 위해 법인세율을 낮추는 것은 조세수단을 통한 재정확대 정책의 좋은 예이고, 한국형 녹색뉴딜사업으로 불렸던 4대강 사업은, 그 결과에 대한 평가는 다양하지만 대표적인 정부지출 확대 정책이었다.

한편 민간의 경제 활동이 지나치게 활발하여 인플레이션이 나타나는 등 경기가 과열될 때에는 정부가 지출을 줄이거나, 세율을 높여서 경기를 진정시키는 소극적 재정정책을 쓴다(이를 긴축재정정책 또는 흑자재정정책이라고도 한다).

재정정책의 한계

정부지출과 조세 수단을 이용하는 재정정책은 정부가 직접 상품이나 노동력의 구매사로 등상하므로 국민경제에 미치는 효과는 신속하고 강력하지만 정책의 효과는 당초에 예상했던 것보다 감소하거나 부작용도 발생한다는 제약이 있다. 예컨대 적극적인 확대 재정정책의 경우 정부지출의 증가로 직접적으로 총수요를 늘리게 되어 투자와 소비가 늘게 되고 실업이 감소하며, 소득 증가로 인한 소비지출이 늘어나면서 총수요가 추가적으로 증가하는 이른바 승수효과(multiplier effect)도 발생한다. 하지만 확대 재정정책으로 인해 시중에 돈이 많이 풀리면 이자율이 상승하게 되어 투자가 감소하여 총수요의 증가가 일부 상쇄되

대표적인 이론이다.

는 이른바 구축효과(crowding-out effect)가 발생하며, 한편으로 환율이 하락하여 국내 통화가치의 평가절상을 초래하고 이는 순수출을 감소시키게 되는 등 총수요를 줄이는 효과를 초래한다. 다시 말해 확대 재정정책의 효과는 당초에 예상했던 것보다는 줄어든다는 것이다.

더욱이 정부의 재정정책과 정치적 시행 결정 간의 시차로 인해 정책의 효과가 줄어들거나 역효과가 초래되는 경우도 종종 있다. 정부에서 정부지출이나 세금을 조정하려면 국회에서 관련법이나 규칙들을 개정하는 여러 절차를 거쳐야 하는데, 그러한 과정은 몇 개월에서 몇 년이 걸린다. 따라서 막상 정책을 시행하게 되는 시점에는 해당되는 경제 상황이 많이 바뀌어 정책의 효과가 미미하거나 역효과가 나는 경우도 있는 것이다.

읽을거리 6.4 ⊕ 인플레이션세(inflation tax)

재정적자에 시달리는 정부가 돈의 가치를 떨어뜨려 손쉽게 수입을 올리는 방법이 있다. 이른바 인플레이션세(inflation tax)를 물리는 것이다. 인플레이션세의 의미를 이해하기 위해서는 정부가 재정지출을 늘리는 수단들에 대해 먼저 알아야 한다.

정부가 정부지출을 증가시키기 위해 사용할 수 있는 방법은 크게 세 가지가 있다. 첫째, 국공채의 발행이다. 일정 기간 동안 이자를 지급하고 약속한 기간이 만료되면 액면가를 지급한다는 보증서를 민간에 판매함으로써 정부는 '약속이 적힌 종이'와 실제 화폐를 바꾸어 지출을 늘릴 수 있게 된다. 둘째, 세금을 더 거두는 것이다. 세금 징수는 곧 정부의 수입을 의미하므로 늘어난 수입을 정부지출에 사용할 수 있다. 셋째, 화폐 발행이다. 정부는 화폐를 발행할 권한이 있으므로 화폐를 새로이 찍어내어 그것을 정부지출에 사용할 수 있다.

첫 번째 방법인 국공채 발행은 곧 정부의 빚이 늘어남을 의미한다. 국공채는 일정 기간 후에 상환을 약속하고 민간으로부터 돈을 빌려 쓰는 것이므로 국공채 발행의 남발은 미래 세대에 큰 부담을 지우게 된다. 왜냐하면 국공채의 상환은 정부가 국공채 발행 당시에 약속한 시점의 조세부담 주체들이 떠맡아야 할 짐이기 때문이다. 두 번째 방법인 증세는 조세법정주의에 의해 반드시 의회의 승인을 거쳐야 하며 국민들의 반발 또한 거세다. 그래서 정부가 지출을 증가시키기 위해 쉽게 사용할 수 있는 방법이 마지막 세 번째 방법인 화폐 발행이다. 이는 국민으로부터의 직접적 저항도 없으며 미래 세대에 부담을 지우는 것도 아니다.

그러나 화폐 발행의 증가는 인플레이션을 야기한다. 인플레이션은 화폐가치의 하락을 의미하며 이는 같은 액면가의 화폐를 가지고 이전보다 더 적은 양의 상품과 교환해야 함을 의미한다.

즉 화폐 발행은 민간에 부담을 지우지 않고 정부가 지출을 늘리는 좋은 방법인 것 같지만 사실은 국민들이 직접 느낄 수 없는 방법으로 세금을 거두는 것과 같은 효과를 불러온다. 특히 부동산과 같은 실물자산을 보유한 측은 인플레이션과 함께 자신들의 자산 가격도 동반 상승하므로 큰 부담을 느끼지 않을 수 있지만, 일당 또는 월급의 형태로 상당 기간 고정된 현금소득으로 삶을 영위하는 경제주체들은 인플레이션으로 인해 실질소득이 감소하는 고통을 겪어야 한다. 화폐 증발로 인해 발생하는 인플레이션이 경제적 약자들에게 더 무거운 세금을 부과하는 꼴이다.

결론적으로, 정부의 통화량 확대에 따른 인플레이션이 곧 국민이 부담해야 할 세금과도 같은 효과를 보인다는 의미이다.

자료: 위키백과(www.ko.wikipedia.org) 및 관련 자료.

2) 통화정책

통화정책(monetary policy)은 한 나라의 금융당국이 화폐(통화량)의 공급이나 금리를 조정함으로써 경제활동에 영향을 주고자 하는 정책을 말한다. 이때 정책 의 주체는 우리나라의 한국은행이나 미국의 Bank of America와 같은 해당 국가 의 중앙은행이 된다. 중앙은행이 사용하는 대표적인 통화정책으로는 재할인율의 조정, 공개시장조작, 그리고 지급준비율의 조정이 있다.

재할인율 정책

중앙은행은 할인율을 낮춰 시중의 통화량을 늘리고, 할인율을 높임으로써 통화 공급을 줄일 수 있다. 재할인율(rediscount rate)이란 시중은행이 기업으로부 터 매입한 상업어음을 중앙은행에 다시 매각할 때 적용되는 할인율을 말한다. 재할인율정책(rediscount rate policy)이란 중앙은행이 시중은행에 빌려주는 자금 의 이율을 높이거나 낮추어 시중은행이 중앙은행으로부터 차입하는 자금 규모 를 조정함으로써 통화량을 줄이거나 늘리는 통화정책을 말한다.

중앙은행은 시중에 자금이 필요 이상으로 많이 풀려 있다고 판단되면 재할 인율을 높여 시중은행들의 중앙은행으로부터의 차입 규모 축소를 유도함으로써 은행들을 통해 시중에 공급되는 화폐의 양을 줄이고, 반대로 화폐가 부족하다고 판단되면 재할인율을 낮춤으로써 시중에 공급되는 화폐의 양을 늘리게 된다.

공개시장조작 정책

공개시장조작(open market operation)이란 중앙은행이 국채나 다른 유가증권의 매매를 통해 시중은행들과 민간의 유동성을 변동시켜 시장금리에 영향을 주는 정책 수단을 말한다.

정부가 통화 공급을 늘리고자 할 때는 시중은행들이 보유하고 있는 정부 발행의 국채나 공채를 사들이면 된다. 중앙은행이 국공채를 매입하면 시중은행들의 대출 여력이 늘어나 시중의 통화를 증가시키는 효과가 생긴다. 반대로 중앙은행이 시중은행에게 국공채를 매각하면 시중의 통화량이 감소되고 이자율은 높아지는 효과가 생긴다.

지급준비율 조정 정책

통화량을 조절하는 또 다른 중요한 수단은 중앙은행이 시중은행들의 지급준비율(cash reserve ratio)을 낮추거나 높이는 것이다. 지급준비율이란 시중은행의 예금총액에 대한 현금 준비 비율을 말한다. 예컨대 시중은행의 요구불예금 중 15%를 의무적으로 지급준비율로 보관하도록 한다면 은행들은 요구불예금 중 최대 85%만 대출이 가능하다. 이때 만일 중앙은행이 지급준비율을 10%로 낮춘다면 은행들의 대출 여력이 요구불예금의 5%가 추가로 늘어나기 때문에 시중의 통화 공급이 늘어나는 효과가 나타난다.

통화정책의 한계

이러한 여러 수단을 통한 금융당국의 통화정책은 시중의 이자율과 물가에 직접적인 영향을 미친다. 즉 통화를 늘리는 정책을 펴면 이자율은 하락하고 소비자의 구매력을 높여서 소비자물가가 상승한다. 또한 시중에 늘어난 통화로 경기가 활성화되어 실업이 줄어들 가능성도 있다.

하지만 소비자물가 상승이나 경기에 미치는 효과가 안정적이면 문제가 없지만 인플레이션을 발생시킬 정도로 경기를 과열시키면 소비자의 실질자산가치가 하락하는 등 경제 전반에 악영향을 미칠 수도 있다. 또한 통화의 공급을 늘려서 실업을 줄이고자 하는 시도는 단기적인 효과만 있을 뿐 장기적으로는 인플레이션과 이자율만 높이는 바람직하지 않은 결과를 초래한다는 주장도 있다.

인플레이션은 소비자의 실질소득을 떨어뜨리며, 이자율 상승은 기업들의 투자 의욕을 저하시킨다는 것이다.[29]

4 개방경제와 소비자의 이익

대한민국이 무역에 의존하는 정도는 세계 8위이고 주요 20개국(G20) 중에서는 가장 높다. 한 나라의 국민경제가 수입과 수출에 의존하고 있는 정도를 무역의존도 또는 무역성향이라고 하며 국내총생산(GDP)에서 수출입 총액이 차지하는 비율로 계산된다. 우리나라의 무역의존도는 2010년 87.9%에서 2012년에는 94.6%를 기록할 만큼 우리 경제에서 무역이 차지하는 비중은 절대적이다. 2014년 3/4분기의 95.2%를 정점으로 이후 80%대로 급감했지만 2019년 현재도 70% 수준을 보이고 있어 여전히 높은 무역의존도를 보이고 있다. 세계가 개방화되면서 세계 여러 나라들의 무역의존도가 높아지고 있지만 우리나라의 경우는 매우 특수한 경우이다. 본 절에서는 국제무역에 관련된 내용을 소비자의 이익 관점에서 설명한다.

1) 국제무역

폐쇄경제와 개방경제

경제학자들은 한 나라의 경제를 세계 경제와의 상호작용을 고려하지 않는 폐쇄경제(closed economy)와 세계 여러 나라 경제들과 자유롭게 교류하는 개방경제(open economy)로 구분하고 있다. 앞서 살펴본 국민소득과 생계비 측정, 실업과 인플레이션, 그리고 이러한 여러 거시경제 문제에 대처하는 정부의 재정정책과 통화정책에 관한 설명은 암묵적으로 폐쇄경제를 전제한 것이었다. 우리나라와 같이 무역의존도가 매우 높은 경우 이러한 폐쇄경제를 전제한 분석과 정책

---

29) 거시경제학을 연구하는 학자들 중 밀턴 프리드먼(Milton Friedman)과 같은 이른바 통화주의자(monetarists)들의 입장이다. 이들은 느리지만 지속적인 통화공급의 확대가 바람직한 통화정책이라고 주장하고 있다.

으로는 현실의 복잡한 거시경제 문제들을 이해하는 데 애로가 많을 수밖에 없다. 따라서 본 절에서는 거시경제에서의 소비자후생의 문제를 살펴보기 위해, 개방경제에 관련된 주된 개념과 이론들을 공부하고자 한다.

무역수지와 나라경제

한 나라에서 만들어진 상품을 다른 나라에 파는 경제활동을 수출(exports)이라고 하며, 반대로 다른 나라로부터 상품을 사 오는 경제활동을 수입(imports)이라고 한다. 이러한 수출과 수입의 차를 순수출(net exports)이라고 부른다.

국제무역에 관련하여 국제수지, 무역수지, 경상수지 등 '~수지'라는 용어들이 많이 사용된다. 정부 발표 자료나 언론에서 종종 사용되는 일상화된 용어들이다. 예컨대, 한국은행에서는 '○년 ○월 경상수지 흑자 규모는…'이라는 내용의 국제수지 분석 결과를 매월 발표하고 있으며, 이를 우리나라 개방경제의 주요 지표로 삼고 있다. 하지만 일반인들은 이러한 용어들의 정확한 의미를 모르는 경우가 적지 않다.

국제수지(BP: balance of payments)란 일정 기간 동안 한 나라가 다른 나라와 행한 모든 경제적 거래를 체계적으로 분류한 것을 말하며, 이를 표로 나타낸 것이 국제수지표(balance of payment statements)이다.

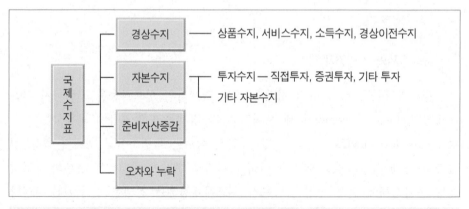

[그림 6-4] 국제수지표

국제수지는 크게 경상수지, 자본수지, 준비자산증감, 오차 및 누락으로 구성된다. 경상수지(balance of current account)는 상품의 수출과 수입을 기록한 상품수지와, 외국과 서비스거래 결과 발생한 수입과 지급을 계상한 서비스수지, 그리고 소득수지 및 경상이전수지로 구성된다. 자본수지(balance of capital account)는 국제거래에서 유가증권의 매매나 자금의 융통과 같은 자본의 유출과 유입을 의미한다. <그림 6-4>에서 상품수지를 무역수지(balance of trade)라고도 부르며, 경상수지 중 상품수지를 제외한 경우를 무역외수지라고 부른다.

한국은행에 따르면 우리나라 국제수지는 경상수지를 기준으로 2012년 이후 연속으로 흑자를 보여왔으며 2014년 3월에는 73억 달러를 기록할 정도로 그 규모도 크게 늘었다.[30] 그 배경에는 정보통신기기와 승용차, 반도체 등 수출 호조가 상품수지 흑자폭을 키운 것도 있지만, 한편으로는 내수경기가 나쁘다 보니 수입도 감소한 이른바 '불황형 흑자'여서 나라 경제에는 큰 도움이 되지 않는다는 우려도 있다.

읽을거리 6.5 '외풍에 취약' 한국 무역의존도, 일본의 2.4배

전체 경제에서 수출입이 차지하는 비중인 무역의존도가 일본의 두 배를 넘어 70%에 육박하고 있는 것으로 나타났다. 18일 한국무역협회와 국제통화기금(IMF), 통계청에 따르면 2017년 기준 한국의 수출의존도는 37.5%로 집계됐다.

무역의존도가 높으면 대외 환경이 불안해질 때 그만큼 국내 경제가 영향을 받기 때문에 무역 대상 국가를 다변화하고 주요 소재부품을 국산화함으로써 국가 경제 기반을 안정적으로 만들 필요가 있다는 지적이 나온다.

주요 20개국(G20) 중 네덜란드(63.9%), 독일(39.4%)에 이어 세 번째로 높은 수치다. 네덜란드는 중계무역국이고 독일은 유럽연합(EU) 내 무역이 활발한 데다가 완제품과 소재부품 모두 강국이라는 점에서 한국과 차이가 있다.

수출의존도는 전체 수출액을 국내총생산(GDP)으로 나눈 수치다. 이 수치가 클수록 한 나라의 경제가 수출에 의존하는 정도가 높다는 뜻이다. 이는 주요 무역 상대국의 경기 변동이나 글로

---

30) 하지만 2019년 4월에 7년 만에 경상수지가 적자로 돌아섰으며, 2019년 12월 현재 경상수지가 8개월째 감소하고 있는 추세이다. 개방경제에서 이러한 국제수지의 단기적 변화는 언제나 나타날 수 있어 본문에서는 소개하지 않았다.

벌 경제 상황에 따라 국가 경제가 좌우될 가능성이 크다는 것을 의미하기도 한다. 한국에 대해 반도체 핵심 소재 3개 품목 수출규제 조치를 단행한 일본의 수출의존도는 14.3%로 한국의 3분의 1 수준에 그쳤다. 20개국 중에서는 미국(8.0%), 브라질(10.6%), 인도(11.5%) 다음으로 낮았다. 전체 수입액을 GDP로 나눈 수입의존도 역시 한국이 일본보다 두 배 이상 높았다.

한국의 수입의존도는 31.3%로 네덜란드(56.3%), 멕시코(36.6%), 독일(31.7%)에 이어 4위를 차지했다. 일본의 수입의존도는 13.8%로 브라질(7.7%)과 미국(12.4%)과 함께 수입의존도가 가장 낮은 국가에 속했다. 수출의존도와 수입의존도를 합한 무역의존도는 한국이 68.8%로 일본 28.1%의 2.4배에 달했다.

무역협회 문병기 수석 연구원은 "일본은 한국보다 무역 규모가 크지만, 내수시장이 튼튼해서 대외의존도는 낮은 편"이라며 "한국도 수출입국 다변화와 소재부품 국산화 등을 통해 의존도를 낮출 필요가 있다"고 조언했다.

자료: 연합뉴스(고은지 기자), 2019. 7. 18. 기사

2) 환율

환율(exchange rate)이란 두 나라 화폐 사이의 교환비율, 즉 외화 1단위를 얻기 위해 지불해야 하는 자국 화폐의 양을 말하며, 이는 한 나라 화폐의 대외 가치를 나타낸다. 환율은 물가수준의 감안 여부에 따라 명목환율과 실질환율, 외환의 수취와 양도의 시기에 따라 현물환율과 선물환율, 그리고 환율의 표시 방법에 따라 지급환율(자국화로 표시)과 수취환율(외화로 표시)로 나뉜다.

지급환율을 기준으로 할 때 만일 1달러가 1,000원에서 1,200원으로 오르면 명목환율이 상승한 것이며, 이는 외국 화폐 1달러를 얻기 위해 200원을 추가로 더 지급해야 하므로 우리나라 원화의 가치가 하락, 즉 '원화가 평가절하(depreciation)되었다'고 한다.[31] 한편으로, 1달러가 900원으로 내리면 명목환율이 하락한 것이며, 이는 원화의 대외 가치가 높아진 것이므로 '평가절상(appreciation)되었다'라고 표현한다.

환율이 상승하면(원화의 가치가 평가절하되면) 수출 기업이 벌어들인 1달러를 은행에서 환전할 때 1,000원을 받던 것을 1,200원을 받게 되기 때문에 1달러당

---

31) 다시 말해 환율 상승은 곧 평가절하를 의미하며, '환율절하'는 잘못된 표현이다.

200원의 추가 이익이 생긴다. 또한 수출단가도 낮출 수 있어 그만큼 국제경쟁력이 강화되어 혜택을 본다. 반대로 환율이 하락하면 수출기업들의 가격경쟁력이 약화되어 어려움을 겪는다.

고정환율제와 변동환율제

지금은 세계 대부분의 나라들이 변동환율제도를 취하고 있지만, 미국과 같은 선진국들도 고정환율제도를 시행했던 역사가 있다. 고정환율제도(fixed exchange rate system)란 정부 또는 중앙은행이 환율을 일정 범위 내로 고정시킴으로써 환율의 안정을 도모하는 제도이다 세계의 화폐가 금본위(gold standard)를 기준으로 할 때는 각 나라의 화폐가치는 주어진 금의 양으로 환산되어 측정되었다. 예컨대 1971년까지만 해도 미국의 1달러는 금 1/35온스, 영국의 1파운드화는 금 1/12.5온스의 가치와 일치하도록 평가하였다.

그 후 복잡한 사정으로 인해 미국이 금본위제도를 포기하였고, 따라서 세계의 환율제도는 고정환율에서 변동환율(flexible exchange rate)로 바뀌게 되었으며, 현재는 북한과 몇몇 나라들만 고정환율제를 유지하고 있는 실정이다. 중국의 경우 환율이 변동되지 않아 국제적 비판을 받아왔는데 사실 중국은 복수통화바스켓이라는 형태의 제도를 운용하고 있다. 복수통화바스켓제도(multicurrency basket system)란 고정환율에서 변동환율로 전환하기 전의 과도기적 환율제도로, 교역량이 많은 몇몇 국가의 통화시세와 국내 물가상승률 등의 여건을 반영하여 결정하는 환율 결정 방식이다. 우리나라도 1980년부터 1990년까지 복수통화바스켓제도를 시행하였으나, 이후 시장평균환율제로 전환하였으며, 1997년 말부터는 자유변동환율제도를 시행하고 있다.

환율 변화가 경제 및 소비에 미치는 효과

거래 비중이 큰 무역 상대국 통화와의 환율의 변화는 여러 형태로 우리 경제와 소비자 이익에 영향을 미친다.

환율의 상승은 수출에서 수입을 뺀 순수출이 늘어나서 국내총생산(GDP)을 증가시키고 이는 국내 소비를 늘려서 기업의 수입을 증대시킨다. 반면에 환율이 하락하면 순수출이 감소하여 국내총생산이 감소하고 소비도 줄어들어 나라 경제를 위축시키게 된다.

환율 하락에 따른 한 나라 통화의 평가절상은 물가수준을 낮추는 효과가 있다. 즉 통화가치가 상승하면 그 나라에서 생산되는 상품의 대외 가격 경쟁력이 낮아지므로 수출이 감소되고 국내 소비자들은 상대적으로 싸진 수입품으로 대체 소비하려는 경향이 있다. 그 결과 수출 감소로 국산품의 국내 공급은 늘어난 반면 수입품에 대한 국내 수요는 늘어나므로 국내 물가는 낮아진다. 더욱이 평가절상은 원유와 같은 주요 원자재의 수입가격을 낮추게 되므로 해당 기업의 이윤이 증가하여 기업들의 총공급이 늘어나게 되고, 이는 물가하락을 가져오는 요인으로 작용할 수 있다.

3) 개방적 무역정책과 소비자 이익

(1) 무역정책

한 나라가 국민경제의 발전을 위하여 상품의 수출과 수입을 촉진하거나 규제하는 정책을 무역정책(trade policy)이라고 한다. 무역정책은 크게 자유무역주의(free trade movements) 정책과 보호무역주의(protectionism) 정책으로 구분할 수 있다. 자유무역주의는 무역에 대한 간섭을 배제하고 자유로운 대외 거래를 하도록 하는 정책을 말하며, 보호무역주의는 자국 산업의 보호 등의 목적으로 국가가 무역활동에 적극적으로 개입하여 관세 부과, 수입쿼터(수입량 제한), 수출보조금 지급 등을 통해 외국 상품의 국내 수입을 억제하는 것을 말한다.

보호무역을 위한 수단으로 활용되는 관세, 쿼터, 수출보조금 등을 자유무역의 장애 요인이라는 의미에서 무역장벽(trade barriers)이라 부르기도 한다. 그런데 이러한 무역장벽 외에도 비관세장벽이라고 불리는 무역장벽이 있다. 비관세장벽(non-tariff barriers)이란, 관세 이외의 방법으로 정부가 국산품을 보호하기 위해 외국 상품의 수입을 억제하려는 정책 일반을 말한다. 예컨대 국내 식품보다 더 복잡하고 까다로운 수입 식품 위생검사기준 등은 외국산 식품류의 국내 수입을 억제하므로 무역장벽의 역할을 하게 되는 것이다.

(2) 국가 간·지역 간 무역협정 확대의 소비자후생 효과

우리나라는 2004년 1월의 한－칠레 자유무역협정(FTA)의 발효 이후 2019년 말까지 15년간 53개국과 무역협정을 체결하여 세계 1위의 '경제 영토'를 가진 무역 대국이 되었다.

한국은 이러한 개방적 경제정책을 통해 지역주의 확산에 따른 선제적 대응과 수출시장의 확대와 지속적 무역 성장을 이뤘으며, 관세 인하에 따른 수입제품의 가격 하락과, 이에 동반한 국내 제조 상품들의 가격 할인에 따라 소비자잉여가 증가했다. 또한 국내 기업들의 기술경쟁력의 상승과 품질 개선 노력, 소비자 선택의 폭 확대와 같은 소비자후생 증대 효과를 가져오고 있다. 더불어 무역협정을 통한 국가 간, 지역 간 경제통합으로 인한 효과는 일정한 시간이 지남에 따라 서서히 나타나는 것이 일반적이며, 이는 규모의 경제(economy of scale)와 경쟁을 촉진하게 될 뿐만 아니라 외국인 직접투자를 유도하여 경제가 성장하고, 이는 결국 소비자의 후생 증대에 긍정적 영향을 미치게 된다.

그렇지만 한편으로는 FTA를 통한 소비자후생의 증대라는 당초의 예상 목표에는 여전히 미달하고 있다는 우려도 있다. 예를 들어 칠레산 포도를 포함한 수입산 과일과 미국산 쇠고기, EU산 돼지고기 등 농산물의 경우 소비자가격 인하 효과가 인하된 관세율에 크게 못 미치며, 칠레산 포도의 경우 FTA 이전 가격보다 오히려 올랐다는 연구 결과도 있다. 이와 같이 무역협정에 따른 관세 인하 혜택이 소비자들에게 전달되지 못하는 현상의 주 배경은 복잡한 국내 유통구조이다. 수입농산물의 관세 인하 효과가 상당 부분 독과점화되어 있는 수입·유통업자의 유통 마진으로 흡수되고 있다는 평가이다.[32]

국가 간·지역 간 무역협정의 확대가 향후 소비자후생 증대라는 목표에 도달할 수 있을지의 여부는 장기적인 관점에서 지켜봐야 할 과제이다.

---

32) 이 책의 제14장 3절에서 자유무역협정(FTA)과 소비자후생의 문제를 구체적으로 설명하고 있다.

01 중국에 진출한 현대자동차 완성차 공장과 한국의 대우자동차를 인수한 한국 지엠의 완성차 공장 중 어느 것이 우리 경제에 더 기여한다고 생각하는가? GNP와 GDP의 차이점에 견주어 설명해보라.

02 소비자물가지수와 GDP 디플레이터 지수의 차이점을 설명해보라.

03 통계청 자료를 이용하여 2015년도를 기준 연도로 하여 2005년부터 2019년 까지의 소비자물가지수를 계산해보라.

04 통계청이나 관련 자료를 참고하여 청년실업률의 의미와 계산법을 설명하라.

05 생산가능인구, 경제활동인구, 경제활동참가율, 실업률, 고용률은 각각 어떻게 계산되는가?

06 승수효과(multiplier effect)와 구축효과(crowding−out effect)를 설명하라.

07 자유무역협정(FTA)의 소비자후생효과를 예를 들어 설명해보라.

주요 참고문헌

맨큐(김경환·김종석 옮김, 2018), 『맨큐의 경제학』 제8판, 한티에듀.

임덕호(2016), 『경제학−기초이론·사례』, 명경사.

버냉키(곽노선, 왕규호 옮김, 2012), 『버냉키 프랭크 경제학』, 박영사.

크루그먼(김재영, 박대근, 전병현 옮김, 2008), 『크루그먼의 경제학』, 시그마프레스.

국가통계포털(www.kosis.kr)

통계청(www.kostat.go.kr)

3부

소비자경제와
소비자문제

Contemporary
Consumer Economy and
Consumer Affairs

제7장 안전한 소비생활
제8장 신용사회와 소비자금융 생활
제9장 환경문제와 소비자
제10장 소비자거래의 법경제학
제11장 전자상거래의 확산과 소비자보호
제12장 소비자 불만과 분쟁의 해결

시장경제의 면면을 모두 소비자 중시의 시각에서 다루기는 어렵다. 하지만 몇 가지 범주 아래 살펴볼 수는 있을 것이다. 예컨대 안전할 소비자의 권리, 건전한 신용 생활, 지속가능한 환경과 소비자, 온라인거래에서의 피해 예방, 소비자 불만과 분쟁의 해결 등이 주된 소비(자)경제학의 영역이자 대표적인 분석 대상들이다. 또한 글로벌화하는 경제생활에 관련된 쟁점들도 빼놓을 수 없다.

제3부에서는, 앞서 배웠던 소비자문제와 경제학의 기초들을 바탕으로, 이러한 범주에 속하는 주요 소비자경제에 관련된 주제들에 관하여 구체적으로 학습한다.

제7장에서는 일상생활에서 직면하는 소비자안전 문제와 중요한 안전제도를 경제적 시각에서 살펴보고, 제8장에서는 소비자신용과 소비자금융, 서민금융의 문제에 관해 공부한다. 제9장에서는 환경문제에 관련된 소비자문제를 환경문제의 특성을 바탕으로 살펴본 후 해당 문제의 해결 방안을 제시한다. 이어 제10장에서는 할부거래 및 방문·다단계판매 등 특수 거래에서의 소비자문제 및 소비자보호를 위한 표시·광고 규제의 문제를 고찰하고, 제11장에서 글로벌 전자상거래의 확산과 소비자보호의 문제를 다룬다. 끝으로 12장에서는 소비자의 불만과 분쟁의 해결에 관한 주제들을 살펴본다.

안전한 소비생활

현대사회를 살아가는 소비자들의 가장 큰 관심사 중의 하나가 안전 문제이다. 삼풍백화점 붕괴사고, 서해안 유조선 기름 누출사고, 체르노빌 원전사고 등 국내외의 초대형 안전사고를 언급하지 않더라도 일상 소비생활 중에는 크고 작은 안전 문제가 빈번히 발생하며, 관련된 위험과 사고로 일상의 소비생활이 위협받고 있다. 또한 이러한 소비자 위해 및 피해를 어떻게 예방하고 구제해야 하는가의 소비자안전 문제가 소비자정책의 중요한 과제가 되고 있다.

현대 산업사회에서 제품의 안전성 결함으로 인한 소비자 피해는 어제 오늘의 일이 아니다. 한 조사를 보면 우리나라 가구의 13.4%가 생명·신체상의 사고를 경험하였고, 재산상의 피해를 포함하면 약 절반가량의 소비자가 안전성 결함에 따른 손해를 경험해보았다고 응답하였다. 따라서 정책 측면에서도 제품의 안전성을 높여 사고 위험을 예방하고, 기발생한 피해에 대해서는 적절한 배상을 하는 것이 소비자안전 내지 제품안전에 관한 중요한 정책 과제로 여겨져왔다.[1]

제7장에서는 소비생활에서의 안전 문제에 초점을 맞추되, 가급적 시장경제석 관점에서 기술한다. 소비자안전의 의의와 중요성에 관해 살펴본 후에 식생활의 안전에 관해 살펴본다. 이어서 소비자안전의 확보를 위한 여러 정책 수단들과, 결함제품보상(리콜)제도와 제조물책임제도와 같은 대표적인 소비자안전 제도들에 관해 공부한다.

---

[1] 정부에서도 이러한 안전 문제를 주된 국정과제로 삼고 있다. 이른바 반드시 '척결해야 할 4대 사회악'으로 사회 범죄와 식품 안전의 문제를 꼽기도 했다.

1 소비자안전의 중요성과 안전성 확보 수단[2]

1) 소비자안전의 경제학

(1) 소비자안전의 의의

일반적으로 소비자안전(consumer safety)이란 소비자가 사용 또는 이용하는 물품이나 서비스로 인해 소비자에게 노출될 수 있는 위험으로부터의 부상이나 환경적 질병, 재산적 손실의 위험성을 최소화하려고 시도하는 상태를 의미한다. 이러한 소비자안전은 소비 제품의 사용에 관련된 안전(product safety)과 서비스에 관련된 안전(service safety)으로 구분하기도 한다.

대개 소비 제품이 '안전하다'라는 것은 '제품을 사용할 때 소비자 혹은 그 주변 사람이 신체적인 피해 또는 재산상의 손실을 입지 않는 상태'를 의미한다. 즉 제품으로부터의 위해(危害, harm)[3]나 위험(risk)을 입지 않는 상태를 해당 제품의 안전성으로 정의할 수 있다. 여기서 위해는 '제품 사용 시 손해를 끼치거나 끼칠 가능성이 있는 것'을 말하며, 위험은 '제품의 위해에 의해 피해를 입는 것'을 의미한다.[4]

일반적 혹은 합리적으로 예측 가능한 사용상태 아래서 어떠한 위험성도 갖지 않는 제품, 혹은 소비자의 안전 및 건강 보호에 최소한으로만 허용될 수 있는 위험성만을 가진 제품을 '안전한 제품'이라고 정의하기도 한다. 예를 들어 수돗물의 경우 각종 인체 유해물질에 대한 최소허용기준치인 수질 기준이 설정되

---

2) 본 절의 내용은 이종인, 『제조물책임과 제품안전성의 경제학』, 한국학술정보(주), 2006을 일정 부분 참고하였다.

3) 관련 연구들에서는 harm 이외에 hazard, injury, danger 등도 위해를 의미하는 용어로 자주 쓰이고 있다.

4) 한편 제품의 안전성에 관계된 용어로서 '위험'은 '리스크(risk)' 및 '위해(hazard)'와는 다른 의미로 사용되기도 한다. 즉 위험은 위해에 의해 피해를 입는 것을 의미하는 반면 리스크는 위해에 의해 피해를 입을 확률(즉 위해 확률)로 보기도 한다. 예를 들어보면, 비가 올 때 도로를 주행하는 상황에서 미끄러지는 '위해' 상황은 초보운전자나 능숙한 운전자에게나 마찬가지다. 그러나 양자의 미끄러질 확률은 다르므로 위해에 의해 피해를 입을 확률인 '리스크'는 운전자에 따라 다르다. 또한 리스크는 제품 생산의 기술 수준에 따라 달라질 수 있다. 이 책에서는 제품의 안전성과 관련하여 위해와 위험의 의미를 구분하지 않고 사용한다.

어 있는데, 수질검사 결과 이 기준치 이내이면 안전한 수돗물로 간주되는 것이다.

제품 안전성을 나타내는 위험의 정도는 위해의 크기와 위해 확률에 따라 달라진다. 즉 제품 고유의 위해 그 자체를 없애거나 줄임에 따라 위해 확률을 줄일 수 있고, 그 결과로서 제품의 안전성을 향상시킬 수 있다. 또한 제품의 안전성은 제품에 내재된 위해나 위해 확률뿐 아니라 소비자의 태도 및 사용 환경에 따라 달라진다고 볼 수 있다. 이러한 제품 안전성에 영향을 미치는 상황을 요약하여 〈그림 7-1〉과 같이 나타낼 수 있다.

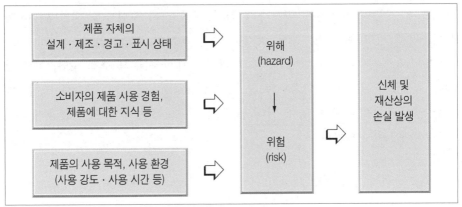

출처: 이종인(2010), 『불법행위법의 경제학』 한울아카데미, 249쪽.

[그림 7-1] 제품의 위험으로 인한 손실 발생 과정

(2) 소비 제품 안전성의 중요성

제품의 안전성 문제가 사회적 이슈로 등장한 것은 20세기 후반에 이르러서이다. 미국의 경우 1960년대 중반 이전까지는 정부나 의회의 친(親)기업적인 정책 노선으로 인해 소비자안전과 같은 사회적 규제에 소극적이었으나, 1960년대 중반 이후 환경 문제, 소비자 문제, 근로자 안전 및 복지 문제 등 인간의 기본적 권리와 사회적 형평성에 관한 요구가 높아지자 제품의 안전성 문제도 하나의 정책 이슈로 제기되었다. 우리나라의 경우 1960년대 이후 산업화 과정에서 생산자와 소비자 사이에 다양한 문제가 발생했으나 제품의 안전 문제는 그다지 주목을 받지 못하였다. 그러나 경제가 발전하고 산업구조가 고도화되면서 결함 제품으로부터 소비자의 안전을 확보하는 문제가 중요한 정책 이슈로 다루어지게 되었고 1980년 말에 제정된 「소비자보호법」에 이러한 '소비자의 안전할 권리'가 명문화되었다.[5]

오늘날 제품으로부터 '안전할 권리'는 소비자가 소비생활용 제품을 사용하는 과정에서 생명·신체상의 위해를 받지 않고 소비생활을 할 수 있도록 하는 소비자의 기본적 권리 중의 하나로 인식되고 있다.

2) 안전성 확보 수단

소비 제품의 안전성을 확보하기 위한 여러 정책 수단들을 대별(大別)하여 보면, 첫째 사고 예방 및 재발 방지를 위한 정부의 직접적인 안전규제(safety regulations), 둘째 사고가 발생한 후 그 피해에 대한 사후적 구제 수단, 셋째 간접적 규제로서 위해·위험 정보의 공개(public announcement), 끝으로 소비자에 대한 안전 교육이나 홍보 등이 있다. 아래에서는 이러한 제 규제 수단들의 의미를 개략적으로 살펴본다.

(1) 행정적 안전규제

사고의 사전적 예방을 위한 제품의 안전규제는 안전 기준(safety standards)에 의한 규제와 직접적인 법적 제한(legal limitations)을 통한 규제가 있다. 우선 안전 기준에 의한 규제는 제품의 기술적 복잡성으로 소비자들이 사전 인지가 어려우며 피해 발생 시에는 신체·생명·재산에 커다란 피해가 우려되는 제품에 대해, 정부가 개별 제품별로 안전 기준을 정하여 이에 적합한 제품만을 생산하고 유통되도록 하는 것이다. 이러한 규제는 「식품위생법」, 「약사법」, 「전기용품 및 생활용품 안전관리법」 등과 같은 법률을 통하여 정부가 일정한 기준을 제정하고, 허가·승인·검사 등을 통하여 법령으로 정해진 각종 기준을 생산자가 준수토록 하는 것이다. 한편 법적 제한을 통한 규제는 부당·과대광고의 금지, 부당계약의 무효화 등 직접적인 법적인 제재를 통해 생산자(기업)의 활동을 제한하

---

5) 이 법의 제3조 제3호에는 "소비자는 스스로의 안전과 권익을 위하여 모든 물품 및 용역으로 인한 생명·신체 및 재산상의 위해로부터 보호받을 권리를 향유한다"라고 명시되어 있다.

는 규제 형태이다.

제품의 안전에 관한 규제는 (여타의 사회적 규제와 마찬가지로) 1960년대 중반 이후부터 특히 미국을 중심으로 하여 크게 부각되기 시작하였으며, 식품·의약품 안전, 위생, 자동차 및 각종 공산품 등의 안전규제를 중심으로 이론·정책적인 발전이 있었다. 미국의 경우 1960년대 중반 이후 인간의 기본권 문제 및 사회적 형평성에 관한 요구가 높아졌으며 그 후 1980년대 초반까지 사회적 규제가 강화되어왔다.

우리나라는 1970년대 중반 이후 안전규제를 포함한 사회적 규제(social regulations)가 점차 늘어났다. 1994년의 경우 법률에 의한 정부 규제 중 안전 관련 규제는 176건으로서 총 규제 건수 중 12.8%에 해당하였다.[6]

이러한 안전규제가 경제적 효율성에 미치는 영향에 대해서는 많은 논란이 있어왔다. 애쉬(Asch, 1988, pp. 147~149)는 미국의 경우 안전규제가 전체적으로 볼 때 소비자의 후생을 높였다고 보았지만, 많은 경제학자들은 안전규제가 오히려 중대한 정부의 실패(government failure)를 초래한다는 견해를 보이고 있다.[7]

(2) 사고 피해의 사후적 구제

제품의 안전성 결함으로 인해 발생한 소비자 피해에 대한 사후적 구제는 해당 피해에 대한 금전적 보상(financial compensations)에 그 1차적 목적이 있지만, 궁극적으로는 생산자가 소비자의 피해 보상에 드는 추가적 비용을 제품의 안전성 향상에 투자토록 하는 규제 수단이 된다. 책임 법리를 '제품의 사고로 인하여 피해가 발생한 경우 불법행위법 등에 따라 법원이 규제하는 방식'으로 정의하는 경우, 이는 넓은 의미로 사후적 규제로 볼 수 있다. 일반적으로 규제는 주체가 '행정부'이고 '민간'이 그 대상이 되는 행정규제를 의미한다. 그러나 규제를 '각종 재산권의 직·간접적인 보호를 위한 법과 제도를 통칭'하는 것으로 볼 경우, 피해가 발생하기 전 예방을 위한 규제를 사전적 규제(ex ante regulations), 피해 발생 단계에서의 정부 규제와 피해 발생 후 법원의 규제를 사후적 규제(ex

---

6) 이종인, 「한국의 정부 규제 현황과 소비자보호」, 『소비자문제연구』, 제14호(1994. 12.), 85~88쪽. 1994년도의 경우 총 1,374건의 정부 규제 중 60%인 824건이 경제적 규제이며, 사회적 규제는 550건이었다.
7) 제품의 품질에 관한 직접적인 문제점에 대해서는 김재홍 외 5인, 『정책적 규제비판』(한국경제연구원, 1994), 149~160쪽을 참고할 수 있다.

post regulations)로 구분할 수 있다

피해 구제를 위한 정책 수단으로는 본서에서 고찰하는 제조물책임 법리 (product liability rules)의 도입과, 재판 외 분쟁 해결(ADR: Alternative Dispute Resolution) 체제의 정비 및 원인 규명 체제의 정비 등이 있다. 제품 위험으로 인한 피해는 피해의 원인과 제품 결함과의 인과 관계, 제품 사용상의 소비자 주의 여부, 피해 규모의 판단 등에 대해 복잡한 형태를 띠고 있기 때문에 제조물책임 법리의 도입과 같은 사법적 절차 및 재판 이외의 분쟁조정기구 등과 같은 준사법적 절차의 확립이 필요하다.

제품 관련 사고 시 소비자가 소송을 통해 피해 구제를 받는 데에는 상당한 금전적·시간적 비용이 들게 되며 절차가 복잡한 점 등 어려움이 따른다. 이 경우 소송에 이르기 전에 제삼자의 분쟁조정기구가 당사자 간의 분쟁을 조정·중재하게 되면 간단하면서도 신속한 분쟁의 해결이 가능할 수 있다. 이와 같은 재판 외 분쟁 해결을 위해 각국들은 별도의 분쟁조정 체계를 갖추고 있다. 우리나라의 경우 준사법적 권한을 가진 소비자 분쟁조정위원회가 설치되어 있으며, 중앙정부와 지자체 및 업계 단체들도 각 분야의 조정 체계를 갖추고 있다.8)

제품의 결함 관련 피해의 구제에 있어 중요한 것은 사고의 원인을 규명해 내는 일이다. 제품의 결함 유무, 결함의 인과관계(causality) 등을 객관적으로 판명하는 것이 분쟁 해결의 주된 정보가 된다. 즉 피해의 원인을 규명할 수 있는 체계의 확충은 사후적 피해 구제에 대한 정책 수단의 하나이다.

(3) 위험 정보의 공개

소비자에 대한 제품 안전 정보의 공개를 유도하는 수단으로는 표시규제(labelling regulations), 등급 평가(grade rating), 제품의 표준화(product standardization) 및 위해 제품의 리콜(recall)9) 등이 있다.

제품의 안전성 제고를 위한 보편적인 정책 방안 중의 하나는 생산자에게

---

8) 보건복지부 산하의 한국의료분쟁조정중재원이 대표적인 대안적 분쟁 해결을 위한 ADR이다. ADR에 관해서는 이 책의 제12장에서 보다 상세히 다루고 있다.

9) 리콜제도란 판매 중이거나 판매 후 결함이 발견되어 소비자의 생명·신체에 위해를 입히거나 입힐 우려가 있는 제품에 대하여 그 제품의 제조(수입), 유통, 판매업자가 자발적 또는 강제적으로 해당 제품의 위험성에 대해 소비자에게 알리고 결함 제품 전체를 대상으로 적절한 시정 조치(recall: 교환, 수리, 환불)를 하도록 하는 제도를 의미한다. 본 장의 제3절에서 구체적으로 살펴본다.

제품의 안전성에 대한 정보를 해당 제품에 표시토록 하는 표시규제이다. 즉 제품의 제조일자, 사용 방법 및 주의사항 등 품질에 관한 정보를 제품에 표시함으로써 소비자의 사고 위험을 줄일 수 있다.[10] 제품의 품질의 정도를 판정하여 등급을 매기는 등급 평가의 방법은 제품의 안전성에 대한 소비자의 정보 탐색 비용을 줄일 수 있는 수단이 되며, 제품의 규격, 중량, 용기, 포장 방법 등을 표준화하는 것은 소비자가 동종 상품의 품질을 쉽게 비교할 수 있게 함으로써 제품의 안전성을 확보할 수 있는 수단이 된다.[11]

한편 위해의 가능성이 있는 제품을 해당 제품의 생산자가 자발적으로 리콜(voluntary recall)을 실시하거나 정부가 강제적으로 리콜을 명령(mandatory recall)하는 것도 생산자로 하여금 제품의 위해 정보를 공개토록 하는 수단이다. 소비제품의 안전성을 확보하기 위한 이러한 리콜제도에 관해서는 제3절에서 상세히 공부하도록 한다.

(4) 소비자 교육과 홍보

제품의 안전성을 확보하는 데는 앞서 고찰한 여러 정책 수단이 효과적으로 활용될 수 있을 것이다. 그러나 이러한 규제 수단들은 정부의 실패 등 여러 비효율적인 측면을 내포하고 있으며, 또 제품 위험의 본질이 거래 당사자 간의 비대칭적 정보(asymmetric information)에 기인하고 있기 때문에 보다 근본적인 안전성 확보 수단은 소비자에 대한 적절한 위험 정보의 제공과 소비자의 안전 의식의 고취에 있다고 볼 수 있다. 즉 제품의 위험 특성에 대한 정확한 정보를 교육을 통해 소비자에게 제공하고, 민간 단체, 언론매체를 통하여 적극적으로 홍보토록 하는 것이 중요하다.

우리나라의 경우 그 동안 제품의 안전성에 관한 교육 및 홍보는 거의 민간[12]에 의존해왔으며 정부 차원에서의 활동은 매우 취약하였다. 그러다가 1980년대 중반에 소비자정책의 종합추진기관인 한국소비자보호원(2007년에 '한국소비

---

10) 「소비자기본법」 제10조 1항에 사업자의 표시기준 준수 의무가 명시되어 있다.
11) 제품을 표준화하는 목적은 국내 유통 및 국가 간 교역 시 제품의 가격이나 품질을 보다 쉽게 비교할 수 있도록 하여 경영의 성과를 높이기 위한 것이다. 즉 제품의 안전성 확보 문제는 이러한 제품 표준화의 일반적 목적의 일부분이라고 볼 수 있다.
12) 현재 제품의 안전성에 대한 홍보 등 소비자문제에 관계하는 여러 민간단체들이 활발한 활동을 하고 있다. 2020년 1월 말 현재 전국 규모의 민간단체로는 녹색소비자연대 등 11개 단체가 있으며 각 지역마다 이들의 지부 및 지방 민간단체들이 활동하고 있다.

자원'으로 명칭이 변경되었다)이 설립된 이후 소비자안전을 포함한 전반적인 소비자문제에 대한 교육과 홍보정책이 체계적으로 추진되고 있다.13)

이상의 제반 안전규제 수단을 〈표 7-1〉과 같이 요약·정리할 수 있다.

〈표 7-1〉 소비자안전규제 수단

안전성 확보 수단	규제 형태와 의의
사전적 안전규제 (행정절차상의 규제)	• 위해 정보 수집·평가제도 • 안전검사 및 인증 마크 제도: 안전검사제도, 안전검정제도, 형식승인제도, 품질표시제도, 품질인증제도 • 리콜제도
사후적 규제	• 소송을 통한 손해배상 책임 부과(제조물책임) • 재판 외 분쟁 해결(ADR): 준사법적·소송 외 분쟁조정수단
위험 정보의 공개	• 근본적인 제품 안전성 확보 수단
소비자 교육 및 홍보	• 근본적인 제품 안전성 확보 수단
기 타	• 형사적 제재, 사회적 관습

② 식생활 안전

1) 먹거리 안전의 중요성

유럽 지역의 광우병 파동과 한국을 포함한 아시아 지역의 구제역과 조류독감 대란, 여름철마다 등장하는 식중독 사고, 안전성이 검증되지 않은 유전자변형(GMO)식품 등, 먹거리의 안전성에 대해 소비자들은 막연한 불안감을 갖고 있다. 더욱이 최근에는 수입 식품의 잔류농약 문제, 일부 악덕 상인들의 유해식품 판매 등이 연일 뉴스거리가 되면서 식품에 대한 소비자의 불안이 가중되고 있다.

사실 먹거리 안전은 소비자의 건강문제뿐 아니라 기업의 영업활동이나 국익 차원에서도 매우 중요하다. 우리나라 국내총생산(GDP)에서 식품산업 분야가

---

13) 한국소비자원의 설립 배경, 기능과 주요 활동 등에 관해서는 해당 기관의 홈페이지(www.kca.go.kr)를 참고할 수 있다.

차지하는 비율이 10%를 넘고 있고 또 세계적으로도 식품의 안전성에 대한 관심이 한 나라의 경제에 중요한 비중을 차지한다. 예컨대 인간광우병은 영국에서 처음으로 발견된 1985년 이후 10여 년간 10여 명의 사람이 이 병에 관련되어 사망했다.[14] 당시 영국은 30억 달러(우리 돈으로 약 3조 2천억 원)에 달하는 육우 축산업이 붕괴될 위기에 이르렀다. 그 후로 프랑스와 벨기에 등 다른 유럽 나라들도 큰 경제적 타격을 입었다.

우리나라의 경우 올해 초까지 간헐적으로 계속되어온 구제역[15] 대란이 몰고 온 재산상 피해는 가히 천문학적이다. 원유 가격 상승과 국제 정세 불안으로 가뜩이나 물가상승이 국가경제의 발목을 잡던 때 구제역으로 인해 시장의 인플레 심리에 기름을 더했다. 무엇보다 육류 제품에 대한 안전성에 큰 우려를 주었다.

안전한 식생활은 모든 소비자들의 우선적인 기대치이다. 정책을 담당하는 보건복지부나 식품의약품안전처(KFDA), 농림수산식품부와 해양수산부 등에서도 이러한 소비자들의 식품 안전 기대치 수준을 충족시키기 위해 애쓰고 있다. 하지만 구제역이나 식중독사고 등 식품 안전에 관련된 최근의 이슈들을 보면 정부의 대응이 단편적이고, 예방적이지 못한 측면이 있다. 또한 식품산업의 주체인 기업들과의 협력이 충분하지 않은 측면도 있다.

정부에서는 식품 유통 과정에서의 안전 문제를 해소하기 위해 식품이력추적관리제도(foods traceability system)를 도입하여 단계적으로 적용 범위를 확대해 나가고 있다. 이 제도는 식품의 이력 관련 정보를 소비자에게 제공하고, 안전성에 문제가 생길 경우 해당 식품을 추적해 원인을 신속히 밝히고 회수(recall)하여 식품의 안전성을 확보하기 위한 제도이다. 이 제도는 2008년 6월에 처음 도입되

---

14) 인간광우병은 광우병(우해면양뇌증)에 걸린 소를 사람이 섭취할 때 걸릴 가능성이 있는 변종 크로이츠펠트-야콥병(vCJD)을 말한다.

15) 2010년 말 경북 안동에서 처음 발병하여, 3백만 마리가 넘는 가축을 매몰 처분해 지난 반세기 동안 최악으로 평가되는 구제역 대란은 막대한 경제적 피해 외에도 국민들의 식품의 안전성에 대한 불안 심리를 더욱 높이게 됐다. 그 후 2019년 초까지도 구제역 판정 뉴스가 소비자의 먹거리 안전에 대한 막연한 불안감을 높여왔다. 구제역이 인체에는 무해하다고 하는데도 국민들은 소나 돼지고기를 꺼리게 되고, 결과적으로 농가에도 큰 피해를 주었다. 구제역은 소나 돼지, 사슴과 같은 발굽이 갈라진 동물(이를 우제류라 한다)의 급성바이러스성 질병으로 주로 발굽이나 입의 점막, 유두 부위에 수포가 나타나는 특징이 있는 전염성 질병이다. 구제역은 사람에게 전염되지 않으며, 인체에는 해가 없는 것으로 알려져 있다.

어 그다음 해부터 보급을 추진해왔으며, 현재 건강기능식품 제조업, 영유아식품 제조업, 수입 식품 전문판매업체에 의무적으로 적용되고 있다. 그 외 식품제조업체에는 자율적으로 도입할 수 있도록 하고 있다. 하지만 미국과 같은 선진국의 수준에 비해서는 여전히 부족한 편이다. 우리와는 달리 미국은 식품 원료의 생산에서 제조·가공뿐 아니라 유통과 최종 소비 단계까지 안전관리의 범위를 확대하고 있다. 유럽의 여러 나라들, 그리고 일본과 아시아국들도 여러 형태의 이력추적시스템을 가동하고 있다. 우리도 식품이력관리추적체계를 생산 단계에서 소비 단계에 이르기까지 확장하는 정책을 펴야 할 것이다.

2) 유전자변형식품(GMO)과 표시의 적정성

(1) GMO 식품의 의의

생물학과 유전공학이 발전하여 추위라든지 각종 병충해에 강한 유전자를 이용해서 만든 농수축산물이 많이 개발되고 있다. 이러한 것으로부터 만든 식품을 유전자변형식품(Genetically Modified Organism)이라고 하고, 영어 약자인 GMO 식품으로 부르고 있다. 대명사격인 용어로 유전자재조합농산물이나 유전자조작식품으로 표현하기도 한다.

유전자변형 내지 유전자재조합 기술은 어떤 생물의 유전자 중 유용한 유전자만을 분리하여 다른 생물체에 삽입하여 새로운 품종을 만드는 것을 말한다. 이러한 GMO 식물체가 최초로 상업적 목적으로 판매가 허용된 것은 1994년 미국 칼젠사가 개발한 'Flavr Savr'라는 상표의 토마토이다. 토마토는 숙성 과정에서 물러지게 되는데, 칼젠사는 이 과정에 관여하는 유전자 중의 하나를 변형하여 수확 후에도 상당 기간 단단한 상태를 유지하도록 하였다.

그런데 GMO 식물체가 본격적으로 환경단체나 소비자단체의 주목을 받기 시작한 것은 1996년 미국 몬산토사가 개발한 'Round-Up Ready Soybean'이라는 상표명의 대두와 스위스 노바티스사가 병충해에 내성을 가지도록 개발한 'Btmaize'라는 상표의 옥수수가 본격적으로 상품화되면서부터이다.[16]

지금까지 개발된 GMO는 콩과 옥수수, 감자, 면화, 카놀라와 같은 주요 작

---

16) 네이버 지식백과(NEW 경제용어사전), 2020. 1. 현재.

물들이 대부분이다. 이들은 현재 세계적으로 재배되고 있으며 재배 면적은 약 1억 2천5백만ha로 세계 경지 면적의 10%에 해당한다. 대표 작물인 콩의 경우는 전 세계 재배 면적의 70% 정도가 GMO라는 조사 자료도 있다. 우리나라의 경우도 식품의 원료로 상당량 수입되고 있는 실정이다(국내에서 자체적으로 개발되어 팔리고 있는 GMO 작물은 아직 없다).

우리나라는 그동안 <표 7-2>에서 보듯이, 관련 법률들에서 GMO 용어에 대해 각각 달리 표시·규정하고 있었으며, 시장에서도 이러한 법률상 용어를 포함한 여러 용어가 혼용되고 있었다. 그동안 유전자재조합기술 내지 현대 생명공학기술이라는 동일한 내용에 대해서 법률상 그 번역어를 달리하는 것은 법률의 입법 목적과는 별개로 소비자 선택상의 혼란을 야기할 수도 있으므로 동일한 용어를 사용하는 것이 바람직하다는 주장이 제기되어왔는데, 지난 2014년 4월 말 식품의약품안전처에서 '유전자변형식품 등의 표시기준'을 제정함으로써 지금은 '유전자변형' 명칭으로 통일하여 사용되고 있다.

<표 7-2> 혼란스러웠던 GMO 관련 법령상의 용어

영문 약자	GMO	GMF	LMO
법령상 용어	유전자변형농산물	유전자재조합식품	유전자변형생물체
관련법령	농산물품질관리법, 유전자변형농산물 표시요령	식품위생법, 유전자재조합식품 등의 표시기준	유전자변형생물체의 국가 간 이동 등에 관한 법률
소관 부처	농림축산식품부	보건복지부 (식품의약품안전처)	기획재정부

읽을거리 7.1 ⊕ 'GMO-두부파동' 소보원 승리

벌써 16년 전의 에피소드가 되었지만, GMO 식품에 관련된 공방이 언론을 뜨겁게 달군 일이 있었다.

유전자재조합식품의 유해성 여부가 한창 논란이 되고 있을 때, 내가 일했던 한국소비자원에서 소비자의 알 권리와 선택할 권리를 위해 시중에 유통되는 두부 제품의 GMO 콩 사용 여부를 실험했고, 18개 두부 제품에서 GMO 성분이 나왔다고 발표했다.

그런데 모 식품회사에서는 발표와는 달리 GMO 콩을 전혀 사용하지 않고 100% 국산 콩으로만 두부를 만들었다고 반박하고, 명예훼손 등의 이유로 한국소비자원을 상대로 손해배상청구소송을 제기했다.

이 사건은 법정다툼의 도중에, 해당 회사에서 소를 취하하고 한국소비자원에서도 이를 수용하여 일단락되긴 했다. 하지만, 한국소비자원에서 공정거래위원회에 (해당 회사 제품의 GMO 관련) 표시·광고법 위반사항을 신고했고, 공정거래위원회에서 이를 조사한 후에 해당 회사를 '경고조치'하게 됐다.

이 소송은, GMO 식품의 안전성과는 별개의 '허위 표시'에 초점이 맞춰진 사건이었지만, GMO 식품은 건강과 환경, 그리고 윤리적이고 종교적인 문제 때문에 여전히 논란이 되고 있다.

이 에피소드에 관해 궁금한 독자는 2004년 당시의 언론기사들을 검색해보라(검색어: GMO 두부, GMO 콩두부 소송).

자료: 『세상을 바꿀 행복한 소비자』(2012, 이종인, 이담북스, 64쪽) 및 관련 언론기사

(2) GMO의 안전성에 대한 국가별 입장

미국은 식품의약국(FDA)이나 농무부, 환경보호청과 같은 정부기관에서 GMO 농산물에 대한 별도의 규제가 필요하지 않다는 입장을 보이고 있다. 한마디로 안전하다는 것이다. 또한 미국은 경제적인 측면에서 GMO 식품의 개발과 판매에 가장 적극적인 나라이다. 하지만 유럽 국가들은 GMO 식품의 안전성에 대한 최종 판단을 유보하고 있고 또 대부분 안전성 평가나 관리를 엄격히 하고 있는 편이다. 그리고 GMO를 함유한 식품의 표시를 1997년부터 의무화하고 있다. 다른 국가들에서도 GMO 표시제도를 도입해왔으며 약 60여 개 나라에서 표시제를 운용하고 있다. 특히 유럽연합(EU)은 GMO를 원료로 사용한 경우 GMO 단백질·DNA 검출 여부에 관계없이 의무적으로 표시하도록 하고 있다.

우리는 유럽과 같이 GMO 식품을 반대하는 목소리가 높은 것이 사실이며, 환경단체나 시민단체에서 GMO 식품의 범람을 우려하고 있다. 안전성이 입증되지 않은 상태에서 유전자조작 생명체를 재배할 경우에 생태계가 교란되고 또 사람들의 건강도 위협받을 것이라는 주장이다.

정부 차원에서는 2001년 3월부터 「농산물품질관리법」에 근거하여 콩, 옥수수, 콩나물, 감자 등에 대한 'GMO 표시제'를 시행했고, 2002년 7월부터는

'GMO 식품 표시제'를 실시하고 있으며, 2004년 초부터는 GMO 식품의 안전성 평가 심사를 의무화해오고 있다. 따라서 GMO 식품을 만들거나 수입하는 업자는 사전에 해당 식품의 안전성에 이상은 없는지 평가하고 승인을 받도록 하고 있다. 이후에도 GMO 표시제를 강화해왔는데, 2015년부터는 GMO를 식품의 원료로 사용한 경우 함량에 관계없이 그 사용 여부를 표기토록 의무화되었다. 하지만 최종 제품에 GMO 단백질·DNA가 검출되지 않으면 표시 대상에서 면제되도록 예외를 인정하고 있다. 대표적인 예로 GMO 콩으로 제조한 식용유가 이에 해당한다. 식용유는 콩의 지방 성분만 추출한 것이므로 GMO 단백질이 존재하지 않아 표시 대상에서 제외되는 것이다.

최근에는 이러한 예외 사항을 없애자는 이른바 'GMO완전표시제' 도입 주장이 시민단체 등에서 제기되고 있지만, 식품업계에서는 현실적으로 이행이 쉽지 않아 신중해야 한다는 입장이다.[17]

GMO의 안전성 문제는 세계적인 논란거리이지만, 아직까지 인체에 어떤 해를 야기한다는 것이 과학적으로 증명된 예는 없다. 따라서 GMO에 대해 막연한 불안감과 지나친 불신은 바람직하지 않다고 본다. 다만 소비자의 입장에서는, GMO의 잠재적 위험성을 생각하면서 보다 정확한 정보에 근거하여 신중하게 선택할 필요는 있겠다. 우리나라의 경우 민간 단체의 의향이 많이 반영되어 유럽과 같은 다소 엄격한 GMO 관련 제도를 운영하고 있는데 소비자안전을 우선시하는 관점에서 바람직하다.

식량자원이 국력을 나타내는 지표가 되고 있는 국제 여건상 우리나라도 머지않아 GMO 작물을 개발하고 재배할 것이다. 이에 대비해 국가에서는 소비자에게 GMO 작물의 안전성에 대한 보다 많은 정보를 제공하여 신뢰를 쌓도록 해야 할 것이다.

읽을거리 7.2 ⊕ 미국의 GMO 표시제 시행,
우리 식품 안전에는 문제 없나

미국 버몬트주의 유전자변형작물(GMO) 표시제도 시행을 앞두고 미국 식품업계가 긴장하고

---

17) GMO완전표시제 도입에 관련된 찬반 입장은 다음 기사를 참고할 수 있다. 『세계일보』 (2019. 12. 17.) www.segye.com/newsView/20191217511800?OutUrl=naver.

있다. 버몬트 주의회를 통과한 GMO 표시제도는 7월부터 시행된다. 식품 영양성분 표시 하단에 'GMO 식품 여부'를 반드시 표기하도록 함으로써 소비자의 선택에 도움을 주기 위해서다.

이 법의 시행으로 GMO 식품의 안전성에 대한 관심이 높아질 것으로 보인다. 식품업계 역시 'GMO-free' 식품으로 원료를 대체하거나 표시 라벨을 바꾸는 등 혹시나 모를 소비자의 부정적 인식에 대비하는 모습이다.

GMO의 안전성 문제는 국가별로 시각차가 작지 않다. 미국은 GMO 식품의 개발과 판매, 수출에 매우 적극적이다. 식품 안전에 엄격한 기준을 적용하고 있는 미국 식품의약국(FDA)이나 환경보호청에서도 별도의 규제는 시행하지 않고 있는 실정이다. 반면 시민과 소비자단체의 GMO 반대 목소리가 높은 유럽연합(EU)에서는 대부분의 식품에 대해 GMO 표시를 의무화하고 있다.

아시아 지역 중 일본은 비교적 느슨한 규제를 하고 있다. 반면 중국은 유럽보다도 엄격한 표시 기준을 적용하고 있다. 콩, 옥수수, 면화, 토마토 등 승인된 GMO 5종과 이를 원재료로 사용한 17개 가공식품은 예외 없이 GMO 표시를 의무화하도록 했다.

우리나라는 'GMO 원료 사용 시 그 표시를 의무화'한 새로운 GMO 표시 기준을 내년부터 적용하게 된다. GMO 식품은 아직 인체에 직접적 위해를 끼친 것으로 증명된 사례는 없으나, 인체 위해 가능성을 경고하는 학술적 연구는 상당하다. 장기간 GMO 옥수수를 먹인 쥐가 암 발병이나 조기 사망 등의 증상을 보였다는 2012년 프랑스 연구진의 발표가 대표적이다.

사실 식량자원이 국력의 지표가 되는 여건상 우리나라도 GMO의 재배와 가공식품의 생산이 불가피하다. 미국의 경우 옥수수, 콩 등 주요 농작물의 대부분이 GMO이며, 유통 중인 포장식품의 70~80%에 GMO 성분이 함유되어 있다. 유럽 지역도 GMO 농산물과 식품 원료를 생산하고 소비하는 실정이다. 따라서 GMO 식품에 대한 막연한 반대나 기피, 지나친 불안과 불신은 바람직하지 않다.

하지만 GMO의 잠재적 위험을 고려해 올바른 정보에 근거한 소비자의 신중한 선택이 중요하다. 현행 GMO 표시제도를 소비자의 시선에서 보완할 필요가 있다. 'GMO 성분이 추출되지 않을 시 표시 의무를 예외'로 한 국내 단서조항에 문제가 있다. 유럽, 중국과 같이 잔류 여부에 관계없이 표시하도록 하는 것이 국민의 기본권 차원에서 바람직하다. 정책 당국에서는 안전성에 대한 올바른 정보를 상시 제공하여 국민의 신뢰를 쌓아가야 할 것이다.

자료: 『동아일보』(2016. 5. 4.) 저자(이종인) 칼럼

3) 농산물 안전관리 제도

음식의 경우에는 특히 "자연 그대로의 것이 좋다"고들 한다. 특히 요즘 웰빙 분위기를 타고 유기농산물이나 친환경농산물의 인기가 매우 높아졌다. 일반 농산물이 농약이나 유해물질로부터 안전하지 못하다는 인식 때문인 듯하다. 화학비료와 농약을 사용하지 않고 가꾸는 유기농산물은 소비자가 안심하고 먹을 수 있는 안전한 식품이다. 또한 유기농법은 농사에 이로운 곤충이나 새들이 번식할 수 있기 때문에 자연 생태계 보호에도 도움이 된다.

(1) 친환경농산물 제도

이런 유기농산물을 제도화한 것이 이른바 '친환경농산물'제도다. 1997년에 「환경농업육성법」이 제정되면서 친환경농산물 표시제도를 시행하게 되었다.

농약과 화학비료, 사료첨가제 등 화학자재를 전혀 사용하지 않거나 최소량만을 사용하여 생산한 농산물을 친환경농산물이라 한다. 우리나라에서는 농림축산식품부가 2001년 7월부터 친환경농산물 표시 인증제도를 시행했다. 표시 인증의 종류는 유기농산물, 전환기유기농산물, 무농약농산물, 저농약농산물의 4가지이며, 축산물도 유기축산물, 전환기유기축산물도 표기가 가능하다. 유기농산물은 농약과 비료를 전혀 사용하지 않고 생산되고 포장된 농산물을 말하며, 저농약 농산물은 일반 안전 기준의 절반 이하의 농약을 사용하고 화학비료는 권장량을 지킨 농산물을 말한다. 무농약농산물은 말 그대로 농약을 전혀 사용하지 않은 권장량의 화학비료만으로 재배한 농산물이며, 전환기유기농산물은 무농약에서 유기농으로 변화시키는 과정에서 유기합성농약과 화학비료를 일체 사용하지 않고 재배한 농산물을 말한다.

2001년 7월부터는 유기농산물, 무농약농산물, 저농약농산물 등으로 구분해서 인증을 받도록 하고 또 <그림 7-2>와 같이 친환경 농산물 표시 인증 마크를 붙이도록 하는 유기농산물인증제가 시행되고 있다.

[그림 7-2] 친환경농산물 표시 인증 마크

(2) 농산물품질인증 제도

먹거리 안전을 포함한 농산물의 품질을 보장하기 위한 제도로 농산물품질
인증제가 있다. 우루과이 라운드 타결 이후 농어촌 구조 개선 대책과 농어촌 발
전 대책의 일환으로 농산물의 품질 향상과 대외 경쟁력 제고를 위하여 도입하였
다. 우리 농산물의 품질 경쟁력 제고, 농산물 안전성 기준과 축산물 생산 조건에
따른 인증으로 소비자 신뢰 구축, 품질을 보증하는 농산물 공급 체계 확립을 주
된 목적으로 하는 제도이다.

1992년 7월 처음으로 일반 재배 농산물에 대한 품질인증을 실시하였다.
1993년 12월에는 유기농산물, 이어 1995년 9월에 축산물, 1996년 3월에 저농약
재배농산물, 1998년 11월에는 유기농산물가공품에 대하여 품질인증을 실시하였
다. 2001년 7월부터는 일반품질인증제와 앞서 살펴본 친환경농산물인증제를 구
분하여 시행하였다. 인증 항목은 산지·품종명·생산 연도·무게 또는 개수·낱개
크기 및 중량 기준·등급·상품의 차별화·생산 조건 등이다.

(3) 위해요소중점관리제도(HACCP)

식품의 안전성을 업계에서 자율적으로 보장토록 하기 위한 관리체계의 하나로서 위해요소중점관리제도(HACCP: Hazard Analysis Central Critical Points)가 있다. 1993년 7월 국제식품규격위원회에서 위해요소중점관리제도의 도입을 권고함에 따라 전 세계에 빠른 속도로 확산되고 있다.

식품의 안전성 확보를 위한 기존의 관리 방식은 대부분 사후관리에 치중하여 비효율적 요인이 상존하고 있었다. 특히 최근의 식품위생관리인가제도의 폐지와 식품제조업의 영업신고제 전환, 정부 식품위생 전담부서의 통폐합 등으로 식품 안전 환경이 악화되었다. 이런 여건에서 세계적으로 통용되고 있는 HACCP과 같은 사전관리 시스템의 활성화가 필요한 시점이다.

HACCP 제도는 식품의 품질과 위생을 합리적이고 철저히 관리하여 위해식품의 유통을 사전에 막을 수 있도록 마련된 위생·품질의 관리 방식을 말한다. 식품의 원재료인 농수축산물의 재배와 사육, 채취 등의 생산 단계에서부터 제조, 가공, 보존, 유통을 거쳐 최종 소비될 때까지의 모든 단계에서 발생할 우려가 있는 위해에 대해 조사, 분석하고, 해당 위해의 예방 대책을 수립하여 계획적으로 감시하고 관리함으로써 식품의 안전성을 확보하기 위한 제도이다.

정부에서는 「식품위생법」에 식품위해요소중점관리기준 규정을 신설하여, 식품가공품(1996년), 유가공품(1997), 어묵류 등 위해 발생 가능성이 높은 6개 품목(2006~2012년)에 대해 단계적으로 이 기준의 적용을 의무화해왔다.

(4) 건강기능식품 제도

건강기능식품은 지난 2002년 8월 제정된 「건강기능식품에 관한 법률」에 의해 정의되는 각종 기능성식품(dietary supplement and functional food)을 의미한다.[18] 인체의 건강 증진이나 보건 용도에 유용한 영양소나 기능 성분을 사용하여 정제, 캡슐, 분말, 과립, 액상, 환 등의 형태로 제조·가공한 식품으로서 식품의약품안전청장이 정한 것을 말한다.

지난 2008년 7월 11일에 개정되어 고시된 「건강기능식품 인정에 관한 규정」(전부개정고시안)에 의하면 건강기능식품의 제형 제한 삭제에 따라 기능성 원료로

---

18) 기능성이란 인체의 구조 및 기능에 대하여 영양소를 조절하거나 생리학적 작용 등과 같은 보건 용도에 유용한 효과를 얻는 것을 말한다.

인정된 원료를 일반식품유형으로 제조하기 위한 인정 기준, 인정 방법, 인정 절차, 제출 자료의 범위 및 요건, 평가 원칙 등에 관한 사항을 정함으로써 일반식품유형의 건강기능식품에서의 안전성과 기능성을 확보할 수 있도록 하였다.[19]

「소비자기본법」 제4조에는 소비자가 스스로의 안전과 권익을 위하여 모든 상품으로 인한 '생명·신체상의 위해로부터 보호받을 권리'를 향유할 수 있음을 규정하고 있다. 소비생활에 있어서 식품의 안전 문제는 공산품 안전 못지않게 중요하다. 유기농산물뿐 아니라, 일부 악덕 상인들의 음식물을 담보로 한 횡포를 근절하여 안전할 권리를 향유하기 위해서는 무엇보다도 소비자의 역할이 중요하다. 안전하지 않는 식품을 시장에서 퇴출시키는 역할은 바로 소비자의 선택에 달려 있다는 사실이 중요하다.

3 결함제품 리콜의 소비자경제학

1) 리콜제도의 의의와 리콜 현황

2000년대 초 미국 캘리포니아주에서 거주했던 적이 있다. 당시에 캘리포니아주지사인 데이비스(Davis)라는 사람이 주 재정 문제에 관련된 사안으로 인해 결국 주지사 자리에서 물러나는 일이 있었다. 리콜(recall)이라는 말은 원래 이 경우와 같이 임기 중에 있는 선거직 공무원을 투표를 통하여 해임시키는 국민소환제[20]를 말한다. 이것이 상품과 관련해서도 쓰이기 시작했는데, 문제가 있는 제품들을 불러들인다(리콜)라는 의미로 사용되었던 것이다.

---

19) 관련법의 개정 이전에는 (구)식품의약품안전청에서 건강보조식품이라는 명칭으로 25개 품목군이 관리되고 있었다.

20) "자격 없는 ○○○을 주민의 힘으로 소환(recall)하자." 대통령이나 시장, 도지사와 같은 임명직 공무원을 국민투표를 통해 해임하는 이른바 '국민소환제'가 이따금 언론의 주목을 받고 있다. 몇 년 전 성사되지 못했지만 제주도지사와 하남시장 주민소환 투표가 있었고, 과천시장이 주민소환 투표의 요건이 충족되었다는 뉴스가 전해지기도 했다(전국을 단위로 하면 '국민소환제', 지역 단위는 '주민소환제'라 한다). 이 제도는 당리당략에 좌우되는 국민 대표자에게 국민의 목소리에 좀 더 귀 기울이도록 하고, 직권남용과 공약 남발을 막을 수 있다는 장점이 있다. 하지만 소수의 선동정치에 악용되거나 사회적 불안정과 비효율을 낳기도 한다.

(1) 안전규제 수단으로서의 리콜제도

일상생활에서 사용하는 제품과 관련하여 국민들의 안전할 권리를 보장하기 위한 대표적인 정책 수단으로는 ① 정부의 직접적인 안전규제(safety regulations), ② 피해자 구제를 1차적 목적으로 하여 기업의 책임을 묻는 형태의 제조물책임제도, ③ 제품 사용 시 소비자의 위험을 줄이기 위한 제품의 감시·회수 의무에 관련된 리콜제도 등이 있다.

안전규제는 사고의 사전적 예방을 위한 것으로서, 안전 기준(safety standards)에 의한 규제와 직접적인 법적 제한(legal limitations)을 통한 규제 형태가 있다. 제조물책임제도는 그 일차적 목적이 소비자 피해에 대한 금전적 보상이지만, 궁극적으로는 생산자가 소비자의 피해 보상에 드는 추가적 비용을 제품의 안전 향상에 투자토록 하는 사후적 안전규제 수단이다. 위해 가능성이 있는 제품에 대해 해당 제품의 생산자가 자발적으로 리콜하도록 실시하거나,[21] 정부가 강제적으로 리콜(mandatory/compulsory recall)토록 하는 리콜제도는 생산자로 하여금 제품의 위해 정보를 공개하고 결함 제품을 적절히 회수하도록 하는 정책 수단이 된다.

이러한 소비자안전제도들 중 리콜제도는 사전적(ex-ante)인 소비자안전의 확보와 위해의 확산 방지를 위한 핵심적인 소비자보호 제도이며, 우리나라에서는 지난 1991년부터 단계적으로 도입되어왔다.[22] 자동차, 식품, 의약품, 자동차 배기가스배출기관 부품, 전기용품, 공산품 등의 품목들이 관련법에 의거하여 리콜의 대상이 되고 있으며, 1996년 개정된 「소비자보호법」(현재의 「소비자기본법」)에 의해 모든 소비재로 그 대상이 확대되었다.

하지만 이러한 외형적인 법제도의 정착에도 불구하고 시장에서는 여전히 리콜제도의 시행이 활성화되지 못하고 있어, '결함 제품의 효과적인 제거를 통한 소비자안전의 확보'라는 제도 도입의 취지에 못 미치고 있을 뿐 아니라 경제적인 측면에서도 제도 운영의 비효율에 따른 사회적 비용 부담이 상당하다는 지

---

21) 기업이 자사가 생산·유통시킨 제품의 결함이 발견된 경우 스스로 이를 회수 조치하는 것을 자발적리콜 내지 자진리콜이라 한다. 하지만 엄밀한 의미에서 자발적(voluntary)인 경우는 거의 없으며, 대부분 정부의 권고 등 외부 여건에 따라 스스로 결정(uninfluenced)하는 것을 의미한다.

22) 리콜제도의 법적인 개념은, 제품 이용자에게 해를 끼치거나, 끼칠 우려가 있는 결함이 발견된 경우에 사업자가 이용자에게 제품의 결함 내용을 알리고 환불이나 교환, 그리고 적절한 수리를 해주도록 하는 제도를 말한다.

적이 있다.

(2) 리콜 현황

연도별 리콜 현황을 보면 <그림 7-3>에서 보듯이 2013년도까지만 해도 1천 건에도 미치지 못하는 등 미국과 일본과 같은 선진국에 비해 매우 낮은 수준이었다. 하지만 2014년도에 1,752건으로 증가하였으며, 2018년에는 전년 대비 58.1% 증가한 2,220건으로 집계되었다. 이와 같이 총 리콜 건수가 증가한 것은 전반적인 리콜 건수의 증가와 더불어 2018년에 의약외품, 의료기기, 생활방사선 안전기준 결함 가공제품의 리콜 실적이 새롭게 추가되었기 때문이다. 한편, 품목별로 보면 공산품 리콜이 683건으로 가장 많았고, 의약품 344건, 의료기기 330건, 자동차 311건 등이 뒤를 이었으며, 대부분 품목의 리콜 건수가 증가하였다.[23]

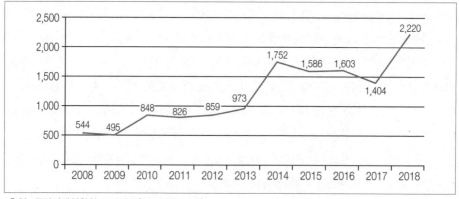

출처: 공정거래위원회 보도자료(2019. 9. 24.)

[그림 7-3] 연도별 리콜 건수

또한 리콜 관련 분야별 법 규정상 리콜의 개념, 요건, 처리 절차 등에 상당한 차이점이 존재하여 결함 제품의 회수율이 저조하며, 여러 행정적 규제에 기인하여 기업의 자진리콜이 활성화되지 않고 있는 등 제도 시행상의 비효율이 뒤

---

23) 과거에는 대부분의 리콜이 자동차, 의약품 분야에 치우쳐 있었으며, 소비생활용품을 포함한 일반 공산품의 리콜 실적은 정수기나 압력밥솥 등 일부 품목에 한정되어 있었다. 하지만 2018년의 경우 어린이에게 인기가 높은 액체 괴물 등에 대해 다수 리콜이 시행되는 등 공산품 리콜이 전반적으로 늘어났다.

따르고 있지만, 이러한 리콜제도의 경제적 비효율에 대한 검토가 부진하다는 지적이 있어왔다.

더욱이 다른 선진국들과는 달리 우리나라 기업들은 리콜로 인한 소비자 및 언론의 부정적 시각을 우려하여 자진리콜을 꺼리고 있는 것으로 보인다. 그동안 리콜은 소비자들에게 '불량품' 내지 '제품상의 하자'라는 부정적인 이미지로 비추어졌으나, 최근에는 자발적으로 리콜하는 기업은 '소비자의 안전을 생각하는 기업'이라는 소비자의 인식이 우세함에도 기업들은 여전히 소비자와 언론이 자진리콜에 대해 그다지 긍정적이지 않다는 인식을 하고 있는 것으로 보인다.

이와 같이 결함 있는 제품의 회수나 수리 등과 같은 리콜은 안전규제 수단으로서뿐만 아니라 일상의 소비생활에서도 쉽게 접하게 된 생활 용어이며, 소비자안전을 위한 주된 정책 수단의 하나로 인식되고 있다.

2) 리콜의 법·제도적 성격과 절차

(1) 리콜의 법적 성격

사고 발생 이후에 피해자에 대한 법적인 배상책임(liability)을 강화함으로써 피해자 손실의 보상뿐 아니라 사고의 억제 기능까지 하는 제조물책임(Product Liability)제도에 반하여, 리콜제도는 사건 발생의 가능성이 있거나 발생 초기 시점에 미리 결함 제품을 회수하거나 수리 및 교환해주는 행정규제의 일종이다.

사업자의 입장에서 제품의 결함으로 인해 위해가 발생했거나 위해가 발생할 우려가 있음을 알게 되었을 경우에는 지체 없이 관계 기관에 해당 결함 정보를 보고하도록 관계법에 규정해놓고 있다. 예컨대 「소비자기본법」 제47조는 물품의 결함 여부를 가장 잘 알 수 있는 사업자에게 결함 정보를 스스로 보고하도록 함으로써, 신속한 리콜 등의 조치가 이행되도록 하여 소비자의 안전을 도모하고 있다.

정부 당국에서는 이러한 법에 따른 사업자의 결함 정보 보고와 한국소비자원의 위해 정보를 통해 위해를 인지한 후 시험·검사의 절차를 거쳐 해당 제품의 위해성 여부를 확인하게 된다.

한편 「식품위생법」, 「약사법」, 「제품안전기본법」, 「자동차관리법」 등 12개

개별 법률에서도 리콜제도를 두고 있다. 따라서 개별 법률에 리콜 관련 규정이 있으면, 개별 법률에 따라 리콜이 추진된다.

> **[「소비자기본법」]**
>
> 제47조(결함 정보의 보고 의무) ① 사업자는 소비자에게 제공한 물품 등에 소비자의 생명·신체 및 재산상의 안전에 위해를 끼치거나 끼칠 우려가 있는 제조·설계 또는 표시 등의 중대한 결함이 있는 사실을 알게 된 때에는 그 결함의 내용을 소관 중앙행정기관의 장에게 보고(전자적 보고를 포함한다)하여야 한다.
>
> ※ 결함 사실을 알고 보고하지 않은 경우 과태료(3천만 원 이하) 부과(제86조)

(2) 리콜의 종류

결함 제품을 시장에서 회수하기 위한 리콜은 해당 제품으로 인한 위해의 발생 여부에 따라 사후적 리콜과 사전적 리콜로 구분된다. 사후적 리콜이란 결함 있는 제품이 이미 시장에서 거래된 후 소비자가 사용하고 있는 상태에서 신체 또는 재산상의 피해가 야기된 이후에 시행하는 시정 조치를 의미한다. 반면에 사전적 리콜은 결함이 내재된 제품의 시장 거래 여부를 불문하고 사고 발생 이전에 시정 조치를 취하는 경우를 말한다.

리콜은 대개 업계가 자발적으로 결정하고 시행하게 되지만, 정부기관의 명령이나 요청에 따라 실행될 수 있다. 즉 사업자 스스로 결정하는 자진리콜(voluntary or uninfluenced recall)과, 정부의 요청에 의한 강제리콜(mandatory or compulsory recall)로 구분됨은 앞서 설명했다. 강제리콜은 리콜 명령 및 긴급리콜 명령으로 구분된다. 강제적 리콜인 경우 제조·판매 금지명령과 함께 결함 사실을 공표하게 된다. 사업자가 제공하는 물품과 서비스의 결함으로 소비자의 생명 신체상의 안전에 현저한 위해를 끼칠 우려가 있을 경우에는 정부(중앙 행정기관의 장 또는 시·도지사)가 지체 없이 수거 파기를 명령할 수 있는데 이를 긴급리콜 명령이라고 한다.[24]

---

24) 우리나라에서는 자진리콜과 리콜 명령 외 리콜권고라는 구분을 두고 있다. 리콜권고란 리콜 사유 발생 시 중앙 행정기관의 장 또는 시·도지사가 사업자에게 당해 제품의 리콜을 권고하는 것을 말한다. 일반적으로 이러한 리콜권고는 자진리콜의 범주에 속한다고 하겠다.

(3) 리콜 방법과 절차

요즘은 사업자 스스로 리콜을 시행하는 경우가 많으며, 정부에서도 가급적 강제리콜 대신 사업자의 자진리콜을 유도하고 있다. 업체 스스로 리콜을 시행하더라도 임의대로 할 수 있는 것은 아니며 법에서 정한 규정과 절차에 따르는 경우가 일반적이다. 결함 내용이나 원인, 리콜 방식과 기간을 포함한 리콜 시행 계획서를 당국에 제출해야 하고, 일간지 등을 통해 30일 이상 게시하고, 또 그 계획에 따라 리콜을 시행하게 된다. 대표적인 리콜 방법으로는 환급(refund), 교환(replacement), 수리(repair) 등이다.

이상에서 살펴본 리콜의 여러 구분 및 관련 규정에 따른 강제 등을 종합하여볼 때 리콜은 소비재의 안전을 위한 대표적인 행정규제로 볼 수 있다.

품목별로 리콜제도를 비교해보면 〈표 7-3〉과 같다.

〈표 7-3〉 리콜 품목별 관련 법률과 소관부처

품목	근거법률	소관
모든 재화 및 서비스	「소비자기본법」	중앙행정기관의 장 시·도지사, 소비자원장
식품	「식품위생법」	식약처장 시·도지사 시장·군수·구청장
	「식품안전기본법」	관계 중앙 행정기관의 장
건강기능식품	「건강기능식품에 관한 법률」	식약처장 시장·군수·구청장
축산물	「축산물위생관리법」	식약처장, 시·도지사 시장·군수·구청장
의약품	「약사법」	식약처장,시·도지사 시장·군수·구청장
의료기기	「의료기기법」	식약처장, 시·도지사 시장·군수·구청장
공산품	「제품안전기본법」	중앙행정기관의 장
	「전기용품 및 생활용품 안전관리법」	시·도지사
	「화학물질의 등록 및 평가 등에 관한 법률」	환경부장관
	「어린이제품안전특별법」	산업통상자원부장관
	「환경보건법」	환경부장관

자동차	「자동차관리법」	국토교통부장관
자동차 배출가스	「대기환경보전법」	환경부장관
먹는 물	「먹는물관리법」	환경부장관, 시·도지사
화장품	「화장품법」	식약처장
가공제품	「생활주변방사선 안전관리법」	원자력안전위원회

리콜의 절차는 해당 품목에 대한 개별 법령에 따라 다소 차이가 있지만, 일반적으로 위해 위험을 모니터링하는 단계에서 리콜 실시 후 사후조치의 단계까지 총 6개 단계로 구분될 수 있다. 즉 제품의 안전성에 대한 모니터링 단계, 위해를 인지하고 결함을 보고하는 단계, 해당 위험성을 평가하고 리콜 여부를 결정하는 단계, 구체적 리콜 계획을 수립하는 단계, 리콜을 실시하는 단계, 리콜 후 사후조치 단계이다. 이러한 리콜 절차의 예로 「소비자기본법」상 리콜 절차를 <그림 7-4>에 도시하였다.

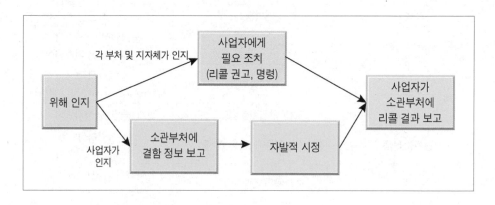

[그림 7-4] 리콜 절차(예시: 「소비자기본법」)

3) 외국의 결함 보상제도

미국이나 일본 등 선진국에서는 리콜이 활성화되어 있고 강력히 시행되고 있다. 이들 국가들에서 리콜 문제는 뒤에서 공부할 제조물책임과 더불어 기업들의 가장 큰 관심사이다.

미국의 경우, 「연방식품의약품법(Food and Drug Act)」(1906) 이후 식품, 의약품, 화장품, 의료기기 등의 잠재적 위해 요소를 제거하기 위한 규제와 함께 리콜제도가 도입되었다. 자동차의 경우는 미국 운수성(DOT: Department of Transportation) 산하의 국립고속도로교통안전국(NHTSA: National Highway Traffic Safety Adminstration)이 설립되면서 리콜이 실시되었다. 공산품은 결함 제품으로부터 소비자의 안전을 확보하기 위해 1967년 연방 소비자안전위원회가 설치되고 1972년 「소비자제품안전법」이 제정되면서 이 법에 리콜 조항이 도입되었다. 또한 1973년 소비자제품안전위원회(CPSC: Consumer Product Safety Commission)를 설립하여 일반 공산품 관련 위해로부터 소비자를 보호하기 위해 리콜의 시행을 포함한 각종 안전 관련 업무를 수행케 함으로써 소비재의 리콜이 활성화되었다.

미국에서 리콜이 1960년대부터 시행된 배경에는 기업에게 엄격책임(strict liability)을 지우는 제조물책임제도와 집단소송제도가 이미 정착되어 있었기 때문에 기업들이 자사 제품의 결함으로 위해사고가 발생할 경우 어떠한 형태로든지 책임을 면할 수 없다는 것을 인식하고 있었기 때문이다. 따라서 대부분 법으로 보장된 규제당국의 명령 이전에 기업이 자발적으로 리콜을 행하고 있다.[25] 덧붙여, 자발적으로 리콜을 수행하려는 기업에 대하여 제품 결함에 대한 CPSC의 예비 판정 단계를 생략함으로써 보다 신속한 리콜이 가능하도록 하는 이른바 Fast Track Recall 프로그램이 1997년 3월부터 도입·시행되었다.

영국의 경우도 미국과 마찬가지로 엄격책임 위주의 제조물책임제도가 도입되어 있어서 기업들의 자진리콜이 활성화되어 있다. 정부에서도 제조업자를 안전의무 위반에 관련된 기소 여부를 결정할 때 해당 제조업자의 자발적 리콜 조치 여부를 주된 고려 사항으로 간주하고 있는 현실도 활발한 자진리콜이 이루어

---

25) 미국의 소비자제품안전위원회(CPSC), 식품의약국(FDA), 국립고속도로교통안전국(NHTSA)의 홈페이지에서 분야별 리콜 통계 및 사례를 살펴볼 수 있다.

지는 배경이 된다.

이러한 배경이 영국에서 직접 리콜을 규정하고 있는 실정 법규가 존재하지 않는 이유 중의 하나가 되고 있다. 다만 「소비자기본법(Consumer Protection Act)」 (1987)과 하위 규정인 '일반제품안전 규정(General Product Safety Regulations)' 등에서 규정한 안전 규정 위반 제품에 대한 판매 금지, 업무 정지 처분 등 행정벌 조항들이 간접적으로 기업들로 하여금 자발적으로 리콜토록 하는 유인을 제공한다.26) 자동차의 경우도 직접적으로 리콜을 규정한 법규는 없으나, 기업의 자진리콜을 활성화하기 위해 1979년에 '자동차 안전결함에 대한 행동강령(Code of Practice on Vehicle Safety Defects)'을 마련하였다.

일본은 선진 외국에 비해 리콜제도의 시행이 비교적 늦은 편이다. 지난 1973년 「소비생활용제품안전법」을 제정함으로써 리콜제도를 처음으로 도입하였으나 초기에는 리콜이 활성화되지 못하다가 「제조물책임법」이 시행된 지난 1995년 이후 리콜을 실시하는 기업이 점차 증가하고 있다.

일본에서 리콜제도가 국내 및 국제적 쟁점화가 된 사건은 지난 2000년 자동차 결함 관련 리콜 정보를 조직적으로 은폐한 사실이 발각됨으로써, 63만 대 이상의 차량을 강제 리콜당한 이른바 미쓰비시(三菱)자동차 리콜사건이다. 이 사건과 일련의 리콜 명령으로 인해 동 회사는 기업의 이미지 실추와 함께 판매 부진과 수익 악화, 주가 폭락을 경험하며 도산 위기에 직면하는 어려움을 겪었다. 이 사건은 발견된 제품의 결함을 자진리콜하지 않음으로써 겪게 되는 효과를 잘 보여주는 대표적인 사례이다.

4) 리콜의 사회적 비용과 소비자문제

(1) 위해 제품의 사전적 회수

기업이 자발적이든지 정부의 권고나 명령에 의해서든지 리콜을 시행하기 위해서는 우선적으로 제품의 결함을 소비자들에게 통지하고 가급적 신속하게 회수해야 한다.

---

26) 공산품 리콜을 감독하는 통산산업성은 사업자의 자진리콜을 활성화하기 위해 관련업계와 공동으로 '소비재 리콜지침서(Consumer Product Recall—A Good Practice Guide)'를 마련하여 구체적인 리콜 절차 등 시행 방법을 제시하고 있다.

현실적으로 자동차와 같은 고가의 소비재는 기업들이 유통 단계별 기록을 잘 보전하고 있고 소비자도 제품 가치의 보존을 위해 회수율이 높은 편이다. 하지만 결함 소비재의 시장가격이 낮은 경우, 즉 극단적으로 제품의 가치가 회수비용에도 미치지 못할 경우에는 기업뿐만 아니라 소비자 측면에서도 신속한 회수의 유인이 없어지게 된다. 즉 기업들은 편익을 초과하는 비용을 지불하지 않으려 하고, 소비자 역시 회수 절차에 응하는 기회비용을 지불하지 않으려 하는 것이다. 따라서 특히 저가 소비재의 경우 회수율이 매우 낮아지며 결함 제품이 시장에서 제때 회수되지 못하는 소비자문제가 발생한다.

(2) 리콜의 사회적 비용

결함 제품의 리콜이 제때 이루어지지 않아 소비자안전이 위협받고 있다는 점은 국내외의 여러 리콜 사례에서 관찰해볼 수 있다. 지금까지 대부분의 리콜 사례에서 문제가 되었던 것은 기업들이 자진리콜 비용을 리콜 회피 비용보다 더 크게 판단하였다는 데 있다. 다시 말해 결함 제품의 리콜 공지·조사·회수 비용, 피해 소비자에 대한 보상 비용 등 직접비용과 자사 및 해당 제품에 대한 소비자들의 부정적 이미지, 주가 하락, 대외 신인도 하락 등의 간접비용을 포함한 리콜 비용의 크기를, 리콜을 회피할 경우 부담하게 될 손해배상비용, 불안전 기업이라는 이미지 실추에 따른 기회비용 등의 비용보다 더 크게 판단한 것이다. 이러한 리콜 여부의 결정 요인들은 모두 이윤 극대화를 추구하는 기업의 사적 판단(리콜의 사적비용 > 리콜의 사적편익)에 따른 것이다.

하지만 국가 차원에서의 리콜제도의 운영은 사회적 판단을 요구한다. 즉 결함 제품이 제때 리콜되지 않음으로써 발생되는 소비자위해를 사회적비용 요소로 볼 수 있으며, 이는 이른바 외부효과(externality)의 존재로 설명할 수 있다. 즉 기업이 리콜을 회피할 경우 기업이 판단하는 사적비용[27]보다는 사회가 부담해야 할 사회적비용이 더 크다는 논리에서, 만일 기업이 자발적으로 리콜을 하지 않을 경우 국가가 강제명령 등을 통해 리콜하도록 하는 것이다.

리콜에 관련된 가장 큰 사회적비용으로는 위해 사고 발생에 따른 소비자들의 인적·물적 손해이며, 관련 부품업체나 하청업체를 포함한 산업 전반에 야기되는 시간적·경제적 비용을 포함한다. 예컨대 특정 기업 제품의 리콜은 연관 분

---

27) 엄격한 의미에서 사적한계비용(PMC: private marginal cost)을 의미한다.

야 기업들의 주가를 동시에 하락시켜 이들에게 경제적 손실을 안겨줄 수 있다. 일례로 미국 소비 제품안전협회의가 48건의 리콜로 인한 관련 기업 주가를 조사한 결과 평균 하락폭은 6.9%, 절대손실액은 70억 달러로 나타났으며 미국 식품의약국(FDA)의 의약품 리콜은 주가의 6% 손실을 초래하고 자동차 리콜은 1.4%의 주가 하락을 불러온 것으로 나타났다.

또한 결함 가능 제품의 리콜은 소비자로 하여금 잘못된 인식과 선택을 가져다줄 수도 있다. 예컨대 리콜 제품이 시장에서 회수되면 소비자의 선택의 범위가 줄어들며, 따라서 시장에 남아 있는 제품은 안전하다는 무의식적인 가정을 할 수도 있으며, 실제로는 그 제품이 안전하지 않음에도 소비를 증가시킬 수 있다. 더욱이 지나친 리콜제도의 시행은 사고가 소비자의 주의 수준과는 관계없이 제품의 결함에 의해서만 야기된다는 잘못된 판단을 하게 되어 사용상의 부주의가 증가할 수도 있다.

덧붙여, 미국과 같이 엄격한 제조물책임법제나 집단소송제도가 뒷받침되지 않은 상태에서의 리콜제도의 시행은 경우에 따라서 사회적비용이 사회적 편익보다 더 크게 될 수 있다.

그러므로 리콜제도의 효율성 문제는 개별 기업의 자발적 리콜을 유도하는 측면, 다시 말해 개별 기업 입장에서의 비용에 대한 분석뿐만 아니라, 리콜에 따라 사회가 부담해야 할 비용의 크기가 어느 정도인지에 대한 경제적 분석도 뒷받침되는 것이 바람직하다. 물론 분석 결과 리콜에 따른 사회적비용의 크기가 결함 제품으로 인한 위험 예방 또는 소비자안전에 따른 사회적 편익을 초과할지 여부는 분명하지 않을 수도 있다. 하지만 리콜제도의 당위성은 사회적비용의 크기가 사회적 편익보다는 작다는 점을 전제하고 있다는 점은 분명하다.

(3) 소비자와 기업 중 누구를 위한 리콜?

리콜에 관련된 기업 광고를 보면 소비자만을 위해 리콜하는 것으로 표현하는 경우가 적지 않은데 자신들에게는 불이익일까? 사실 불량 제품 한두 개를 수거하여 무상 수리나 환불해주는 데는 큰 부담이 없지만, 이미 팔려나간 동일 모델의 모든 제품을 리콜하게 되면 회사로서는 큰 부담이 아닐 수 없다. 경우에 따라서는 회사 재정이 휘청거리기도 한다. 하지만 소비자의 입장에서 생각해보면, 리콜을 제때에 하는 기업과 리콜하지 않고 있다가 나중에 문제가 드러나는 기업 중 어느 쪽을 더 신뢰할 것인가는 자명하다.

소비자의 안전을 생각하는 기업은 소비자의 신뢰를 얻게 되어 경쟁력이 높아진다는 것을 알면, 제때 리콜하는 것이 기업한테는 궁극적으로 이득이 된다는 것을 쉽게 알 수 있다. 따라서 기업들은 자사 제품에 문제가 발견되면 소비자들이 모르더라도 가급적 빨리 리콜 조치를 하는 것이 자사의 이익에도 부합할 것이다.

단기적으로는 회수비용이나 보상비용, 그리고 이미지 훼손과 같은 손실이 발생하겠지만, 미쓰비시 자동차회사처럼 제때 리콜하지 않음으로써 한순간에 큰 손실을 보는 경우를 당하지 않기 위해서는 적절한 시기에 조치하는 것이 보다 유리할 것이다.

4 제조물책임과 소비자안전

제품에 관련된 사고들 중에서 사람의 고의 또는 부주의가 원인이 되어 발생하는 경우는 사전에 충분한 주의를 기울임으로써 그 피해를 예방할 수 있다. 하지만 주의 소홀이나 기타 여러 원인으로 이미 피해가 발생한 경우 사고의 피해자는 가해자에게 책임을 묻고 배상을 요구할 수 있다. 이렇게 제품에 관련된 사고에 있어서 사고 당사자 사이의 손해배상 문제가 바로 제조물책임의 문제이다. 이 절에서는 제조물책임의 여러 법리가 전개되어온 역사적 배경을 바탕으로 책임 법리의 의의와 유형을 정리하고, 소비자안전을 확보하기 위한 수단으로서의 제조물책임의 문제를 공부한다.

1) 제조물책임의 경제적 의의

(1) 제조물책임의 개념과 유형

제조물책임의 개념

예로부터 인류는 다양한 형태의 사고로 인해 인적·물적 피해를 입어왔다. 예를 들어 집중호우나 화산 폭발 등과 같은 자연재해[天災]뿐 아니라, 항공기

추락사건, 가스관 폭발사건, 원유(原油)의 해상 누출사건, 녹즙기에 손가락이 절단되는 사건 등 많은 사고로 막대한 인체·재산상의 손실을 가져왔다. 이러한 사고에 의한 피해들 중 사람의 고의 또는 부주의가 원인이 되어 발생하는 경우는 사전에 충분한 주의를 기울이는 등의 대책을 강구하여 피해를 예방할 수 있다. 그럼에도 피해가 발생한 경우 당연히 사고의 인과관계가 성립하게 되며 이때 사고 피해자는 가해자에게 책임을 묻고 배상을 요구할 수 있게 된다. 이러한 사고 피해에 대한 사고 당사자 사이의 손해배상 문제가 바로 「민법」상의 책임 법리의 문제이다.[28]

일반적으로 제조물책임은 '제품을 사용하는 사람이 그 제품의 사용 과정에서 생명·신체 또는 재산상의 피해를 입은 경우 그 결함 있는 제품의 생산자 또는 공급자가 부담하는 손해배상 책임'(「제조물책임법」 제3조)을 지칭하며, 이를 넓은 의미의 제조물책임이라고 한다. 여기서 결함이란 통상 제품을 사용할 때 예견되는 생명·신체 또는 재산에 부당한 위험을 발생시키는 제품의 결함을 의미하며, 하자(瑕疵)라고 표현하기도 한다.

제조물책임의 유형

이러한 제조물책임은 영미법계 국가, 특히 미국을 중심으로 19세기 중반부터 판례에 의해 인정되기 시작한 이래, 초기에는 상품의 결함에 대해 생산자에게 과실이 있는 경우에만 생산자의 책임을 인정하는 순수한 과실책임주의였다. 그러나 점차 판례 및 입법에 의해 과실책임주의에서의 소비자 입증 책임의 경감, 보증책임(warranty)[29] 등으로 발전하면서 생산자의 책임이 확대되어왔으며,

---

28) 가해자의 책임에는 민사책임 외에 형사책임이 있다. 그러나 일반적으로 제품의 결함으로 인한 제조물책임은 손해 발생 시 배상 의무가 발생하는 민사상의 책임으로 볼 수 있다. '제조물책임(PL: product liability)'이라는 용어는 1930년경 미국의 보험업계에서 사용되기 시작했으며, 초기에는 '제조물책임(manufacture's liability)', '제조자책임(manufacturer's liability)', '공급자책임(supplier's liability)' 등의 용어가 혼용되어오다가 점차 제조물책임 (product liability)으로 굳어지게 되었다.

29) 보증책임(warranty)이란 생산자(제조업자, 유통업자)가 제품 판매 시 보증서에 기재, 계약서 조항, 광고, 취급설명서 등을 통해 제품의 품질과 성능에 대해 소비자에게 보증했을 경우, 제품 사고 시 사고의 원인이 이러한 보증을 위반한 것으로 증명된 경우 생산자로 하여금 소비자의 사고손해를 배상토록 하는 「상법」상의 책임 법리이다. 보증책임에는 명시적 보증(expressed warranty)과 묵시적 보증(implied warranty)이 있다(묵시적 보증이

1960년대에는 상품의 결함에 대해 생산자의 과실 여부에 관계없이 책임을 부담시키는 엄격책임(strict liability)의 법원칙이 확립되었다.

이와 같이 제조물책임은 오랜 시일을 두고 형성, 발전되어온 법원칙이며, 오늘날에는 국가에 따라 순수한 과실책임 법리, 입증 책임이 완화된 과실책임 법리, 보증책임 법리 및 무과실책임 법리 등 각기 다양한 유형의 책임 법리가 적용되고 있다. 이러한 제조물책임 법리의 여러 유형은 <그림 7-5>에 정리하였다.

제조물책임의 유형을 경제학적 관점에서는 제품의 사용과 관련하여 발생한 피해를 양 당사자인 생산자와 소비자 중 누가, 어떤 조건하에서 부담하느냐 하는 손실 부담 기준을 들 수 있다. 이는 제조물책임을 주로 경제학적 관점에서 구분하는 기준으로서 무책임 법리(no liability rule), 과실책임 법리(negligence rule), 기여과실책임 법리(negligence rule with the defence of contributory negligence), 무과실책임(엄격책임)법리(strict liability rule) 등으로 구분한다.

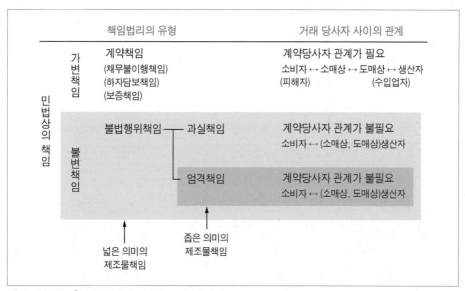

출처: 이종인, 『불법행위법의 경제학』, 비봉출판사, 2010, 206쪽

[그림 7-5] 제조물책임 법리의 유형

───────────────

란 어떠한 명시를 하지 않아도 당연한 것으로 보게 되는 보증을 의미한다).

2) 제조물책임의 내용

미국에서 정착된 제조물책임의 법원칙은 유럽연합(EU)과 일본, 중국, 호주, 브라질, 러시아, 필리핀, 헝가리 등 세계 많은 국가에서 제도화되어 시행 중에 있다. 이러한 제조물책임은 나라마다 입법 형식이나 내용에 다소 차이가 있어 일률적으로 나타내기 어렵다. 본 절에서는 우리나라의 「제조물책임법」30)을 중심으로 그 내용을 정리해본다.

첫째, 제조물의 범위를 "다른 동산이나 부동산의 일부를 구성하는 경우를 포함한 제조 또는 가공된 동산"으로 정하고 있으며, 결함을 제조상의 결함, 설계상의 결함, 표시상의 결함 등으로 구분하여 정의하고 있다. 또한 제조업자를 "제조물의 제조·가공 또는 수입을 업으로 하는 자와, 제조물에 성명·상호·상표 기타 식별 가능한 기호 등을 사용하여 자신을 제조자(가공, 수입업자)로 표시한 자"로 정의하고 있다.

둘째, 제조업자는 제조물의 결함으로 인해 생명·신체 또는 재산에 손해를 입은 자에게 손해를 배상해야 한다고 명시함으로써, 제조물책임을 정의하고 있다. 이때 해당 제조물에 대해서만 발생한 손해를 제외하고 있다.

셋째, 면책규정을 두고 있는데, 제조자가 열거한 면책의 사유를 입증하는 경우에는 정책적인 사항을 고려하여 면책의 항변을 인정하고 있는 것이다

넷째, 동일한 손해에 대해 배상 책임이 있는 자가 2인 이상인 경우의 연대 책임이 있음을 인정하고 있으며, 손해배상 책임을 배제하거나 제한하는 특약을 무효로 하는 면책특약을 제한하고 있다.

다섯째, 피해자 등이 손해배상 책임을 지는 자를 안 날부터 3년간, 제조업자가 손해를 발생시킨 제조물을 공급한 날부터 10년 이내에 배상청구권을 행사하지 않으면 소멸하도록 하는 소멸 시효를 인정하고 있다. 다만 신체에 누적되어 사람의 건강을 해하는 물질에 의해 발생한 손해 또는 일정한 잠복기간이 경과한 후에 증상이 나타나는 손해에 대해서는 그 손해가 발생한 날부터 기산하도록 규정되어 있다. 끝으로 동법의 규정 이외의 사항에 대해서는 「민법」의 규정을 적용토록 하고 있다.

---

30) 우리나라 「제조물책임법」은 전문(全文)이 8개 조항으로 구성되어 있는 비교적 단순한 형태의 법률로서, 「민법」의 특별법, 「소비자보호법」의 일부, 독자적 특별법의 성격을 갖는다.

덧붙여 법 시행 이후 공급된 제조물부터 적용한다는 규정을 두고 있는데, 이는 이미 유통되고 있는 모든 제조물에 소급 적용하는 것이 기업에 너무 가혹하다는 정서를 반영한 것이라고 볼 수 있다.

3) 제조물책임이 소비자안전에 미치는 효과

그동안 「제조물책임법」과 관련된 주된 이론적인 논점 중의 하나는 그 효과에 관한 것이었다. 특히 우리나라를 포함한 세계적인 추세인 '무과실(엄격)책임' 위주의 제조물책임제도가 제품의 안전 결함으로 발생되는 소비자의 피해를 얼마나 예방 또는 감소시켜줄 수 있을 것인가의 문제에 관해 다양한 이론 및 실증적 접근이 시도되어왔다. 본 절에서는 무과실책임 위주의 제조물책임 법리가 제품의 안전성에 미치는 효과에 관해 살펴본다.

(1) 안전성 효과에 관한 다양한 견해

제조물책임은 대표적인 불법행위법 영역의 하나이다. 그동안 제조물책임의 경제적 효과에 관한 다양한 연구들이 있었지만, 제품 안전(사고 확률)에 미치는 효과에 관한 연구는 그리 많지 않다.

책임 법리의 제품 안전성 효과에 관련된 연구는 대부분 책임 법리가 소비자책임에서 과실책임, 과실책임에서 무과실책임으로 전환됨에 따라 제품 안전에 어떤 영향을 미치는가에 초점을 맞추고 있다. 기존의 이론·실증적 연구들은 다음의 세 가지 관점에서 이 문제를 다루고 있다. 즉 책임 법리가 ① 소비자책임에서 생산사에게 좀 더 엄격한 책임을 지우는 형태의 책임 법리로 전환되어도 제품의 안전성에 영향을 미치지 않거나 혹은 명확하지 않다는 관점, ② 제품의 안전 수준을 낮춘다는 관점, ③ 오히려 제품의 안전 수준을 제고한다는 분석상의 관점이 있다.

제품의 안전성에 무관하다는 관점

책임 법리가 소비자책임에서 제조자책임으로 전환될 경우 제조자가 늘리는 주의 수준이 소비자가 줄이는 주의 수준과 동일하여 제품의 사고율에는 아무런 영향을 미치지 않음을 의미한다. 이러한 견해를 보이는 대표적인 분석으로는 그레이엄(Graham, 1991)과 프리스트(Priest, 1988)가 있다.

제품의 안전성을 저해한다는 관점

책임 법리가 소비자책임에서 제조자책임으로 전환될 경우 제조자가 늘리는 주의 수준이 소비자가 줄이는 주의 수준보다 더 낮아서 제품의 사고율을 저해하게 된다는 것을 의미한다. 이러한 견해의 분석으로는 매킨(McKean, 1970)과 오이(Oi, 1973) 및 실증 분석을 한 히긴스(Higgins, 1978)를 들 수 있다.

제품의 안전성을 향상시킨다는 관점

제조자책임으로 책임 법리를 전환할 경우 제조자가 늘리는 주의 수준이 소비자가 줄이는 주의 수준보다 더 크게 되어 제품의 사고율을 감소시킬 수 있다는 의미이다. 이러한 관점에서 논의를 전개한 논문들도 대부분 코즈정리에 입각한 논지에서 크게 벗어나지 않는다. 다시 말해 거래비용이 없거나 무시할 수 있는 경우라면 제조물책임 법리의 유형에 관계없이 자원 배분상에 아무런 차이가 없다는 결론에 동의하고 있다. 하지만 거래비용이 존재하는 현실적인 경우에는 어떤 유형의 책임 법리가 더 선호될 수 있을지에 대한 경제적 분석이 필요하다고 보고, 분석 결과 경제적 관점에서 제조자책임 위주의 엄격책임 법리를 도입하는 경우가 제품의 안전 수준을 좀 더 향상시킬 수 있다는 점을 보이는 논문들이 있다. 대표적인 분석으로 골드버그(Goldberg, 1974)와 랜즈·포스너(Landes and Posner, 1985)가 있다.

(2) 제조물책임제도의 소비자안전 증대 효과

책임법 원칙을 제조자책임으로 전환하는 것이 소비자안전을 증대시킨다는 견해에 관해 좀 더 살펴보자. 생산자에게 좀 더 엄한 엄격책임 법리가 제품의 안전성 향상을 초래한다는 관점은 역사적 자료에 의해서도 부분적으로 검증이 가능하다. 예컨대 1960년과 1970년대 전후 미국을 중심으로 한 소비자책임에서 제조자책임으로의 역사적 변천 과정을 보면 제품에 관련된 사고율에 미친 영향에 대해 종합적인 이해를 가능케 해준다. 즉 제조물책임 법리의 전개 과정에서 볼 수 있는 엄격책임의 채택이 사고율의 감소에 어느 정도 공헌한 것으로 보인다. 실제로 연구된 한 논문을 통해 그 의미를 살펴보자.

이종인·이번송(2000)은 실제 관련 법리를 도입하여 시행 중인 미국의 횡단면자료(cross-section data)를 활용하여 생산자책임으로의 책임 법리의 전환이 제품 사고율에 미치는 효과에 대해 실증적으로 검증했다. 이들은 우선 미국의 1960년 및 1970년의 횡단면자료를 이용하여 가정 내 사고사망률, 총사고사망률, 의약품 관련 사고사망률 및 식품 관련 사고사망률 등을 제품 관련 사고율을 대변하는 종속변수로 설정하고, 제조물책임법원칙의 전환이 이들 사고율 변수에 미치는 효과에 대해 실증적으로 분석했다.

분석 결과를 요약하면, '가정 내 사고사망률'을 사고율변수로 놓아 분석한 경우는 제조물책임법리 관련 변수들이 통계적으로 유의하지 않았다. 하지만 '총사고사망률'에 대한 분석에서는 제조물책임 법리 관련 법 변수들이 최소한 10% 유의 수준에서 유의했으며, 따라서 생산자책임으로의 책임 법리의 전환이 제품 사고율을 낮춘다는 이론 분석으로부터 도출한 여러 가설을 지지할 수 있었다. 이는 제품 위험에 대한 소비자의 정보 부족이 존재하는 현실에서는 제조물책임법리가 도입됨으로써, 다시 말해 피해의 입증 책임이 제품의 제조자에게로 전환됨으로써, 생산자의 책임이 강화되어 간접적으로 제품의 안전 수준이 제고될 수 있다는 관점이다.

읽을거리 7.3 급발진 사고, '내 탓이오'?

미국의 저명한 법경제학자이자 연방대법관을 역임한 예일대의 캘러브레이지(Guido Calabresi) 교수는 자동차를 악마의 선물에 비유한 적이 있다. 자동차는 현대인들에게 없어서는 안 될 문명의 이기이지만, 재미있고 스릴감 넘칠수록 더 많은 생명을 담보하는 악마의 유혹이라는 것이다. 최근에 빈발하는 자동변속 차량의 급발진 사고도 이러한 비유로부터 무관하지 않을 것이다.

지난 2005년 3월 김영란 대법관이 탄 승용차가 급발진 사고를 일으켜 크게 부상당하는 사고가 발생하는 등 지난 수년 동안 급발진 관련 사건사고가 끊이지 않고 있다. 필자가 일하는 한국소비자원에 접수된 급발진 사고 상담 건수가 2004년 80여 건에서 2006년 112건, 2008년 101건(올 9월까지 48건) 등으로 줄지 않고 있으며, 사고의 피해자가 차량 제조업체나 수입업체를 상대로 한 소송도 잇따르고 있다.

급발진은 주로 자동변속기가 장착된 차량의 시동 때 가속페달을 밟지 않았음에도 차량이 갑자기 돌진하는 현상을 말한다. 1980년대 초 미국에서 처음으로 법정논쟁까지 가서 세계적으로 알려졌지만 지금까지도 그 원인에 대해서는 여러 가지 요인이 추정되고 있을 뿐 속 시원히 알려진 것이 없다. 우리나라의 관련 소송에서는 아직 피해자에게 최종 승소 판결을 낸 판례는 없었다. 그러나 운전자의 조작 미숙이라고 결론짓기엔 미심쩍은 부분이 많다는 것은 누구나 공감하는 일이다. 많은 운전자들이 급발진 사고의 원인이 차체의 설계나 제조 과정에서의 결함이라는 의혹의 눈초리를 보내고 있으나 그 누구도 정확한 원인을 입증할 수 없는 상황이다.

이런 현실에서 이번에 서울중앙지법이 급발진 관련 사고의 원인을 운전자가 아니라 차량을 판매한 회사가 입증해야 한다는 매우 의미 있는 판결을 내렸다. 이번 판결은 「민법」 제750조의 과실책임 법리에 따라, 운전자가 자신의 과실 없음을 증명해 보여야 한다는 기존의 대법원 판례를 뒤집은 것이어서 주목된다.

우리나라와는 달리 미국은 이미 1990년대 후반 이후부터 급발진 사고에 관련된 소송에서 '차체 결함이 없음'을 제조사가 입증하도록 하고 있다. 우리나라도 지난 2001년 급발진 사고 원인에 대한 입증 책임이 소비자가 아닌 자동차 회사에 있다는 판결이 있었으나 업체의 즉각적인 항소로 인정되지 못한 적이 있었다. 이번 판결에 대해서도 업계에서는 항소 의사를 보일 것으로 예상되지만, 이번 판결이 미국과 같이 입증 책임이 소비자에게서 제조사로 상당 부분 전환되는 계기가 되기를 기대한다. 그리하여 그동안 사고를 당하고도 적절한 보상을 받지 못했던 소비자들의 억울함과, 혹시 자신도 급발진 사고를 당하지 않을까 염려하는 소비자의 불안이 해소되고, 자동차회사들이 급발진 사고 제어장치의 개발 등 보다 안전한 차량이 생산할 수 있게 되었으면 한다.

자료: 『조선일보』 칼럼(이종인, 2009. 10. 7.), 〈www.news.chosun.com〉

4) 제조물책임에 대한 징벌배상

기업의 불법행위에 의한 소비자 손해의 배상에는 보상적 배상(compensatory damages)과 징벌적 배상(punitive damages or exemplary damages)이 있다. 우리나라에는 아직 본격적인 손해배상제도로 도입되지 않았지만,[31] 가해자의 악의적인 불법행위에 대한 징벌적 손해배상제도는 영국과 미국 등 영미법 국가들에서는 오래전부터 시행되고 있다.[32]

---

[31] 「개인정보보호법」, 「신용정보보호법」, 「하도급거래공정화법」 등에서 피해액의 3배까지 배상액을 가중하여 손해배상을 청구할 수 있도록 하는 등 징벌적 손해배상 취지의 제도가 선별적으로 도입되어 운용 중이다.

징벌적 손해배상의 목적은 1차적으로 피고(가해자)의 잘못된 행위를 벌하기 위한 것이지만 궁극적으로는 유사한 행위에 관여하는 잠재적 가해 행위를 억제하는 데 주된 목적이 있다. 징벌적 손해배상에 관한 소비자문제에 관련해서는 크게 두 가지 문제를 생각해볼 수 있다. 첫째, 징벌적 손해배상을 인정할 수 있는 여건이 무엇인지, 둘째, 효율적인 징벌배상액수는 얼마가 될 것인가의 문제이다.

(1) 징벌배상의 인정 요건

현실에서 제조물책임제도는 완전하지 못하다. 예컨대 어떤 결함 있는 제품에 의해 손해를 입은 두 소비자 중 한 사람만 소송을 통해 배상받게 된다고 가정해보자. 따라서 소비자들 중 배상받은 비율(이를 집행 오류(enforcement error)라 한다)이 2분의 1이다. 이때 소송에서 이긴 원고만이 보상적 배상을 받는다고 가정하면(즉 두 피해자에 대한 완전보상을 해주지 않아도 되는 것으로 기대하는 경우라면), 가해자인 기업은 지나치게 낮은 수준의 주의를 하게 될 것이다.

실제로 1970년대 후반 포드자동차사의 핀토(Pinto)자동차 결함 사건(Grimshaw v. Ford Motor Co.)이나 최근의 미쓰비시사의 자동차 결함으로 인한 소송사건의 경우 자동차 설계와 제조상의 중대한 결함이 있었음에도 이를 제때 리콜하지 않고 발생된 피해나 제소된 사건의 경우에만 대응하는 낮은 주의 노력을 하는 경영 전략을 선택하고 있었다. 징벌배상은 이와 같이 손해의 완전보상이 이루어지지 않는 경우에, 그 배상액 수준을 보상적 배상액 이상으로 높임으로써 가해자의 효율적 주의를 유도할 수 있게 된다.

(2) 적정 징벌배상액의 산정

가해자가 발생한 손해의 집행 오류 비율만큼만 책임을 진다고 하자. 이 경우 가해자는 주의비용이 반영된 기대손해비용의 합을 최소화하는 수준의 주의를 하게 된다. 이때 가해자는 손해의 집행 오류가 1보다 적으므로 효율적인 수준보다 적은 주의를 하게 된다. 또한 집행 오류값이 적을수록 자신의 주의 수준

---

32) 영국에서는 1763년의 Wilkes v. Wood 사건에서 처음으로 징벌배상이 인정되었지만 극히 한정된 범위에서만 인정되고 있는 반면에 미국은 1784년의 Genay v. Norris 사건에서 최초로 언급된 이래 현재 루이지애나, 매사추세츠, 네브래스카, 뉴햄프셔, 워싱턴 등 5개 주(州)를 제외한 45개 주에서 징벌배상제도를 채택하고 있다.

을 더 낮추게 된다.

이러한 이기적인 행위자의 사회적 비용을 내부화하기 위해서는 법원에서 보상적 배상액에 징벌배상액을 추가해야 한다.[33) 그런데 추가하는 징벌배상액은 가해자의 기대책임이 피해자(들)의 전체 손해액과 같도록 하는 금액이면 된다. 이러한 방법으로 징벌배상액을 구하여 이를 보상적 배상액과 함께 배상토록 하면 제조물책임제도의 불완전 집행으로 인한 가해자의 지나친 불법행위 유인의 문제를 해결할 수 있을 것이다.

이러한 경제적 접근은 법원의 징벌배상액 결정에 중요한 시사점을 제시해준다. 하지만 현실적으로 영미법계 국가의 법원에서 결정하는 징벌적 배상 책임을 인정하는 여건과 그 배상액의 크기는 이러한 이론적 결론과는 거리가 있어 보인다. 미국의 경우 실제로 많은 불법 행위 소송에서 배심원의 자의적인 판단과 판사의 주관적 결정에 따라 징벌배상액이 결정되는 경우가 많았다. 잘 알려진 대표적인 예로 맥도날드 커피 소송 사건(Lieback vs McDonald's Restaurants)이 있다. 이는 미국의 뉴멕시코주에서 79세 된 할머니가 맥도날드 드라이브인(drive-through) 창구에서 산 커피를 차에서 쏟아 다리와 엉덩이 부분에 3도 화상을 입었던 사건이다. 법원에서는 맥도날드 레스토랑의 제조물책임을 인정하여 총 286만 달러를 배상하도록 평결했는데, 이 중 보상적 배상액은 16만 달러에 불과하고 나머지 270만 달러는 징벌배상액이었다. 이 사건에서 보상적배상액의 약 17배가 되는 징벌배상액을 결정한 배심원들과 판사의 결정에는 위에서 논의한 이론보다는 자의적인 요소가 훨씬 더 많았던 것으로 보인다.

읽을거리 7.4 핀토자동차 제조물책임 사건

포드사(Ford Motor Co.)에서 1970년에 개발한 소형차 핀토(Pinto)는 원가를 줄이기 위해 제조하는 과정에서 여러 안전성 문제를 소홀히 하였다. 초기 모델의 후방충돌실험 결과 연료탱크에 충격이 가해지면 화재와 함께 폭발할 가능성이 있음을 알게 되었다. 하지만 포드사는 이 결함을 인식하면서도 재디자인에 들어가는 추가적인 비용 때문에 이러한 문제를 무시했다.

그 결과 당시 미국에서 가장 잘 팔리는 소형차 반열에 올랐지만, 아니나 다를까 후방충돌로

---

33) 이러한 가해자의 행위는 도덕적인 관점에서는 '이기적'이어서 비난받을 수 있겠지만 경제적인 관점에서 본다면 주어진 여건하에서 '합리적'인 경제행위라고 볼 수 있다.

인한 사고가 잇달아 발생했고, 급기야 충돌 시 발생한 화재로 13살 어린이가 심한 화상을 입는 사건 등 27명의 사망자와 많은 부상자가 발생되는 결과가 발생했다. 이어 포드사는 제조물책임 소송에 휘말렸고, 여러 소송에서 패소하여 거액의 배상을 하게 되었다.

당시 패소의 이유는 잘못된 설계에 기초하여 자동차를 만든 데 주된 원인이 있었다. 하지만, 사실 재판 과정에서 드러난 사항으로서 회사가 판매 초기 단계에 핀토의 가솔린탱크에 결함이 있음을 알고 있었음에도 제때에 리콜과 같은 적절한 안전 조치를 하지 않은 점이 결정적인 패소 요인이 되었다. 당시 재판 과정에서 회사에 불리한 내부 자료가 폭로되었는데 그 내용을 보면, "핀토를 모두 리콜하는 것보다는 제기된 제조물책임 소송에 대해서만 배상해주는 것이 회사에 더 유리하다"라는 내부 자료였다. 즉 연료탱크의 안전장치를 부착하는 비용(1대당 안전 조치비용)과 그렇지 않을 경우 지출되는 비용(운전자 등의 사망, 부상 비용)을 산정해본 결과, 안전 조치하지 않는 경우의 비용이 오히려 적게 든다는 내용이었다.

당연히 배심원들은 포드사 경영진들의 도덕성과 안전 불감증을 질타했으며, 통상 배상액(보상적 배상액)보다 훨씬 높은 1억 2,850만 달러의 징벌적 성격의 배상을 평결했다.

(이러한 포드사의 핀토자동차 사건에 관한 다른 견해도 있다. 당시 핀토는 미국 운수성 산하의 국립고속도로교통안전국(NHTSA)으로부터 리콜 등 안전 조치를 할 필요가 없다는 판정을 받았다는 것이다. 또한 포드 엔지니어들이 핀토의 가스탱크가 후방 추돌에 취약하다는 것을 알고 있었다는 것도 소송 원고 측의 다소 악의적인 증거 제출에 기인한 것이라는 주장도 있다. 주장의 진위 문제는 우리와는 다른 미국의 소송제도에 근거한 것이므로 확인하기가 쉽지는 않아 보인다).

자료: 이종인(2010), 『불법행위법의 경제학』, 한울아카데미, 142쪽 및 관련 자료.

 검토 과제

01 제조물책임제도가 소비자를 위한 사전적(ex-ante) 안전제도가 될 수 있는 이유를 설명하라.

02 결함 상품 리콜제도는 사전적 규제인가 아니면 사후적 규제인가?

03 위험, 위해, 리스크의 차이점을 설명하라.

04 GMO를 부르는 여러 명칭이 있다. 어떤 명칭이 보편적으로 사용되는 것이 바람직한가?

05 우리나라에서 시행 중인 GMO 의무표시제의 예외 사항을 없애자는 이른바 'GMO 완전표시제'에 대해 찬성하는가 아니면 반대하는가?

주요 참고문헌

(구)재정경제부 및 공정거래위원회 보도자료.

김재홍 외 5인(1994), 『정책적 규제비판』, 한국경제연구원.

이종인(1994), 『한국의 정부 규제 현황과 소비자보호』, 『소비자문제연구』 제14호.

이종인(2010), 『불법행위법의 경제학』, 한울아카데미.

이종인(1995), 『안전규제와 책임원리의 상호관계에 관한 경제학적 분석』, 『소비자문제연구』 제16호.

이종인(2006), 『소비재 리콜제도의 효율성 확보방안 연구』, 한국소비자보호원.

이종인(2006), 『제조물책임과 제품안전성의 법경제학』, 한국학술정보(주).

이종인·이번송(2,000), 『제조물책임원칙이 제품 안전성에 미치는 효과』, 『경제학연구』, 제48집 제3호(한국경제학회).

George L. Priest(1988), "A Theory of the Consumer Product Warranty," *Yale Law Journal*, Vol. 90, No. 6, pp. 187~194, 203.

Roland N. McKean(1970), "Products Liability: Implications on Some Changing Property Rights," *Quarterly Journal of Economics*, pp. 612~624.

Victor P. Goldberg(1974), "The Economics of Product Safety and Imperfect Information," *Bell Journal of Economics*, pp. 683~688.

Walter Y. Oi(1973), "The Economics of Product Safety," *Bell Journal of Economics*.

William M. Landes and Richard A. Posner(1985), "A Positive Economic Analysis of Products Liability," *Journal of Legal Studies*, pp. 535~583.

8장 신용사회와 소비자금융 생활

"우리 경제 시한폭탄 가계빚", 모 일간지 경제면 기사의 제목이다. IMF와 카드대란, 금융위기를 거치면서 가계부채가 급증하여 2019년 2분기 말 현재 1,500조 원을 초과하여 10년 전 가계부채 총액 780조 원의 2배에 이르렀다. 가계부채는 만성병이면서 우리 경제의 최대 위험 요인이 되고 있는 것이다.

요즘 지속되는 경기불황 속에 가계빚 증가로 개인파산신청을 하는 등 어려움을 겪는 소비자들의 얘기가 언론에 종종 회자된다. 실재로 서민들은 고금리 서민 금융 서비스 의존도가 높고 과잉·다중 채무에 시달리는 경우가 많다. 시장경제에서 소비자들이 겪는 신용 생활, 금융생활의 한 단면이다.

이 장에서는 소비자의 금융생활에 관련된 내용을 다룬다. 제1절에서는 소비자신용의 의미와 종류, 특성 및 장단점을 살펴보고 제2절에서 소비자 개인 신용관리의 중요성과 신용관리의 방법에 관해 살펴본 후 소비자의 채무 구제를 위한 신용회복지원제도에 관해 고찰한다. 이어 제3절에서는 신용카드 이용과 관련된 소비자문제와 그 해법에 관해 검토해보고, 마지막으로 제4절에서는 서민금융과 금융소외 문제를 중심으로 금융소비자 보호 정책에 관해 살펴본다.

1 소비자신용과 소비자금융

1) 소비자신용 및 소비자금융의 의미

경제활동에서 신용(credit)은 미래에 대가를 지불할 것을 약속하고 현 시점에서 상품이나 현금 또는 서비스를 제공받기로 하는 일종의 계약행위이다. 신용은 신뢰를 바탕으로 하는 계약행위로서, 신용을 이용하여 미래의 소득을 현재에 미리 끌어서 사용하게 된다.

소비자신용(consumer credit)이란 개인이나 가계에서 소비행위와 관련하여 신용을 사용하는 행위를 의미한다. 다시 말해 금융기관이나 생산자 또는 판매업자가 일반 소비자에게 소비생활에 필요한 자금을 빌려주거나 상품 매매 대금의 상환을 일정 기간 연기해주고 그 대가로 미래에 이자나 수수료를 덧붙여서 돌려받기로 약속하는 계약행위를 말한다.[34]

소비자금융(consumer financing)은 소비자의 개인적 신용을 바탕으로 신용대출, 할부금융, 주택대출 서비스 등을 제공하는 금융 서비스를 말하며, 경우에 따라서는 소비자신용의 일종 내지 소비자신용과 동일한 의미로 사용되기도 한다.

2) 소비자신용의 종류 및 특성

소비자 신용은 일반적으로 제공되는 형태에 따라 소비자금융과 신용 판매로 구분된다(<그림 8-1> 참조). 소비자금융(대출)은 금융회사에서 일반 소비자들에게 자금을 빌려주고 미래 정해진 시기에 빌려준 자금에 대해서 지불이행을 약속받는 것으로 금융권의 담보부대출, 신용대출, 현금서비스, 대부업의 사금융(私金融) 등이 포함된다. 신용 판매는 상품이나 서비스의 판매업자가 물품이나 용역을 판매하고 그 대가를 일정 기간 후에 지급받는 외상구매 방식을 취하는 것을 말한다. 주로 카드사, 리스사, 할부금융사, 판매업자 등이 물품이나 서비스 판매를 목적으로 신용 판매를 소비자에게 제공한다.

이상의 내용을 정리해보면, 자금을 빌려씀으로써 신용이 발생되는 것을 소비자금융이라고 하고, 신용의 발생이 유형적인 물건에서부터 시작된 것을 신용판매라고 이해할 수 있다.

---

34) 경제학사전, 두산백과, 법률용어사전 등을 참고하였다.

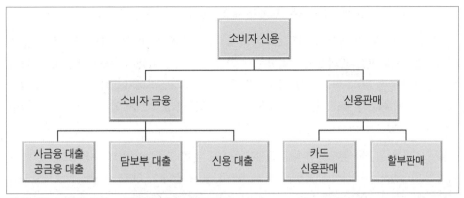

출처: 한국FPSB(2009), 재무설계 개론, 한국FPSB

[그림 8-1] 소비자신용의 분류

고령층 가계부채 리스크 커져… 1인당 7,900만 원

베이비붐 세대(1955~63년생)가 고령화되면서 60대 이상의 가계부채가 빠르게 늘고 있는 것으로 나타났다. 노후소득 때문에 돈을 빌리고 있으나 최근 건전성이 떨어지는 조짐을 보이고 있다. 한국은행이 발표한 '2019년 하반기 금융안정보고서'에 따르면 2017년 이후 규제 강화 등으로 전 연령층의 가계대출 증가세가 둔화되는 가운데 60대 이상 연령층에서만 9.9%로 높은 증가세가 계속되고 있다.

60대 이상의 대출 비중은 2014년 이후 연평균 0.5%포인트 상승하면서 2019년 3분기 말 현재 18.1%로 집

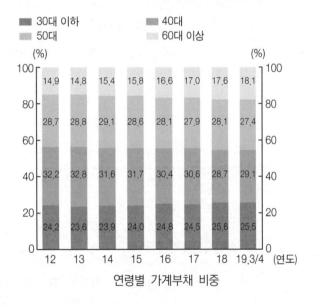

연령별 가계부채 비중

계됐다. 이 가운데 60대가 차지하는 비율은 13.2%, 70대 이상은 4.9%이다.

차주 1인당 대출금액은 7,900만 원으로 주 경제활동 계층인 40대(8,900만 원)나 50대(8,700만 원)보다는 낮은 수준이나, 원금을 비롯한 대출상환 등이 문제가 될 것으로 보인다. 금융권에 채무를 진 60대 이상 가구의 가처분소득 대비 금융부채 비율은 212.6%로 다른 연

령층(164.4~189.8%)에 비해 높은 편이다. 특히 70대 이상에서는 251.6%에 달하고 있다.

한국은행은 "기대수명 연장 등으로 노후 준비 필요성이 커진 상황에서 임대부동산 투자 및 자영업 진출 등을 위한 차입수요가 지속되는 데 따른 것"이라고 지적했다. 부동산 임대가구가 보유한 금융부채 중 60대 이상이 차지하는 비율은 2013년 19.7%에서 2018년 27.4%로 뛰었다. 자영업자 보유 가계대출 중 60대 이상 비중도 2012년 말 16.0%에서 올해 3분기 말에는 21.7%로 늘었다.

이들 고령층은 원금을 갚으며 부채를 줄일 가능성도 다른 연령층에 비해 상대적으로 낮다. 원금을 일시상환하는 방식의 대출 비중이 40.4%로 높은 편이다. 60대 이상의 금융자산 대비 금융부채 비율은 105.9%로 다른 연령층(81.8~88.3%)을 크게 웃돈다.

한국은행은 "고연령층의 가계대출은 연체율은 낮은 수준이나 최근 취약차주 숫자와 대출 규모가 계속 늘어나는 추세"라며 "소득 측면에서 레버리지가 높고, 금융자산에 의한 채무 대응 능력이 떨어지는 데다 최근 건전성 저하 조짐이 일부 나타나고 있는 점에 유의할 필요가 있다"고 지적했다.

한편 명목 국내총생산(GDP) 대비 민간신용(가계+기업) 비율은 2019년 3분기 말 기준 194.5%로 전년 동기 대비 8.2%포인트 증가한 것으로 보고서는 집계했다.

이 중 가계빚은 93.4%로 전년 동기 대비 2.2%포인트 상승했다. 2004년 2분기 말 이후 가장 낮은 3.9% 증가세를 보였으나 소득 여건 부진 등으로 가처분소득 대비 가계부채 비율은 전년 동기 대비 2.9%포인트 상승했다.

자료: 『경향비즈』(2019. 12. 26., 최민영 기자), 〈www.biz.khan.co.kr〉

3) 소비자신용의 장단점

소비자신용의 장점

소비자가 소비자신용을 적절히 잘 활용하기만 하면 자신의 소비 흐름을 원활하게 함으로써 개인적 이익뿐 아니라 국가경제의 성장에도 기여하게 된다. 소비자신용의 장점을 살펴보면, 우선적으로 소비자는 신용을 이용하여 현재의 구매력을 증가시킬 수 있다는 점이 가장 큰 장점이다. 신용은 소비자의 소득과 지출의 불일치 시기에서 미래의 소득을 현재로 앞당겨 사용할 수 있도록 하여 가계의 재무관리에도 융통성을 제공한다. 두 번째는, 소비자신용은 거시경제적 인플레이션에 대비할 수 있도록 도와준다. 물가가 지속적으로 인상되는 인플레이션이 발생할 경우 물가가 싼 시기에 필요한 것을 소비자신용을 통해 미리 구매함으로써 소비자의 경제적 부담을 줄일 수 있다. 세 번째로 소비자신용을 사용하는 것은 생활에 필요한 물품을 즉시 구입할 수 있도록 도와주어 소비생활의 만족을 높여주게 된다.

그 밖에도 개인 내지 가계의 재무관리에 융통성을 제공할 뿐 아니라 올바른 신용 사용을 통해 개인의 신용도를 높이는 효과를 얻기도 한다.

소비자신용의 단점

하지만 과도한 소비자신용은 적지 않은 문제점을 초래한다. 우선, 소비자신용의 사용은 미래의 구매력에 영향력을 미친다. 즉 지나치게 많은 신용의 사용은 미래에 발생할 소득 중에서 이미 소비로 사용한 부분이 많아져 개인의 경제력에 부정적 영향을 미치게 된다. 두 번째로, 소비자신용의 사용은 공짜가 아니며 반드시 비용을 수반한다. 예컨대 은행 대출을 이용할 경우 상응하는 이자 또는 수수료를 지불해야 한다. 세 번째로 소비자신용의 사용에는 소비자의 과소비나 충동구매의 가능성을 높인다는 단점이 있다. 또한 계획성이 없거나 부족한 신용의 사용은 개인과 가계의 재정을 파탄 나게 하여 정상적인 경제활동을 제약할 가능성이 높다.

② 신용관리의 중요성과 신용회복지원제도

1) 소비자 신용관리의 중요성

신용사회가 정착된 선진국에서는 신용이 없거나 나쁜 사람들은 경제활동에서 심한 제약을 받기 때문에 개인의 신용관리가 생활화되어 있다. 우리나라도 15년 전부터 개인 신용평가시스템(CSS)을 본격 도입하여 운용함으로써 개인의 신용정보 관리의 중요성이 더욱 커지고 있다. 개인의 신용관리의 중요성은 다음과 같이 정리해볼 수 있다.

첫째, 개인의 재무 목표 달성이 중요하기 때문이다. 과도한 신용은 개인의 소비를 부추길 뿐만 아니라 부채를 증가시켜 개인의 재무 상황을 악화시키고, 더 나아가서는 사회적 문제로까지 비화될 수 있다. 합리적이고 건전한 소비생활로 저축과 투자를 늘리면 궁극적으로 개인의 재무 목표를 달성할 수 있다. 기업이 재무 상황이 악화되면 부도가 나듯이 개인 역시 마찬가지이다.

둘째, 금융채무불이행자(구 신용불량자)가 되면 경제활동에 제약을 받는다. 금융채무불이행자가 된다는 것은 신용을 매개로 한 소비활동에서 신용을 지키지 못하여 신용도가 낮아졌다는 것이다. 그렇기 때문에 신용이 떨어져 신용불량자가 된 개인은 법적조치, 금융기관 거래 제약을 겪으며, 취직 등의 경제활동에서도 제약을 받게 된다.

셋째, 개인의 신용불량은 곧바로 금융기관 및 국가 모두에게 불행한 결과를 초래한다. 개인이 불필요한 소비를 증가시킴으로써 물가불안 및 국제수지 적자 등 대내외 불균형을 심화시킨다. 개인의 채무 증가 및 연체로 인한 카드사 및 금융기관의 부실은 개인과 투자자, 금융기관과 국가 모두에게 영향을 끼치게 되는 것이다.

우리나라에서도 소비자 신용의 규모가 매년 빠른 속도로 증가함에 따라 금융채무 불이행자의 수 역시 급속도로 늘고 있어서 사회적으로 큰 문제가 되고 있다. 또한 신용사회 정착 단계에 놓인 우리나라에서도 사회생활을 하는 데 있어서 신용은 기본 사항이 되었으며 중요성도 대두되고 있다. 그렇기 때문에 개인은 전문가의 도움을 받거나 스스로 철저한 신용관리를 통해 채무불이행자가 되지 않도록 관리를 해야 할 것이다.

읽을거리 8.2 ⊕ 금융소비자를 위한 꿀 팁

서민금융 서비스에 관련된 소비자문제를 연구해오면서 나름대로 정리한 '금융소비자를 위한 팁'을 독자와 함께하고자 한다. 사채나 대부업체의 돈을 쓸 때 특히 눈여겨봐야 할 주의사항이다.

먼저, 대출받기 전후 계약 사항에 대해 꼼꼼히 확인해야 한다. 아무리 급하더라도 대출받기 전후 계약 사항을 꼼꼼히 확인해둬야 한다. 대출 전에는 금융기관이나 대부업체의 정확한 정보와 계약 사항을 필히 확인하고, 대출 후에도 이자율, 상환 조건, 부대약정 등 계약서 상의 정보를 재확인해둬야 한다.

둘째로, 이자율에 관한 올바른 지식이 있어야 한다. 대부업 대출의 경우 「대부업법」상 연리 24%, 일반 금전대차(사채 포함)의 경우도 「이자제한법」상 24%를 초과할 수 없다(2020년 1월 말 기준). 이때 적용되는 이자율은 연체이자, 공제금, 수수료, 할인금, 사례금 등 민금융기관이나 대부업자(미등록 대부업자 포함)가 받는 모든 금액을 포함한 것이다. 따라서 이자율이나 수수료 등에 관련된 피해를 예방하려면 대출 전후의 계약 사항과 거래 사항 등을 확인하여, 부당한 피해를 입었다고 판단되는 경우 관계기관 등에 불법 여부를 확인하는 것이 좋다.

셋째, 대출을 받으면서 부당함을 당한 경우 신속히 대처해야 한다. 예컨대 심한 채권추심을 당한 경우 다음 기관에 연락하여 불법 여부를 확인하고, 대처토록 하는 것이 좋다.

넷째, 자신의 신용등급 등 신용정보를 미리 알아두거나 해당 기관 등을 통하여 꾸준히 관리해야 한다. 이런 정보는 한국신용평가정보(KIS)나 한국신용정보(NICE), 전국은행연합회의 크레딧포유(www.credit4u.or.kr), 그리고 한국자산관리공사의 새희망네트워크(www.hopenet.or.kr) 등에서 확인이 가능하다. 물론 신용등급 하락 없이 조회할 수도 있고 무료로도 가능하다.

다섯째, 유사 서민금융상품에 현혹돼서는 안 된다. 미소금융과 새희망홀씨대출 및 최근 출시된 햇살론 등 서민금융상품의 인기에 편승해서 일반 대부업이나 사채업자들이 소비자를 현혹하는 경우가 적지 않다. 특히 미소캐피탈, 햇살대출 등 소비자가 착각하기 쉬운 이름으로 고금리의 상품을 권유하는 경우가 종종 있다. 소비자 스스로 상호금융회사의 창구를 찾아 문의하거나, 담당·감독기관으로부터 정확한 정보를 얻어서 판단해야 한다. 새희망홀씨대출은 금융감독원(3145-8123), 미소금융은 미소금융중앙재단(1600-3500), 햇살론은 전국 농협, 수협, 저축은행 등 서민금융기관에 문의할 수 있다.

여섯째, 객관적 정보를 수집하고 분석해봐야 한다. 당연히 대출 가능한 줄 알고 갔다가 거절당하거나, 생각했던 것보다 대출 이자가 높아 당황하는 경우가 적지 않다. 금융기관에 가기 전에 대출 자격이 되는지, 얼마까지 대출 가능한지, 그리고 이자율이 얼마인지 등의 정보를 미리미리 꼼꼼히 확인하고 분석해봐야 한다.

끝으로, 합리적인 신용 생활이 필요하다. 신용(빚)은 항상 신중해야 한다. 정부 지원 서민금융상품이라고 해서 특별한 혜택이라고 생각하는 것은 금물이다. 물론 일반 대부업체나 사채, 대기업캐피탈보다는 낮은 금리이고 저신용의 경우도 대출받을 수 있어 서민에게는 큰 혜택이지만, 꼭 필요한 자금이 아닌데도 대출받게 되면 결국 이자 부담으로 곤란을 겪을 수 있다. 상환능력을 벗어나는 무리한 대출은 하지 않는 것이 좋다.

자료: 『세상을 바꿀 행복한 소비자』(2012, 이종인) 및 관련 문헌.

2) 효과적인 소비자 신용관리

자신의 신용을 효과적으로 관리하기 위해서는 일반적으로 알려진 신용관리 방법을 숙지하는 것이 중요하다. 금융위원회나 서민금융진흥원 등에서 안내하고 있는 신용관리 요령 등을 지키는 것이 바람직하다.

무엇보다 중요한 원칙은 자신의 소득 범위 내에서 지출을 하는 것이다. 생활비 부족이나 교육비를 충당하기 위해서 은행이나 대부업 신용을 이용하는 경우가 종종 있는데, 개인 스스로 소득 범위 내에서 생활할 수 있도록 하고, 즉흥적인 소비나 불필요한 지출이 발생되지 않도록 한다.

플라스틱 머니로 불리는 신용카드의 실용적 이용도 매우 중요하다. 꼭 필요한 신용카드만 소지하되, 신용카드의 사용은 1개로도 충분하다. 과도한 신용카드 남발로 인해 현재 많은 신용카드가 사용되지 않고, 지갑 속에 묵히는 경우가 허다하다. 신용카드는 1~2개만 사용함으로써 관리도 간편하게 하고, 거래 실적을 누적시킴으로써 우량고객이 될 수도 있다. 이런 경우 낮은 금리혜택이나 신용 한도의 증가 등 다양한 이점을 누릴 수 있다.

또한 자신의 신용에 관련된 지급 기일을 일상적으로 확인하고 이를 철저하게 지켜야 한다. 대출상환일이나 신용카드 지급 기일 등을 지키지 않으면 높은 금리의 연체가 발생할 뿐 아니라 개인의 신용평점에 상당한 영향을 주게 된다. 가급적 연체되지 않도록 하되 만일 불가피하게 여러 건의 연체가 있다면, 금액이 많은 것보다는 오래된 연체를 줄이는 것이 자신의 신용평가 점수의 하락을 방지하는 데 유리하다.

지엽적으로 보이지만 중요한 점 중의 하나는, 주소지 변경 등 자신의 금융 거래 개인정보의 변경에 신경을 기울여야 한다는 점이다. 예컨대 이사로 인해 금융기관에서 주소지 파악이 잘못되었을 경우 대출상환일, 신용카드 등의 지급 기일에 관한 안내를 받지 못해 낭패를 당할 수 있다. 이런 경우에는 자동이체를 이용하여 거래 실적도 쌓고, 지연 이자나 주소지 관리의 번거로움을 줄일 수도 있다.

정기적으로 자신의 신용정보를 확인해볼 필요가 있다. 만일 잘못된 신용정보가 등록된 것이 있다면 신속하게 수정하는 것이 바람직하다.

3) 소비자 신용회복지원제도

소비자신용에 관련된 채무자 구제에 관한 것으로 신용회복지원제도가 있다. 신용회복지원제도란 소비자가 파산에 이르기 전에 금융기관 등이 연체이자를 감면해주고 최대한 상환하기 유리한 조건으로 해줌으로써 소비자가 파산에 이르는 것을 막고자 하는 제도이다.

신용회복지원제도에는 채무금액 등에 따라 프리워크아웃(사전채무조정), 개인워크아웃, 개인회생, 그리고 개인파산이 있으며, 아래 <표 8−1>과 같이 적용된다.

〈표 8-1〉 신용회복지원제도

구분	프리워크아웃 (사전채무조정)	개인워크아웃	개인회생	개인파산
운영 주체	신용회복위원회	신용회복위원회	법원	법원
시행 시기	2009. 04. 13.	2002. 10. 01.	2004. 09. 23.	1962. 01. 20.
대상 채권	협약 가입 금융기관 (3,600여 개) 보유채권	협약 가입 금융기관 (3,600여 개) 보유채권	제한 없음 (사채 포함)	제한 없음 (사채 포함)
채무 범위	5억 원 이하	5억 원 이하	담보채무(10억 원) 무담보채무(5억 원)	제한 없음
대상 채무자	30일 초과 90일 미만	연체 기간이 3개월 이상인 자	과다채무 봉급생활자 및 영업 소득자	파산 원인
보증인에 대한 효력	보증인에 대한 채권추심 불가	보증인에 대한 채권추심 불가	보증인에 대한 채권추심 가능	보증인에 대한 채권추심 가능
채무 조정 수준	무담보 채권 최장 10년, 담보채권 최장 20년 신청일 기준	변제기간 8년 이내, 이자채권 전액 감면, 원금은 상각 채권에 한해 최대 1/2 감면	변제기간 5년 이내 변제액이 청산가치보다 클 것	청산 후 면제
법적 효력	사적 조정에 의해 변제 완료 시 면책	사적 조정에 의해 변제 완료 시 면책	변제 완료 시 법적 면책	청산 후 법적 면책

출처: 신용회복위원회, www.ccrs.or.kr.(2020년 1월 말 기준)

금융채무로 인해 곤란한 상황에 놓여 있는 경우에 소비자는 이러한 4가지 구제제도 중 적절한 선택을 하는 것이 좋다. 우선, 연체 기간이 90일 미만이지만 채무상환액이 소득의 30%를 넘어 부채 부담이 큰 경우에는 프리워크아웃제도를 이용하는 것이 좋다. 만일에 연체 기간이 3개월이 넘고 최저생계비를 웃도는 지속적인 월소득이 있는 경우에는 협약 가입 금융기관으로부터의 채무인 경우는 개인워크아웃제도를, 사채 등 사금융 채무인 경우는 개인회생제도를 이용해볼 만 하다.

이러한 신용회복지원제도에도 불구하고 채무 총액이 과다하여 자신의 자산이나 소득으로는 도저히 채무이행을 담보할 수 없을 경우는 어쩔수 없이 개인파산제도를 이용하는 것이 좋다. 또한 개인이 자신의 월소득 수준에 비하여 과도하게 지출하거나, 도박에 빠지거나 잘못된 채무보증 등으로 지급불능 상태가 되었을 때 파산신청을 하면 절차에 따라 개인파산이 가능해진다. 하지만 파산선고를 받으면 해당 소비자는 법률상의 여러 가지 자격제한을 감수해야만 한다.

읽을거리 8.3 취약채무자, 감면 제도 이용하세요!

지난 7월 대전 서민금융통합지원센터 현장 방문 시 40대의 한 여성분을 만났다. 현장에 답이 있다는 생각으로 지금까지 54명의 고객을 직접 상담해온 필자에게 20년의 빚의 굴레 속에서 살아온 이 여성분의 사연은 지금도 생생하게 남아 있다.

한때 남편과 번듯한 횟집을 운영했던 그녀는 외환위기를 겪으며 매출이 급격히 줄어들었다. 급한 대로 금리가 높은 현금서비스와 카드론을 받아가면서 버텼지만 매출은 회복될 기미를 보이지 않았다. 경제적 위기로 인한 가정 불화로 이혼을 하게 된 그녀에게 남은 건 2천만 원이 넘는 빚뿐이었다. 채무연체로 인해 일용직으로 일할 수밖에 없었고 거친 일터 환경 탓에 건강마저 나빠져갔다. 빚을 갚기는 커녕 생계를 이어가기도 벅찬 하루하루였다. 설상가상으로 2014년에는 교통사고로 허리를 다쳐 하루 일하고 나면 하루를 쉬어야 하는 처지가 되었다. 그래도 스스로 번 돈으로 빚을 악착같이 갚겠다는 의지만은 버리지 않았다.

간절함이 통한 걸까. 어느 날 그녀는 우연히 신용회복위원회가 취약채무자 특별감면제도를 시행한다는 뉴스를 보게 되었다. 혹시나 하는 마음에 신용회복위원회 상담창구가 있는 대전 서민금융통합지원센터를 찾았다. 이자가 늘면서 빚이 5천만 원까지 불어난 상태였다. 하지만 필자와의 상담을 통해 빚을 원금의 70%까지 감면받고, 매월 4만 2,000원씩 3년 동안 갚으면 나머지는 모두 면제되는 것으로 조정되었다. 빚 부담이 줄어든 것 외에도 채무조정 확정으로 연체정보가 바로 해제되어 은행 통장이 압류될 걱정도 없어졌다.

이같이 20년 동안 그녀의 어깨를 짓눌렀던 빚을 속 시원히 해결할 수 있었던 것은 신용회복위원회가 금년 7월부터 시행 중인 취약채무자 특별감면제도를 이용한 덕분이다. 이 제도는 상환 불능 상태의 취약채무자가 형편에 맞게 3년간 상환하면 나머지 채무를 면제하는 프로그램이다. 기존에는 취약채무자가 채무조정을 받았어도 평균 8년 이상의 오랜 기간 채무를 갚아야 해 신속하게 경제적 재기를 하는 데 어려움이 있었던 게 사실이다. 이러한 한계를 보완하기 위해 신용회복위원회는 정부와 함께 기초수급자와 고령자, 10년 이상의 장기소액연체자 등 취약채무자에게 맞는 새로운 지원책을 마련한 것이다. 이 제도를 통해 지난 11월 말까지 748명의 취약채무자가 특별감면 혜택을 받았다. 넘어져 혼자 힘으로 일어나지 못하는 사람에게 누군가가 손 잡아주는 일이 필요하듯 빚으로 고통받는 이들에게 취약채무자 특별감면 프로그램이 삶을 변화시킬 수 있는 기회의 손길이 되고 있다.

또한 신용회복위원회는 채무조정 이후 긴급생계자금이 필요한 분을 위해 저금리의 대출을 지원하고 있다. 노원 서민금융통합지원센터 현장간담회에서 만난 60대 여성분은 채무조정이 확정되고 식당 일용직으로 근무하며 변제금을 상환하던 중 손을 다쳐 일을 하지 못하게 되었다. 생계비 마련을 위해 대출을 알아보다 신용회복위원회의 성실상환자 대출을 알게 됐고, 긴급 생계비 대출을 지원받아 어려움을 극복할 수 있었다. 1년 후 손과 목에 백반증이 발생하면서 또 한 번 일자리를 잃게 되었지만 생계비 대출을 추가로 지원받아 안정적인 경제활동을 할 수 있었다. 그녀는 채무조정 이후 지속적인 지원에 감사함을 전했다.

병에 걸린 사람이 병원에서 치료받는 것이 당연하듯 빚 문제로 고통받는 이들에게도 채무조정 제도를 이용할 권리가 있다. 빚으로 인한 고통이 질병이라면 맞춤형 채무조정 지원제도는 병을 고치는 수술이고 긴급생계자금 대출은 약이라 할 수 있다. 그러니 빚 문제로 고통을 받고 있는 취약채무자들이리면 혼자서 고민하지 말고 서민금융통합지원센터를 통해 제때 도움을 받으시기를 바란다. 신용회복위원회의 맞춤형 채무조정제도가 빚으로 인한 고민은 덜어주고 경제적 재기를 돕는 든든한 안전망이 되어드릴 것이다.

자료: 『헤럴드경제』 칼럼(이계문 서민금융진흥원장, 2019. 12. 26.), 〈www.news.heraldcorp.com〉

③ 신용카드 이용과 합리적 소비

신용카드 거래는 신용카드 회원이 카드 가맹점에서 대금 대신 신용카드로 결제하여 물품 등을 구매한 후 일정한 기일에 해당 물품의 대금을 신용카드업자에게 지급하는 방식으로 거래가 이루어지는 것을 말한다. 이러한 신용카드 거래는 소비자, 카드 가맹점, 카드회사 등 3자가 거래하는 구조를 하고 있으며, 관련 법인 「여신전문금융업법」은 신용카드 소비자 보호, 카드회사 및 가맹점의 의무 등에 관해 규율하고 있다.[35]

오늘날의 신용카드는 단순히 상품을 구입하거나, 소액의 현금서비스를 받는 수단뿐 아니라, 은행금융거래, 보험, 통신판매, 레저 등 생활의 대부분을 포함하는 다양한 부대 서비스와 함께 사용되고 있다. 결제의 편의성과 무이자할부 등의 경제성, 각종 부가서비스 이용과 혜택 등 신용카드는 잘만 사용하면 신용사회에 걸맞은 유용한 경제생활 수단이 된다. 하지만 실제로 신용카드로 인해서 자신의 소득을 웃도는 과다한 소비와 충동구매를 하게 되어 개인이 파산하는 경우가 적지 않다. 카드 도난이나 분실로 피해를 보고, 비밀번호와 신용정보가 유출되어 의도하지 않은 재산적·정신적 피해를 입는 경우도 종종 발생한다.

---

35) 「여신전문금융업법」은 신용카드업·시설대여업·할부금융업 및 신기술사업금융업을 영위하는 자의 건전하고 창의적인 발전을 지원함으로써 국민의 금융편의를 도모하고 국민경제의 발전에 이바지함을 목적으로 하여 제정되었다(법 제1조). 이른바 여신전문금융업 중 신용카드업은 신용카드 이용과 관련된 대금의 결제를 포함하여 신용카드의 발행 및 관리나 신용카드 가맹점의 모집 및 관리 업무를 하는 것을 말한다. 시설대여업은 시설대여를 업무로 하는 업종으로서 리스사업이 그 대표적인 예이다. 할부금융업은 재화 및 용역의 매매계약에 대하여 매도인(기업) 및 매수인(소비자)과 각각 약정을 체결하여 소비자에게 융자한 재화 및 용역의 구매자금을 기업에게 지급하고 소비자로부터 그 원리금을 분할하여 상환받는 방식의 금융을 말하며, 자동차 할부구매가 대표적이다. 신기술사업금융업은 신기술사업자에 대한 투자, 융자, 경영 및 기술의 지도와 신기술사업투자조합의 설립과 자금의 관리·운용에 관련된 업무를 종합적으로 수행한다. 현재 할부금융업, 시설대여업, 신기술금융업 등의 다른 여신전문금융업은 금융감독위원회에 요건을 갖춰 등록만 하면 영업을 할 수 있으나 신용카드업을 영위하고자 하는 자는 금융감독위원회의 허가를 받아야 한다.

1) 보편화된 플라스틱 머니와 모바일 머니

소비자들은 현금보다도 신용카드를 더 많이 이용하고 있다. 한국은행의 발표에 따르면, 2018년의 경우 물품이나 서비스를 구매할 때 신용·체크·직불카드로 대금을 지불한 경우가 전체의 52.0%로, 32.1% 현금을 앞지른 것으로 나타났다. 이어 인터넷뱅킹 계좌이체는 14.5% 정도였다.[36] 그리고 개인당 약 3.0장의 신용카드를 갖고 있는 것으로 조사되었다. 또한 2018년 말 기준으로 연간 1억 5백만 개의 신용카드가 발급되어 724조 7천억 원이 신용카드로 결제된 것으로 나타났다[37]

이와 같이 신용카드 이용이 급속히 늘어나게 된 역사적 배경을 대략적으로 살펴보자. 1960년대 후반 유통업 중심으로 도입되기 시작한 신용카드 시장은 1980년대에 은행들이 진출하면서부터 확대되어왔다. 그 후 1990년대 후반 신용카드 이용과 가맹점 가입에 대한 세제혜택 등 정부의 각종 지원이 뒤따르자, 신용카드 시장이 외형적으로 성장을 계속하게 된 것이다. 지난 1990년대 말 IMF 외환위기 이후 카드사들의 무분별한 신용공여에 따른 이른바 카드대란으로 한때 위기를 맞기도 했으나, 세원 확보와 내수 활성화 등을 위한 정부의 신용카드 활성화 정책과 카드사들의 자구 노력으로 2005년 말부터는 신용카드 시장이 안정화되었고, 근래에는 상당한 수익을 창출하고 있는 실정이다.

한편 최근에 들어와서는 정부가 신용카드 이용에 대한 혜택을 줄이고 직불카드 사용을 권장함에 따라 신용카드 사용 건수는 소폭 줄고 있으며 건당 이용 금액 역시 감소세를 보이고 있다. 하지만 1만 원 미만의 소액결제는 여전히 늘어나고 있는 추세이다.

신용카드는 단순히 상품을 구입하거나, 소액의 현금서비스를 받는 수단뿐 아니라 은행금융거래, 보험, 통신판매, 레저 등 생활의 대부분을 포함하는 다양한 부대 서비스와 함께 사용되고 있다. 이제 버스요금이나 극장표 구입도 플라스틱 신용카드나 스마트폰에 내장된 신용카드로 결제하는 플라스틱 머니 내지 모바일 머니 시대가 되었다.

특히 2003년 카드대란의 경우를 돌이켜보면, 연간 1억 장이 넘는 신용카드

---

36) 한국은행, 2018년 경제주체별 현금 사용 형태 조사 결과, 2018.

37) 여신금융협회(www.crefia.or.kr), 2020년 1월 현재.

를 남발하는 잘못된 신용카드 정책으로 카드부채와 금융채무불이행자(신용불량자)가 크게 증가하여 경제적 위기를 겪기도 했다. 금융채무불이행자는 카드대란이 발생한 2003년 말에는 그 수가 372만 명으로 급증했다. 특히 금융채무불이행자 급증의 주된 원인으로 지적된 청소년이나 무소득자 대상의 금융기관들의 신용카드 남발은 주된 사회적 이슈였다.

이러한 사회적 이슈에도 불구하고 이러저러한 인센티브를 제시하며 신규 카드 발급이나 현금 인출 한도 상향 등을 권유하는 금융기관들의 치열한 마케팅 경쟁은 지금도 계속되고 있다.

2) 신용카드 소비자문제와 해법

(1) 카드 남발의 부작용 에피소드

신용카드 사용이 많아지면서 부작용도 늘어났다. 더불어 카드부채와 금융채무불이행자 급증에 대한 정부의 신용카드 정책을 두고 비난이 일고 있다. 카드사 부실의 주된 원인도 결국 신용카드 발급이 남발됐기 때문이었다.

국내 금융채무불이행자는 카드대란이 있었던 2003년 말 372만 명을 고비로 점차 감소하여, 2009년 말 기준으로 193만 명, 2012년 말에는 124만 명, 2015년 말에는 103만 명 가까이 되고 있다. 이와 같이 금융채무불이행자 수가 여전히 많은 주된 원인은 바로 신용카드 발급이 크게 증가했기 때문이다. 학생들이나 소득이 거의 없는 사람들한테도 신용카드를 남발했으며 특히 10~20대가 많았다.

신용카드는 잘만 사용하면 신용사회에 걸맞은 편리한 경제생활을 할 수 있도록 소비자에게 도움을 준다. 하지만 실제로 ① 신용카드로 인해서 과다한 소비와 충동구매를 하게 되어 개인이 파산(신용불량)하게 되는 경우도 많고, ② 카드를 도난당하거나 분실해서 피해를 본다든지, 비밀번호를 강취당하거나 신용정보가 유출되어 의도하지 않은 재산적, 정신적 피해를 입는 경우도 있다.

소비자 중에는 신용카드로 결제하면 일정 기간 무이자로 돈을 빌리는 것으로 오해를 하는 경우가 많다. 자세히 살펴보면 그 이자를 카드수수료라는 이름으로 가맹점이 소비자를 대신해 카드사에 대납하는 것이다. 그 외에도 연회비,

할부수수료와 같은 신용수수료를 간과하는 소비자도 많다. 결론적으로 우리나라는 아직 신용의 중요성을 제대로 인식하지 못하고 신용관리시스템도 여전히 미흡하다고 판단된다.

(2) 신용카드 소비자 피해와 신용카드사·카드 가맹점의 소비자보호 책임

신용카드 소비자 불만 및 피해

신용카드 이용자들은 어떤 불만들을 갖고 있을까? 한국소비자원에는 연간 수십만 건의 소비자상담과 수만 건의 피해 구제 내지 분쟁조정 요청이 접수되는데 그중 신용카드에 관련된 사안도 적지 않다.

한국소비자원의 신용카드 피해 사례를 분석한 결과에 따르면, '할인 등 부가서비스' 분쟁(22.0%)이 신용카드 관련 불만 유형 가운데 가장 많은 비중을 차지하고 있었다. 이는 카드사가 회원 모집 등 고객 확보를 위해 자사의 혜택을 크게 강조하면서도, 할인서비스 이용 조건, 할인한도 등의 정보를 소비자들에게 제대로 전달하지 않았거나, 그 내용에 있어서 소비자들이 이해하기 어려웠기 때문인 것으로 나타났다. 이어 신용카드 관련 불만 유형은 할부 철회·항변(17.0%), 부정사용 보상(14.2%)의 순으로 나타났다.

신용카드에 관련된 소비자 피해 형태는 분실이나 도난으로 인한 피해, 배달 중 분실로 인한 피해, 카드대금 이중 청구, 미사용 대금 청구, 카드 부정 발급이나 카드 위조, 수수료 문제 등 매우 다양하다. 소비자 거래에서 신용카드로 결제하는 경우가 많아 그 피해도 다양한 형태를 하고 있다. 최근에는 보이스피싱[38]이 사기 수법의 수단으로서 사용되며 신용카드 정보 및 개인정보의 유출로 인한 피해도 종종 발생하고 있다.

신용카드사의 책임

신용카드 회사는 신용카드 회원으로부터 카드의 분실이나 도난 등의 통지를 받으면 카드 사용으로 인한 일정한 책임을 지게 된다. 즉 카드 분실이나 도난 시 카드 회원(소비자)이 즉시 카드사에 신고토록 하고 있으며, 분실 도난 신고 접수 시점으로부터 60일 전까지 책임을 진다(「여신전문금융업법」 제16조). 다

---

38) 제1장 '<읽을거리 1.2> 보이스피싱 피해를 예방하려면'을 참조할 수 있다.

만 그 책임의 전부 또는 일부를 카드 회원의 부담으로 할 수 있다는 취지의 계약을 서면으로 체결한 경우는 카드 회원이 책임의 일부를 부담할 수도 있다(법 제16조 3항, 7항).

서명이 없는 카드, 비밀번호가 유출된 카드, 대여 등에 의해 가족이나 제삼자가 사용한 경우, 카드깡, 허위 분실신고 등으로 판정될 경우 카드사는 면책이 되고, 소비자는 보상받지 못할 수 있다.

다시 말해, 신용카드회사는 카드 회원에 대해 위조·변조된 신용카드의 사용으로 인한 책임을 지지만(법 제16조 5항), 카드회사가 카드의 위조·변조에 대해 카드 회원의 고의 또는 중대한 과실을 입증하면 그 책임의 전부 또는 일부를 카드 회원의 부담으로 할 수 있다는 취지의 계약을 서면으로 체결한 경우에는 카드 회원에게 책임을 부담하게 할 수 있다(법 제16조 6항, 7항). 여기서 고의 또는 중대한 과실은 '비밀번호의 누설, 신용카드의 양도 또는 담보 목적으로의 제공'을 말한다(법 제16조 9항).

카드 가맹점의 소비자보호 책임

신용카드업을 규율하고 있는 「여신전문금융업법」에서는 신용카드 가맹점의 소비자보호 책임을 규정하고 있다. 즉 법 제19조 1항은 신용카드 가맹점은 신용카드로 거래한다는 이유로 신용카드 결제를 거절하거나 신용카드 회원을 불리하게 대우하지 못하게 하고 있다.[39]

이 법에서는 '본인 확인 의무'를 가맹점에 부여하고 있다. 즉 "신용카드 가맹점은 신용카드로 거래를 할 때마다 그 신용카드를 본인이 정당하게 사용하고 있는지를 확인하여야 한다"(법 제19조 2항). 또한 가맹점 수수료를 소비자에게 전가하지 못하도록 금지하고 있다. "신용카드 가맹점은 가맹점 수수료를 신용카드 회원이 부담하게 하여서는 아니 된다"(법 제70조 3항).

이러한 거래 거절 금지, 본인 확인 의무, 가맹 수수료 전가 금지 등의 가맹점 준수 조항이 소비자에게는 이익이지만, 카드 가맹점에게는 적지 않은 부담으로 간주되기도 한다. 예컨대 2011년 가을부터 2012년 상반기까지 신용카드 수수료율 문제를 둘러싸고 가맹점과 카드사, 그리고 정부와 정치권 사이에 뜨거운

---

39) 이 규정을 위반하면 1년 이하의 징역 또는 1천만 원 이하의 벌금에 처해진다(법 제70조 3항).

공방이 있었다. 이때 가맹점들은 앞서 언급한 거래 거절 조항을 완화해줄 것을 요구하기도 했다. 다시 말해 만 원이나 5천 원 이하의 소액의 경우 현금으로도 결제할 수 있도록 거래거절 조항을 풀어달라는 것이었다.[40]

읽을거리 8.4 ⊕ 미국에서 '크레디트카드'의 의미

미국과 같은 선진국에서는 개인의 신용이 매우 엄격히 관리되고 있다. 예컨대 개인 간 금전 거래에서 세금 납부까지 자신의 채무는 반드시 갚아야 한다는 인식과 원칙이 잘 지켜지고 있다. 한마디로 개인의 신용을 잘 쌓아놓지 않으면 사회생활 자체가 어렵게 된다.

필자가 미국에 공부하러 가서 경험한 일이다.

우리와 마찬가지로 미국도 신용카드가 없으면 소비 생활하는 데 여러 가지 불이익과 불편이 따른다. 여행할 때 숙소 예약을 위해서는 신용카드번호가 필수적이고, 또 할인점 이용 시에도 신용카드를 이용하지 않으면 부가 보너스를 받을 수 없다.

하지만 아무리 은행 문을 두드려도 초기에는 신용카드를 발급해주지 않는다. 세금 납부 기록이라 든지, 은행 거래 실적 등 개인 신용이 충분하지 않기 때문이다. 그러다가 한 1년쯤 지나 개인 신용과 재정적 신용이 어느 정도 축적이 되면 여러 금융기관에서 보통 수준의 신용카드를 발급 해줄 수 있다고 연락이 온다. 그리고 또 일정한 수준의 신용이 더 쌓이면 현금서비스와 거래한 도액을 높인 골드급 카드, 프리미엄급 카드 발급 자격이 되었다고 연락이 온다. 그땐 정말 기분이 좋다. 사회적으로 인정받는 신용 소유자가 됐다는 의미가 된다.

미국의 경우 이러한 엄격한 카드 발급 현실에 더해 최근에는 소득이 불충분한 21세 미만자에 대한 카드 발급을 엄격히 제한하는 새로운 신용카드법을 만들어 시행하고 있다. 고액의 연회비 만 내면 어렵지 않게 프리미엄급 신용카드를 발급받을 수 있는 우리와 비교된다.

참고로 미국이나 프랑스와 같은 선진국의 경우 신용카드보다는 직불카드(debit card)를 활성 화하는 정책을 펴고 있다. 직불카드는 신용카드와는 달리 은행에 잔고가 있어야만 되고, 거래 즉시 돈이 통장에서 빠져나가기 때문에, 소비자가 지나친 소비나 소득이 많은 것 같은 착각은 하지 않게 된다.

자료: 이종인(2012), 『세상을 바꿀 행복한 소비자』, 122쪽, 이담북스

---

40) 사실, 카드 수수료 문제는 가맹점과 카드사뿐만 아니라 이들 간의 중개회사인 VAN사와, 소비자인 카드 회원, 정책을 맡고 있는 금융위원회와 카드 세수를 무시할 수 없는 국세청 등 다양한 이해당사자가 연관되어 정책적인 조율이 매우 어려운 사안이다.

(3) 신용카드 소비자문제의 해법

은행들과 카드사들은 법에서 정한 자격을 충족한 경우에만 신용카드를 발급하되, 개인의 신용을 엄격히 분석하여 소비자의 실제 신용도를 발급 기준으로 해야 한다. 발급된 신용카드에 대해서도 카드 소지자의 신용 수준이 일정 수준으로 낮아지면 지체 없이 회수하고, 원하는 경우 구좌에 잔고가 있는 경우에만 결제되는 직불카드(debit card)나 체크카드로 교체해주는 것이 바람직하다.

정부에서도 금융기관들의 신용카드 발급과 사후 관리에 문제가 없는지 지속적으로 점검하여 신용카드로 인한 개인 피해와 사회적 부담이 줄어들도록 해야 한다. 신용카드 가맹점들 역시 신용카드 이용 피해를 줄이기 위한 노력이 필요하다. 신용카드 이용자의 본인 확인 절차를 거치는 등 부정 사용의 가능성을 줄여야 한다.

하지만, 무엇보다도 신용카드 이용자의 합리적인 카드 이용 자세가 중요하다. 꼭 필요한 카드만 발급받아 사용하고, 자신의 카드를 타인에게 양도해서는 안 된다. 수시로 분실 여부를 확인하고 도난이나 분실 시에는 즉시 신고해야 한다. 진정한 신용사회가 되기 위해서는 소비자도 개인의 신용에 맞는 신용카드 관리가 필요하다.

덧붙여 신용카드 사용에 따른 비용 부담을 제대로 인식해야 한다. 신용카드로 결제하면 일정 기간 후 결제된 대금만 인출되기 때문에 해당 기간의 이자가 절약되는 것으로 인식하게 된다. 하지만 앞서 언급했듯이 해당 이자가 면제되는 것은 맞지만 가맹점이 대납하는 카드수수료, 연회비, 할부수수료 등의 부담은 결국 소비자의 비용이 되는 것이다. 기만적인 판매 상술에 주의하고 충동구매와 같은 불합리한 소비를 자제하도록 해야 할 것이다.

신용카드는 다른 말로 하면 '외상카드' 내지 '대출카드'이다. 빚을 내 소비를 하더라도 개인 재정을 잘 꾸릴 수 있다면 '외상카드'는 편리한 지불 수단이면서 국가 경제에도 도움이 된다. 자신의 지출 가능한 소득 범위 내에서 신용카드를 사용하는 합리적인 소비생활이 바람직하다.

4 서민금융과 소비자

소득이 낮은 서민은 가계수입의 대부분을 저축보다는 생활자금으로 지출하게 된다. 예기치 못한 사고나 자녀 병원비와 같은 긴급한 자금 수요가 생기면 어쩔 수 없이 남의 돈을 빌릴 수밖에 없다. 정부 통계를 보면 이른바 주의나 위험 등급으로 분류되는 신용 7등급 이하 저신용자가 750만 명이나 된다. 이들이 담보 없이 이자 부담이 적은 은행 문턱을 넘기는 현실적으로 거의 불가능하다. 서민을 위한다는 상호저축은행이나 새마을금고, 신협 등 이른바 서민금융회사도 이들을 외면하는 경향이 없지 않다.

이들은 어쩔 수 없이 사금융(사채)에 의존하게 되는데, 문제는 적지 않은 대출자가 빚이 쌓여 이른바 금융채무불이행자(신용불량자)로 전락하거나 다양한 형태의 소비자 피해를 입는다는 것이다. 금융채무불이행자는 <표 8-2>에서 보듯이 점차 감소하고 있지만 여전히 많은 국민이 금융채무에 시달리고 있다.

〈표 8-2〉 한국의 연도별 금융채무불이행자 추이

(단위: 천 명)

연도	2002	2003	2006	2009	2010	2011	2012	2013	2014	2015	2016	2017
금융채무 불이행자	2,636	3,720	2,796	1,934	1,514	1,262	1,243	1,081	1,081	1,031	976	943

자료: 금융위원회 웹사이트(www.fsc.go.kr, 2020. 1. 현재) 및 2018년 국정감사자료(재정리)

특히 그동안 하향안정세를 보였던 국내 자영업자들의 금융채무불이행 비율이 최근에는 증가세로 돌아선 것으로 나타났다. 지난 2017년도에 1.32%까지 하락했던 자영업자 금융채무불이행 비율이 2018년에는 1.43%로 악화되었다.

1) 서민금융의 의의와 금융소외

(1) 일반적 관점

일반적으로 서민금융은 제도권 금융기관과 비제도권 금융기관[41]으로부터의 저신용·저소득의 금융소비자에 대한 금융을 통칭하는 의미로 볼 수 있다. 즉 서민금융에 있어서의 '서민'은 신용도와 소득 수준을 기준으로 정의될 수 있다.

현재 우리나라는 1~10등급의 신용등급 체계[42]를 두고 있는데, 이 중 7등급 이하의 신용등급에 해당하는 계층을 서민으로 간주하는 경향이 있다. 우리나라의 경우 신용조사기관마다 다소 차이가 있지만 신용등급 7등급 이하의 저신용자 수는 2019년 말 현재 약 704만 명(전체 인구의 17.3%)으로 추정되고 있으며, 최하위 '위험 등급'인 9~10등급자는 150만 7천 명이다. 이러한 1~10등급의 등급제의 개인 신용평가 체계는 2020년 하반기 중에 1~1,000점 범위의 점수제로 전환될 것으로 예상된다.[43]

한편, 소득은 5분위 이하(1~5분위)의 저소득을 창출하는 계층을 대개 서민으로 분류하는 경향이 있다. 우리나라의 경우 각 분위별 월소득 수준은 <표 8-3>과 같다.

〈표 8-3〉 2019년도(3/4분기) 소득분위표

월소득 10분위별, 단위: 원

분위 수	월 소득	분위 수	월 소득
1분위	901,311	6분위	4,661,542
2분위	1,847,446	7분위	5,413,045
3분위	2,654,460	8분위	6,394,168
4분위	3,307,932	9분위	7,771,374
5분위	3,977,968	10분위	11,828,605

자료: 통계청 국가통계포털(www.kosis.kr, 2020. 1. 31.), (전체 평균은 4,876,856원임).

---

41) 경제학에서는 일반적으로 통화금융기관을 제1금융권이라고 하고 비통화금융기관을 제2금융권으로 불러왔다. 흔히 제1금융권과 제2금융권을 통칭하여 제도금융권이라고 하며, 나머지 금융기관을 제3금융권이라고 부른다(최근에는 은행금융기관과 비은행금융기관으로 분류하기도 한다).

42) 신용정보회사(CB)에 따라 자체적인 신용평가모형 및 신용등급체계를 운영하고 있고 신용정보 수집 대상도 상이하므로 동일인에 대한 신용등급에 차이가 있을 수 있다.

43) 기획재정부 보도자료(2019. 12. 30.) "2020년부터 이렇게 달라집니다".

(2) 금융소외와 서민금융

이론적으로는, 이러한 서민의 대다수가 이른바 금융소외자에 포함된다는 관점에서 금융소외자 내지 해당 계층을 서민금융에서의 서민 내지 해당 계층과 동일시하거나 유사시하기도 한다.[44] 예컨대 현영진(2008)은 금융소외층을 소득 수준이 5분위 이하이면서 신용도가 하위 7~10등급에 속하는 집단으로 정의하여, 금융소외자와 서민을 동일시하고 있다. 하지만 학술적 의미의 금융소외자와 서민은 같은 범주일 수 없다. 즉 금융소외를 겪는 대부분이 서민이지만 그렇다고 서민이라고 해서 모두 금융소외자는 아니다. 예컨대 차주가 일반적인 정의에 따른 서민이라고 하더라도 담보 혹은 보증인이 존재한다면 금융권으로부터 일반적인 자금 차입이 가능하다. 이 경우 차주는 금융소외자의 정의에 부합하지 않으며, 따라서 금융소외자로 분류되기 어렵다. 향후 서민금융 특히 서민금융제도에 관한 논의에서는 제도의 사각지대를 없애고, 정책 목표 집단의 특성에 맞는 개선 방안의 도출을 위해 우선적으로 그 의의를 분명히 할 필요가 있다.

한편, 외국의 경우를 보면 일본은 '消費者金融(소비자금융)'이 우리의 서민금융에 근접한 의미로 사용되며,[45] 미국은 'consumer credit(소비자신용)'의 문제가 서민 관련 금융 문제의 주된 논점이 되고 있다.[46]

---

44) 금융소외(financial exclusion)는 '금융소비자들의 필요(needs)에 적절히 대응하고 자신이 속한 사회에서 정상적인 사회생활을 영위할 수 있도록 해주는 주류시장(mainstream market)의 금융 서비스와 금융상품에의 접근과 사용에 사람들이 애로를 겪는 과정'으로 일반적으로 정의된다(김태완·이태진·김문길·전지현, 2009, 19~30쪽). 서민금융의 개념 등에 관한 이론적 배경이 매우 취약함에 비해 금융소외 내지 금융소외자에 관해서는 학문적 접근이 어느 정도 이루어져왔다. 특히 금융발전론 내지 금융기구론적 관점에서 금융소외의 문제가 경제성장과 분배에 미치는 영향을 분석한 연구들이 많았다. 하지만 국내의 관련 연구는 별로 없다.

45) 일본의 경우는 1960년대 근로자를 대상으로 한 신용대출의 의미로 '무담보론', '직장인신용대출(勤人信用貸)', '단지금융(団地金融)' 등으로 불렸으나, 1970년대에는 직장인을 대상으로 한 경우가 많아 샐러리맨금융(サラリーマン金融, 줄여서 사라킹(サラ金)이라고 한 것이다), 마치킹(街金), 샐러리론(サラリーローン) 등으로 명칭이 바뀌었으며, 1980년대부터는 좀 더 포괄적인 의미로 소비자금융(서비스)으로 굳어지게 되었다

46) 이때 소비자신용이란 일반적으로 소비자를 대상으로 한 금융기관·회사들의 대출을 의미한다.

2) 서민금융 소비자보호 제도

(1) 서민금융기관 현황

우리나라의 서민에 대한 금융 서비스는 크게 다음과 같은 세 경로로 살펴볼 수 있다. 첫째, 통화금융기관으로 불리는 제1금융권인 은행에서 제공하는 서민금융, 둘째 제2금융권 가운데 주로 서민을 대상으로 금융 서비스 공급을 담당하는 기관인 서민금융기관[47]이 제공하는 서민금융, 마지막으로 제3금융권 혹은 비제도권 금융기관으로 분류되는 대부업체에서 제공하는 서민금융이 있다.[48]

이러한 서민금융기관들의 그동안의 변화 추이를 다음 <그림 8-2>와 같이 나타낼 수 있다.

(2) 서민금융 소비자보호 법제

사업자의 서민금융 이용자에 대한 부당한 행위 등을 규제하기 위한 법제로는, 「대부업법」, 「이자제한법」, 「유사수신행위규제법」, 「공정채권추심법」, 「신용정보이용보호법」, 「휴면예금관리재단법」 등이 있다.

대부업법

「대부업법」은 2002년 10월 28일에 제정되었으며, "대부업·대부중개업의 등록 및 감독에 필요한 사항을 정하고 대부업자와 여신금융기관의 불법적 채권추심행위 및 이자율 등을 규제함으로써 대부업의 건전한 발전을 도모하는 한편, 금융 이용자를 보호하고 국민의 경제생활 안정에 이바지함을 목적으로 한다"(제1조(목적))라고 규정, '서민금융기관 및 대부업자의 불법적 채권추심행위와 이자율의 규제'를 주된 목적으로 하고 있다.[49] 이 법의 주된 마련 배경은 '대부업 사

---

47) 서민금융기관은 제2금융권에 속한 금융기관 중 서민에 대한 금융 서비스를 제공하는 기관으로 크게 저축은행, 상호금융, 신용협동조합, 새마을금고로 분류할 수 있다. 여신전문금융회사(신용카드사, 캐피털회사, 할부금융사, 벤처금융사)의 경우 서민금융기관에 포함되는지 여부는 다소 논란이 있다.

48) 일부 대형 등록 대부업체 및 미등록 대부업체의 경우 제도권 기관에 비해 현저히 높은 대출금리를 부과하고 있으며, 채권추심과 관련하여 소비자 마찰이 빈번하게 발생하고 있다는 점에서 아직은 이들을 서민금융기관으로 보는 것이 타당치 못하다는 견해도 있다 (이건호, 2009).

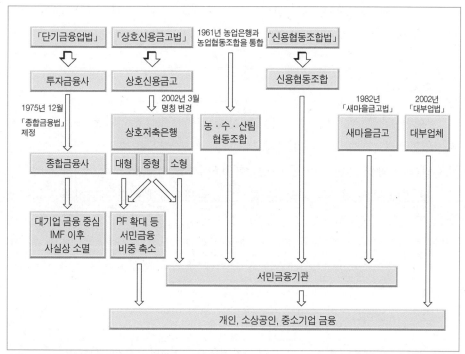

자료 : 이종인·김미성(2010), 재인용 및 보완

[그림 8-2] 국내 서민금융기관 변화 추이

채시장의 양성화'와 대부업자들의 고금리를 규제하기 위한 것이다.

이 법은 미등록 대부업자에 의한 불법적인 영업 형태를 근절하고 대부업 이용자에 대한 보호를 강화하는 방향으로 몇 차례 개정되었다. 현행 대부업은 연리 50% 범위 내에서 대통령령으로 정하도록 되어 있으며, 시행령에서는 연리 24%를 최고금리로 규정하고 있다.[50]

이 법은 또한 불법채권추심에 관한 규정을 보완해왔다. 예컨대 ① 폭행 또는 협박을 가하거나 위계 또는 위력을 사용하는 행위, ② 채무자 또는 그의 관계인에게 채무에 관한 허위 사실을 알리거나 공포심과 불안감을 유발하여 사생활 또는 업무의 평온을 심히 해치는 행위 등을 하지 못하도록 규정하고 있다.

---

49) 법의 정식 명칭은 '대부업 등의 등록 및 금융이용자보호에 관한 법률'이다. 당초 '대부업의 등록 및 금융이용보호에 관한 법률'에서 2009년 4월 22일 지금의 명칭으로 변경되었다.

50) 「대부업법」 시행 당시의 최고 금리는 66%였으나, 2007년 10월 시행령 개정을 통해 최고 이자율을 연 49%로, 2010년 7월부터는 44%로, 이듬해인 2011년 6월 27일부터는 39%로, 2016년 3월 3일부터는 연 27.9%로, 이후 2018년 2월 8일부터는 24%로 인하되었다.

다만 불법 채권추심 여부는 본인의 주관적인 판단이 아닌 객관적인 사실관계에 따라 사법당국에서 판단할 사항으로 하고 있다.

이자제한법

「이자제한법」은 고율의 이자를 제한함으로써 사회적 약자를 보호하기 위해 제정되었으며, 현재 채권자가 받을 수 있는 최고 이율은 연 24%이다. 이 법은 대부업을 제외한 일반 계약상의 금전대차의 경우 적용된다.[51]

이 법에 따른 이자의 최고한도를 보면, 금전대차에 관한 계약상의 최고이자율은 연 4할을 초과할 수 없으며, 이 범위 안에서 대통령령으로 정하도록 되어 있다. 즉, 이 법에 따른 최고한도(연 4할) 및 이 법의 현행 시행령에 따른 최고한도(연 24%)를 초과한 이자는 그 초과 부분에 한해서는 무조건 무효가 된다.

유사수신행위규제법

「유사수신행위규제법」은 '유사수신행위를 규제함으로써 선량한 거래자를 보호하고 건전한 금융질서를 확립'할 목적으로 2000년 1월 12일 법률 6105호로 제정되었다. 이 법은 전체 7개조 및 부칙으로 구성된 비교적 간단한 구조이다.

이 법에서 '유사수신행위'란 다른 법령에 따른 인가·허가를 받지 아니하거나 등록·신고 등을 하지 아니하고 불특정 다수인으로부터 자금을 조달하는 것을 업으로 하는 행위를 의미한다(법 제2조).

이 법이 제정됨으로써, 제도권 금융기관이 아니면서 고수익을 제시하여 불특정 다수로부터 투자 명목의 투자금을 수입하는 등의 유사수신행위가 엄격히 금지되어, 관련된 선의의 피해가 줄어들게 될 것이다. 사실 이 법이 제정되기 전에는 유사수신행위는 불법 유사금융기관을 의미하였다. 즉 법률에 의해 인·허가를 받은 금융기관이 아니면서도 '~파이낸스', '~컨설팅', '~투자금융', '~인베스트먼트' 등과 같이 제도권 금융기관과 유사한 명칭을 사용해 소비자를 오인토록 하는 경우가 적지 않았다.

---

51) 이 법의 제7조(적용 범위)를 보면, "다른 법률에 따라 인가·허가·등록을 마친 금융업 및 대부업과 「대부업 등의 등록 및 금융이용자 보호에 관한 법률」 제9조의 4에 따른 미등록 대부업자에 대하여는 이 법을 적용하지 아니한다(개정 2009. 1. 21.)"라고 규정되어 있다.

공정채권추심법

불법적 채권추심의 문제는 비단 사금융만의 문제는 아니지만, 특히 대부업체의 불법채권추심이 커다란 사회적 문제가 되어온 것이 사실이다. 앞서 「대부업법」에서도 살펴보았듯이, 불법적 채권추심의 문제는 「대부업법」의 개정을 통해서도 그 해결이 추진되어왔다..

하지만, 금융업 전반에 걸쳐 "채권추심자가 권리를 남용하거나 불법적인 방법으로 채권추심을 하는 것을 방지하여 공정한 채권추심 풍토를 조성하고 채권자의 정당한 권리 행사를 보장하면서 채무자의 인간다운 삶과 평온한 생활을 보호"할 필요성에 따라 2009년 2월 6일 「채권의 공정한 추심에 관한 법률」(이하 「공정채권추심법」이라 함)이 법률 9418호로 제정되었다. 이 법은 금융 약자인 서민들을 불법 빚 독촉에서 보호하기 위한 법률이라고 볼 수 있다.

신용정보이용보호법

「신용정보이용보호법」은 "신용정보업을 건전하게 육성하고 신용정보의 효율적 이용과 체계적 관리를 도모하며 신용정보의 오용·남용으로부터 사생활의 비밀 등을 적절히 보호"(법 제1조(목적))하기 위해 1995년 1월 제정되었다. 이 법은 기존의 신용정보 보호를 위해 제정되었던 단편적 법률, 금융기관 협약, 정부지침 등을 집대성하여, 국내 신용정보의 유통과 관리에 관한 체계를 관장하는 일반법이다.

이 법에서 '신용정보'란 금융거래 등 상거래에 있어서 거래 상대방의 신용도와 신용거래 능력 등을 판단할 때 필요한 정보(법 제2조 제1항)를 의미하며, '개인신용정보'란 신용정보 중 개인의 신용도와 신용거래 능력 등을 판단할 때 필요한 정보(법 제2조 제2항)를 의미한다. 형식상 동법은 법제정의 목적을 위해 신용정보업자의 대한 감독에 초점을 두고 있으며, 반면에 신용정보 제공자 내지 이용자 및 개인 신용정보 주체를 위한 사항은 중요하게 다루어지지 않고 있다.

3) 금융소비자 보호 방안

(1) 서민금융 서비스 이용상의 문제점

서민들의 가장 큰 애로는 제도권 금융 서비스에 대한 접근이 어렵다는 점이며, 그로 인해 상대적으로 접근이 용이한 사금융에 의존하게 되어 고금리로 인한 경제적 부담이 높아지게 되는 것이다. 또한 채무의 누적과 이에 따른 변제의 지연, 채무불이행의 악순환이 계속되는 것이다.

우선, 서민들은 제도 금융권에 접근하는 데 많은 애로를 겪는다. 이에 따라 사금융시장에서의 고금리 금융 서비스 의존 비율이 높아져 경제적 부담이 가중되었으며, 관련된 금융소비자 피해가 빈번해지고 있다. 실제로 서민들은 일반 은행뿐 아니라 저축은행 등 서민금융기관으로부터 대출 상담을 하면서 소득 증빙의 어려움과 낮은 신용등급의 문제 등으로 인해 곤란을 겪고 있는 실정이며, 대부업을 포함한 금융기관들을 이용하면서도, 까다로운 대출심사나 부족한 대출 가능 금액, 그리고 높은 대출금리 요구 등으로 대출에 어려움을 겪고 있다.

다음으로, 과다·다중채무와 채무불이행의 문제이다. 상술한 고금리의 문제는 과다채무와 다중채무 및 채무불이행의 증가로 이어지며, 관련된 금융회사들의 채권추심에 따른 여러 문제가 뒤따르게 된다.

또한 서민금융 서비스 이용에 있어서 소비자와 공급자의 대출약정에 대한 이해의 격차가 매우 크다는 점도 중요한 문제점 중의 하나이다. 즉 금융 서비스 공급자인 금융기관과 수요자인 대출자는 동일 시점과 장소에서 함께 계약을 체결하였음에도 대출금에 대한 적용 금리, 상환 조건, 기타 부대비용을 어떻게 처리할 것인가에 대한 이해가 서로 다른 경우가 많다. 이는 대부기관이 소비자에게 대출금의 적용 금리, 상환 조건, 기타 부대비용에 대한 정확한 고지 없이 대출해 주기 때문에 소비자 고충 및 피해가 다수 발생하는 단초가 되었다고 볼 수 있다.

(2) 금융소비자 보호 방안

이러한 소비자의 금융 서비스 이용상의 문제를 해소하기 위해서는 다양한 형태의 정책이 추진될 필요가 있다. 무엇보다 서민들의 사금융·사채 의존성을 줄이기 위한 제도 금융권에의 접근을 용이하게 할 필요가 있으며, 수입과 소득을 능가하는 빚을 안고 있는 과다·다중채무자의 채무 경감 대책이 필요하다.

사금융·고금리상품 의존도 완화

금리 문제는 「대부업법」에 따라 대부업자가 개인 등에게 대부하는 경우 2018년 2월 8일부터 연리 24%를 초과할 수 없다. 또한 등록대부업을 제외한 일반 금전대차의 경우 역시 「이자제한법」 시행령의 적용을 받아 24%를 초과할 수 없도록 되어 있다. 또한 이자율 산정 시 대부와 관련하여, 연체이자, 공제금, 수수료, 할인금, 사례금 등 대부업자 또는 미등록 대부업자(사채업자)가 받는 것은 모두 이자로 간주하게 된다.[52] 예컨대 만일 개인 간 금전거래 또는 미등록 대부업자의 연 24%를 초과하는 이자율은 위법행위에 해당하며, 형법상의 처벌도 가능하다.

서민들의 사금융 및 고금리 금융 서비스 의존도를 낮추기 위해서는 이들의 이자율 등에 대한 지식을 향상시켜, 스스로 피해를 예방할 수 있도록 해야 한다. 가장 효과적인 수단으로는, 금융사들로 하여금 법정 상한이자율, 실질적 이자율에 포함되는 항목들, 법정 상한이자율 초과 부분에 대한 이자 계약은 무효라는 점 등에 관한 정보를 금융소비자에게 의무적으로 제공토록 할 필요가 있다.

제도 금융권에의 접근성 제고

그동안 서민들의 제도 금융권 접근상의 애로에 대응한 여러 정책들이 추진되어왔다. 예컨대 금융위원회에서는 2015년 6월에 '서민금융종합대책'을 마련하여 서민의 금융소외 현상을 완화하고 고금리 부담의 경감을 추진했다. 또한 서민의 원활한 금융생활을 지원하기 위한 정책기관인 서민금융진흥원이 2016년에 설립되어 금융소비자를 지원하거나 보호하기 위한 업무들을 수행하고 있다. 최근에는 '신용회복 골든타임' 정책이라는 명칭 아래, 저소득 빈곤층의 빚을 최대 95%까지 탕감해주는 지원 프로그램도 도입하여 시행 중이다.[53]

---

52) 법 제8조 제2항에는 "제1항에 따른 이자율을 산정할 때 사례금, 할인금, 수수료, 공제금, 연체이자, 체당금(체당금) 등 그 명칭이 무엇이든 대부와 관련하여 대부업자가 받는 것은 모두 이자로 본다"라고 규정하고 있다.

53) 지원 대상은 기초수급자와 장애인연금 수령자, 70세 이상 고령자, 1,500만 원 이하의 빚을 10년 넘게 갚지 못한 장기소액채무자 등이다. 이 프로그램에 대한 비판 여론도 만만치 않다. 정부의 빚 탕감 조치로 도덕적 해이를 유발할 수 있고, 어려운 상황에서 정직하게 빚을 갚아온 서민들과 형평성이 맞지 않는다는 관점도 있다.

금융소비자의 다중채무 해소

최근의 조사에 따르면 은행 등 금융회사 3곳 이상에서 돈을 빌린 이른바 다중채무자가 5년새 20% 넘게 늘어 약 423만 명에 이르렀으며, 이들의 개인당 평균 채무가 1억 2천만 원이나 되었다. 어떤 형태로든 빚을 안고 있는 전체 채무자가 약 2천만 명이니 이들 5명 중 1명은 다중채무자인 것이다.

앞서 제2절에서 살펴본 개인신용회복 지원제도뿐 아니라 서민금융상품을 확대하고 가계부채 증가율을 조절하는 정책이 시행되어왔지만 금융소비자의 과다채무, 다중채무 문제에 대처하기에는 한계가 있다. 최근 정부에서는 가계빚 상환 능력이 감소해 연체가 우려되는 금융소비자의 부담을 줄여주기 위해 '연체위기자 신속지원제도' 및 '미상각채무 원금감면제도' 도입 등 채무조정 대책을 마련하여 시행하고 있지만 근본적 대책이 될 수는 없다는 비판도 적지 않다.[54]

---

54) 금융위원회는 2019년 4월에 상각 채무에 대한 최대 감면율을 60%에서 70%로 상향 조정했고, 7월에는 성실히 상환할 경우 잔여 채무를 면제해주는 '취약채무자 특별감면 프로그램'을 도입했다.

검토 과제

01 소비자가 소비행위와 관련하여 신용(credit)을 사용하는 이른바 '소비자신용'
의 장점과 단점을 설명해보라.

02 신용회복지원제도인 프리워크아웃(사전채무조정)과 개인워크아웃의 차이점
을 설명하라.

03 신용카드와 선불카드, 직불카드 및 체크카드의 차이점을 설명하라.

04 서민금융 소비자 보호를 위한 대표적 법률인 「대부업법」과 「이자제한법」에
서 규정하고 있는 최고금리(이자 상한)제도의 장점과 문제점을 피력하라.

주요 참고문헌

금융감독원(www.consumer.fss.or.kr) 금융소비자보호처, 금융생활안내서.

금융위원회(www.fsc.go.kr).

기획재정부 보도자료(2019. 12. 30.) 「2020년부터 이렇게 달라집니다」.

김태완 외 3인(2009), 『저소득층 금융지원 실태 및 정책 방안』, 한국보건사회연구원.

신용회복위원회(www.ccrs.or.kr).

이건호(2009), 「서민금융 현황 분석 및 지원 정책 개선 방안」, 여의도연구소.

이종인(2011), 「신용카드 가맹수수료 논쟁과 정책적 과제」, 이슈브리프 28, 여의
도연구원.

이종인(2012), 『세상을 바꿀 행복한 소비자』, 이담북스.

이종인·김미성(2010), 『서민금융서비스 소비자 문제와 제도개선 방안 연구』, 한
국소비자원.

이종인(2012), 「금융수요자 문제를 중심으로 살펴본 서민금융의 제도적 과제」, 제
도와 경제, 한국제도경제학회.

통계청 국가통계포털(www.kosis.kr).

한국소비자원(www.kca.go.kr).

한국은행(2018), 『2018년 경제주체별 현금 사용 형태 조사 결과』.

환경문제와 소비자

이 장에서는 인간의 경제활동, 즉 생산활동과 소비활동에 수반되는 다양한 환경오염행위에서 비롯되는 환경문제에 관해 시장경제에서의 소비자문제 및 소비자정책의 관점에서 공부한다.

우선 제1절에서 시장경제 속에서의 환경, 그리고 환경문제의 발생 원인을 살펴보고, 최근의 글로벌 환경문제에 관련된 쟁점들을 정리한다. 환경문제, 특히 환경오염사고의 경우에는 일반적인 사고와는 다른 몇 가지 특징이 있으며 그에 따른 소비자문제가 발생한다. 다수의 피해자, 인과관계 입증의 어려움, 피해의 누적성과 반복성 등의 문제들인데, 제2절에서는 이러한 환경오염에서의 여러 특징적 요소들에 따른 소비자문제를 경제적인 관점에서 살펴본다. 제3절에서는, 이른바 공해(public bads)로 표현되는 환경문제의 해결을 위한 정부 규제의 당위성과, 환경세의 부과와 오염배출권 거래와 같은 대표적인 규제 수단들을 살펴본다. 이어, 소유권 확립을 통한 환경문제의 해결과 지구환경 보호의 중요성과 녹색성장의 문제에 관해 학습한다.

1 환경과 환경문제

1) 환경 중시의 소비생활

환경과 소비생활

앞서 살펴보았듯이 인간은 자신의 필요를 충족시키기 위한 재화와 서비스를 소비하는 경제적 존재이며, 이러한 소비는 시장에서의 생산 활동이 있음으로써 가능해지게 된다. 다시 말해 생산과 소비는 인간의 경제활동을 영위하는 두 가지 기본적 토대가 되는 것이다. 그런데 생산은 노동과 자본 그리고 자연자원이라는 이른바 3대 생산요소의 투입을 통해 가능해지게 되는데, 여기서 자연자원은 다른 말로 자연환경을 의미한다.

자연환경은 몇 가지 측면에서 소비자의 경제생활에 영향을 미친다. 첫째, 소비활동에 필요한 자원과 에너지를 제공하는 동시에 경제활동을 일정 부분 제약한다. 예를 들자면, 소비생활에 필수적인 각종 천연자원이나 에너지를 환경으로부터 공급받기도 하지만 가뭄이나 홍수 등 경제활동에 미치는 자연환경의 영향을 우리는 뉴스를 통해 매일 전달받기도 한다. 둘째, 환경은 경제활동의 결과 발생된 잔여물(residuals)을 일정 한도 내에서 흡수하여 정화하는 역할을 수행하는데, 이 또한 소비자의 경제생활에 커다란 영향을 미친다. 셋째, 환경은 자연경관, 깨끗한 공기와 물 등을 통해 소비자들에게 직접적인 만족을 제공한다. 우리는 환경을 통해 심신의 정화, 경이로움과 기쁨 등 만족을 누리게 된다(김승우 외, 2005, 4쪽).

환경 중시의 소비

소비를 포함한 경제활동은 환경을 파괴하기도 한다. 대규모 개발사업으로 인한 자연경관이나 녹지 파괴, 댐 건설에 따른 수몰지역의 발생 등과 같은 직접적인 환경파괴와 더불어, 인간의 욕망에 따른 지나친 소비와 소비 과정에서 발생되는 잔여물은 환경의 훼손을 부채질하기도 한다.

인간은 생태계가 제공하는 기본적 요소를 활용해 생산과 소비생활을 영위해오고 있다. 생태계는 인간이 오염시키는 공기와 물, 자연자원을 정화하는 기능을 하지만, 무분별하거나 지나친 소비는 환경을 오염시키고 생태계를 파괴하는 주범이 되고 있다. 최근 들어 악화되고 있는 지구온난화와 미세먼지 문제도 환경을 경시하는 생산 및 소비활동이 그 주된 원인임이 확인되고 있다.

이에 따라 전 세계적으로 환경을 중시하는 소비자라는 의미를 가진 '에코슈머(eco+consumer)'가 부상하고 있다. 특정 소비 제품을 구매할 때 생산 및 유통과정에서의 친환경 요소를 강화한 제품을 선호하는 환경 중시의 소비자라는 의미이다. 국내의 유통업체들은 일회용 종이·플라스틱 커피 컵 대신 텀블러를, 플라스틱 포장 대신 에코백을 사용하자는 캠페인을 벌이고 있으며, 플라스틱 빨대와 비닐봉투를 친환경 종이 재질 제품으로 대체하거나 일회용 우산비닐을 줄이기 위해 친환경 빗물제거기를 도입하기도 한다.

에코슈머들은 일반 제품보다 높은 가격을 지불하고도 재활용 제품이나 친환경 상품 등을 강조하는 환경보호 브랜드 제품을 구매한다. 단순히 재활용 포장재를 사용했다고 해서 친환경 제품으로 인식하지 않으며, 제조 공정의 전 과정이 환경 친화적인 상품을 선호한다. 이러한 소비행태를 녹색소비라 한다.

녹색소비

지구온난화와 자연환경 파괴, 각종 환경오염과 같은 환경문제가 심각해지면서 사회와 환경에 미치는 영향을 고려하는 소비생활이 요구되고 있다. 국제환경단체의 하나인 지구생태발자국네트워크(GFN: Global Footprint Network)는 "지속가능한 생태환경을 위해서는 우리가 지구에서 살아가는 방식을 완전히 고쳐야만 가능하다"고 강조하고 있다.[55] 그 방안 중의 핵심이 녹색소비(green consumption)이다.

녹색소비는 환경문제를 지각하며 소비하는, 다시 말해 환경 친화적인 제품을 구매하고 이를 환경 친화적으로 사용하는 일을 말하며, '저탄소녹색소비', '지속가능한 소비', '생태의식적 소비', '환경친화적 소비' 등과 유사한 개념으로 인식되고 있다. 이러한 녹색소비 생활을 실천하자는 녹색소비운동은 1970년대부

---

55) 국제생태발자국네트워크는 하나의 지구에서 지속가능한 방식으로 살아갈 수 있는 기회와 방안을 모색하는 미국, 벨기에, 스위스 3국에 본부와 사무실을 둔 독립 싱크탱크이자 국제 환경단체이다. 웨크너겔(Mathis Wackernagel) 박사와 번즈(Susan Burns)가 2003년에 설립하였다.

터 시작되었으며 현재 세계 각국에서 수많은 소비자들이 녹색소비의 중요성을 인식하고 생활에 실천하고 있으며, 우리나라에서도 1980년대부터 확산되어 오늘날 윤리적 소비(ethical consumption)의 주된 실천 영역으로 인식되고 있다.

읽을거리 9.1 경제활동 줄이기가 환경위기 해결책 아니다

세계 경제는 새로운 위기 앞에 서 있다. 그런데 위기를 촉발할 수 있는 요인 중 하나는 과소평가돼 있다. 다름 아닌 환경 위기다. 환경문제는 이대로 내버려두면 국제 경제 대침체의 도화선이 될 수 있다. 그 과정을 설명하자면 다음과 같다.

첫째, 기후변화는 여러 나라에서 이미 직접적인 영향을 미치고 있다. 농업·산업 생산이 감소하고, 관광 수입이 줄고, 보험 비용이 증가한다. 둘째, 미래에 대한 비관론을 유발해 개인의 고립·갈등·불안과 소비·투자 감소를 일으킬 수 있다. 셋째, 친환경적 태도가 경제성장과 일자리 측면에서 매우 부정적인 결과를 낳을 수도 있다. 사람들은 자동차 구매를 억제하고, 세탁기·컴퓨터·휴대전화 심지어 의복 교체도 미루게 될 것이다. 비행기를 이용하는 해외여행도 줄일 것이다. 넓게 볼 때 에너지가 많이 드는 그 모든 것들을 덜 하게 될 것이다. 이런 식으로 가면 경제 침체는 급속도로 일어나고, 이로 인해 발생하는 실업 때문에 세계적인 경제 위기가 발생한다.

이 모든 문제에 한 가지 해결책이 있기는 하다. 환경 파괴는 경제성장이 아닌 생산으로 인한 것이며, 환경 파괴를 막으려면 소비와 생산을 줄일 일이 아니라 이제까지와는 '다른 것'을 소비하고 생산해야 한다는 것을 이해하는 것이 바로 그 해결책이다. 민간 지출 부문에서는 구매를 줄이는 대신 각자의 동네에서 이용 가능한 서비스, 개인 생활 지원 서비스, 취미·문화생활, 교육·의료 서비스를 이용하고, 거주 지역에서 생산되며 가공 절차를 거의 거치지 않은 천연 소재로 만들어진 의복을 구매한다. 공산품은 재활용이 쉬운 재료로 만들어져 있는 것을 구매한다. 더 많은 시간을 운동에 할애한다. 평생에 걸쳐 배움의 공간, 콘서트장, 연극 공연장, 스포츠 관람 장소 출입을 늘린다. 이렇게 되면 '살아 있는' 경제 활동이 다시 증가할 것이다.

특히 구매력을 초과하지 않는 선에서 전보다 더 많은 자원을 제대로 먹는 일에 할애해야 한다. 결국에는 영양 섭취가 인간과 자연 건강에 근본적인 영향을 미치는 요소이기 때문이다. 이를 위해서 되도록 거주지 근방에서 생산된 식재료를 이용하고, 시간을 들여 제대로 된 식사를 하기 위해 설탕과 군것질을 줄여야 한다. 이렇게 할 때 생활 수준이 향상되고, 양질의 식재료를 더 나은 방법으로 생산하기 위해 노력하는 농민들의 삶도 좋아진다. 이는 또한 도시인들의 귀농 증가에도 기여할 것이다. 환경과 사회 정의 측면에서 더할 나위 없이 좋은 일이 된다.

또한 기후변화를 억제하고 이에 대처하며, 보다 긍정적인 경제에 적합한, 설비 조성 목적의 대규모 공공·민간 투자도 필요하다. 새 시대에 부합하는 공장에 더해 주택·교실·병원, 공연 및 운동에 필요한 공간, 지역 시설을 확충하는 사업을 예로 들 수 있다. 현재의 저금리 상황을 충분히 활용하지 않으면서 이런 사업에 조속히 착수하지 않는 것만큼 이해하기 어려운 일도 없을 것이다.

그러므로 가계 및 공공 수입과 관련된, 지금보다 훨씬 많은 부분이 (어떤 정부가 집권하든) 사회·연구·교육·의료·이민자 통합·안전·사회간접자본 지출에 사용돼야 한다. 그리고 해당 분야 지원을 위해 모두에게 긍정적인 새로운 경제 지향의 생산과 소비를 유도하는 조세 제도가 요구된다. 마지막으로는 개인의 태도 변화만으로는 제때 실현하기가 어려울 이 같은 변화에 박차를 가하기 위해 광범위한 법률 정비와 제도 개편이 동반돼야 한다.

이러한 변화는 지체 없이, 최대한 조속한 시일 내에 이뤄져야 한다. 이 변화가 우리 모두에게, 그리고 변화에 필요한 작업에 제때 나설 수 있는 기업들에 더할 나위 없이 좋은 일이 되려면 말이다.

자료: 『중앙일보』 칼럼(자크 아탈리, 2019. 11. 1., 33면)

2) 환경문제 발생의 원인

(1) 환경문제의 원인

환경문제는 인간의 경제활동, 즉 생산활동과 소비활동에 수반되는 다양한 환경오염 행위에서 비롯된다. 산업폐기물 유출에 따른 수질오염, 자동차 배출가스에 기인한 대기오염, 원유 누출로 인한 해양오염, 그리고 체르노빌 원전사고와 후쿠시마 원전사고와 같은 복합적 환경오염 등이 그 대표적인 예이다.

이러한 환경문제는 산업화(industrialization)가 시작되면서 발생되기 시작되었다고 생각하는 경우가 많다. 하지만 환경에 관련된 문제는 인류 문명이 시작된 이래로 늘 있어왔다고 생각된다. 예컨대 기원전 1세기경의 로마제국에서도 수질이 폐수나 중금속으로 오염되어 마실 수 없게 되었다는 기록도 있다. 예나 지금이나 인간이 자연에 순응하지 않고 자연을 이용하는 순간 환경문제는 불가피했던 것이다. 그렇지만 수질오염이나 자연파괴 등 환경문제가 근대 산업화와 더불어 심각해진 것은 사실이다. 국가마다 산업화의 시기가 다르지만, 우리나라의 경우 1970~1990년대 산업화 기간 동안 환경오염문제가 극도로 심해졌다. 전세계의 공장이라고 불리는 중국의 경우, 급속한 산업화의 결과 자동차와 공장의 매연으로 인한 대기오염이 세계 최고 수준을 기록할 정도로 심각하게 되었다. 그 폐해가 <읽을거리 9.2>에서도 피력하듯이 고스란히 '중국발 미세먼지' 형태로 우리나라에 미치고 있다.

그렇다고 환경문제가 산업화에 따른 경제성장 수준에 비례하는 것은 아니다. 세계적으로 산업화와 무관한 가난한 나라일수록 환경파괴가 심각한 경우가 적지 않다. 예컨대 북한의 경우 세계 극빈국가이면서도 산림 파괴가 극심하며 대기 질과 수질이 매우 나쁘다. 북한의 환경파괴가 심한 이유는 석탄 위주의 에너지 공급정책, 정화시설도 없는 낙후한 공장시설, 그리고 무분별한 벌목 등으로 알려져 있다. 이와 같이 경제발전과 환경 간의 관계가 일률적이지는 않다.

<읽을거리 9.1>에서 볼 수 있듯이 물질이 넘치는 세상에서 새로운 상품과 소비는 우리의 삶을 윤택하게 해주면서도 한편으로 지나치고 무분별한 소비를 통해 환경을 파괴하는 주범이 되고 있는 것이다.

읽을거리 9.2 ⊕ 소비자 건강을 위협하는 미세먼지

대기 중의 공기 질이 악화된 미세먼지에 대한 국민의 불안이 커지고 있다. 특히 인체 위험성이 큰 고농도 초미세먼지의 나쁨 일수가 늘어나고 있어 건강 피해 우려가 높아지고 있다. 최근 3년간 서울의 미세먼지 (PM2.5) 농도는 정체 현상을 보이고 있지만, 나쁨 일수는 계속 증가하고 있는 것으로 보인다.

지난 해 봄 서울과 수도권의 초미세먼지가 월평균 45 $\mu g/m^3$에 달했는데, 이는 정부가 공식적으로 초미세먼지 농도를 집계한 2015년 이래 가장 높은 수치였다. 2020년에 들어와서도 '삼한사미(3일간은 춥고 4일간은 미세먼지)'라는 신조어가 생겨날 정도로 (초)미세먼

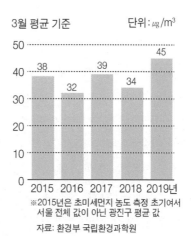

지로 인한 대기 질 오염이 일상이 되고 있다. 미세먼지에 관련된 최근의 여론조사에서 응답자의 94.0%가 우리나라 미세먼지 문제가 '심각하다'고 응답하였고, 그중 '매우 심각'하다는 응답 비율도 70.8%에 달해 우리나라 공기 질에 대한 국민의 우려가 매우 심각한 것으로 나타났

다.[56]

미세먼지의 원인에 관해서는 의견이 분분하지만, 흙먼지와 중국 북부지방의 황사와 중국 공업지역의 중금속이 북서풍을 타고 한반도로 들어오는 것이 가장 큰 요인이라는 데는 이견이 없다. 국립환경과학원에서는 고농도 초미세먼지(PM2.5)의 국외 영향이 전국 기준 69~82%, 평균 75%였다고 밝히기도 했다. 여기서 '국외'란 중국·몽골·북한·일본 등인데, 국립환경과학원이 이 중 한 나라를 특정하지는 않았지만 겨울철 바람 방향과 각국 대기오염물질 배출량 등을 고려하면 중국의 영향이 절대적인 것으로 분석되고 있다. 하지만 미세먼지와 초미세먼지의 절반 정도는 국내 영향이라는 한 정부기관의 발표도 있었으며, 심지어 미세먼지의 경우 특히 서해안 발전소 등 국내의 영향이 절대적이라는 주장도 있었다.

이와 같이 미세먼지의 발생 원인에 관한 의견은 분분하지만, 미세먼지가 소비자의 건강을 위협하고 있다는 데는 이견이 없다. 미세먼지의 영향은 외출 시 목이 칼칼하여 기관지에 나쁘다는 점으로 끝나지 않는다. 세계보건기구(WHO) 산하 국제암연구소(IARC)에서는 미세먼지 중 일부를 1급 발암물질로 지정할 정도이며, 인체의 장기를 손상시켜 사망 위험을 높인다는 연구 결과도 있다.

자료: 저자(이종인) 작성

(2) 환경문제와 시장실패

이러한 환경문제는 사회과학, 특히 경제학적 시각에서는 환경을 오염시킬 수 있는 재화, 이른바 '환경재'의 생산 과정에서 야기되는 외부효과(externalities)에 기인하며 시장실패의 하나로 인식된다. 환경재가 갖는 특성상 시장이 제 기능을 제대로 발휘하지 못함으로써 환경오염이나 자원의 고갈 또는 자연생태계의 파괴 등 환경문제가 발생된다고 보는 것이다.

환경오염에 따른 외부효과를 해결하는[57] 수단으로서는, 「환경정책기본법」이나 「대기오염방지법」 등 개별 환경 입법에 의한 직접규제 방식, 환경오염 내지 공해를 「민법」상의 불법행위로 간주하여 손해배상청구권(「민법」 제750조) 행사를 통해 강제하는 방식, 소유자나 점유자의 물권에 기초한 소유권 반환 및 생활방해청구권(「민법」 제213조~214조, 제217조), 하자담보책임(「민법」 제580조) 등에 기초한 손해배상 청구나 유지청구의 법적 수단에 의해 강제하는 방식, 그리고

---

56) 여의도연구원 보도자료(2019. 3. 14.), <www.ydi.or.kr>.
57) 이를 경제학에서는 외부효과의 내부화(internalization)라고 표현한다.

일정한 자유형이나 벌금의 부과와 같은 형사법적 제재 방식이 있다(이종인, 2009).

환경문제, 특히 환경오염 피해의 구제는, 관련법에 의해 손해배상청구가 인정되는 경우 이외에는 대체로 「민법」 제750조에 근거한 불법행위책임에 의한 구제 수단에 의존하고 있는 실정이다. 그 주된 이유는 「환경정책기본법」이나 「대기환경보전법」, 「수질환경보전법」 등의 개별 환경법에 환경오염 피해의 구제를 위한 체계적인 법적 장치가 충분히 마련되어 있지 않을 뿐 아니라, 이러한 입법에서 산성비나 오존층 파괴 및 지구온난화(global warming) 등과 같은 새로운 유형의 환경오염 문제에 관한 구체적인 사항을 모두 반영할 수 없기 때문일 것이다.

우리나라는 환경오염사고에 대한 배상 책임 여부의 법적 판단에 있어서 기본적으로는 과실책임(negligence)의 법원칙을 견지하고 있지만, 환경오염 피해의 효과적인 구제가 어렵게 된 것을 계기로 관련법과 판결에서 일정 부분 무과실책임(strict liability)으로의 이행이 이루어지고 있는 실정이다. 그런데 이러한 책임 법리의 전환이 경제적 효율성의 관점에서는 어떻게 정당화될 수 있는지 살펴볼 필요가 있다. 또한 일반적 사고형 불법행위와는 다른 환경오염사고의 여러 특성에 따른 문제의 해소를 위한 불법행위책임의 구제 수단들을 경제적 관점에서 재조명해보는 것도 매우 의미 있는 일이다.

3) 범지구적 환경문제

오늘날의 환경문제는 국경을 넘어 광범위한 지역에 걸쳐 발생하거나 영향을 미치는 것이 보통이다. 대표적인 사례가 지난 2011년 3월에 발생했던 후쿠시마현(福島県)의 원자력발전소의 방사능 누출사고이다. 당시 일본 동북부 지방을 관통한 대규모 지진과 쓰나미로 인해 원전의 전원이 끊어지면서 원자로를 식혀주는 노심냉각장치가 작동을 멈춰 수소폭발이 발생했다. 이어 고장 난 냉각장치를 대신해 바닷물을 뿌렸는데, 방사성물질이 인근 바닷물을 오염시키는 사고가 발생했다. 그 여파로 인근 지역과 어산물이 방사성물질에 오염되어 한국과 중국 등 이웃나라의 소비생활에도 적지 않은 영향을 미쳤다.

화석연료의 사용 증가에 따른 탄산가스의 증가, 산업화·도시화에 따른 분진량 증가 등 대기 중 인공오염물질의 비정상적 증가로 재흡수되는 태양열이 증가하여 지구의 온도가 점차 상승하는 지구온난화 현상이 심화되고 있다. 지구온난화 현상은 예기치 못한 기상이변을 초래하며 이에 따른 환경 변화는 혹서, 강우량 증가, 사막화, 국지적 강수량 분포의 변화, 지역 식생의 변화, 해수 온도와 해수면의 상승, 잦은 지진 발생 등 광범위하다. 이러한 지구온난화의 여파는 자연생태계의 변화뿐 아니라 사업활동과 소비생활 전반 등에 광범위하게 영향을 미치며 막대한 경제적 손실을 초래하게 된다.

태양열을 흡수하여 자외선으로부터 지구의 생명체를 보호하는 중요한 역할을 하는 오존층은 메탄, 일산화탄소, 탄화수소 등의 발생으로 파괴되고 있다. 현재 남극 상공의 오존층에 생긴 구멍의 최대 크기는 미국 대륙 면적의 3배 정도인 2,830만km^2에 달하는 것으로 측정되고 있다. 북극에서도 매년 약 1.5~2%씩 감소하는 것으로 관측된다. 각종 식물을 사용한 실험 연구에서 1%의 오존량 감소는 1%의 농산물 수확 감소를 야기하는 것으로 알려져 있다. 또한 자외선은 새우와 게의 유충에 치명적인 영향을 미치며 해양 플랑크톤을 감소시켜 결국 수산물의 어획에도 악영향을 미친다.

지구온난화, 오존층 파괴와 함께 현재 세계 3대 환경문제로 일컬어지는 내분비계 장애물질(EDD: Environmental Endocrine Disruptors), 즉 환경호르몬은 내분비계의 정상 기능을 방해하는 물질로 생태계 및 인간의 생식능력 저하, 기형, 성장장애, 암 유발 등과 관련하여 모든 생물종에 위협이 될 수 있다. 1990년대에 들어와 본격적으로 환경호르몬의 위해성을 지적하기 시작한 세계자연기금(WWF: World Wide Fund for Nature)은 현재 농약류 43종과 합성화합물류 24종 등 모두 67종의 물질을 내분비계 장애물질로 선정하고 있으며, 일본 후생성은 산업용 화학물질, 의약품, 식품첨가물 등 142종을 같은 물질로 분류하고 있다.

1980년 5월 18일에 시작된 미국의 세인트헬렌즈 화산 활동은 약 40만 톤의 아황산가스를 분출시켜 인근 지역에 강한 산성비를 내렸다. 산성비(acid precipitation 또는 acid rain)에 의한 수자원 피해는 주로 북유럽과 미국, 캐나다에서 많이 보고되고 있다. 캐나다에게 산성비가 관측되기 시작한 것은 고작 10년 정도지만 현재 물고기가 살지 않는 호수가 전체의 4%에 이른다고 하며, 미국도 뉴잉글랜드 지방의 담수호 중 약 10%가 피해를 입고 있다. 산성비는 토양 중의 대표적인 영양염류인 칼륨, 마그네슘, 칼슘을 유출시켜 비옥도를 낮추고 알루미

늄 등의 유해금속을 용출해 식물의 뿌리를 손상시킨다. 또한 토양 미생물의 활력을 저하시켜 유기물 분해를 지연시키고 물질 순환을 방해한다.

최근 무분별한 개발과 환경오염으로 이러한 생물 다양성이 급속히 붕괴되고 있으며, 열대림에서는 매년 생물종의 0.5%가 멸종되고 있다고 한다. 즉 서식지 파괴, 환경오염 등으로 지구상의 생물종이 점차 감소하는 생물 다양성 감소현상이 나타나고 있는 것이다. 생물 다양성 감소의 가장 큰 원인은 최근 난개발과 환경오염의 심화 등 인간 활동의 증가이다. 인간이 다른 종을 멸종시킨 가장 유명한 사례는 뉴펀드랜드 해안의 펑크섬에서 서식했고 깃털이 베개와 매트리스의 속으로 사용된 큰바다쇠오리(great auk)의 예이다. 1884년 6월 3일 아이슬란드 남쪽 해안에서 지구상에 마지막 남은 한 쌍의 큰바다쇠오리가 포획됨으로써 이 종은 멸종되었다. 세계 인구는 계속 늘어나고 있는 반면, 인간을 제외한 영장류의 수는 급속히 줄고 있다.

이러한 환경문제에 대한 대처는 한 국가만으로는 한계가 있으며 그 효과도 충분하지 않다. 환경문제를 해결하기 위해서는 선진국과 개발도상국의 환경보전을 위한 책임과 부담에 대한 갈등을 고려해야 한다. 따라서 국경을 넘는 글로벌 협력이 필수적이며, 소비자 개개인의 전반적인 소비생활 양식의 변화가 절실하다.

환경오염에 대한 경제 분석은 자동차와 같은 제조물에 관련된 사고나 의료사고 등 일반적인 불법행위 사고에 관한 경제적 분석 형태와 유사하게 접근할 수 있다. 하지만 환경오염사고의 경우 일반적인 불법행위 사고와는 다른 몇 가지 특징적인 문제들－예컨대 다수의 피해자, 인과관계 입증의 어려움, 피해의 누적성과 반복성 등의 문제들－을 내포하고 있다. 본 절에서는 이러한 환경오염에서의 여러 특징적 요소들에 따른 소비자문제를 경제적인 관점에서 접근해본다.

2 환경문제의 특성과 소비자문제

1) 다수 피해자 문제와 집단소송, 보상불능

(1) 다수의 피해자와 가해자

우리가 뉴스를 통해 접하는 지구상에서 발생하는 환경오염사고는 인류의 재앙으로 불릴 만큼 다수의 피해자가 결부된 대규모인 경우가 많다. 1980년대 인도

에서 발생하여 수만 명의 사상자를 발생시킨 MIC 화학물질 누출 사건이나 1986
년 구(舊)소련에서 발생하여 수백 명의 사상자와 수십억 달러의 경제적 손해를
야기한 체르노빌 원전의 방사능 누출 사건, 2007년 말의 서해안 원유누출사고가
대표적인 대규모 환경오염사고이다. 이러한 초대형 사고 이외에도 산업화 과정에
서 다양한 환경오염사고가 지속적으로 발생하고 있고 그에 따른 피해가 크게 증
가하고 있으며, 그에 따른 피해의 규모와 피해자 수가 크게 늘고 있다.

이러한 다수의 피해자가 발생하는 사고에서 경제적 보상의 문제 중 하나는
비록 다수 피해자로 인한 총합적 손해액은 대규모이지만, 개별 피해자의 피해
규모는 상대적으로 미미하여 개별적으로 가해자에게 손해배상요구소송을 제기
하기가 쉽지 않다는 점이다.

예컨대 n명의 피해자가 각각 D 원의 개인적 손해를 입었다고 하자. 그러면
소송을 통해 요구할 수 있는 총 보상액은 nD가 된다. 이때 각 피해자가 손해배상청구
소송을 제기할 경우 소요되는 비용이 각각 c 원이라고 하자. 그런데 만일 $D < c$
인 경우에는, 비록 사회적인 관점에서는 $nD > c$이어서 소송을 통해 보상을 받는
것이 바람직함에도 각 피해자들은 개별적으로 소송을 제기할 유인이 없게 된다.

(2) 집단적 분쟁 해소

이러한 다수 피해자 문제에 대한 해결 방안 중의 하나는 각 개별 소송을 묶어
함께 소송을 제기하는 이른바 집단소송(class-action suit)을 제기하는 것이다. 집단
소송이란 공통의 이해관계를 가진 집단의 1인 내지 수인이 그 전체를 위해 제거하
거나 피소될 수 있는 소송 형태로 판결 결과는 대표 당사자뿐만 아니라 집단 구성
원 전체를 기속(羈束)한다.[58] 이러한 집단소송은 개별 피해자들의 법적 구제를 가
능케 해줄 뿐 아니라 중복 소송이 감소되어 제반 행정비용을 줄일 수 있게 된다.

또한 「소비자 기본법」 개정을 통해 지난 2007년에 시행된 집단분쟁조정제

---

58) 우리나라는 원칙적으로 당사자주의(當事者主義)를 취하고 있기 때문에 아직 이러한 집단
소송이 일반적으로 인정되고 있지 않다. 다만, 환경분쟁이나 증권분쟁에 대한 집단소송제
도가 이미 도입되어 있으며, 최근에는 소비자 분쟁 전반에 대한 집단소송제도의 도입이
추진되고 있는 실정이다. 한편, 집단소송과 같은 맥락에서 '단체소송'이 있다. 단체소송이
란 일정한 자격을 가진 단체가 일정한 분쟁에 있어서 피해 내지 불이익을 입은 다수의
피해자를 대신하여 소송을 제기함을 인정하는 소송 형태를 말한다. 이 책의 제12장 제4절
에서 단체소송제도를 포함한 소비자 분쟁 해결 제도에 관해 살펴보고 있다.

도와 이듬해인 2008년에 시행된 소비자단체소송제도 역시 다수 피해자 문제를 해결하는 방편이 될 수 있다.[59)]

(3) 소비자 보상 불능 가능성

다수의 피해자에 관한 또 다른 경제적 문제는 가해자의 파산에 따른 보상 불능의 여건이 될 가능성이 높다는 점이다. 예컨대 가해자의 총자산이 A원이며, 이는 전체 피해자의 총 피해액보다 적다고 하자. 즉 $A < nD$이다. 이 경우 피해자들은 소송을 통해서도 적절한 보상을 받을 수 없을 뿐 아니라, 책임 법리의 유형에 따라서는 가해자의 주의 유인을 감소시키는 효과를 초래할 수도 있다. 예컨대 만일 무과실책임의 법리 아래에서라면 가해자는 자신의 기대배상 책임액이 총 손해액보다 적다고 판단하므로 사회적으로 효율적인 수준의 주의 노력을 기울이지 않게 된다. 극단적인 예를 들자면, $nD > A$인 경우 가해자는 nD원이 아니라 A원만 배상하면 될 것으로 기대하게 된다. 따라서 총 손해액(nD원) 보상을 조건으로 도출되는 효율적 수준의 주의 수준을 보이지 않는 것이다. 반면에 만일 책임 법리가 과실책임 법리인 경우에 가해자는 주의 노력을 함으로써 자신의 책임을 모두 회피할 수 있기 때문에 적어도 법적 주의 수준 이상의 주의를 기울일 유인을 갖게 된다.

일반적 불법행위책임의 역사와 마찬가지로 환경오염사고에 적용되는 책임 법리의 경우도 과실책임에서 무과실책임으로 전환되고 있는 추세이다. 즉 오염 야기자에게 좀 더 엄격한 배상 책임을 지우고 있는 것이다. 이러한 무과실책임 법리로의 전환은 위에서 설명했듯이 오염 야기자들로 하여금 배상 책임 대신 파산을 '선택'하는 이른바 경영상의 도덕적 해이를 불러올 가능성이 있다. 역사적으로도 대형 환경오염사고의 가해자들 중에는 피해자에 대한 보상보다는 파산을 택하는 경우가 종종 있어왔다.

2) 인과관계 증명의 어려움과 공동 책임

(1) 인과관계의 입증

환경오염사고에 관련된 두 번째의 특성으로는 가해자의 고의 또는 과실에

---

59) 이 책의 제12장 제4절의 내용을 참조할 수 있다.

따른 가해 행위와 손해 발생 사이의 인과관계를 확인하는 데 어려움이 있다는 점이다. 특히 오염사고에 관련된 다수의 암묵적 가해자가 존재하여, 실제 오염사고 야기자의 확인이 곤란할 경우에는 인과관계의 입증이 더욱 어렵게 된다. 예를 들어 살펴보자. 어떤 지역의 토지에서 침출된 오염수가 주변의 지하수에 유입되어 인근 마을의 식수원을 오염시키게 되었다고 하자. 이때 침출수의 원인은 수년 동안 인근에서 조업하고 있는 다수의 중소규모 공장에서 폐기한 유해물질들이 토지에 스며들었기 때문으로 밝혀졌다.

(2) 공동불법행위 책임

이러한 다수 가해자의 문제는 「민법」 제760조에 규정된 공동불법행위(joint tort)의 문제가 된다.

현실에서 환경오염에 관련된 공동불법행위의 피해자는 가해자 1인 내지 모두를 상대로 소송을 제기할 수 있다. 영미법 체계에서 피해자가 모든 가해자를 상대로 소송할 경우에는 가해자의 배상액 비율을 피해자가 선택할 수 있는 반면에 우리나라의 경우에는 복수 가해자의 연대책임(공동불법행위책임)을 물을 수 있다. 이러한 원칙 아래서 각 가해자는 자신이 100% 배상할 것으로(다른 가해자의 비율을 0%로) 기대하지 않을 것이므로 스스로 과소한 주의 노력을 기울이게 되는 것이다.

이와는 달리 과실책임의 법리 아래에서는 만일 법적주의수준(legal care level)이 효율적 주의 수준과 같을 경우 두 가해자 모두 사회적으로 효율적인 수준의 주의 노력을 기울일 것이다. 왜냐하면 법적주의수준을 준수함으로써 배상책임을 면할 수 있기 때문이다.[60]

우리나라의 경우 환경오염사고의 복수 가해자에게 「민법」상의 공동불법행위책임(「민법」 제760조)을 지우기 위해서는 공동불법행위자 각자의 행위가 독립하여 불법행위의 요건을 갖추어야 하며 공동으로 위법하게 피해자에게 손해를 가해야 한다. 하지만 환경오염피해의 경우에는 다음 항에서 살펴볼 환경오염의 장기적 잠복성의 특성 때문에 이러한 불법행위 요건이 충족되는지 규명하기가

---

60) 과실책임의 법리 아래 법적주의기준을 준수하기 위한 주의비용이 배상책임을 면하는 이익보다 적게 됨은 쿠터·율렌, 『법경제학』, 이종인 옮김(비봉출판사, 2000), 320쪽을 참고할 수 있다.

쉬운 일이 아니다. 이러한 점 때문에 환경오염 피해의 경우에 공동불법행위에 대한 특수한 법리가 요구된다. 즉, 「환경정책기본법」(제31조 제2항)에는 "사업장 등이 2개 이상 있는 경우에 피해자의 피해가 어느 사업장 등에 의해 발생한 것인지를 알 수 없을 때에는 각 사업자는 연대해 배상해야 한다"라는 연대책임의 법원칙을 규정하고 있다. 실제로 법원에서도 이와 같은 취지에서 공동불법행위 책임 법리를 적용해오고 있다.[61] 예컨대 간사이전력(関西電力)을 포함한 10여 개 회사가 대기오염을 발생시킨 일본의 니시요도가와 공해(西淀川公害) 소송이 대표적인 경우이다.[62]

3) 피해의 잠재성과 장기성 및 시효

(1) 피해의 잠재성과 장기간 계속성

환경오염으로 인한 피해의 또 다른 특성은 피해의 누적성과 반복성, 그리고 격지성(隔地性)을 들 수 있다. 환경피해의 경우 흔히 유해물질에 노출된 시점과 그로 인한 신체상의 위해가 발생하기까지 일정한 기간이 소요될 뿐 아니라, 실제 피해의 발생이 반복적으로 이루어지며, 거리상으로도 오염의 발생지와 피해 발생지가 멀리 떨어진 경우가 많다.

이러한 특성에 결부된 환경오염피해의 경우 해당 위해로 인한 손해의 원인을 밝히기가 쉽지 않으며, 실제 소송에 있어서도 그 인과관계의 입증이 어렵다. 따라서 이러한 환경오염의 특성은 잠재적 가해자들이 적절한 주의 노력을 기울이지 않도록 하는 유인으로 작용하게 된다.

(2) 소멸 시효

이때 잠재적 가해자들로 하여금 오염 행위를 효율적 수준으로 유인하기 위해서는 소멸 시효를 장기간으로 하는 무과실책임 법원칙이나 과실책임 법리를 적용할 수 있어야 할 것이다. 불법행위를 규율하고 있는 우리 「민법」은 소멸 시효를 최장 10년으로 정하고 있어 이러한 환경오염피해의 누적성과 반복성의 특

---

61) EU의 '환경책임지령안'의 내용을 보면, 유럽에 있어서의 환경책임의 동향은 이러한 예기치 못한 환경오염에 대한 대응책의 일환으로 손해에 대한 연대책임 조항을 두고 있다.

62) 일본의 오사카(大阪)지방법원의 1991. 3. 9. 판결(平成 3年 3月 9日 判時 1384号 22頁 判決).

성을 충분히 반영하지 못하고 있다.[63] 그 대표적인 예가 〈읽을거리 9.3〉에서 소개하는 고엽제 사용에 따른 환경오염 피해이다. 즉 고엽제로 인한 피해자가 고엽제 노출과 현재의 질병 내지 후유증 사이의 인과관계의 입증 문제를 차치하고서라도, 베트남전쟁이 끝난 지 36년이 경과한 지금에도 배상청구소송에 의한 구제가 매우 어려운 실정이다. 반면 일본은 최장 20년의 소멸 시효를 인정하고 있다.[64]

이 문제는, 입법론적 관점에서 피해의 잠재적·진행적 특성을 감안한 시효를 명시적으로 규정하든지, 실제 판결에서 그러한 사실을 반영해 시효의 기산점을 정할 필요가 있다. 전자의 예를 들면, 「제조물책임법」에서는 '신체에 누적되어 사람의 건강을 해하는 물질에 의하여 발생한 손해 또는 일정한 잠복기간이 경과한 후에 증상이 나타나는 손해에 대하여는 그 손해가 발생한 날부터 기산'(법 제7조 제2항 내지 일본 「제조물책임법」 제5조 제2항)하는 것으로 규정함으로써, 피해의 잠재성이나 진행성을 인정해 시효 기산점을 정할 수 있도록 하고 있다. 후자의 예로는 일본의 구마모토 미나마타병(熊本水俣病) 소송을 들 수 있다. 즉, 피고의 원인 규명에 장기간이 소요되었으며, 최초 피해 발생 이후 20년이 지나 소송이 제기됨으로써 소멸 시효가 문제가 된 사건으로서, 판결문에서는, 일본 「민법」 제724조의 '손해 인지 시점'의 기산점을 '위법한 가해 행위를 안 때' 혹은 '해당 가해 행위와 손해 발생 사실과의 상당 인과관계가 있는 것을 인지한 때'라는 취지로 이해할 수 있어야 한다고 판시했다.[65]

읽을거리 9.3 고엽제와 환경오염 문제

다수 피해자, 인과관계 입증의 어려움, 장기적 잠복기간 등 본문에서 살펴본 환경오염사고의 여러 특징들이 잘 나타나는 대표적인 경우로 베트남전에서 사용된 고엽제 사례가 있다. 1960년대 베트남전에서 미군은 밀림을 없애 게릴라전을 막고자 2·4·5-T계 고엽제를 사용했다. 고엽제의 원 이름이 에이전트 오렌지(Agent Orange)였으며 미군은 이 작전을 오렌지 작전이

---

63) 「민법」 제766조 제1항 및 제2항을 보면, "불법행위로 인한 손해배상의 청구권은 피해자나 그 법적 대리인이 그 손해 및 가해자를 안 날로부터 3년간, 불법행위를 한 날로부터 10년간 이를 행사하지 아니하면 시효가 소멸한다"고 규정되어 있다.

64) 일본(「민법」 제724조)의 경우는 "손해를 안 날로부터 3년간, 불법행위를 한 날로부터 20년 이내"로 규정하여 우리나라와 차이를 보이고 있다.

65) 구마모토(熊本)지방법원 판결(1973. 3. 20., 판시(判時) 제696호 15면).

라 불렀다. 베트남전이 계속되던 1962년부터 1971년까지 미군은 7,900만 리터 이상의 고엽제를 비행기로 베트남 전역에 살포했으며, 이에 피해를 본 베트남인만 400만 명에 이르는 것으로 추정된다. 이러한 고엽제 살포로 밀림은 제거했으나 인간에게는 재앙으로 돌아온 것이다. 사실 농가에서 사용되고 있는 2·4·5-T계 고엽제에는 유해물질인 다이옥신이 포함되어 있지 않지만, 당시 베트남전에서 사용된 에이전트 오렌지에는 다량의 다이옥신이 포함되어 있었다.

이 고엽제로 인해 전후((戰後) 베트남에서는 태아의 절반이 사산되고 기형아 발생률이 전쟁 전에 비하여 10배에 달했다. 또한 참전 군인들의 피해가 40년이 지난 현재까지 계속되고 있다. 예컨대 참전국의 하나인 우리나라의 경우 고엽제 피해자는 후유증 환자 2만 4,056명, 후유의증 환자 7만 4,909명으로 집계되었다. 이들은 대부분 치유 불가능한 신체적 피해와 정신질환 증세를 보이고 있으며, 일부는 2세에게까지 그 피해가 유전된 사실이 확인되고 있다.

그동안 베트남 고엽제 피해자들이 미국의 화학회사들을 상대로 베트남전 당시 발암, 유산, 기형아 출산 등을 유발하는 고엽제를 사용해 피해를 준 데 대해 손해배상소송을 미국 지방법원에 제기했으나 기각된 바 있다. 당시 담당 법원인 뉴욕주 지방법원의 잭 와인스타인 판사는 "어떤 나라, 어떤 주의 국내법뿐 아니라 어떤 형태의 국제법에도 원고들의 그런 주장을 뒷받침할 만한 근거가 없다"며 피해 배상 소송을 기각했다.

자료: 이종인, 「환경오염사고에 대한 경제학적 고찰: 한국과 일본의 불법행위 책임 법리를 중심으로」, 『법경제학연구』, 제6권 제1호(2009), 96쪽.

---

③ 환경문제의 경제적 해결

1) 환경 규제의 당위성

(1) 환경문제의 해결이 어려운 이유

지금까지 여러 환경문제의 특성에 관련된 해법들을 검토해보았다. 환경오염이나 파괴가 인간과 지구의 미래에 심각한 위협이 될 수 있다는 사실을 모르는 사람은 거의 없을 것이다. 그럼에도 불구하고 현실에서는 대기 중 미세먼지와 같은 일상생활에 밀접한 환경오염의 문제가 쉽게 해결될 기미가 보이지 않는다. 환경문제의 해결이 어려운 데는, 앞서 살펴본 여러 특성과 더불어 몇 가지 배경이 있다.

첫째, 공해(pollution)와 같은 환경오염이 외부효과의 대표적 예로 소개되는 것처럼 환경문제는 시장기구에서 자체적으로 해결되기 어렵다는 점이다. 낙동강변의 섬유공장에서 방출되는 폐수는 강물과 상수원을 오염시켜 소비자들에게 손해를 끼치지만, 별도의 조치(규제)가 없는 한 수질오염 문제는 더욱 심각해질 것이다.

둘째, 환경문제는 앞에서 설명한 것처럼 장기적 지속성의 특성을 갖기도 하지만 그 수준이 갑자기 심각하게 변하는 속성이 있다. 폭우와 폭설, 가뭄과 홍수 등 세계적인 이상기후 현상도 갑자기 찾아온 자연재해로 보이지만 사실 그 배경에는 눈에 보이지 않은 인간의 환경파괴가 누적된 결과이다. 단지 인과관계의 증명이 어려울 뿐이다.

셋째, 환경오염에 관련된 사건사고의 경우를 보면 수많은 이해당사자들이 연관되어 있으며, 이들 간의 복잡한 이해가 얽혀 있기 때문에 합리적인 해법의 도출이 매우 어렵다는 점이다. 자원개발업자와 환경단체와의 이해상충뿐 아니라, 그린벨트 정책에 따른 주민들 간의 갈등만 보더라도 환경문제의 해결이 얼마나 어려운지 쉽게 짐작된다.

(2) 규제의 당위성과 규제 형태

앞서 설명했듯이 환경, 특히 환경오염의 문제는 이른바 환경재의 생산 과정에서 공적외부효과(public externality)가 야기되는 전형적인 시장의 실패이며,[66] 그러한 관점에서 환경문제의 해결을 위한 규제당국의 개입에 당위성이 인정된다.

환경문제 해결을 위한 정부의 개입의 방식에는 크게 직접적 규제(command and control)와, 시장 유인을 이용한 규제(market-based approach) 등 두 가지 범주가 있다.

그중 일반적인 환경 규제 형태는 법률에 의한 규제이다. 우리나라 「환경정책기본법」에서 정의한 '환경오염'(법 제3조 제4항)에 대한 법적 규제, 즉 「대기환

---

66) 환경오염 사고에 의한 피해는 일반적으로 공적 외부효과(public externality) 또는 공공부재(public bads)의 성격을 띤다. 즉 비경합성 및 비배제성과 같은 공공재의 특성을 갖고 있음을 의미한다. 공장에서 배출되는 매연이나 소음이 인근 주민들에게 피해를 주는 이른바 생활 방해(nuisance)의 경우가 좋은 예이다.

경보전법」,「수질환경보전법」,「소음 및 진동규제법」,「토양환경보전법」 등 환경오염이나 공해 문제에 관한 다양한 입법적 대책을 강구하고 있다.

이러한 환경 입법에서의 규제의 기본 틀은 대개 환경오염의 발생원이 되는 각각의 시설들이 일정 수준 이상의 구조를 하고 일정치 이상의 유해물질을 배출하지 못하도록 하는 개별 규제와, 배출 가능한 환경오염물질을 해당 지역 전체에서 일정량 이하로 제한하는 총량 규제 등 두 가지 형태를 띠고 있다. 이러한 법적 규제는 기본적으로 정부의 개입과 법적 강제의 성격을 띤다(小林秀之·神田秀木, 87쪽). 환경문제에 대한 이러한 법적 수단을 통한 규제는 경제이론적으로도 뒷받침된다.

환경오염(의 외부효과)에 대응하는 수단으로서는, 이러한 직접적인 법적 규제보다는 민간의 의사결정자로 하여금 스스로 문제를 해결토록 경제적 유인을 제공하는 두 번째 방식이 보다 바람직하다. '환경세 부과'의 방식과, 일정량의 오염허가권(pollution permits)을 가진 주체에게만 오염물질의 배출을 허용하는 이른바 '오염배출권' 방식이 그 대표적인 수단이다.

2) 경제적 규제 수단

(1) 환경세 부과

피구세(Pigouvian tax) 내지 배출세(effluent charge)라고도 불리는 환경세 부과 방식은 오염자로 하여금 적절한 세율의 환경세를 지불토록 함으로써 생산 활동에 따른 사적한계비용이 사회적한계비용과 일치하게 되고, 따라서 오염자에게 사회적으로 적절한 오염 방출량을 자발적으로 선택토록 유도할 수 있다. 이 방식은 상술한 정부의 직접 규제 방식에서는 볼 수 없는 오염자 스스로 오염을 줄이도록 하는 경제적 유인을 제공하게 된다.

우리나라는 아직 이러한 환경세 방식이 도입된 사례가 없지만, 일본의 경우 최근「환경기본법」제22조에 환경부과금을 포함한 경제적 조치에 관한 일반규정이 포함되었다(宍戸善一, 141쪽).

이러한 환경세 부과 방식은 고바야시·간다(小林·神田, 1986)가 강조한 것처럼 오염자 개인의 관점뿐 아니라 사회적 관점에 있어서도 저비용으로 오염을 억제할 수 있으며, 오염물질의 배출이 불가피한 산업의 생산활동을 효과적으로 지속될 수 있게 하는 등 여러 경제적 이점이 있다. 또한 조세 수입을 오염 피해자를 위한 재원으로 활용할 수 있어 정부 재정 운영상의 장점도 있다. 하지만 이 방식은 적절한 세액 산정의 어려움이 수반되며, 유류세의 적정성에 관한 논쟁에서 보듯이 경제적 효율성 이외의 여건들로 인해 환경오염 억제라는 환경세 본래의 취지가 퇴색되는 측면도 있다.

(2) 오염배출권 거래

오염배출권 거래 방식은 이러한 환경세 부과 방식의 결점을 극복하기 위한 방안의 하나로서, 정부가 경매를 통해 오염물질 배출권을 판매하는 형태이다. 논자에 따라 오염권, 오염허가권, 환경권 등으로도 불리는 오염배출권 거래 방식은 사회에서 수용 가능한 오염물질 배출 총량을 미리 정해 그 배출 권한을 국가나 지방공공단체가 공매를 통해 공해물질 배출 기업에 판매하고, 기업 간 오염배출권의 거래를 용인하는 방식이다.

이 방식의 장점은 오염배출권이 어떤 기업에 어떻게 배분되었는지에 관계없이 경제적 효율성의 달성이 가능하다는 점이다. 오염배출권의 자유로운 시장 거래에 의해 높은 오염 감소 비용이 요구되는 기업은 동 권리에 대한 수요가 높아질 것이고, 저비용으로도 오염 감소가 가능한 기업은 그렇지 않은 기업에게 자신의 권리를 판매할 수 있다. 따라서 자유로운 오염배출권 거래시장이 존재하는 한, 해당 권리가 최초에 어떻게 배분되더라도 최종적인 배분은 효율적으로 될 것이다.

오염배출권의 거래 방식은 환경오염의 해소를 위한 현실적인 환경정책의 하나로 주목받고 있다. 예컨대 미국에서는 1990년의 「대기정화법(Clean Air Act)」 개정 시 이산화유황의 배출량 거래 프로그램을 법제화했으며, 2005년 2월에 발효된 교토의정서에 따라 2008년부터 선진국의 온실가스 의무 감축과 탄소배출권의 거래가 시작되었다. 온실가스 배출량 세계 7위에 해당하는 우리나라에서도 탄소배출권을 제한하는 입법을 추진하는 등[67] 경제적 논리를 바탕으로 한 환경

---

67) 정부에서는 온실가스 총량 제한 및 오염배출권거래제 등을 포함하는 「저탄소녹색성장기본법」을 2010년 1월 13일 제정하여 같은 해 4월 14일부터 시행하고 있다. 한국은 2013년부터 새롭게 적용되는 '포스트교토' 체제 아래, 조만간 온실가스 의무감축국가에 포함될

문제의 해결 시도가 현실화되고 있다.

환경오염사고의 경우, 다른 일반적 사고 손해와 마찬가지로 오염의 야기자와 피해자 간 협상을 통해 적절한 보상이 가능하다면 환경오염에 의한 외부효과의 문제는 대부분 해결될 것이다. 다시 말해, 환경재의 이용에는 비용이 수반되며, 과다한 환경재의 사용 시 관련 사고로 인한 피해자 보상 수준이 높아진다는 것을 오염자들이 인식하는 상황이라면, 오염자들은 자신들의 생산활동에서 적정수준만의 환경재의 사용을 위해 노력할 것이다. 그 결과 오염량이 감소되어 사회적으로 바람직한 수준의 오염만 발생될 것이다.

하지만 시장에서는 환경오염으로 인한 외부효과가 자체적으로 내부화될 수있는 환경이 충분히 제공되지 않는다. 환경오염의 경우 앞서 살펴보았듯이 피해자 한 사람의 피해액은 상대적으로 작지만, 피해가 광범위해 다수 피해자 손해의 합은 상당히 크다는 특징이 있다. 또한 오염자가 다수이거나 불확실함에 기인하여 확인과 제재가 쉽지 않다는 측면에서 환경오염 문제의 해소가 한층 더어려워진다. 따라서 법적 배상 책임의 부담을 지우는 등 사후적 규제 수단을 통해 환경오염의 외부효과를 억제해야 한다는 주장이 설득력을 얻는다.

3) 소유권 확립을 통한 해결

이제 환경오염과 같은 유해한 외부효과를 내부화하는 수단으로 민간 부문이 스스로 해결책을 찾도록 도와주는 경우에 대해 살펴본다. 공해와 같은 외부효과가 문제가 되는 배경을 보면, 소유권이 애매하게 정의되어 있거나 바람직하지 않은 방식으로 귀속되어 있는 경우를 종종 보게 된다. 따라서 소유권을 분명하게 정의해주거나 소유권의 재배분을 통해 환경오염의 문제를 해결을 시도해볼 수 있다. 우선 소유권 미확립에 따른 이른바 '공유자원의 비극'을 소개하고, 이어 '코즈정리'와 연관 지어 소유권 확립의 효과에 대해 살펴본다.[68]

가능성이 높다.

[68] 본 절의 내용은 이종인, 『불법행위법의 경제학』, 한울출판사(2010)의 내용을 주로 참조하였다.

(1) 공유자원의 비극

시장에서 환경오염과 같은 해로운 외부효과 문제를 해결할 수 있다면, 다시 말해 오염사고 야기자 스스로가 외부비용을 내부화할 수 있다면, 국가의 행정적 내지 사법적 개입이 불필요하게 된다. 그러나 현실에서 시장을 통한 환경문제의 해결은 매우 어려운데 그 대표적인 이유가 바로 환경에 관련된 외부효과는 앞서 살펴보았듯이 공공재적 성격을 갖는 공해(public bads)라는 점이다. 즉 사람들의 선호 표출 기피에서 오는 정보의 부족, 높은 거래비용, 무임승차자로서의 행위 등이 시장에서의 자발적 해결을 어렵게 한다.

이러한 환경오염의 공공재적 성격을 이해하는 좋은 예로 '공유자원의 비극 (tragedy of the commons)'이라는 고전적 우화가 있다. 대부분의 주민들이 양을 키워 생계를 유지하는 중세의 어느 마을에 있는 목초지는 공유지이므로 누구든지 양을 방목할 수 있었다. 목초지에 풀이 많고 양들이 적을 때에는 문제가 없었지만, 양들이 많아짐에 따라 점차 목초지의 풀이 고갈되어 결국 초원이 황무지로 변하여 그 마을이 황폐하게 되었다는 내용이다. 다시 말해, 깨끗한 강물과 같은 환경 자원을 시장에 맡기게 되면 사회적 관점에서 볼 때 과다하게 사용되어 결국 고갈된다는 것이다.[69]

환경오염과 같은 시장의 실패도 일종의 공유자원의 문제로 볼 수 있다. 깨끗한 물과 공기도 초원과 같은 공유자원이기 때문에 과다한 오염물질의 배출은 과다한 방목과 같은 현상이다. 즉 환경오염사고로 인한 물적·인적 피해는 오늘날의 공유자원의 비극이라고 할 수 있다. 이러한 환경오염의 문제는 깨끗한 환경이라는 공유자원에 대한 소유권이 명확하게 부여되지 않아 발생한다고 볼 수 있다. 따라서 만일 '공유자원'에 대한 소유권이 확립된다면 환경오염의 문제가 어느 정도 해결될 수 있을 것이다.

(2) 소유권의 확립

어떤 마을에 맑은 물의 호수가 있으며, 마을 사람들은 이 호수의 물을 식수원으로 사용해왔다고 하자. 이때 호수의 소유권이 확립되어 있지 않으면 누구든지 이 호수의 물을 식수뿐 아니라 다른 용도, 예컨대 세탁이나 세차용으로 사용할 수 있으며, 수영을 하거나 낚시를 하고 또 생활폐수를 방류하여 수질을 오염

---

69) Mankiw, *Essentionals of Economics*, 8th Ed.(2017), p. 231을 참고할 수 있다.

시킬 수 있다. 하지만 만약 호수물의 소유주가 분명하다면 남의 호수물을 함부로 오염시키는 행위가 허용되지 않을 것이므로 식수원으로 사용 가능한 수준의 수질을 보존할 수 있다. 예컨대 호수물의 소유주는 호수물 오염 야기자의 행위를 아예 금할 수도 있을뿐더러 경우에 따라서는 이들과의 협상을 통해 제한적으로 오염 발생 행위를 허용할 수도 있을 것이다.

이상의 논의는 호수물과 같은 환경재에 대한 소유권이 분명하게 확립되면 당사자 사이의 자발적 협상에 의해 사회적으로 바람직한 환경보호 수준을 얻을 수 있음을 보여주고 있다. 이러한 관점을 경제학에서는 '코즈정리(Coase Theorem)'로 이해한다. 즉 민간 경제주체들이 자원의 배분 과정에서 아무런 비용을 치르지 않고 협상할 수 있다면, 시장 기능이 (환경오염과 같은) 외부효과로 인해 초래되는 비효율성을 해소하고 자원을 효율적으로 배분할 수 있다는 것이다. 덧붙여 호수물과 같은 환경재에 대한 소유권을 누구에게 부여하든 그 결과에는 차이가 전혀 없다는 것이다.

이와 같이 정부의 개입이 없이도 이해당사자들의 자유로운 협상에 의해 환경오염 문제가 해결될 수 있다는 주장은 상당히 매력적이다. 하지만 현실에서의 환경오염 문제는 코즈정리를 적용할 수 있는 전제가 성립되지 않는 경우가 대부분이다. 예컨대 현실에서 경험하는 공해 문제에서는 다수의 이해당사자가 혼재하여 누가 가해자이고 피해자인지 판별하기가 곤란한 경우가 많다. 또한 환경문제를 둘러싼 분쟁에는 복잡하게 얽힌 여러 집단의 이해관계를 조정하는 데 상당한 거래비용이 요구되기 때문에 코즈정리에서의 '거래비용이 없다'라는 전제조건이 충족될 가능성이 별로 없다.

4) 지속가능한 경제와 녹색성장

환경과 자원의 유한성이 범세계적 문제로 부각되면서 생산과 소비로 이루어지는 경제활동 역시 성장 위주에서 환경을 보호하는 차원의 지속가능한 발전(ESSD: Environmentally Sound and Substainable Development)이 주목받고 있다. 다시 말해 개발과 보존이 조화되는 경제활동의 중요성이 강조되는 것이다. 지난 1987년 '환경과 개발에 대한 세계위원회'에서 '우리의 미래'라는 보고서를 발표하면서 지속가능한 발전 이슈가 부각되었지만, 본격적으로 국제적인 행동 강령의 하나가 된 것은 1992년 6월 개최된 유엔환경개발회의(UNCED) 리우환경회의 (Rio Earth Summit)의 '의제 21(agenda 21)'에서 구체적인 환경보전의 방안이 채택 되면서부터이다.[70]

과거에는 경제성장과 환경보호는 서로 상충되는 개념으로 다뤄졌지만 그동 안 환경의 개선이 경제성장의 동력이 될 수 있으며, 성장이 다시 환경을 보호하 는 선순환 구조가 가능하다는 개념이 확산되어왔다. 그 과정에서 에너지 사용의 지표가 되는 탄소발생량과 연결된 개념이 '저탄소 녹색성장(low-cabon green growth)'이다. 에너지 부존자원이 빈약한 우리나라의 경우 특히 태양광·풍력·조 력에너지원과, 신재생에너지의 개발과 발전을 위해 정부와 민간에서 다양한 노 력을 해오고 있다.

이러한 새로운 친환경 에너지 개발과 더불어 에너지 절약과 탄소배출량을 제한하는 소비생활과, 기업들의 친환경기술 개발, 저탄소 활용, 재생에너지 산업 화, 녹색경영 등을 통해 환경문제가 해소되는 지속가능한 경제를 달성할 수 있 을 것이다.

읽을거리 9.4 ✚ 가습기살균제 사건의 시사점은?

가습기살균제 사건은 가습기의 분무액에 포함된 살균제 성분으로 인해 수백 명의 사람들이 사 망하거나 폐질환 등에 걸린 대규모 안전사고이면서 동시에 환경사건이다. 정부의 공식 집계에 따르면 266명이 사망하고 1,582명이 폐질환 등으로 고통받고 있는 것으로 밝혀졌다. 대부분 의 피해가 5세 미만의 유아이며 임산부 피해율도 매우 높게 조사되었다.

이러한 가습기살균제로 인한 대형 피해사건의 원인은 아직도 검찰 수사 중이며, 정부의 조사· 분석이 완전히 종결되지는 않은 상태이다. 하지만 피해 발생의 1차적 원인은 제조·판매사들의

---

70) 리우환경회의는 178개국 정부 대표와 167개국의 민간 단체 대표 1만 여명이 참석한 유엔 환경개발회의(UNCED: United Nations Coference on Environment and Development) 였다. 1972년 스웨덴 스톡홀름에서 열린 유엔인간환경회의가 '하나뿐인 지구'가 병들어가 고 있다는 것을 처음으로 경고하는 회의였다면, 리우 서밋은 지구를 살리기 위한 실천적 방안을 모색하는 자리였다. 지구온난화, 대양오염, 기술이전, 산림보호, 인구조절, 동식물 보호, 환경을 고려한 자연개발 등 7개 의제에 대한 토의 결과 '환경과 개발에 대한 리우 선언'이 발표됐고 환경문제 해결을 위해 실천해야 할 원칙을 담은 '의제 21'이 채택됐다. 또, 기후변화방지협약, 생물 다양성협약, 산림에 관한 원칙 등 국제협약이 체결됐으며 리 우환경회의의 성과를 지속적으로 추진하기 위한 기구인 지속개발위원회가 설치됐다.

'위험 생산'에 있으며, 해당 기업의 책임으로 밝혀지고 있다. 해당 원료를 처음 개발한 SK케미칼(당시 유공)은 원료 자체의 흡입 독성 시험을 제대로 하지 않았으며, 옥시레킷벤키저 등 기업은 가습기에 화학물질을 첨가하여 소비 제품으로 제조·판매하면서도 호흡기 노출에 따른 위험평가에 태만했던 것으로 검찰의 수사 결과 밝혀졌다.

지난 2011년 11월 가습기살균제 제품의 독성이 확인되고 제품 수거 명령과 판매 중단 조치가 내려졌음에도 제조사들을 상대로 한 제재는 수천만 원 이하의 과징금에 그쳤다. 그 후 2012년 1월 피해자들이 제품 제조·판매사들을 상대로 민형사 소송을 시작했으며, 그 후 정부의 조사와 국회의 입법화 논의가 시작되고 나서야 가습기살균제 피해에 대한 대응 조치가 내려지게 되었다. 지난 2017년 2월에는 「가습기살균제 피해 구제를 위한 특별법」이 제정되어, 대부분의 피해자들이 지원을 받을 수 있게 되었다.

가습기살균제는 미생물 제거를 위한 화학제품으로, 1994년 세계 최초로 개발되어 지난 17년간 20여 개 상품이 연간 60만 개가 넘게 판매되어왔다. 그동안 1천만 명 내외의 소비자가 해당 제품을 사용한 것으로 추정된다. 당초에는 생활용품으로 개발되었으나 공산품으로 사용이 허가되어 유해성 심사가 생략되는 등 생활용품 관리의 사각지대가 되었던 것이다.

가습기살균제 사건은 사실 피해를 예방하거나 그 확산을 막을 수 있는 여러 차례의 기회가 있었음에도 제대로 살리지 못했다. 이 점은 해당 기업뿐만 아니라, 정부와 정치권, 언론 모두 책임에서 자유로울 수 없다. 2011년 질병관리본부의 역학조사 결과 발표 및 해당 제품의 강제·자진회수 조치 후 5년간 피해자의 주장을 은폐하거나 무관심했던 정황이 검찰의 조사 결과 드러났다.

사실 그동안 가해 기업의 실질적 사과분 아니라 국민적 관심과 정부·정치권의 참여를 이끌어 낸 실질적 역할을 해온 것은 시민단체의 헌신적인 노력의 결과이다. 무엇보다 중요한 점은, 유사한 사태의 재발 방지를 통해 국민의 생활 안전을 확보하는 것이다.

자료: 저자(이종인) 작성

 검토 과제

01 본문에서 살펴본 특성(다수 피해자, 인과관계 증명의 어려움, 피해의 잠재성과 장기성) 외 환경문제의 다른 특성에 대해 생각해보라.

02 공적 외부효과(public externalities)가 야기되는 전형적인 시장실패의 예를 들고, 정책의 당위성을 설명하라.

03 최근의 소비자 녹색운동이나 회사의 그린마케팅 운동이 소비자 가격과 후생에 미치는 영향을 논하여보라.

04 본문에서 살펴본 환경문제의 3가지 특성을 가습기살균제 사건 사례에 적용해보라.

주요 참고문헌

김승우 외 7인(2005), 『환경경제학 – 이론과 실제』, 박영사.
뉴시스, "2차 녹색성장 5개년계획 확정… 실질적인 성과 도출", 2014년 6월 3일자.
小林秀之・神田秀木(1986), 『「法と経済学」入門』, 弘文堂.
宋戸善一(2004), 『法と経済学: 企業関連法のミクロ経済学的考察』, 有斐閣.
이종인(2006), 『불법행위법의 경제분석』, 한울출판사.
이종인(2009), 「환경오염사고에 대한 경제학적 고찰: 한국과 일본의 불법행위 책임 법리를 중심으로」, 『법경제학연구』 제6권 제1호.
이종인(2010), 『불법행위법의 경제학』, 한울출판사.
이준구(2004), 『재정학(제3판)』, 다산출판사.
천경희외14인(2017), 『행복한 소비 윤리적 소비』, 시그마프레스.
Global Footprint Network(www.footprintnetwork.org).
Mankiw(2017), *Essentials of Economics*, 8th Ed, Cengage Learning.

소비자거래의 법경제학

시장경제에서 소비자는 사업자와 또는 다른 소비자와 수많은 거래를 한다. 당사자 간의 거래는 약속 내지 계약의 형태로 이루어지며, 소비자는 상품구매의 대가로 사업자에게 대금의 지불을 약속하게 된다. 소비자거래에서는 상품과 대금 지불이 동시에 이뤄지는 것이 일반적이지만, 지불할 금전이 부족하거나 없는 경우에도 할부거래나 신용거래 형태로 구매가 가능하다. 또한 상품과 대금 지불이 같은 장소에서 발생하는 일반적 소비자거래와는 달리 방문판매나 전화권유판매, 다단계판매와 같은 특수한 형태의 거래도 이뤄지고 있다. 이러한 다양한 소비자거래 과정에는 (제1장에서 공부했듯이) 시장의 불완전성과 정보의 비대칭성 등으로 인해 소비자 피해와 사고(事故) 등 소비자문제가 야기된다.

소비자거래에서 소비자보호의 필요성은 사업자와 소비자 사이의 불균형 상황에서 찾을 수 있다. 즉 소비자가 필요한 정보의 부족과 그에 따른 교섭력의 열위 등으로 인해 자신의 권리를 제대로 행사할 수 없는 상황을 전제하는 것이다.

소비자거래의 법적인 근거는 「소비자기본법」 제12조에서 규정하고 있는 '거래의 적정화'이다. 이 조항에서는 국가가 약관에 의한 거래, 방문판매, 할부판매 등 특수한 형태의 거래에 관해 소비자를 위해 필요한 시책을 강구해야 함을 규정하고 있다. 현재 소비자거래의 적정화를 직접적인 목적으로 제정된 법률은 「약관규제법」, 「방문판매법」, 「할부거래법」, 「표시광고법」, 「전자상거래법」 등이다.

이 장에서는 이러한 소비자거래의 적정화에 관련된 여러 주제들을 법·경제적 관점에서 살펴본다. 우선 제1절에서는 소비자거래의 기초가 되는 소비자계약의 문제를 전통적 거래 이론을 바탕으로 고찰하고, 거래 계약을 강제하는 데 있어서의 2가지 기본적 문제를 제시한다. 이어서 제2절에서는 거래 약관과 소비자 보호를 위한 약관에 대한 규제 문제를 다룬다. 제3절에서는 다단계판매, 방문판매, 전화권유판매 등 이른바 특수거래와 더불어 할부거래에서 발생되는 소비자 문제에 관해 살펴본다. 제4절에서는 소비자거래에서 필수적 요소인 표시와 광고의 문제를 공부한다. 즉 부당한 표시·광고로 인한 소비자 피해 등 관련 소비자 문제를 살펴보고, 최근 부각되는 온라인광고와 관련된 소비자문제를 살펴본다.

❶ 전통적 거래이론과 소비자계약

1) 거래 계약 강제의 2가지 기본적 문제

소비자거래는 기본적으로 소비자와 사업자 간의 거래이며 계약 내지 약속의 형태로 이루어진다.[71] 사람들의 소비생활에는 늘 사업자와의 약속 내지 계약이 함께한다. 영업사원들은 고객의 행복을 약속하고, 고가의 가전제품을 구입할 경우에는 대금 지불과 계약서를 교환하게 되며, 타인과 중고차를 외상 거래할 경우에도 거래 대상 차량과 대금 후불 약속을 교환하게 된다.

이러한 계약 내지 약속의 일방 당사자가 그 계약의 강제를 원하게 될 때 법이 개입된다. 즉 계약 관련법을 바탕으로 법원은 해당 계약(약속)의 이행을 강제할 수 있게 된다. 그런데 이와 같은 거래 계약의 법적 강제에 관해서는 두 가지 기본적 문제, 즉 '어떤 계약 내지 약속이 법적으로 강제될 수 있는가?'와, '만일 해당 계약 내지 약속이 지켜지지 않을 경우 어떠한 구제 수단이 가능한가?'의 문제이다.

19세기 후반~20세기 초에 걸쳐 영국과 미국 등 이른바 영미법(common law)국가들에서는 계약에 관련된 이러한 두 가지 기본적 문제에 대한 해답을 얻기 위해 이른바 '교환적거래이론(bargain theory of contracts, 이하 '거래이론'으로 약

---

71) 미국 등 영미법계 국가들에서는 계약과 약속을 동일한 개념으로 이해하는 경우가 많다. 계약은 법적으로 강제되는 당사자 간의 약속이나 합의를 의미한다.

칭한다)'이 정립되었다. 거래이론은 하나의 교환적거래(bargain)로 제공된 약속에 대해 법이 그 이행을 강제해야 한다는 이론이다. 본 절에서는 거래이론을 단순화하여 살펴보겠다.[72]

(1) 법적 강제가 가능한 계약

"어떤 약속이 법으로 강제가 가능한가?" 이 문제에 대해 전통적인 거래이론은 거래원칙(bargain principle)이라고 하는 분명한 해답을 제시하고 있다. 즉 '교환의 일환인 계약은 법적으로 강제가 가능한 반면 교환의 일환이 아닌 경우에는 강제가 가능하지 않다'라는 원칙이다.

일반적 거래 계약에서는 청약(offer)과 승낙(acceptance, agreement)의 과정을 거치며, 약인(約因, consideration)의 조건이 충족됨으로써 완결된다.[73] 약속을 제시한 사람을 약속자 내지 청약자라 하고, 그 약속을 받은 사람은 수약자 내지 승낙자라 한다. 거래에 있어서 수약자는 약속을 하기 위해 약속자를 권유한다. 이때 권유의 수단으로는 대금의 지불이 일반적이지만 경우에 따라서는 상품이나 서비스도 가능하다. 또한 농부가 가을에 도매상에게 밀을 양도하겠다는 약속을 할 때 도매상은 배달 요금을 농부에게 후불하겠다는 약속을 하는 것과 같은 다른 약속도 약속자를 권유하는 수단이 될 수 있다. 다시 말해 교환적 거래에서는 약속을 권유하는 수단으로 돈, 재화, 서비스 및 다른 약속의 형태가 있다.

그 형태에 관계없이 거래에는 상호 권유가 수반된다. 즉 수약자는 약속자의 약속 제공을 권유하기 위해 어떤 것을 제공하고, 약속자는 수약자에 대한 권유로서 약속을 제공한다. 이와 같이 수약자가 약속의 권유를 위해 약속자에게 제공하는 것을 설명하는 데는 앞서 소개된 '약인'이라는 특별한 용어가 사용된다. 예를 들어 판매상의 배송 약속에 대해 소비자가 대금을 지불한 것은 하나의 약인이다. 거래이론에 의하면 수약자가 약속을 권유하기 위해 약속자에게 어떤 것을 제공하기 전까지는 그 계약이 미완된 상태가 되며, 계약이 완결된 후에라야 법적 강제가 가능하다. 다시 말해, 약인에 의해 보장된 약속은 법적 강제가 가능하며 약인이 없는 약속은 법적 강제가 불가능하다. 일반적으로 거래이론에 의하

---

72) 쿠터·율렌(이종인 옮김), 『법경제학』, 비봉출판사, 2000, 194~199쪽.
73) 약인은 청약자와 승낙자가 계약을 체결함에 있어 서로 주고받는 것을 의미한다. 이하 본문에서 구체적으로 설명하고 있다.

면 순수한 하나의 선물로 제공한 약속은 그 보답으로 어떤 교환이 권유되지 않은 경우 법적 강제가 불가능하다.

(2) 계약 불이행에 대한 구제 수단

고전적 거래이론에서는 앞서 언급한 두 번째 기본적 과제('해당 계약 내지 약속이 지켜지지 않을 경우 어떠한 구제 수단이 가능한가?')에 대한 해답을 제시하고 있다. 거래이론에 의하면, 수약자는 '교환적 거래의 이익'을 가질 권리가 있다. 즉 수약자는 약속의 이행으로부터 이익을 얻게 된다. 하지만 약속이 불이행될 경우 그 보상 수준은 '만일 약속이 이행된 경우라면 수약자의 이익은 얼마나 될 것으로 기대되는가?'를 산정해봄으로써 확인할 수 있다. 계약의 고전적 이론인 거래이론에 의한 손해평가 방식을 기대(이익)손해배상 또는 기대손실(expectation damages)이라고 한다.

2) 장기 거래 계약에서의 평판 효과

거래 관계는 여러 해에 걸쳐 지속되는 경우가 많으며, 그러한 관계에서의 조건들이 종종 바뀌기도 한다. 거래 당사자들은 그러한 거래 관계에서의 변화에 대응하여 자신의 이익을 추구하게 된다.

일반적으로 단기적 거래에서는 거래 당사자 간에 조건의 변화에 따른 대응의 폭이 그다지 넓지 못하다. 예컨대 수약자는 약속자의 갑작스러운 계약 내용의 변경이나 수정 요구를 어쩔 수 없이 수용해야만 하는 상황이 다반사이다. 하지만 그러한 현실적 여건에서도 관계의 지속이 필요한 여건 등에서는 계약 내용 변경 요구 등에 따른 제반 문제가 시장 메커니즘 속에서 해결될 수 있는 구조가 있는데, 이는 이른바 '평판효과'로 설명이 가능하다.

(1) 평판효과

평판효과(reputation effect)란 약속을 잘 지켜나가서 신용 있는 사업자 내지 소비자라는 평판(image, 명성)을 얻음으로써 거래 관계 사업자들이나 타인들과의 관계가 원활해지거나, 관련 이익을 장기적으로 취득할 수 있게 되는 것을 의미한다. 현실적으로 거래 관계는 장기적인 경우가 적지 않다. 장기적인 관계에서 당사자들은 상호 협력을 확보하는 수단으로서 계약 위반 등에 대한 법적 대응보다는 비공식적 수단들에 의존하는 경우가 적지 않다. 예컨대 기업윤리를 어기는 사업자를 소비자가 SNS 등을 통해 공개적으로 비난함으로써 도덕적 벌을 내리거나 기업주에게 경고의 메시지를 전달하기도 한다. 이러한 수단들은 사실 장기적으로는 상당한 효과가 있는데, 대표적인 경우가 평판효과의 출현이다.

(2) 게임이론을 통한 평판효과 이해

사회과학의 여러 분야에서 활용되고 있는 게임이론(game theory)에서는 장기반복게임(long-run repeated game) 상황을 설명하면서 평판(reputation)이라는 개념을 도입하고 있다. 즉 어떤 경기자(player)가 어떠한 선호를 갖고 있는가에 관해 다른 경기자 또는 제삼자들이 가지고 있는 추측을 평판이라고 할 때, 지속적인 관계에서는 이러한 평판이 거래 상대방의 행위에 상당한 영향을 미치며, 심지어 사업자와의 거래에서 발생하는 소비자문제의 해법으로도 작용하게 된다.

하지만 이러한 평판효과가 잘 작동하기 위해서는 해당 거래의 지속가능성 및 거래 상대방의 평판에 관한 정보의 공유 등 2가지 조건이 충족되어야 한다.

첫 번째 조건은, 소비자(사업자) 입장에서 사업자(소비자)와의 거래 지속 가능성이 있어야 한다는 것이다. 다시 말해 거래 관계가 1회성 게임(one-shot game)이 아니라 반복게임(repeated game) 상태여야 한다. 예컨대 사업자와 소비자 간 거래 관계의 지속 여부가 불투명하다면(즉 1회성 거래라면) 사업자는 자신의 나쁜 평판을 크게 염려하지 않을 것이며 소비자에게 불리한 행위를 할 수 있을 것이라는 점을 소비자도 예측 가능할 것이다. 따라서 소비자 역시 거래 사업자를 신뢰하지 않게 되어 거래 계약 자체를 단념하려 할 것이다.

반면에 사업자가 만일 반복게임을 전제하여 당초 계약을 유지한다면 소비자도 사업자와의 거래 관계를 지속하는 등 신뢰로 화답할 것이다.

결론적으로, 상대방이 잘 협력하는 (예상되는) 경우에는 자신도 투자를 단행하지만 상대방이 약속을 어길 (것으로 예상되는) 경우에는 자신도 투자하지 않는 형태의 전략을 구사하게 된다. 이러한 형태의 전략을 게임이론에서 '맞받아치기 전략(tit-for-tat strategy)'이라고 한다.[74]

---

74) Tit-for-tat strategy를 1회 배신에 1회 보복한다는 의미에서 '이에는 이, 눈에는 눈'이라고 표현하기도 하며, 일부에서는 발음대로 '팃포탯 전략'이나 '맞대응 전략'으로 나타내기도 한다.

평판효과의 원활한 작동을 위한 두 번째 조건은 거래 상대방의 나쁜 행위에 관한 정보가 잠재적 거래 당사자인 타 사업자들 내지 타 소비자들에게도 공유되어야 한다는 것이다. 소비자거래에서 일방이, 예컨대 사업자의 계약위반 행위를 다른 사업자나 소비자들이 알지 못한다면 다음 거래에서는 소비자가 사업자를 신뢰하지 못해 거래를 중단하더라도, 해당 사업자는 다른 소비자들과는 문제없이 거래 관계를 맺을 수 있다. 상술한 평판효과에 따른 사업자의 계약 이행을 이끌 강력한 유인은 향후 해당 사업자와의 거래 관계가 가능한 모든 잠재적 소비자들에게 해당 사업자의 '나쁜 행위'에 관한 정보가 공유되는 것이다.

이와 같이 거래 관계의 지속이 가능할 뿐 아니라 일방의 나쁜 행위에 관한 정보가 공유되기만 한다면 시장 메커니즘 내에서 평판효과가 잘 작동되어 소비자거래에서의 제반 문제들도 해소될 수 있다.[75]

3) 소비자계약

지금까지는 거래 당사자를 특정하지 않은 일반적 거래에 관한 계약 내지 약속의 문제를 살펴보았다. 지금부터는 거래의 당사자를 사업자와 소비자로 특정한 이른바 '소비자계약'의 관점에서 구체적으로 살펴본다.

(1) 소비자계약의 개념[76]

현대생활에서 일반인은 수많은 '소비자계약'을 체결하면서 생활하고 있다. 여기서 소비자계약이란 사업자와 소비자 간의 계약을 말한다. 다시 말해 시장에서 소비자가 소비생활을 위하여 사업자로부터 상품(goods and/or services)을 제공받는 모든 형태의 계약을 의미한다. 그런데 아직 우리나라에서는 소비자계약이란 용어가 일반적이지 않다. 학계에서는 점차적으로 주목받고 있는 개념이지만, 법제에서는 국제사법 정도에서만 사용되고 있는 실정이다.[77]

소비자와 사업자와의 계약 관계를 단순히 현재의 「민법」 규정, 특히 매매계약에 관련된 규정으로만 해결되기 어렵다. 따라서 시장 거래 형태의 소비자와

---

75) 이종인(2015), 『경쟁정책과 소비자후생』, 법영사, 211~214쪽.
76) 김성천·송민수(2011), 『소비자계약법 제정방안 연구』, 한국소비자원, 22쪽.
77) 국제사법 제27조(소비자계약) ① 소비자가 직업 또는 영업활동 외의 목적으로 체결하는 계약이 (중략) 소비자에게 부여되는 보호를 박탈할 수 없다.

사업자의 관계를 합리적으로 규율할 수 있는 새로운 법원리(rules)의 모색이 불가피하다. 소비자를 보호하기 위한 법적 장치는 여러 가지로 이루어지고 있다. 그러나 소비자와 사업자가 약속 내지 계약의 형식으로 법률 관계를 형성하고 있는 한 소비자와 사업자의 계약을 일반적으로 규율할 수 있는 법원리를 탐구하는 것이 그러한 모색 작업의 중요한 부분의 하나이다. 그러한 의미에서 소비자와 사업자 사이에 이루어지고 있는 계약을 당사자의 지위를 전제로 파악한 개념을 '소비자계약'이라 할 수 있다.[78]

이와 같은 소비자계약은 소비자와 사업자의 불평등한 사회·경제적 지위를 전제로 한 것이기 때문에 그 성립 요건과 내용에 있어서 대등한 당사자를 전제하는 종래의 「민법」상의 계약과는 다소의 차이가 있을 수밖에 없다.

(2) 소비자계약의 형태

소비자계약은 계약의 내용에 따라 매매계약형, 역무제공형, 소비자신용형, 시설제공형 등으로 분류되며, 계약 방법에 따라서는 온라인 거래형과 오프라인 거래형으로 구분할 수 있다.[79]

계약 내용에 따른 구분

매매계약 형태의 소비자계약은 매도인(사업자)이 매수인(소비자)에게 거래의 목적인 상품을 이전하고 매수인은 해당 대금을 지불하는 것을 내용으로 하는 재산권이전형 계약을 말한다. 매매계약 형태의 소비자계약은 할부거래, 방문판매, 통신판매, 전자상거래, 다단계판매 등 다양한 거래 형태에서 이루어진다. 이러한 내매계약형 소비자계약에서는 뒤에서 살펴볼 소비자의 청약 철회권(cooling off)과 반환권이 소비자권리 보호의 주된 수단으로 이용된다.

역무제공형은 거래의 당사자 간 교환하는 목적물이 용역(services)이거나 용역을 포함하는 소비자계약을 말한다. 일반적인 소비자거래에서는 상품뿐만 아니라 용역까지 함께 거래의 목적물인 경우가 많다. 할부거래와 방문판매, 다단계판매 등의 거래는 상품과 대금의 교환뿐 아니라 용역을 제공받을 수 있는 권리까지 포함하고 있다.

---

78) 김성천·송민수(2011), 『소비자계약법 제정방안 연구』, 한국소비자원, 23쪽.
79) 송오식(2007), 「소비자계약의 유형과 법적 규제」, 『법학논총』 27권 1호.

소비자신용 형태의 소비자계약은 매도인과 매수인 간의 상품·용역과 대금 교환 과정에서 이 책의 제8장 1절에서 살펴본 소비자신용(consumer credit)이 개입되는 거래 계약을 말한다. 판매신용과 대부신용의 기능을 함께 가지고 있는 신용카드에 의한 소비자거래가 대표적이다.

시설제공 형태의 소비자계약은 말 그대로 교환의 목적물이 시설인 경우이며, 주택임대차계약이 대표적이다. 임대차는 당사자의 일방(임대인)이 상대방에게 목적물(임대물)을 사용·수익하게 할 것을 약정하고, 상대방(임차인)이 이에 대하여 차임을 지급할 것을 약정함으로써 성립하는 계약을 말한다. IPTV 서비스 이용계약, 스포츠시설 이용계약 등도 시설제공형 소비자계약으로 볼 수 있다.

계약 방법에 따른 구분

전통적인 소비자거래는 오프라인 거래형의 소비자계약을 통해 이루어졌다. 거래의 당사자가 서로 대면하거나 전화나 우편으로 서면 또는 구두 계약을 체결하고, 대금의 지불도 직접 내지 우편환이나 계좌 입금 방식으로 이루어졌다. 소비자계약에 관련된 종래의 법제는 대부분 이러한 오프라인 거래를 상정하고 있다.

온라인 거래형은 거래 계약의 체결과 지급결제의 과정은 온라인이지만 상품·서비스(급부)는 오프라인으로 이루어지는 형태와, 급부의 이행까지 거래의 전 과정이 온라인으로 이루어지는 형태로 구분되며, 이 책의 제11장에서 다루는 전자상거래 내지 온라인쇼핑이 이에 해당한다. 이러한 온라인거래 형태의 소비자계약에는 종래의 오프라인 형태의 계약과는 다른 새로운 소비자문제가 수반된다.[80]

---

80) 이에 관해서는 전자상거래에서의 소비자 보호 문제를 다루고 있는 제11장에서 구체적으로 살펴보도록 한다.

2 거래약관과 약관의 규제

1) 약관에 의존하는 소비자거래

(1) 약관의 의의

비슷한 거래가 반복적으로 이루어지는 오늘날의 대량소비사회에서는 약관 (約款)에 의존하는 거래(계약)가 매우 빈번한데, 이 약관에는 계약의 내용과 조건 이 정해져 있다. 예컨대 인터넷을 통한 온라인 거래의 경우 대부분 온라인 거래 사이트에서 제시되는 약관에 이용자가 동의(use agreement)한다는 의사 표시를 함으로써 거래가 이루어지고 있는 실정이다.

이러한 약관에 의한 계약에는 여러 장점이 있다. 집단적 거래를 간편하고 신속하게 이루어지게 하고, 관련법의 미흡한 점을 보완하여 기업의 합리적 경영 을 가능케 해준다. 그렇지만 계약 자유의 원칙을 제한할 뿐 아니라 사업자의 불 공정한 계약 조항에 따라 소비자 피해가 발생하는 등과 같은 단점들도 있다.

따라서 부당한 약관에 대한 규제는 공정한 시장경쟁의 확립뿐 아니라 소비 자 보호를 위해서도 매우 중요한 정책 수단의 하나라고 볼 수 있는 것이다.[81] 우리나라에서는 지난 1986년 「약관규제법」이 제정됨으로써 이러한 불공정한 약 관을 규제할 수 있게 되었다. 「약관규제법」은 "사업자가 그 거래상의 지위를 남 용하여 불공정한 내용의 약관을 작성하여 거래에 사용하는 것을 방지하고, 불공 정한 내용의 약관을 규제함으로써 건전한 거래질서를 확립하고, 이를 통하여 소 비자를 보호하고 국민생활을 균형 있게 향상시키는 것"을 목적(법 제1조)으로 하 고 있다.

약관의 의미

약관은 '사업자가 계약을 체결할 때 사용하기 위해 계약의 내용을 미리 일 정한 형식으로 마련한 것'(법 제2조)을 말한다. 약관은 '운송약관'이나 '인터넷이 용약관' 등 'ㅇㅇ약관'의 명칭을 하고 있는 것이 보통이지만, 그 외에도 '…약정 서', '…계약서', '…규정', '…규약' 등 다양한 명칭이 사용되고 있는 실정이다. 즉

---

81) 이종인(2012), 『세상을 바꿀 행복한 소비자』, 이담북스, 189쪽.

약관은 그 명칭이나 형태 또는 범위에 상관하지 않는다.

(2) 약관의 특징에 따른 소비자문제

약관의 특징

이러한 약관의 특징을 몇 가지로 구분해서 정리해볼 수 있다. 첫째, 앞서도 말했듯이 약관은 '명칭이나 형태 또는 범위를 불문'한다. 다시 말해 어떠한 명칭이 사용되더라도 다수와의 계약 체결을 위해 미리 마련된 계약의 내용이라는 실질이 있으면 약관으로 간주되는 것이다. 인쇄된 일정한 서면으로 작성된 것이 일반적이긴 하지만 손으로 쓴 것이나 스탬프로 찍은 것도 상관없다. 약관의 범위에 있어서도 계약 내용의 일부만이라도 약관의 형태로 되어 있으면 무방하다. 둘째는 계약 체결 전에 작성 내지 준비된다는 '사전 준비성'의 특징을 갖는다. 따라서 계약 체결과 동시 또는 그 후에 작성한 것은 약관이 아니다. 셋째, 사업자 측에서 one way로 작성하여 통용되는 '일방성'의 특징을 갖는다. 따라서 거래 당사자 간 협의를 통해 계약의 내용을 수정할 수 있는 것은 약관으로 볼 수 없다. 마지막으로, 약관은 특정 다수이든 불특정 다수이든 '다수의 상대방을 대상'으로 한다는 특징이 있다. 따라서 단일 또는 소수와의 계약과 같이 계약의 수정·변경이 매우 어려우며, 그에 따른 다수 소비자 피해가 발생할 가능성이 있다.

이러한 약관의 특징에 따른 소비자문제를 다음 <표 10-1>과 같이 정리해볼 수 있다.

〈표 10-1〉 약관의 특징에 따른 소비자문제

특징	소비자문제
명칭·형태·범위 불문	• 계약 내용이 아닌 것으로 오인할 가능성
사전 준비성	• 약관과 다른 개별적 합의의 어려움
일방성	• 소비자의 의견 미반영 • 사업자에 유리한 내용 포함 가능성
다수 상대방	• 약관의 내용 수정·변경의 어려움 • 다수 소비자 피해 발생 가능성

약관의 기능

약관은 계약 당사자 사이에 법적 구속력을 갖는다. 그 이유는, 당사자가 그 약관의 규정들을 계약의 내용에 포함시키기로 합의하였기 때문이다.

이러한 약관은 다음과 같은 기능을 갖는다.

첫째, 거래·계약을 평준화하거나 표준화함으로써 대량 거래의 신속한 처리가 가능해져 영업의 합리화가 가능하게 된다. 둘째, 약관은 거래·계약에 적용할 법규가 결여되어 있는 경우에 있어서 구체적이고 타당성 있는 거래 규범을 창출함으로써 법률관계를 보다 명확히 해준다. 또한 미비되었거나 해석이 불분명한 법률 부분 등을 합리적으로 보충하는 기능도 수행한다. 셋째, 국내 거래뿐 아니라 국제 거래에 있어서도 거래·계약의 신속성과 원활성을 통해 거래 당사자의 편의를 가져온다.

2) 약관에 대한 규제

(1) 「약관규제법」과 소비자 보호

「약관규제법」 제정 배경

앞서 살펴보았듯이 약관은 사업자가 미리 일방적으로 작성한 것으로서 특히 사업자에게 매우 유용하고 편리한 거래수단이지만 소비자에게는 불리한 상황이 될 수 있다. 따라서 각국에서는 건전한 거래 질서와 소비자보호를 위해 약관에 관한 특별법을 제정하거나 계약에 관한 기본법을 두어 약관을 규제하기 시작했다. 영국의 「불공정계약법」(1977), 독일의 「약관규제법」(1976), 일본의 「소비자계약법」(2000) 등이 대표적이다.

우리나라에서도 이러한 약관 규제의 일반법으로 「약관규제법」(법률 제3922호, 1986. 12. 31. 공포)이 있다. 약관을 규제하는 입법정책에는 두 가지가 있다. 하나는 모든 약관을 적용 대상으로 하는 일반규제법을 입법하는 것이고, 다른 하나는 일정한 약관을 적용 대상으로 하는 특별법을 입법하는 방법이다. 우리나라는 양쪽의 형태를 모두 다 취하고 있다.[82]

---

82) 법에서의 제정 목적을 보면 '사업자가 그 거래상의 지위를 남용하여 불공정한 내용의 약관을 작성하여 거래에 사용하는 것을 방지하고 불공정한 내용의 약관을 규제함으로써 건

다음으로, 이러한 「약관규제법」의 제정 경위를 간단히 살펴본다. 1980년대 중반 약관에 관련된 소비자 피해가 빈발하여 사회문제가 되었다. 당시 보험이나 운송에 관련된 약관들이 많은 불공정한 내용을 담고 있었으며 그에 따라 소비자 문제가 빈발하자 정부는 이를 개선하려 노력했다. 하지만 약관의 개선이 주무부서별로 이루어져 통일성을 기하기 어려웠다. 이에 정부에서는 「약관규제법」 제정사업을 시민단체에 의뢰하였고, 이어 구성된 약관법제정위원회에서 법안이 마련되었으며, 1986년 말 국회를 통과하여 법이 제정되었다.

「약관규제법」은 불공정한 내용의 약관을 작성·통용하는 것을 방지하고 불공정한 내용의 약관을 규제하기 위하여 제정된 법률이다. 법의 제정은 당시 「소비자보호법」 제10조 제3항에 그 근거를 둘 수 있을 정도로 소비자보호법체계에서 중요한 지위를 갖는다.

약관의 계약에의 편입

약관은 사업자의 고객에 대한 약관의 명시가 있을 때에 계약 내용을 구성하게 된다. 이와 같이 일정한 요건을 통해 약관이 특정 계약의 내용으로 되는 것을 '계약에의 편입'이라고 한다. 계약에의 편입 요건은 약관이 계약의 내용으로 되어 상대방에게 효력을 미치기 위해서는 사업자는 약관을 명시하고 설명하여야 한다는 것이다.

이러한 「약관규제법」에 기초하여 약관이 사업자와 고객이 체결한 계약에 편입되었는지 여부를 심사하고 해석하는 것을 「약관규제법」의 '내용통제'라고 한다.

(2) 불공정약관에 대한 제재

앞서 소개한 「약관규제법」은 이러한 약관을 통한 소비자거래 계약이 공정하게 이루어질 수 있도록 불공정한 약관을 금지하고 있다. 「약관규제법」에서는 다음의 9가지 상황을 불공정한 약관으로 규정하고 있다. 즉 사업자의 면책, 부당하게 과중한 손해배상액의 예정, 부당한 계약 해제·해지권 제약, 일방적 채무내용 변경, 부당한 고액의 권익 박탈, 부당한 의사표시의 의제, 대리인의 책임가

전한 거래 질서를 확립하고, 이를 통하여 소비자를 보호하고 국민생활을 균형 있게 향상시키는 것을 목적으로 한다'(법 제1조).

중 소송상 권리의 제한, 기타 신의성실의 원칙을 위반하여 공정성을 잃은 조항 등을 불공정한 약관으로 간주한다.

불공정한 약관은 당연히 무효이며, 따라서 계약의 상대방에게 강제할 수 없다. 약관의 일부 조항만 무효인 경우에도 유효한 부분만으로는 계약의 목적 달성이 불가능한 경우에는 계약의 전체가 무효가 될 수 있다.

불공정한 약관에 대해서는 행정적 제재와 사법적 처벌이 가능하다. 우선 행정적 제재의 경우를 보면, 만일 불공정한 약관을 이용하여 계약이 체결된 경우 공정거래위원회는 사업자에게 해당 약관 조항의 삭제·수정 등 시정에 필요한 조치를 권고할 수 있다. 또한 해당 불공정약관을 시정하기 위하여 필요한 조치를 취할 수 있다. 만일 이러한 공정거래위원회의 시정명령에 위반하는 경우에는 2년 이하의 징역이나 1억 원 이하의 벌금 등 형사처벌을 받을 수 있으며, 「약관규제법」 위반으로 최대 5천만 원까지의 과태료 처분이 가능하다.

(3) 표준약관 제도

택배 표준약관, 전자상거래 표준약관, 생명보험 표준약관 등 '표준약관'이라는 말이 소비생활에서 종종 사용된다.

계약자가 다수의 거래 상대방과의 계약 체결을 위해 일정한 형식으로 미리 마련해놓은 계약의 내용을 '약관'이라고 함은 앞에서 보았다. 이러한 약관은 대개 계약의 일방 당사자가 일방적으로 작성해서 사용하게 되므로 종종 불공정한 내용을 담아 소비자에게 피해를 주기도 한다.

표준약관이란 이러한 일반적 약관의 문제를 줄이기 위해 정부의 권유나 사업자들 스스로 해당 거래 분야의 표준이 되는 약관을 미리 정해놓은 것이다. 다시 말해, 불특정 다수의 소비자가 피해를 입는 것을 예방할 목적으로 계약 유형별로 기준이 되는 약관을 만들어 분쟁의 소지를 최소화하기 위한 제도이다. 표준약관은 사업자 및 사업자단체가 정하여 공정거래위원회의 심사를 받는 형식으로 사실상 정부에 의해 운영되고 있다고 볼 수 있다. 이 표준약관은 민원과 분쟁 소지가 있는 불공정한 약관을 심사하는 기능을 갖는다.

이 표준약관제도는 「약관규제법」 제19조 2를 통해 1992년에 처음 도입되었다. 이후 2000년 2월부터는 소비자의 선택에 중요한 영향을 미치는 약관이 표준약관인지의 여부를 판단할 수 있도록 '표준약관 표지(마크)제도'가 시행되고 있다.[83] 이러한 표준약관제도는 정부의 약관 규제의 핵심이 되었을 뿐 아니라, 소비자불만이 빈발하는 거래 분야에서 분쟁의 예방과 소비자보호에 매우 중요한 역할을 담당해오고 있다.

읽을거리 10.1 「공정거래법」 중 표준약관 조항

제19조의3(표준약관) ① 사업자 및 사업자단체는 건전한 거래 질서를 확립하고 불공정한 내용의 약관이 통용되는 것을 방지하기 위하여 일정한 거래 분야에서 표준이 될 약관을 마련하여 그 내용이 이 법에 위반되는지 여부에 관하여 공정거래위원회에 심사를 청구할 수 있다.

② 「소비자기본법」 제29조에 따라 등록된 소비자단체 또는 같은 법 제33조에 따라 설립된 한국 소비자원(이하 "소비자단체 등"이라 한다)은 소비자 피해가 자주 일어나는 거래 분야에서 표준이 될 약관을 마련할 것을 공정거래위원회에 요청할 수 있다.

③ 공정거래위원회는 다음 각 호의 어느 하나에 해당하는 경우에 사업자 및 사업자단체에 대하여 표준이 될 약관을 마련하여 심사 청구할 것을 권고할 수 있다.

  1. 소비자단체 등의 요청이 있는 경우

  2. 일정한 거래 분야에서 여러 고객에게 피해가 발생하는 경우에 피해 발생 상황을 조사하여 약관이 없거나 불공정약관조항이 있는 경우

④ 공정거래위원회는 사업자 및 사업자단체가 제3항의 권고를 받은 날부터 4개월 이내에 필요한 조치를 하지 아니하면 관련 분야의 거래 당사자 및 소비자단체 등의 의견을 듣고 관계 부처의 협의를 거쳐 표준이 될 약관을 마련할 수 있다.

⑤ 공정거래위원회는 제1항 또는 제4항에 따라 심사하거나 마련한 약관(이하 "표준약관"이라 한다)을 공시(公示)하고 사업자 및 사업자단체에 표준약관을 사용할 것을 권장할 수 있다.

⑥ 공정거래위원회로부터 표준약관의 사용을 권장받은 사업자 및 사업자단체는 표준약관과 다른 약관을 사용하는 경우 표준약관과 다르게 정한 주요 내용을 고객이 알기 쉽게 표시하여야 한다.

⑦ 공정거래위원회는 표준약관의 사용을 활성화하기 위하여 표준약관 표지(標識)를 정할 수 있고, 사업자 및 사업자단체는 표준약관을 사용하는 경우 공정거래위원회가 고시하는 바에 따라 표준약관 표지를 사용할 수 있다.

⑧ 사업자 및 사업자단체는 표준약관과 다른 내용을 약관으로 사용하는 경우 표준약관 표지를

---

83) 「공정거래법」 제19조의 3 제7항 및 제8항을 참조할 수 있다.

사용하여서는 아니 된다.

⑨ 사업자 및 사업자단체가 제8항을 위반하여 표준약관 표지를 사용하는 경우 표준약관의 내용보다 고객에게 더 불리한 약관의 내용은 무효로 한다.

3 할부거래 및 특수거래와 소비자

1) 편리하지만 위험한 할부거래

(1) 할부거래 및 할부계약의 의의와 배경

소비자가 상품을 구매할 때는 그 대금을 지불해야 계약이 완결된다. 하지만 지갑 속에 돈이 부족하거나 없는 경우에도 상품을 살 수 있는 방법이 있다. 할부거래와 외상거래인 신용거래가 그것이다. 할부거래는 어떠한 상품을 거래할 때 거래금을 기간을 나누어 지불하는 형태의 거래를 말한다(신용거래에 관해서는 제8장에서 이미 다루었다).

이러한 할부거래는 상품을 받고 대금을 나눠서 갚는 이른바 할부(거래)계약을 맺게 되는데, 할부계약에는 직접할부계약과 간접할부계약으로 구분된다. 직접할부계약이란, 계약의 명칭이나 형식에 관계없이 소비자가 사업자에게 재화의 대금이나 서비스의 대가를 2개월 이상의 기간에 걸쳐 3회 이상 나누어 지급하고, 대금을 완납하기 진에 해당 재화나 서비스를 제공받기로 하는 계약을 의미하며, 간접할부계약은 소비자가 신용제공자에게 상품의 대금을 2개월 이상의 기간에 걸쳐 3회 이상 나누어 지급하고, 상품의 대금을 완납하기 전에 사업자로부터 상품의 공급을 받기로 하는 계약을 의미한다.

다시 말해, 계약의 명칭이나 형식에 관계없이 상품을 미리 공급받고 대금을 2개월 이상의 기간에 걸쳐서 3회 이상 지급하는 계약을 할부계약으로 이해할 수 있다.

이러한 할부거래의 배경을 보면, 산업혁명 이후 상품의 대량생산과 대량소비가 가능해짐에 따라, 그때까지 특정한 시장이나 소비자층만을 상대로 하고 있던 기업들이 새로운 수요를 창출하기 위하여 일반 대중이나 저소득층 소비자들에게도 판매하기 시작하였는데, 그 당시 상품의 대금 지급에 관하여 소비자의 부담을 덜어줄 수 있는 할부매매라는 방식을 개발하여 사용하게 되었다고 알려져 있다.

(2) 할부거래의 소비자문제

이러한 할부거래는 매월 정해진 금액을 납입하기 때문에 당장 목돈이 없더라도 원하는 상품을 구입할 수 있다는 장점이 있다. 사실 많은 소비자들이 고가의 자동차나 가전제품을 구입할 때 이러한 할부거래를 통해 적은 부담으로 소비생활을 하게 된다. 또한 제조·판매사나 카드사의 제휴 상품을 적절하게 사용할 경우 포인트나 적립금 등 부가적인 혜택을 볼 수도 있다. 하지만 소비자의 충동구매나 과잉소비를 초래할 수 있고, 시중은행 금리보다도 높은 이자까지 부담해야 하는 등 단점도 적지 않다. 또한 상품의 할부 판매자가 계약에 따른 채무를 이행하지 않아 소비자가 피해를 입을 수도 있다.

현실에서 할부거래의 판매자는 신용카드를 소지한 소비자와 할부거래를 하는 경우가 대부분이며, 이때 신용카드사나 캐피탈사 등 신용제공자와의 관계에서도 소비자 피해 등 문제가 발생할 수 있다.

할부거래에 관련된 제반 소비자문제를 예방하는 등 소비자보호와 할부계약의 공정성 등을 위해 1991년에 「할부거래법」이 제정되었다.[84]

읽을거리 10.2 소비자의 항변권

항변권은 20만 원이 넘는 물건을 3개월 이상 할부로 산 뒤 합당한 이유가 있을 때, 소비자가 할부금 잔액을 내지 않아도 되는 권리다. 할부계약이 무효, 취소 또는 해제된 경우, 물건에 하자가 있는데 판매자가 책임을 못 질 경우, 예정일까지 물건을 받지 못했을 경우 등이 이에 해당한다.

---

84) 「할부거래법」은 2010년의 전면 개정을 포함하여 수차례 개정이 있었다. 공정거래위원회가 1991년에 제정된 「할부거래법」을 본격적으로 집행한 2011년 이후 2016년까지 시정 실적은 총 267건이다. 조치 유형별로는 시정권고와 경고가 가장 많고, 과태료, 자진시정, 고발, 시정명령 등의 순이다. 위반 유형별로는 소비자 피해 보상보험 관련이 가장 많고, 정보 제공 의무, 청약 철회 및 해약금 환급, 금지행위 등의 순이다

소비자는 「할부거래법」상 항변권이 인정되는 사유가 발생하면, 할부 판매자 내지 신용제공자에 대하여 잔여 할부금의 지급을 거절할 수 있다. 이러한 항변권은 할부거래에서 소비자가 계약의 목적을 달성할 수 없을 때 할부 잔액 지급을 거절할 수 있도록 하여, 소비자 피해를 최소화하려는 취지에서 인정되는 권리이므로, 상대방의 동의나 수용이 있어야만 행사할 수 있는 것은 아니다. 다만, 소비자는 「할부거래법」에 따른 항변권 인정 사유가 분명한 경우에 한하여 항변권을 행사할 수 있다. 향후 소비자의 항변권 행사가 적법하지 않은 것으로 최종 판단되는 경우, 소비자는 지급을 거절했던 잔여 할부금과 지연 이자뿐 아니라 권리 남용에 따른 배상 책임까지 부담할 수 있다.

2) 방문판매 등 특수거래와 소비자 보호

(1) 특수거래의 의의

소비자거래에 관하여는 일반적으로 「민법」이나 「상법」 등에서 거래 관계를 규율하고 있지만, 방문판매와 전화권유판매, 다단계판매 등의 형태에 관해서는 별도의 「방문판매법」에서 다루고 있다. 「방문판매법」에서는 이상의 3가지 형태의 거래 유형 이외에도 계속거래와 사업권유거래에 관해서도 규정하고 있으며, 이러한 5가지 거래 유형 내지 거래 방식을 이른바 '특수판매' 내지 '특수거래'라고 한다.

방문판매

흔히 방문판매라고 하면 어떤 판매원이 소비자의 가정이나 직장을 방문해서 자기 상품을 구매해달라고 권유하는 직접방문판매의 형태를 말하지만, 사실 그 외에도 노상판매, 파티세일 등 다양한 형태의 방문판매 방식이 있다. 길거리에 진열대를 펴고 상품을 전시판매하는 형태와, 자동차 등에 싣고 순회하면서 판매하는 경우, 또는 아파트나 주택밀집지역에 순회점포를 꾸려 판매하는 경우 등 이른바 노상판매도 주된 방문판매의 한 형태이다. 또한 호텔이나 전문 전시장 등을 3개월 미만으로 단기 임차하여 판매 행위를 하는 이른바 파티세일도 방문판매의 한 형태로 분류된다.

「방문판매법」에서는 '상품을 판매하는 자가 소비자를 직접 방문하여 소비자에게 상품의 구매를 권유하고 계약을 체결하는 거래 방식'을 방문판매라고 규정하고 있다.

전화권유판매

전화권유판매는 전화를 이용하여 소비자에게 구매를 권유하여 계약의 청약을 받거나 계약을 체결하는 방법으로 상품을 판매하는 방식을 말하며 '텔레마케팅'으로도 불리고 있다.[85] 다만, 전화로 소비자에게 상품을 소개하거나 광고만하고, 실제 계약은 추후에 이뤄지는 경우는 전화권유판매라기보다는 일반거래 내지 통신판매에 해당한다고 볼 수 있다.

전화를 이용한 거래이지만 「방문판매법」상 전화권유판매에 해당하지 않는 경우를 몇몇 사례를 들어 살펴보자. 우선 전화를 이용한 '통신판매'의 경우를 보자. 통신판매는 '우편, 전기통신 등의 방법에 따라 상품판매에 관한 정보를 제공하고 소비자의 청약에 의하여 상품을 판매'하는 방식을 말하며 「전자상거래법」에서 규정하는 거래 방식이다.[86] 이러한 통신판매에서 전화는 단지 상품의 정보를 제공하는 수단이며, 전화로 상품의 구매 권유는 물론 소비자와의 계약 체결로 적극적으로 유도하는 이른바 전화권유판매와는 구별해야 할 필요가 있다.

비록 전화를 이용하여 전화권유판매의 요건이 충족된다 하더라도 거래의 상대방이 소비자가 아닌 경우는 「방문판매법」상 전화권유판매에 해당되지 않는다. 예를 들어 사업컨설팅이나 광고대행사가 전화를 걸어 상대방에게 권유하여 계약을 체결한 경우는 전화권유판매에 해당하지 않는다.

---

85) 경우에 따라서는 텔레마케팅과 전화권유판매를 구분하기도 한다. 다시 말해 텔레마케팅은 소비자의 주문을 전화로 접수하거나 전화로 광고하고, 소비자불만 등 애프터서비스도 전화로 접수·관리하는 것을 포함하는 개념으로서, 전화를 이용하여 거래 계약을 체결하는 '전화권유판매'를 포괄하는 개념으로 볼 수 있다.

86) 「전자상거래 등에서의 소비자보호에 관한 법률」 제2조(정의) 2항. '통신판매'란 우편·전기통신, 그 밖에 총리령으로 정하는 방법으로 재화 또는 용역(일정한 시설을 이용하거나 용역을 제공받을 수 있는 권리를 포함한다. 이하 같다)의 판매에 관한 정보를 제공하고 소비자의 청약을 받아 재화 또는 용역(이하 '재화 등'이라 한다)을 판매하는 것을 말한다. 다만, 「방문판매법」 제2조 제3호에 따른 전화권유판매는 통신판매의 범위에서 제외한다.

다단계판매

다단계판매는 여러 층으로 구성된 판매 조직이 단계적으로 확대되어가는 것을 의미하며 '네트워크마케팅', '피라미드 상술' 등으로도 불린다. 다단계판매 업체의 권유를 받은 소비자가 판매원으로서 판매 조직에 참가할 뿐 아니라, 자신의 하위에 새로운 판매원을 늘려 판매 조직을 확대시켜나가는 형태가 일반적이다. 법적으로는 판매원(판매업체)이 특정인을 자신의 하위 판매원으로 가입하도록 권유하고, 판매원의 가입이 3단계 이상으로 이루어지며, 판매원 자신 또는 자신의 하위 판매원의 거래 실적 등에 따라 후원수당이 지급되는 판매 방식을 의미한다.

이러한 다단계판매는 관련법에 따라 각 시·도에 등록하여 합법적으로 이루어지는 경우가 일반적이지만 종종 불법 피라미드 상술로 변질되어 소비자문제를 야기하는 경우가 적지 않다.

사실 다단계판매는 겉으로는 불법 피라미드 조직과 구별하기 쉽지 않다. 「방문판매법」에 따르면, 다단계판매가 불법 피라미드로 변질되는 것을 억제하기 위해 다음의 행위를 금지하고 있다. 첫째, 가입비 명목 또는 판매원 가입 조건으로 금전을 요구하거나 물건을 사게 하는 행위, 둘째, 상품의 강매 또는 상위 판매원이 하위판매원에게 상품을 제공하는 행위, 셋째, 다단계판매원에게 일정 수의 판매원 모집·후원 의무를 지우는 행위, 넷째, 판매하지 못한 상품을 반환함에 있어 기한을 두거나 일정 수준 이상의 비용을 공제하는 행위 또는 상품의 반품·환불 규정이 불명확하거나 사실상 지켜지지 않는 행위, 다섯째, 후원수당 산정 지급 기준 등에 관한 자료를 공개하지 않는 행위 등이다.

계속거래

계속거래는 학원강습이나, 헬스장 이용 등과 같이 1개월 이상에 걸쳐 계속적 또는 부정기적으로 상품을 공급하면서 중도에 계약을 해지할 경우 대금 환급의 제한이나 위약금에 관한 약정이 있는 거래로, 지속적인 거래 관계가 유지된다는 점이 주된 특징이다. 이러한 계속거래에서는 일반적인 거래 계약과 달리 지속적인 거래 관계가 유지된다는 특성 때문에 상품의 이용 과정에서 사업자 내지 판매자와 소비자 간의 분쟁이 잦은 편이다.

특히 최근에는 다양한 사업 분야에서 계속거래 형태의 거래 유형이 늘어나면서, 사업자가 계약과 다른 내용의 상품이나 서비스를 공급하거나 계약 해지 시 과다한 위약금을 청구하는 등의 사례가 빈번하게 발생하고 있어 소비자보호의 필요성이 더욱 높아지고 있는 상황이다.

이러한 계속거래는 일회적 거래가 대부분인 일반적인 거래 방식과는 달리 계약 중도 해지 시 대금 환급의 제한이나 위약금 발생 등 소비자 피해가 빈발할 수 있다. 따라서 「방문판매법」에서는 계속거래에서의 소비자 보호를 위한 조치들을 명시하고 있다. 예컨대 사업자는 소비자가 계약 해지를 원할 경우 언제든지 해지해주어야 하며, 소비자로부터 상품을 반환받은 날부터 3영업일 이내에 대금을 환급토록 강제하고 있다. 또한 소비자 귀책 사유로 계약이 해지된 경우 사업자가 받을 수 있는 위약금도 해당 해지로 인해 발생하는 손실을 현저하게 초과할 수 없도록 제한하고 있다.

사업권유거래

사업권유거래는 사업의 기회를 알선하거나 제공하는 방법으로 거래 상대방을 유인하여 물품을 구입하게 하는 거래를 말한다. 이 경우 거래 상대방이 영세 상인이나 부업 희망자 등과 같이, 비록 소비자는 아니더라도 소비자에 준하여 보호할 필요성이 있다는 이유로 「방문판매법」에서 사업권유거래 유형을 따로 분리하여 이들을 법적으로 보호하게 된 것이다.

예컨대 온라인상 블로그를 개설하여주는 대신 노트북을 판매하거나, 번역 아르바이트 일거리를 주면서 번역에 관련된 서적이나 시디 등을 판매하는 거래가 사업권유거래에 해당된다.

이러한 사업권유거래는 거래 기간에 관계없이 거래 금액이 30만 원을 초과하면 「방문판매법」의 적용을 받는다.

(2) 방문판매 등을 일반 거래와 구별하여 특수하게 다루는 이유

일반적인 소비자거래에서는 사업자 내지 판매자가 점포를 갖추어 자기의 상품을 진열하고, 소비자의 내방을 기다리는 것이 보통이다. 이에 반하여 앞서 살펴본 방문판매 등 특수거래의 경우 사업자 내지 판매자가 적극적으로 소비자에게 연락하거나 찾아가서 거래를 시도하는 경우가 대부분이다.

이러한 특수한 형태의 거래에서 소비자는 판매자의 점포를 찾아가는 수고를 하지 않고서도 쉽게 상품을 구입하는 등 거래를 할 수 있어서 물리적·시간적 편리함이 있다. 하지만 일반적인 소비자거래에서와는 달리 예기치 못한 불편함이나 피해를 당할 위험이 상대적으로 크다.

방문판매 등 특수거래 상황에서의 그러한 소비자문제가 발생하는 배경을 보면, 첫째, 소비자는 판매자나 해당 상품에 대한 사전적 지식이나 정보가 매우 적은 상태에서 거래하는 경우가 많으며 둘째, 소비자는 구매 의사결정을 하는 데 있어서 판매자의 주도 아래 놓이게 되어 충분히 생각할 여유를 갖지 못하는 경우가 빈발한다. 셋째, 일반적인 경우는 아니라 하더라도, 방문판매나 다단계판매의 경우 가정이나 차 내 등 폐쇄적인 장소에서 거래하는 경우가 적지 않으며, 경우에 따라서는 구매를 강요당하거나 허위·과장된 설명에 현혹되기 쉽다.

(3) 특수거래 관련 소비자보호 제도

이와 같은 특수거래로 분류되는 소비자거래 과정에서 야기되는 소비자 피해를 방지하고, 발생된 피해에 대한 적절한 구제를 위해 「방문판매법」 등에서는 청약 철회, 정보제공의무, 손해배상청구, 특수판매업자의 입증 책임, 소비자 피해 보상보험계약, 공제조합의 설립 등 여러 제도를 규정하고 있다. 그중 대표적인 소비자보호를 위한 제도인 청약 철회제도와 사업자의 정보제공 의무에 관해 상세히 살펴보도록 한다.

청약 철회제도

청약 철회(cooling off)는 매우 상력한 소비자보호제도이다. 상품을 구매하고 대금을 지급하여 거래 계약이 종결되었음에도 일정 기간 내에 아무런 조건 없이 계약을 취소할 수 있는 권리를 거래의 일방인 소비자에게 부여하는 것이다. 다시 말해, 상품을 구입한 이후에 단순히 변심하거나 상품이 마음에 들지 않아 구입을 취소하려는 소비자가 일정 기간 내에는 아무런 위약금이나 손해배상 책임 없이 계약을 취소할 수 있도록 한 제도이다.

앞서 살펴보았듯이 일반적인 거래는 「민법」상의 계약의 원칙에 따라 청약의 구속력을 갖는다. 다시 말해 청약의 효력이 발생한 때에는 청약자가 이를 마음대로 철회하지 못한다(「민법」 제527조) 사실 청약은 법률행위가 아니므로 그

자체만으로는 아무런 효력이 없는 것이어서 자유로이 철회할 수 있다. 그러나 일방의 청약에 상대방이 승낙함으로써 계약을 체결할 수 있는 기회를 갖게 되며, 앞서 제1절에서 살펴보았듯이 그러한 청약과 승낙에 교환의 대가(약인)가 수반되어 계약이 체결되면 해당 청약에 대해 법이 구속력을 주게 된다. 그런데 이러한 거래 과정에서 청약자가 청약을 마음대로 철회할 수 있다면 어떻게 될까? 상호 신뢰를 바탕으로 하는 거래의 안전을 유지할 수 없고 상대방에게 부당한 손해를 줄 수도 있다.

하지만 이러한 「민법」상 청약의 구속력에 대한 예외를 인정하는 것이 이른바 '청약 철회권'이다. 이는 모든 소비자거래 내지 소비자계약에서 청약 철회가 인정되는 것은 아니고 특별히 소비자를 보호할 필요가 있는 '특수거래', 즉 방문판매·전화권유판매·다단계판매와, 전자상거래·통신판매·할부거래 등 관련법이 정하는 분야에 대하여만 적용된다. 청약 철회 가능 기간은 계약서를 교부받은 날부터 14일 이내이지만, 계약서를 교부받은 날보다 상품을 늦게 받았을 경우에는 상품 수령일이 기산일이 된다.

하지만 소비자의 청약 철회권이 제한되는 경우가 있다. 소비자에게 책임 있는 사유로 상품이 멸실되거나 훼손된 경우(내용 확인을 위해 포장의 훼손이 불가피한 경우는 예외) 또는 소비자가 상품을 사용하거나 일부 소비하여 상품의 가치가 현저히 감소한 경우는 청약 철회가 제한되거나 불가능하다. 또한 재판매가 곤란할 정도로 상품의 가치가 현저히 감소한 경우와, 음반 등과 같이 복제가 가능한 상품의 포장을 훼손한 경우[87], 소비자의 주문에 따라 개별 생산되는 상품과 같이 청약 철회에 따라 판매업자에게 회복할 수 없는 중대한 피해가 예상되는 경우는 청약의 철회가 제한된다.

청약 철회 시 소비자는 자신이 구입하거나 제공받은 상품을 반환해야 하고 사업자는 그 상품을 반환받은 날부터 3영업일 이내에 대금을 환급해야 한다. 만일 대금의 환급이 늦어진 경우에는 사업자가 지연배상금을 해당 소비자에게 지불해야 한다. 덧붙여, 소비자의 청약 철회에 따른 상품 반환에 소요되는 비용은 판매자 부담이며, 해당 청약 철회에 따른 위약금을 청구할 수 없다.

---

87) 이 같은 사실을 상품 포장 등에 명기하지 않거나 시용 상품을 제공하지 않은 경우에는 청약 철회가 가능하다.

<표 10-2> 소비자거래 형태별 청약 철회 기간

거래 형태		청약 철회 가능 기간
일반거래		청약 철회 불가
특수거래	방문판매	14일 이내
	전화권유판매	
	다단계판매[주]	
할부거래		7일 이내
통신판매(전자상거래 등)		7일 이내

* 2개 형태에 해당되는 경우 각 청약 철회 기간 중 긴 기간을 적용한다.
주) 일반 소비자(14일)와는 달리 다단계판매원의 경우는 '계약 체결일로부터 3월 이내'이다.

사업자의 정보제공 의무

방문판매와 전화권유판매 등 특수거래에서 소비자보호를 위한 주된 제도 중의 하나는 사업자의 소비자에 대한 정보제공 의무이다. 사업자가 소비자에게 정확하고 다양한 정보를 제공함으로써 소비자의 합리적인 구매 결정을 유도하고, 그럼으로써 정부의 직접 규제보다는 시장의 자율적인 소비자문제 해결 능력을 제고할 목적에서 「방문판매법」 등에서는 소비자에 대한 사업자의 정보제공 의무를 규정하고 있다.

「방문판매법」 제7조에는, 소비자거래 시 판매자는 소비자에게 판매자의 성명·상호·주소·전화번호, 청약 철회의 기한·행사 방법·효과에 관한 사항, 청약 철회 시 필요한 서식, 물품의 교환·반품 및 대금 환불의 조건과 절차, 거래 약관 등 계약 내용과 거래 조건에 관한 각종 정보를 제공하도록 의무화하고 있다.

또한 판매자는 소속 방문판매원의 성명, 주민등록번호, 주소, 전화번호 및 전자우편주소가 포함된 판매원 명부를 사업장에 비치하여 소비자가 쉽게 관련 정보를 얻을 수 있도록 해야 한다. 구체적인 사항은 <읽을거리 10.3>을 참고할 수 있다.

① 방문판매자 등은 재화 등의 판매에 관한 계약을 체결하기 전에 소비자가 계약의 내용을 이해할 수 있도록 다음 각 호의 사항을 설명하여야 한다.

1. 방문판매업자 등의 성명(법인인 경우에는 대표자의 성명을 말한다), 상호, 주소, 전화번호 및 전자우편주소

2. 방문판매원 등의 성명, 주소, 전화번호 및 전자우편주소. 다만, 방문판매업자 등이 소비자와 직접 계약을 체결하는 경우는 제외한다.

3. 재화 등의 명칭, 종류 및 내용

4. 재화 등의 가격과 그 지급의 방법 및 시기

5. 재화 등을 공급하는 방법 및 시기

6. 청약의 철회 및 계약의 해제(이하 '청약 철회 등'이라 한다)의 기한·행사 방법·효과에 관한 사항 및 청약 철회 등의 권리 행사에 필요한 서식으로서 총리령으로 정하는 것

7. 재화 등의 교환·반품·수리보증 및 그 대금 환불의 조건과 절차

8. 전자매체로 공급할 수 있는 재화 등의 설치·전송 등과 관련하여 요구되는 기술적 사항

9. 소비자 피해 보상, 재화 등에 대한 불만 및 소비자와 사업자 사이의 분쟁 처리에 관한 사항

10. 거래에 관한 약관

11. 그 밖에 소비자의 구매 여부 판단에 영향을 주는 거래 조건 또는 소비자 피해 구제에 필요한 사항으로서 대통령령으로 정하는 사항

② 방문판매자 등은 재화 등의 판매에 관한 계약을 체결할 때에는 제1항 각 호의 사항을 적은 계약서를 소비자에게 발급하여야 한다.

③ 방문판매자 등은 재화 등의 계약을 미성년자와 체결하려는 경우에는 법정대리인의 동의를 받아야 한다. 이 경우 법정대리인의 동의를 받지 못하면 미성년자 본인 또는 법정대리인이 계약을 취소할 수 있음을 알려야 한다.

④ 제2항에 따른 계약서 중 전화권유판매에 관한 계약서의 경우에는 소비자의 동의를 받아 그 계약의 내용을 팩스나 전자문서(「전자문서 및 전자거래 기본법」제2조 제1호에 따른 전자문서를 말한다. 이하 같다)로 송부하는 것으로써 갈음할 수 있다. 이 경우 팩스나 전자문서로 송부한 계약서의 내용이나 도달에 관하여 다툼이 있으면 전화권유판매자가 이를 증명하여야 한다.

⑤ 방문판매업자 등은 제1항 및 제2항에 따라 소비자에게 설명하거나 표시한 거래 조건을 신의에 좇아 성실하게 이행하여야 한다.

자료: 국가법령정보센터, 「방문판매법」

　　이러한 특수거래에 관한 소비자보호 제도를 바탕으로 정책당국에서는 「방문판매법」 등에 따른 시정 조치를 취해오고 있다. 공정거래위원회가 2002년에 개정된 「방문판매법」을 본격적으로 집행한 2003년 이후 2016년까지 시정 실적은 총 681건인데, 거래 분야별로 보면 5개 유형 중 다단계판매가 가장 많고, 방문판매, 전화권유판매, 계속거래, 사업권유거래의 순으로 나타났다. 위반 유형별로는 방문판매의 경우 정보제공 의무 위반이 가장 많았고, 금지행위, 청약 철회 등의 순이었다. 다단계판매의 경우는 후원수당에 관한 시정 건이 가장 많았으며, 금지행위, 정보제공 의무, 판매원 관련, 청약 철회 등의 순으로 나타났다. 계속거래 및 사업권유거래의 경우 금지행위, 정보제공 의무 등에 관한 시정 조치 건수가 비교적 많았다.[88]

---

88) 『소비자정책 과거 현재 그리고 미래 I』, 81~82쪽.

4 표시·광고 규제와 소비자보호

1) 부당한 표시·광고의 규제

오늘날의 소비생활에서 광고와 표시의 중요성이 점점 더 커지고 있다. 과거에는 시장에서의 정보 부족으로 인하여 직접적인 구매가 대다수를 차지했지만, 오늘날에는 기술의 발전과 충분한 정보 아래 소비자들은 표시·광고물의 인쇄매체와 영상매체를 통한 체험을 통해 상품을 구매한다. 과거에는 구전(口傳)이 일반적인 광고 수단이었지만 현대 경제사회에서는 신문과 방송, 유무선 인터넷과 같은 대중매체가 중요한 광고 수단이 되었다.

이러한 국내 광고시장은 2018년 기준으로 약 13조 6천억 원으로 2017년의 12조 8천억 원보다 6.2% 성장했으며 향후에도 일정 부분 성장할 것으로 예상된다. 그중에서 특히 주목되는 부분은 온라인광고의 성장세이다.

최근에는 광고만을 위한 수십 개의 케이블TV 채널이 성황을 이루고 있으며, 특히 요리·먹방 광고 분야는 모든 연령대에서 선호하는 콘텐츠가 되고 있는 실정이다. 현대의 소비자들은 직접적으로 상품을 접하지 못하더라도, 정보통신기술의 발달로 영상매체나 인쇄물을 통해 상품을 접하고, 이를 주문하고 구입하고 있는 실정이다. 이와 같이 소비자는 구매하고자 하는 상품에 대한 정보의 대부분을 표시와 광고를 통해 수집하고 있다.

이러한 이유로 자본주의 시장경제에서 사업자들은 소비자들에게 상품을 판매하기 위하여 치열한 광고전을 전개하고 있다. 하지만 소비자들은 상품의 품질·안전성·가격 등에 대한 정보를 대부분 생산자 및 유통업자의 표시·광고에 의존할 수밖에 없는 것 또한 불변의 사실이다.

그런데 표시와 광고는 사업자가 하게 되므로 이를 통해 제공되는 정보에는 허위·기만적인 내용이 포함될 가능성이 상당히 높다. 또한 표시와 광고는 소비자 피해를 유발하는 주된 소비자 정보원이기도 하다. 표시와 광고에 대한 규제가 효율적으로 이루어지면 관련된 소비자문제가 상당 부분 해소될 수 있을 것이다. 이에 따라 모든 국가에서는 오래전부터 허위·기만적인 사업자의 표시·광고 행위를 규제해오고 있다.

(1) 표시·광고 규제 환경의 변화

다양화되고 있는 광고매체

수년 전까지 광고매체는 TV와 라디오 등 방송매체와 신문, 잡지 등 인쇄매체가 거의 대부분을 차지하였다. 하지만 최근에는 초고속 유·무선 인터넷망의 확산과 노트북과 태블릿, 모바일기기 등 개인용 기기의 확대·보급으로 인터넷광고가 방송광고에 이어 2대 광고매체로 부상하고 있으며, 이러한 인터넷광고의 신장세는 향후에도 지속될 것으로 전망된다. 무엇보다 모바일광고가 일상화되고 있다. 스마트폰의 기능이 향상되고, 액정화면이 대형화됨으로써 휴대폰을 통한 광고 환경이 급속히 개선되어가고 있는 것이다.

이러한 광고매체의 개선과 다양화는 디지털기술의 변화와 함께 광고 기법에도 영향을 미치게 된다. 특히 디지털화는 상호작용을 가능하게 하므로, 디지털화된 광고매체에서는 쌍방향광고가 가능해져 개인 맞춤식 광고도 점차 성행하고 있다.

모호해지는 광고와 홍보 간의 경계

통신기술의 혁신에 따른 광고매체의 다양화로 광고와 홍보의 구분이 모호해지고 있다. 사실 광고와 홍보는 구분되어야 한다. 왜냐하면 광고는 소비자보호 등을 위해 규제 대상임에 비하여 홍보는 규제 대상이 아니기 때문이다. 인터넷 홈페이지를 통해 제공되는 정보를 광고로 볼 것인지 홍보로 볼 것인지가 대표적인 사례이다. 전통적인 광고 개념에 따르면, 인터넷 홈페이지 내용은 광고가 아니라 기업의 홍보 활동으로 보아야 한다. 그러나 여기에 광고의 속성을 가진 내용이 많이 포함되어 있다. 이에 따라 우리나라에서도 의료법에서는 홈페이지의 내용도 광고 규제 대상에 포함시키고 있다.[89]

세계화 등 환경 변화에 따른 사전규제의 한계

세계경제의 글로벌화와 자유무역협정(FTA) 등 국가·지역 간 경제통합 등에

---

89) 박성용·이종인 외 3(2013), 『표시·광고규제제도 개선에 관한 연구』, 공정거래위원회 연구용역보고서, 6~7쪽.

따라 국경의 의미가 퇴색되고 지구촌이 하나의 단일시장이 되어가고 있다. 표시와 광고에 관련된 제반 규제도 이러한 환경 변화에 따라 적절하게 변화되는 것이 바람직하다. 하지만 우리나라의 표시·광고 규제는 방송광고와 신문광고 위주의 사전 심의제도, 국가 주도의 심의제도가 여전히 주를 이루고 있다.

최근에 들어서는 이러한 사전규제들이 심각한 도전을 받고 있다. 예컨대 한미FTA 체결 시 미국에서 우리나라의 광고시장의 전면 개방을 요구하였으며, 법령에 의한 타율적인 사전광고심의제도를 무역장벽의 하나로 인식하여 이의 철폐를 요구하기도 하였다.

(2) 소비자보호를 위한 표시·광고 규제 제도

사업자의 부당한 표시와 광고로부터 소비자를 보호하기 위한 것으로 「표시광고법」이 있다.[90] 「표시광고법」은 부당한 표시·광고의 제한과, 바르고 유용한 소비자 정보제공 촉진 등 2가지 목적으로 제정되었다고 볼 수 있다. 「표시광고법」에서는 이러한 목적을 달성하기 위해 ① 부당한 표시·광고 규제, ② 중요한 표시·광고 사항의 고시, ③ 표시공고 내용의 실증, ④ 사업자단체의 표시·광고 제한행위 금지, ⑤ 임시중지명령 등의 제도를 규정하고 있다.

부당한 표시·광고 규제

「표시광고법」(제3조 제1항)에서는 부당한 표시·광고를 규제하고 있다. 즉, 사업자는 소비자를 속이거나 소비자를 오인하게 할 우려가 있는 표시·광고 행위로서, 공정한 거래질서를 저해할 우려가 있는 허위·과장의 표시·광고, 기만적인 표시·광고, 부당하게 비교하는 표시·광고, 비방적인 표시·광고 등을 금지하고 있다.

이러한 부당한 표시·광고 행위에 대해 정책당국에서는 해당 위반 행위의 중지, 위반 사실의 공표, 정정광고 등의 명령과 더불어 법에서 정한 기준의 과징금을 부과할 수 있다. 또한 그러한 부당한 표시·광고로 인한 피해에 대해서는 사업자가 피해자에게 손해배상의 책임을 지게 된다.

---

90) 정식 법률명은 「표시·광고의 공정화에 관한 법률」이다. 「표시광고법」 외에도 「소비자기본법」, 「식품위생법」, 「약사법」, 「화장품법」, 「품질경영법」 등에서도 부당한 표시와 광고를 규제하는 내용을 담고 있다.

중요한 표시·광고사항의 고시

「표시광고법」(제4조 제1항)에서는 상품 또는 용역이나 거래 분야의 성질에 비추어 소비자보호 및 공정한 거래질서 유지를 위해 필요한 중요 사항을 표시·광고 사항에 포함하도록 하고 있다. 이때 이러한 표시·광고 고시의 대상으로는 첫째, 소비자 피해가 빈번히 발생하는 사항, 둘째, 소비자가 상품의 중대한 결함이나 기능상의 한계 등을 정확히 알지 못하여 구매 선택에 결정적 영향을 미치는 경우, 셋째, 소비자의 생명·신체 또는 재산에 위해를 끼칠 가능성이 있는 경우, 넷째, 소비자의 합리적 선택을 현저히 그르칠 가능성이 있거나 공정거래질서를 현저히 해치는 경우 등이다.

표시·광고 내용의 실증

「표시광고법」(제5조 제1항)에는 사업자가 자기가 행한 표시·광고 중 사실과 관련된 사항에 대해서는 이를 실증토록 하고 있다. 즉 공정거래위원회는 사업자의 표시·광고 행위가 「표시광고법」을 위반할 소지가 있어 그 실증이 필요하다고 인정될 경우 해당 사업자에게 관련 자료를 제출하도록 요철할 수 있으며, 자료 제출 요청을 받은 사업자는 15일 이내에 실증자료를 제출해야 한다.

사업자단체의 표시·광고 제한행위 금지

「광고규제법」(제6조 제1항)에는 사업자단체는 가입된 사업자에 대하여 표시·광고를 제한하는 행위를 해서는 안 된다고 명시하고 있다. 다만 소비자 이익을 보호하거나 공정한 거래질서 유지를 위해 필요한 경우는 예외가 가능하다.

임시중지명령

사업자의 표시·광고 행위가 「광고규제법」 제3조 제1항(부당한 표시·광고 행위의 금지)을 위반한다고 명백하게 의심되는 경우 및 해당 행위로 소비자나 경쟁 사업자가 회복이 어려운 손해가 발생할 우려가 있는 경우 공정거래위원회는 해당 행위의 중지를 명령할 수 있다.

2) 온라인광고와 소비자문제

인터넷이라는 컴퓨터 통신망의 소프트웨어를 매체로 하여 제공되는 이른바 온라인광고(인터넷광고)가 새로운 광고매체 수단으로 급성장하고 있다. 온라인광고는 신문, TV와 라디오 등 다른 매체 광고와는 달리, 인터넷기술의 발전에 따라 광고기법이 끊임없이 진화하고 있다. 또한 '광고'와 '정보' 간의 경계도 분명하지 않을 뿐 아니라 시간과 공간을 초월하여 광고가 이루어지는 등의 특성을 띠고 있다.

이러한 온라인광고의 급성장은 어린이에서 노인에 이르기까지 모든 국민들이 언제라도 온라인광고를 방문할 수 있게 하고 있으나, 전통적인 광고시장에서는 볼 수 없었던 새로운 소비자 문제를 야기한다. 포털사이트 등 온라인광고매체에서 제공되는 광고가 정보로 오인되어 소비자 피해를 유발하고 있으며, 디지털이라는 온라인광고 고유의 특성에 의해서 발생하는 부당광고도 효율적으로 규제되지 못하고 있다. 뿐만 아니라 사회적으로 바람직하지 않는 선정적인 광고는 물론이고, 인신매매 등 사회적으로 불법으로 규정하는 행위와 관련한 광고도 일부 온라인광고매체에서 이루어지고 있다.

온라인광고시장에서 발생하는 이와 같은 문제들은 온라인광고로 인한 소비자문제를 발생시키는 것은 물론이고, 온라인광고 산업 자체의 발전을 저해한다. 온라인광고 산업은 통신기술과 방송, 그리고 정보산업의 융합으로 창조경제의 중요한 부문이기도 하다. 따라서 온라인광고시장에서 발생하는 이러한 문제점을 해결하는 것은 이용자 보호는 물론이고, 국가 경제의 성장과 발전을 위해서도 반드시 필요하다.

(1) 온라인광고의 의의

온라인광고에 대한 정의는 여전히 분명하지 않다. 저마다 큰 범위에서의 정의부터 작은 범위에서의 정의까지 각양각색이다. 이렇게 정의가 불명확한 이유는 무엇보다도 '인터넷' 자체가 갖고 있는 본질이 지속적으로 변화하는 성향을 갖고 있기 때문일 것이다. TV와 신문과 같은 매체를 통한 광고와는 달리 광고주와 이용자가 쌍방향으로 커뮤니케이션을 할 수 있는 특성을 이용하여 배너광고, 검색광고, 미니홈피, 블로그, IPTV, 모바일광고 등 다양한 형태의 온라인광고가 일반화되고 있다.

온라인광고란?

온라인광고는 '인터넷'이라는 수단을 통한 전통적인 '광고'를 의미한다. 구체적으로는, 광고주가 인터넷 웹브라우저를 통해 사람, 상품 및 서비스에 관련한 정보를 갖고 소비자 내지 이용자를 설득하고, 그에 대한 반응을 얻기 위해 행하는 쌍방향 커뮤니케이션을 말한다.

이러한 온라인광고는 인터넷 네트워크의 운용 프로그램과 서비스 매체에 따라 협의의 온라인광고와 광의의 온라인광고로 구분할 수 있다. 과거에는 '광고주가 특정 사이트에 자신의 광고용 배너를 게재하여 검색엔진이나 자신의 사이트로 하이퍼링크시키고 그 대가를 지불하는 것'으로, 좁은 의미에서 온라인광고를 정의해왔지만, 오늘날에는 '광고주가 대가를 지불하고, 인터넷에서 제공되는 다양한 형태의 커뮤니케이션 도구를 활용하여 고객과 행하는 일련의 커뮤니케이션 활동'을 포괄하는 넓은 의미로 이해되고 있다.

(2) 온라인광고 소비자문제[91]

온라인광고 소비자문제의 본질

온라인광고에서 문제의 본질은 대상 소비자의 범위에 따라 달라진다. 일반적으로 '이용자'는 '소비자'보다 광의로 사용된다 하지만 여기에서는 소비자로 통칭하되 필요한 경우에만 구분해서 표현하도록 한다.

'소비자'를 협의로 해석하면 최종 소비자만 의미할 수도 있지만, 광의로 해석하면 최종 소비자뿐만 아니라, 온라인광고의 이용자에 더해 온라인광고의 제작에 관련된 사람들뿐 아니라 온라인광고가 탑재되는 매체사 등 온라인광고와 관련이 있는 자 모두를 의미하기 때문이다.

온라인광고와 관련한 소비자문제가 사회적으로 가장 이슈화되는 것은 최종 소비자와의 관계에서 발생하는 문제이다. 모든 광고가 그렇듯이, 온라인광고의 목적도 광고주, 즉 사업자가 자신이 공급하는 물품이나 서비스를 소비자에게 판

---

91) 이종인 외 3(2010), 『인터넷광고 이용자 피해 방지책 마련을 위한 연구 위탁용역』, 한국인터넷진흥원 연구용역보고서, 45~47쪽.

매 또는 제공하기 위한 것이기 때문이다. 따라서 온라인광고에서도 사회적으로 가장 중요한 소비자문제는 부당한 온라인광고로 인하여 발생하는 소비자문제인 것이다.

　　과장·과대광고뿐만 아니라 사기·기망적 광고 등 부당한 온라인광고는 소비자의 구매 선택을 오도하여 재산상의 손해를 야기하며, 과다소비 또는 잘못된 사용이나 소비를 유도하여 생명·신체상의 위해를 야기하기도 한다.

　　이러한 문제 이외에도 소비자와의 관계에서 발생할 수 있는 문제는 온라인광고의 특성상 광고에서 최종 거래까지의 모든 행위가 인터넷이라는 매체를 통하여 동시에 이루어짐에 따라 노출될 수밖에 없는 개인정보 보호 문제, 누구나 인터넷 접근이 가능함에 따라 발생할 수 있는 미성년자 보호 문제, 통신기술의 개발뿐만 아니라 정보란과 광고란의 구분이 명확하지 않기 때문에 발생하는 제반 문제, 예컨대 온라인광고가 사이트 화면을 움직이기 때문에 관련 정보의 구독을 방해하는 문제, 광고인지 아닌지의 구분이 명확하지 않아 발생하는 문제 등도 대표적인 이용자문제 내지 소비자문제의 제 유형으로 볼 수 있다.

　　온라인광고와 매체사와의 관계에서도 여러 가지 문제가 발생할 수 있다. 그 중 가장 중요한 문제는 합리적인 광고료 산정상의 문제이다. 온라인광고의 효과는 기존 광고에서와 같은 노출이 아니라 방문 수 등에 의해서 결정되기 때문이다. 이러한 문제를 해결하기 위하여 온라인광고를 유형별로 분류하고, 이를 표준화하는 문제가 중요한 과제로 부각되고 있다. 상기 문제 이외에 부당광고에 대하여 매체사도 책임을 부담하여야 하는가의 문제도 중요한 문제의 하나이다. 모든 광고에서 그러하듯이 지금까지는 매체사가 법적인 책임은 부담하지 않는다. 그러나 자율규약 등에서 매체사 등 온라인광고 관련자는 모두 온라인광고가 진실하도록 노력하여야 한다고 규정하고 있어 시장적·윤리적 책임을 지게 되는 것이다.

　　온라인광고와 광고 제작자와의 관계에서는 가장 중요한 문제는 광고주가 명백하게 부당 또는 불법적인 광고 제작을 요청하였을 경우, 이를 수용하여야 하는가의 문제이다. 이는 비단 온라인광고에서만 발생하는 문제는 아니다. 그러나 온라인광고는 제작, 변경, 탑재 등이 용이하기 때문에 이러한 문제가 보다 빈번하게 발생할 가능성이 있다.

〈표 10-3〉 온라인광고(광고주)와 관계자 간 발생하는 소비자문제

구분	소비자(이용자) 문제	비고
소비자	• 불법 및 부당한 온라인광고로 인한 문제 • 개인정보보호 문제 • 미성년자보호 문제 • 정보와 광고의 구분 곤란으로 인한 문제 • 광고가 정보 구독을 방해하는 문제 등	• 사회적 규제 필요
매체사	• 광고효과 측정 문제 • 합리적인 광고비 산정 문제 • 매체사의 부당광고에 대한 책임 문제 등	• 사업자 간 문제 • 매체사의 사회적 책임 문제
광고 제작자	• 사전에 인지하고 있는 부당광고 제작 의뢰에 대한 문제 등	• 온라인광고 관계자의 사회적 책임 문제

온라인광고의 특성에 따른 소비자문제

온라인광고도 광고의 한 유형이다. 따라서 온라인광고로 인한 소비자문제도 일반적인 광고에서와 마찬가지로 소비자의 구매 행위를 오도(misleading)하거나 잘못된 사용·소비를 유도함으로써 소비자의 재산상 또는 생명·신체상의 위해를 야기하는 것이라 할 수 있다. 따라서 온라인광고로 인한 소비자문제가 일반적인 광고매체에서와 동일하게 발생한다면, 온라인광고로 인한 소비자문제도 기존의 광고규제 법제로 쉽게 해결할 수 있다.

그러나 온라인광고는 앞에서 살펴본 바와 같이 다른 광고매체와 다른 특징이 있으며, 이러한 온라인광고 고유의 특성으로 인해 소비자문제가 발생할 가능성이 있는 경우에는 기존의 광고법제로는 부당한 온라인광고로부터 야기되는 소비자문제를 해결할 수 없다. 온라인광고 고유의 특성에 의해서 발생할 수 있는 부당한 온라인광고로는, 부당하게 온라인광고를 방문하게 하는 광고행위, 중요한 정보를 분산하는 광고행위, 시각·청각적인 왜곡 현상을 이용하는 광고행위, 구매행위로의 연결에 따는 소비자문제, 개인정보 유출로 인한 문제 등이 있을 수 있다.

또한 온라인광고가 게재되어 있는 사이트와 물품을 판매한 사업자가 서로 다른데도 이에 대한 정보가 제대로 제시되지 않은 경우, 광고인지 홍보인지 불분명할 경우 등 온라인광고 고유의 특성에 의해서 발생할 수 있는 소비자문제도

빈발하고 있다.

따라서 부당한 온라인광고로부터 발생하는 이용자문제를 해소 내지 경감하기 위해서는 기존의 부당광고 규제 관련 법령과 함께 온라인광고 고유의 특성에 의해서 발생할 가능성이 있는 부당광고 규제 기준이 앞서 제시된 유형들에 기초하여 마련될 필요가 있다.

(3) 온라인광고 소비자보호제도

일반 광고매체 소비자보호제도의 준용

온라인광고에서의 소비자보호만을 위한 별도의 제도는 실질적으로 없다고 보는 것이 타당하다. 앞 절에서 살펴본 방송이나 신문 등 타 광고매체의 소비자보호제도, 다시 말해 원칙적으로는 「표시광고법」 등의 규율을 받는다. 「표시광고법」을 포함한 대부분의 관련 법률에서 허위나 기만적인 부당광고를 사전에 금지하고 있으며, 사후적으로도 임시중지명령제도 등을 도입하여 피해의 최소화를 도모하고 있다. 특히 의료서비스, 의약품, 건강기능식품 등 일부 품목은 관련 법률에서 부당광고를 사전에 심의토록 규정하고 있다.

부당광고로 인하여 이용자가 피해를 입은 경우에도 손해배상을 받을 수 있는 제도도 도입되어 있다. 광고 관련법에서 부당광고로 인한 손해배상책임 법리는 일반적인 손해배상법리와는 달리 무과실책임(strict liability)이 적용되고 있다. 그러나 이러한 제도를 이용하여 손해배상을 청구할 경우에는 공정거래위원회의 심결이 확정되기 전에는 할 수 없다는 것은 문제점으로 지적되고 있다. 물론, 「민법」에 의한 손해배상 책임에 대해서는 제한이 없다

자율규제의 활성화

최근 온라인광고로 인한 소비지피해가 증가하고 있는데, 앞서 살펴본 온라인광고의 특성에 따른 소비자문제에 대처하기 위해서는 미국과 영국, 일본 등 선진국에서 활성화되고 있는 이른바 자율규제를 활성화할 필요가 있다.

미국의 경우 경영개선협의회(BBB: Better Business Bureau)와 전국광고심의기구(NARC: National Advertising Review Council) 등 자율기구에서 광고윤리강령을 마련하여 운용하는 등 온라인광고를 포함한 일반적 광고 규제 업무를 수행하고

있다. 일본 역시 일본인터넷광고추진협의회(JIAA), 일본광고심사기구(JARO), 일본 광고주협회(JAA) 등 민간 기구에서 온라인광고 소비자문제에 대처하고 있다.

이와 같은 자율기구들을 통해서 부당한 온라인광고로 인하여 발생하는 소비자문제를 경감 내지 해소하기 위해서는 부당한 온라인광고를 신속하게 발견하고, 이를 수정 또는 삭제할 수 있는 시스템이 마련·작동되어야 한다. 이러한 기능이 작동되기 위해서는 자율기구와 정부기관, 해외 각국 및 국제기구와의 유기적인 협조가 필수적이다.

덧붙여, 온라인광고는 온라인 특성상 이용자를 오도할 가능성이 있는 부당광고 유형이 다른 매체와는 다르다. 따라서 온라인광고에서(만) 발생할 수 있는 부당광고 심의 기준이 필요하다. 이 경우 자율규제의 형태 및 사후 심의 방향이 바람직하며, 규제당국의 부당 인터넷광고 심의를 위한 가이드라인이 마련될 필요가 있다. 기타 개인정보보호 위반 사업자에 대한 제재를 강화할 필요가 있으며 소비자들도 온라인광고에 관한 인식을 높여야 할 것이다.

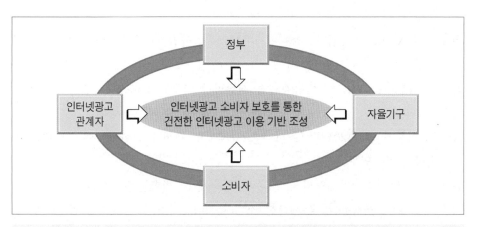

[그림 10-1] 온라인광고 주체별 역할 및 상호관계

 검토 과제

01 지속적 거래 관계에서 이른바 평판효과(reputation effect)가 잘 작동되기 위한 2가지 조건은 무엇인가?

02 거래 약관이 갖는 4가지 특징을 제시하고, 그러한 각 특징에 따라 어떠한 소비자문제들이 발생할 수 있는지 설명하라.

03 할부거래 및 특수거래(방문판매, 전화권유판매, 다단계판매, 계속거래, 사업권유거래)에서는 청약 철회(cooling off)제도가 소비자보호를 위한 중요한 기능을 한다. 그런데 할부거래에서의 청약 철회가 가능한 기간은 7일인 반면 특수거래의 경우는 14일까지 허용된다. 이와 같은 청약 철회 가능기간에 차이를 둔 이유는 무엇이라고 생각하는가?

04 온라인광고(인터넷광고)의 경우 신문과 방송 등 일반 광고매체와 달리 민간의 자율규제가 강조되고 있다. 그 주된 배경 내지 이유를 설명하라.

주요참고문헌

권대우(2006. 12), 「민법과 「소비자보호법」, 『민사법학』 특별호(제36호), 한국민사법학회.

김성천·송민수(2011), 『소비자계약법 제정방안 연구』, 한국소비자원.

박성용(2007), 『표시·광고규제 합리화 방안 연구』, 한국소비자원.

박성용·이종인 외 3(2013), 『표시·광고규제제도 개선에 관한 연구』, 공정거래위원회 연구용역보고서.

송오식(2007), 「소비자계약의 유형과 법적 규제」, 『법학논총』 27권 1호.

이종인(2012), 『세상을 바꿀 행복한 소비자』, 이담북스.

이종인(2015), 『경쟁정책과 소비자후생』, 법영사.

이종인(2017), 「인터넷광고 소비자보호에 관한 연구」, 대한가정학회 제70차 춘계학술대회 발표.

이종인 외 3(2010), 『온라인광고 이용자 피해 방지책 마련을 위한 연구 위탁용역』, 한국인터넷진흥원 연구용역보고서

쿠터·율렌(이종인 옮김)(2000), 『법경제학』, 비봉출판사.

한국소비자원(2017), 『소비자정책 I: 과거, 현재, 그리고 미래』.

전자상거래의 확산과 소비자보호

우리나라 전자상거래 시장은 매년 10% 이상의 성장세를 보이고 있다. 오랫동안 전자상거래 시장을 주도해왔던 PC 기반의 인터넷쇼핑은 뒷걸음질하고 있는 대신 태블릿과 스마트폰과 같은 모바일 기기를 이용한 모바일쇼핑은 20%대의 높은 성장세를 보이고 있다.

또한 온라인을 통한 해외직구와 역직구 형태의 글로벌 전자상거래도 크게 늘어나고 있다. 2018년의 경우 그 전년도 대비 36% 증가한 4천만 건을 기록하여 일반 수출입 증가율(6.3%)의 6배에 달하는 수치를 보였다(하지만 금액으로는 6조 2천만 원으로 일반 수출입의 0.52%에 불과한 수준이다). 이러한 전자상거래의 확산, 특히 국경을 넘는 온라인 거래의 급증으로 소비자 피해도 다양한 형태로 늘어나고 있다.

이 장에서는 전자상거래에 관련된 제반 소비자문제와 그 해결을 위한 방안들에 관해 공부한다. 우선 제1절에서는 전자상거래의 여러 유형과 특성을 살펴보고, 관련된 제반 소비자문제와 그 해결 방향에 관해 살펴본다. 이어 제2절에서는, 커지고 있는 글로벌 전자상거래시장의 현황과 관련된 소비자문제, 그리고 이에 대처하는 각 국가들에서의 정책들을 검토한다. 마지막으로 제3절에서는 글로벌 전자상거래에서 발생하는 소비자문제에 초점을 맞추되, 우리나라를 포함한 선진국들과 국제기구의 관련 정책을 살펴본다. 덧붙여 글로벌 소비자 분쟁의 해소 방안을 제시한다.

① 전자상거래의 유형과 특성 및 소비자문제

1) 전자상거래의 일반적 유형과 특성

(1) 정의 및 시장 현황

전자상거래(e-commerce)는 여러 형태로 정의될 수 있으나, 컴퓨터와 네트워크라는 전자적인 매체를 통해 재화 및 서비스의 거래가 이루어지는 방식으로 거래의 여러 과정 중에서 입찰, 계약, 주문 중 최소한 하나의 절차가 컴퓨터 네트워크 상에서 이루어진 경우를 말한다. 법적으로는 '재화나 용역(서비스)을 거래함에 있어 전부 또는 일부를 정보처리시스템에 의한 전자적 형태로 거래 내역을 작성, 송·수신하는 형태로 처리가 이루어지는 상거래 행위'(「전자상거래소비자보호법」 제2조)로 정의하고 있다.

전자상거래는 일반적으로 전자문서에 의해 처리되는 거래(「전자거래기본법」 제2조)를 말하며, 네트워크를 통한 상품의 구매와 판매, 그리고 통신기술(IT)을 이용한 상거래라는 함축된 의미를 갖고 있다.

우리나라의 전자상거래는 2018년 기준 118조 원으로 거래 규모가 전년 대비 14.5% 성장하였다. 지속되는 경기침체의 영향으로 대부분의 소매업태들이 시장의 위축 및 퇴보를 보이는 것과는 반대로 전자상거래 시장은 꾸준하면서도 빠른 성장세를 지속하고 있는 것이다. 통계청에서 매월 발표하는 온라인거래액 통계를 보면 2019년에 들어와서도 1~2월을 제외하고는 매월 10조 원 이상의 거래액을 보였으며, 특히 11월에는 12.8조 원을 나타냈는데, 이런 추세라면 연간 거래액이 150조 원을 초과할 것으로 예상된다.

〈표 11-1〉 전자상거래(온라인 쇼핑) 시장규모

단위: 억 원

구분		2013	2014	2015	2016	2017	2018(E)
PC		337,700	317,200 (-6.1%)	295,700 (-7.0%)	300,720 (1.9%)	393,100 (30.7%)	388,590 (-1.1%)
모바일		59,100	135,200 (128.8%)	244,270 (80.7%)	355,450 (45.5%)	526,920 (48.2%)	667,720 (26.7%)
홈쇼핑		89,400	91,500 (2.4%)	88,240 (-3.6%)	93,280 (5.7%)	104,700 (12.2%)	117,600 (12.3%)
	TV홈쇼핑	89,100	90,700 (1.8%)	85,700 (-5.5%)	83,300 (-2.8%)	86,300 (3.6%)	87,600 (1.5%)
	T커머스	300	800 (166.7%)	2,540 (217.5%)	9,980 (292.9%)	18,400 (84.4%)	30,,000 (63.0%)
카탈로그 쇼핑		8,200	6,300 (-23.2%)	5,080 (-19.4%)	4,230 (-16.7%)	3,580 (-15.4%)	3,080 (-14.0%)
합계		494,400	550,200 (11.3%)	632,600 (15.0%)	753,680 (19.1%)	1,028,300 (36.4%)	1,176,990 (14.5%)

자료: 한국온라인 쇼핑협회, 통계청(2020. 1.).

* 괄호 안은 연간 성장률을 나타낸다.

품목별로 보면 의류·패션용품, 여행, 음식료품, 생활·자동차용품 등이 주요 거래 품목이다. 최근에 들어와서는 음식배달서비스의 증가세가 가파르다. 가전이나 패션용품, 식료품 등의 증가율이 20% 내외인 반면 음식배달서비스는 80% 이상의 증가율을 보이고 있다.

산업별로 보면 전년 동분기에 비해 전기·가스·수도업, 운수업, 제조업 등이 증가한 반면, 건설업, 출판·영상·방송통신 및 정보서비스업은 감소했다. 경기 침체의 영향으로 전년에 비해 성장률이 떨어지고는 있으나, 전자상거래가 보편화되면서 추가 성장이 가능할 것이다.

또한 국내로 수입된 상품을 구매하거나 해외 방문 기회를 이용하여 국외생산 제품을 구매하던 과거와 달리, 인터넷 서비스와 전자상거래 시스템이 발달한 현대 사회에서 소비자들은 언제, 어디서든 시간과 장소에 구애받지 않고 전 세계 인터넷쇼핑몰을 이용할 수 있기 때문에 해외직구에 대한 관심이 높아지고 있다.

(2) 일반적 유형

전자상거래의 형태는 몇 가지 범주에서 구분해볼 수 있다.

먼저 거래 주체별로는 사업자와 소비자 간의 거래(B2C), 사업자 간 거래(B2B), 사업자와 정부 간의 거래(B2G), 정부와 소비자 간 거래(G2C), 정부부처 간 거래(G2G), 소비자 간 거래(C2C) 등으로 구분된다.

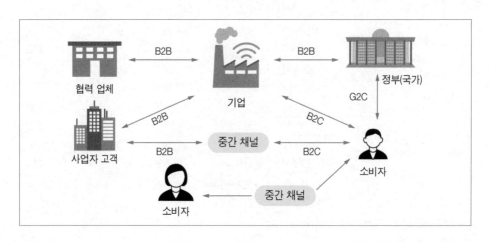

[그림 11-1] 전자상거래의 유형

거래 대상별로는 '온라인 주문 – 오프라인 배송'의 형태와 '온라인 주문 – 온라인 배송'의 형태를 띤다.

거래 분야별로 전자상거래를 구분해보면 대개 종합쇼핑몰, 전문사이버몰, 인터넷경매, 온라인예약서비스, 디지털콘텐츠서비스(음악, 영상, 교육, 게임 등) 등으로 구분된다.

종합쇼핑몰 또는 인터넷쇼핑몰은 전통적인 오프라인 상점에서와 같이 온라인상에서 상품을 진열·판매할 수 있을 뿐 아니라, 상품의 전문 분야(category)별로 분류하여 판매할 수 있기 때문에 이용자들은 온라인상에서 다양한 상품을 검색·비교해가면서 원하는 상품을 손쉽고 편리하게 구매할 수 있다. 이 범주에는 온라인상에서 다양한 상품을 진열·판매하는 종합쇼핑몰과, 특정 상품 범주만을 특화한 전문 사이버몰이 있다.

전문 사이버몰은 특정 범주의 상품만을 전문적으로 취급하는 인터넷쇼핑몰을 말한다. 화장품, 장난감, 의류 등 특정 상품만을 전문적으로 거래하는 온라인 쇼핑몰이 이에 해당한다.

인터넷경매는 소비자 자신이 능동적으로 거래하고자 하는 욕구를 실현시킬 수 있을 뿐만 아니라, 경매(auction)라고 하는 교환 방식이 현실 경제에서 판매자와 구매자 모두에게 이익이 되는 윈윈(win-win) 전략을 세울 수 있다는 장점이 유인으로 작용한다. 경매사업자가 판매자의 상품 정보를 사이트에 소개하여 구매자와 거래를 주선하고 거래를 성사시켜 그에 따른 수수료를 얻는 전형적인 중개형 서비스가 일반적이다. 근래 부각된 오픈마켓(open market), 마켓플레이스 등은 인터넷경매 형태의 거래와 여러 다양한 형태의 개인 간(C2C)거래를 모두 포함한 거래 형태로 볼 수 있다. 즉, <그림 11-1>에서 보듯이 다수의 개인판매자가 중개업체를 통하여 다수의 소비자와 거래하게 되며, 옥션, G마켓(www.gmarket.co.kr, 구스닥 이름으로 사업했던 인터파크가 런칭), 11번가(www.11st.co.kr, 2007년초 SK에서 오픈) 등이 대표적이며, 다나와(www.danawa.com), 에누리(www.enuri.com) 등 가격 비교업체도 이에 해당한다.

디지털콘텐츠서비스는 최근의 IT 기술의 발전에 힘입어 고속성장을 하면서 온라인 거래 품목으로서의 비중이 커지고 있다.[92] 현재 국내외에서 성장 산업으로 주목받고 있는 디지털콘텐츠 시장은 인터넷과 정보통신 산업의 영향으로 새롭게 등장한 산업이라기보다는 기존의 영화, 음악, 출판 등 문화 콘텐츠 산업을 그 기반으로 하고 있기 때문에 그 시장 규모도 전체 문화 콘텐츠 시장의 규모와 성장에 큰 영향을 받게 된다.

통계청에서 공식 발표하는 온라인 거래 형태를 보면, 다음 몇 가지로 분류되고 있다. ① 종합몰 및 전문몰, ② 온라인몰 및 온-오프라인 병행, ③ 개인업체, 회사법인 및 이외의 법인 등이다. 우리나라 표준산업분류상에서는 온라인 거래가 통신판매업으로 분류되고 있다(통계청 고시 2000-1 참고). 즉, 소매업 중 무점포소매업에 해당되며, 그중 통신판매업 범주 내 전자상거래업 및 기타 통신판매업으로 분류된다.

---

92) 사실 디지털콘텐츠 시장에 대한 정의와 분류가 분명하지 않아 그 시장 규모나 정확한 성장률에 대한 현황 파악이 쉽지 않은 실정이다.

세계 전자상거래 시장 확장 추세… "2020년 4조 580억 달러 규모"

전자상거래는 온라인에서 이루어지는 모든 상업적 거래를 의미한다. 일반적으로는 월드와이드웹을 통해 상품이나 서비스를 사고 파는 모든 경우가 전자상거래에 해당된다. 서비스에는 광고, 마케팅, 고객지원 등이 포함되는 만큼 사업 분야가 광범위하다.

전 세계 전자상거래 시장 규모

*자료: emarketer.com

당초 전자상거래는 업체가 개인 소비자를 대상으로 제품이나 서비스를 판매하는 B2C 모델이 일반적이었다. 월마트, 이케아, 아마존 등 온라인 사업을 시행하는 대부분의 업체가 이 모델을 채택하고 있다.

전자상거래 정보업체인 이커머스 가이드에 따르면 이후 △ 두 개의 비즈니스 간 거래와 관련된 B2B △ 크라우드소싱과 같이 소비자가 비즈니스에 금전적 가치를 부여하는 C2B △ 소비자 대 소비자의 거래인 C2C △ 정부 간 상품과 서비스, 수수료 등의 지불 방식인 G2B △ 정부기관이 인터넷을 통해 기업체에서 상품이나 서비스를 구매하는 B2G △ 교통비 지불이나 자동차 등록 갱신 등 개인 소비자가 정부와 거래하는 G2C 모델 등으로 확장된 상태다.

전자상거래 업체의 성공 사례로는 아마존과 버치박스(Birchbox), 웨이페어(Wayfair) 등이 대표적이다. 온라인 상점에서 시작해 오프라인 판매와 의료 분야까지 사업을 확장한 아마존은 현재 세계 전자상거래 업계 일인자에 올라선 상태다. 버치박스는 매달 10달러를 내면 5가지 메이크업, 스킨케어, 향수 샘플 제품 등이 담긴 커스터마이징 정보를 구독할 수 있는 서비스로 주목받고 있다. 2015년 기준 버치박스에 입점한 브랜드만 800가지가 넘는다.

웨이페어는 700만 개 이상의 다양한 품목을 제공하는 가정용 가구와 전자제품 리테일 업체다. 경제전문업체 포브스에 따르면 웨이페어의 지난 2013년 순이익은 9억 1,500만 달러(약 7,444억 2,570만 원)를 상회한 것으로 나타났다. 지난해 5월 기준 사이트 방문자 수는 3,600만 명을 넘어섰다.

크레디트스위스 그룹은 향후 몇 년간 온라인 쇼핑의 성장세가 기존 소매업의 최대 10배에 달할 것이라는 전망을 내놨다. 시장조사업체 이마케터닷컴에 따르면 2015년 1조 5,480억 달러(약 1,259조 3,290억 원)에 머물렀던 전 세계 전자상거래 시장 규모는 오는 2020년 4조 580억 달러(약 3,301조 7,511억 원) 규모로 성장할 전망이다.

중국의 알리바바와 미국 페덱스 등이 업계 일인자인 아마존의 강력한 경쟁 상대로 떠오른 가운데 배송 서비스 다변화 등 향후 업계 경쟁도 더욱 치열해질 것으로 보인다.

자료: 『아주경제』(2018. 4. 25., 문은주 기자), 〈https://www.ajunews.com/view〉

(3) 전자상거래의 특성

전자상거래는 개방된 네트워크상의 가상공간에서 전자자료(electronic data)의 교환 방식에 의한 거래를 통해서 이루어지기 때문에[93] 이와 관련된 소비자문제도 전통적인 오프라인 상거래에서의 소비자문제와는 다른 형태를 갖는 경우가 많다. 이러한 전자상거래에서의 소비자문제는 국내거래이든 국제거래이든 관계없이 상당 부분 전자상거래의 제반 특성과 직·간접적으로 연관되어 발생하게 된다. 전통적인 상거래와 구별되는 이러한 전자상거래의 주요 특성을 정리해 본다.

우선, 인터넷을 통한 전자상거래는 거래의 상대방을 대면하지 않는 비대면 거래이며, 익명으로도 거래가 가능하다는 특성이 있다. 따라서 거래 상대방의 정확한 신원을 파악하기 어려우며, 또 거래되는 상품의 내용에 대한 판단도 쉽지 않다. 특히 국경을 넘는 온라인거래의 경우 그 정도가 더욱 심하다. 또한 인터넷쇼핑몰 등을 이용한 온라인 거래에서의 거래 당사자는 상대방의 신원확인이 쉽지 않으며, 불가능한 경우도 없지 않다. 온라인상으로 신원확인을 위한 정보가 제공되고 있다고 하지만, 그러한 정보만으로 실제 인물의 정확한 신용정보를 판별하기는 쉽지 않은 실정이다. 특히 청소년이나 노인과 같은 정보통신 취약계층의 경우 이러한 비대면 거래에 따른 피해 가능성이 높다.

---

93) 「전자상거래 소비자보호법」제2조 제1호에 따르면 전자거래의 방법으로 상행위를 하는 것을 전자상거래로 정의하고 있다. 이러한 전자상거래는 넓은 의미와 좁은 의미로 구분하여 이해할 수 있다. 먼저, 광의로는, 기업, 소비자, 정부 등 경제활동의 주체들이 전자적인 매체를 통신망과 결합하여 상품(goods and services)을 거래하는 제반 행위로 이해할 수 있으며, 협의로는, 인터넷의 웹상에 구축된 사이버쇼핑몰(cyber shopping malls)을 통한 상품의 매매 행위와 대금결제, 배달절차 행위를 수행하는 제반 행위로 이해할 수 있겠다.

둘째, 전자상거래는 개방적인 네트워크를 통해 이루어지므로 공간의 제약을 극복하는 격지 간 거래가 가능하다는 점이다. 이러한 특성은 소비자들이 인터넷을 통해 공간을 초월하여 국경 없이 세계시장에서 손쉽게 거래를 할 수 있도록 하는 장점으로 작용하게 된다. 하지만 이러한 전자상거래의 특성은 여러 가지 소비자문제를 발생시킬 수도 있다. 즉 상품의 배송지연이나 미배송, 다른 상품의 배송 등의 배송 문제가 발생할 수 있다. 또한 상품의 품질 불만이나 반품·환불의 어려움, 피해 구제나 분쟁 해결의 어려움 등의 소비자문제가 동반될 수 있다.

셋째, 전자상거래는 즉시성(real time)의 특성을 가진 신속한 거래가 가능하다. 즉 거래 당사자가 국경을 넘어 멀리 떨어져 있더라도 인터넷을 통해 상품의 주문과 매매결정, 대금의 결제 등의 거래 과정이 즉시적이고 신속하게 진행된다. 이러한 즉시성의 특성은 격지 간 신속한 거래의 특성과 함께 거래에 관련된 제반 비용(transaction costs)을 절감할 수 있는 장점으로 작용하는 측면이 있다. 반면에 사업자의 부정확한 정보의 제공에 따른 소비자 피해, 소비자의 약관 내용 미숙지나 표시·광고 내용의 착오 등으로 인한 청약 철회의 어려움 등의 문제도 야기될 수 있다. 뿐만 아니라 거래 상대방의 사기·기만적 행위에 대한 적절한 보상 요구의 어려움 등의 소비자문제의 원인이 되기도 한다.

넷째, 대부분의 사업자-소비자 간(B2C) 전자상거래의 경우 국내 내지 국제 거래를 불문하고 선지급 후배송의 관행이 유지되고 있다. 다시 말해 구매 결정한 상품에 대한 대금의 결제가 이루어지고 난 후 상품을 배달받게 되는 것이다. 이러한 선지급 후배송의 시스템 아래서 소비자는 부도덕한 업자의 사익을 위한 행위나 허위·과장광고, 타인 명의도용 등 각종 불법적 거래에 노출될 우려가 상존하게 된다. 더욱이 일단 피해가 발생한 이후에는 보상을 받기가 어려운 상황에 놓일 수 있게 된다.

그 외에도, 전자상거래는 거래의 적시성, 격지 거래의 가능성 등의 특성과도 부분적으로 중복되기도 하지만, 개방적 네트워크를 통한 거래, 무점포 거래 등의 특성을 지적할 수 있으며, 그에 따른 소비자문제도 생각해볼 수 있다. 즉 개방된 네트워크를 통한 거래에 기인하여 거래의 안전성 문제, 거래 당사자 특히 소비자의 프라이버시 침해 문제, 네트워크 접속 서비스의 불량 문제, 무점포 거래에 따른 상품의 미배송 문제 등이 야기될 수 있다.

2) 전자상거래 소비자문제

이러한 전자상거래의 제반 특성에 따라 발생할 수 있는 소비자문제들을 다음 〈표 11-2〉와 같이 정리해볼 수 있다.

〈표 11-2〉 전자상거래의 특성에 따른 소비자문제 유형

전자상거래의 특성	관련 소비자문제
비대면 거래	• 사기·기만 거래적 광고·표시 문제 • 불법·사기적 상행위에 따른 소비자 피해 • 미성년자의 거래 문제 • 부당한 개인정보의 수집·유통에 관련된 문제 • 거래 상대방의 신용 판단의 어려움
격지 거래	• 상품의 배송지연·미배송·다른 상품의 배송 • 상품의 반품·환불 곤란 • 피해 구제·분쟁 해결의 어려움
적시성	• 표시·광고 내용의 착오에 따른 청약 철회의 문제 • 소비자의 약관 내용 미숙지에 따른 피해 • 부정확·불충분 정보에 따른 소비자 불만·피해
선지급·후배송	• 불법·비도덕적 허위·과장광고 • 타인 명의도용 등 각종 불법적 거래 문제 • 발생된 피해에 대한 보상의 어려움
기타	• 개방 네트워크 관련 거래의 안전성 문제 • 소비자의 프라이버시 침해 문제 • 네트워크 접속 서비스 불량 • 무점포 거래에 따른 상품의 미배송

전자상거래에서의 소비자문제는 이러한 전자상거래의 특성에 관련된 소비자문제뿐 아니라 전통적 거래에서의 일반적 소비자문제와 결합하여 다양한 유형으로 나타난다. 실제 거래에서도 소비자문제는 대부분 소비자 불만과 피해의 형태로 분야별, 거래 형태별로 매우 다양하다.

전자상거래에 관련된 소비자 피해 상담 사례를 분석한 최근의 자료를 보면 관련된 소비자 피해의 유형과 규모 등을 짐작할 수 있다. 서울시 전자상거래센터에 접수된 피해 상담 사례를 분석해본 결과 2015년 상반기 중 1만여 건이 접수되어 전년 동기 대비 72%나 증가한 것으로 나타났다.

이러한 피해 상담 사례를 구매 유형별로 살펴보면 먼저 일반 인터넷쇼핑몰 피해가 5,205건(49.5%)으로 가장 많았으며, 해외거래 관련 피해도 37.0% 증가한 3,898건이었다(해외직구 등 글로벌 전자상거래에서의 소비자문제에 관해서는 다음 절에서 상세히 살펴본다). 이어서 오픈마켓(607건(5.8%)), 소셜마케팅(178건(1.7%)), 인터넷 공동구매(156건(1.5%))의 순으로 나타났다. 한편 피해 유형별로는 계약 취소에 따른 반품·환급 거절이 5,054건(48.0%)으로 최다였고, 배송지연이 3,374건(32.1%), 운영 중단·폐쇄 등에 따른 연락 불가가 728건(6.9%), 제품 불량 및 하자 피해가 567건(5.4%)이었다. 특히 계약 취소에 따른 반품·환급 거절에 대한 소비자 불만은 전년도 2,145건에서 5,054건으로, 배송지연에 대한 불만은 1,204건에서 3,374건으로 대폭 늘었다.[94]

요약하면, 소비자 불만이나 피해의 경우 대표적인 유형은 사업자의 부당한 계약 해제·해지 거절의 경우이며, 기타 사업자의 일방적 계약 변경 등 불공정행위 문제, 상품의 품질이나 사후서비스(A/S)에 대한 불만, 계약의 미이행이나 불완전한 이행, 계약 조항이나 약관에 관한 불만, 가격·요금에 대한 불만, 표시·광고에 대한 불만 등이다.

이러한 전자상거래에서의 소비자 피해 내지 분쟁의 유형은 국내거래와 국제거래가 서로 유사한 측면이 있으며, 차이점이라면 원격지 간의 거래, 언어소통상의 문제 등 국제 전자상거래에서의 특성에 따라 그 비중이 커지는 경향이 있다는 점이다.[95]

3) 전자상거래 소비자문제의 해결 방향

이러한 국제 전자상거래에서 소비자는 피해가 발생하지 않도록 예방하는 것이 무엇보다 중요하다. 다음의 〈표 11-3〉은 한국소비자원에서 고지한 전자상거래에서의 소비자 주의사항이다.

---

94) 서울시 전자상거래센터 홈페이지(http://ecc.seoul.go.kr).

95) 이 문제는 본 장의 제4절에서 실태 조사 자료를 통해 구체적으로 설명한다.

1. 통신판매업으로 신고된 인터넷쇼핑몰인지 확인한다.
   - 인터넷쇼핑몰 사업자의 신고 여부 및 신원정보(상호명, 연락처, 통신판매번호, 사업자 등록번호, 사업장 소재지, 대표자 이름 등)는 공정거래위원회 홈페이지를 통해 확인할 수 있다.
   - 신원정보가 정확하지 않거나 통신판매업 미신고 인터넷쇼핑몰 사업자와 거래할 경우 사업자가 대금을 받고 연락이 두절되는 경우가 있으므로 미신고된 인터넷쇼핑몰 판매사업자와 거래를 하지 않는다.
2. 품질이 불량하거나 계약 내용과 다를 경우 배송받은 날로부터 7일 이내에 청약 철회를 요구한다.
   - 제품을 배송받은 즉시 제품의 색상, 디자인, 사이즈, 품질 등을 확인하고, 제품에 불만이 있는 경우에는 배송받은 날로부터 7일 이내에 신속히 청약 철회를 요구한다.
3. 부당하게 청약 철회를 제한하는 인터넷쇼핑몰 판매사업자와는 거래하지 않는다.
   - '특정품(니트, 흰색, 가죽제품, 세일 상품 등)에 대해 교환·환불 불가', '환불 금액은 적립금으로 전환', '단순변심에 의한 교환·환불 불가', '상품을 받은 후 2일 이내에 신청하지 않은 경우 교환·환불 불가' 등과 같이 소비자에게 불리한 조항을 제시하는 사업자와 거래하지 않는다.
4. 고가의 제품은 가급적 신용카드 할부로 결제한다.
   - 20만 원 이상의 제품을 3개월 이상 할부로 결제하면 제품 공급 등이 계약 내용과 다르게 이행되었을 때 신용카드사를 상대로 청약 철회 요구 등 항변권을 행사하여 결제대금 지급을 중지할 수 있다.
5. 현금 결제 시에는 '에스크로'에 가입된 인터넷쇼핑몰을 이용한다.
   - '에스크로'에 가입된 인터넷쇼핑몰에서 현금 결제로 물건을 구입하면 배송지연 등의 피해가 발생했을 때 제3자(은행 등)에게 예치한 결제대금의 지급을 중지하거나 피해 보상을 받을 수 있다.
6. 인터넷쇼핑몰 사업자가 소비자 피해에 대해 보상을 기피할 경우 신속하게 관련 기관에 도움을 요청한다.
   - 인터넷쇼핑몰 판매사업자의 청약 철회 거부로 인해 자율적인 분쟁 해결이 어려울 경우 '1372 소비자상담센터(www.ccn.go.kr)'에 도움을 요청한다.

하지만 일단 발생한 피해에 대해서는 적절한 구제 내지 보상이 뒤따를 수 있도록 정책적인 배려가 필요하다. 국제 전자상거래 소비자 피해를 줄이거나 예방하기 위해서는 국제기구를 통한 국제협력을 적극적으로 추진하고, 국가 간 그리고 지역 간 분쟁 해결을 위한 국가 차원의 협력이 필수라고 생각된다. 그 중에서도 각 국가들의 소비자보호 기관이나 민간단체 간의 상호협력 채널을 구축함으로써 국제 전자상거래 소비자 분쟁의 해소가 필요하다. 더불어 국가 간 법이나 제도의 차이에 따른 상호협력 제약 문제는 장기적인 관점에서 검토하고 해법을 찾아가야 할 문제인 것이다.

인터넷을 통한 국제 전자상거래 과정에서 발생하는 분쟁은 그 해결에 있어서 여러 가지 어려운 점에 부딪히게 된다. 예컨대 국내 소비자는 해외에 있는 판매자의 신원을 잘 알 수도 없을 뿐 아니라 경우에 따라서는 판매자와의 의사소통 과정에 착오가 발생하여 피해가 커지는 경우도 있다. 더욱이 국경을 넘는 B2C 거래 분쟁에 대해서는 행정적이나 사법적인 해결에도 제약이 많은 실정이다(이 부분은 본 장의 2절과 3절에서 보다 상세히 공부하도록 한다).

<표 11-4> 인터넷쇼핑몰 소비자 분쟁 유형에 따른 해결 기준

안전성 확보 수단	규제 형태와 의의	
1) 허위, 과장 광고에 의한 계약 체결	계약 해제	계약 해제의 경우, 소비자가 선급한 금액에 대한 환급은 해제일로부터 3일 이내에 실시
2) 물품이나 용역의 미인도	계약 해제 및 손해 배상	
3) 계약된 인도 시기보다 지연 인도 • 인도 지연으로 물품이나 용역이 본래의 목적을 달성하지 못한 경우 • 기타(지연 인도로 인한 불편 야기 등)		
4) 배송 과정에서 훼손되거나 다른 물품, 용역이 공급된 경우	제품 교환 또는 구입가 환급	
5) 부당한 대금 청구	청구 취소 또는 부당 대금 환급	
6) 기타 사업자의 귀책사유로 인한 계약 미이행	계약 이행 또는 계약 해제 및 손해 배상	

② 글로벌 전자상거래와 소비자문제

1) 해외직구·역직구 형태의 전자상거래의 확산

정보통신기술과 인터넷, 특히 모바일 기술의 발전으로 상거래의 국경도 허물어지고 있다. 고사양 스마트폰이 필수품이 된 글로벌 소비자들은 값싸고 품질 좋은 소비상품을 찾아 세계 어디로든 온라인을 통해 갈 수 있는 시대가 되었다. 거대한 전자상거래 플랫폼과 세계를 잇는 물류망도 국가 간 전자상거래를 활성화하는 핵심적 배경이 되었다.

국내 소비자들이 해외의 온라인쇼핑몰에서 직접 또는 구매대행업체를 통해 상품을 구매하는 이른바 해외직구 시장이 3조 원에 달할 것으로 추정되는 가운데, 중국과 유럽의 소비자들이 전자상거래로 한국의 상품을 구매하는 이른바 '해외직접판매(역직구)' 시장도 커지고 있다. BTS(방탄소년단)로 대표되는 한류열풍과 한국의 높아진 글로벌 경제 위상으로 한국 브랜드에 대한 글로벌 소비자의 관심이 증폭된 결과로 보인다. 특히 한류 열풍이 강한 미국과 유럽, 남미, 중국에서 한국 브랜드에 대한 관심과 역직구 규모가 급증하고 있다.

해외직구 형태의 글로벌 전자상거래

글로벌 전자상거래는 해외직구 형태가 대세이다. 외국에서 판매 중인 상품을 국내 고객이 온라인으로 직접 주문하여 구매하는 것을 흔히 해외직구(oversea direct purchase)라고 한다. 해외직구는 미국의 블랙 프라이데이,[96] 중국의 광군제[97] 행사 등과 같이 국내보다 외국의 판매 가격이 더 저렴한 상품, 수

---

96) 블랙 프라이데이(Black Friday)는 미국에서 11월 마지막 목요일인 추수감사절의 다음 날을 말하며, 전통적으로 연말 쇼핑 시즌을 알리는 시점이자 연중 최대의 쇼핑이 이루어지는 날이 되고 있다. 이 행사의 규모는 매년 확장되고 있는데 2019년의 경우 전자상거래 매출이 74억 달러에 달했다는 보도가 있다. 반면에 오프라인 쇼핑몰 매출은 상대적으로 감소했다고 한다. 참고로 세계적 TV 시장을 선점하고 있는 삼성전자 역시 블랙 프라이데이 시전에 미국과 유럽에서 QLED TV를 각각 13만 대, 16만 대를 판매하여 프리미엄 TV 시장에서 독보적인 판매고를 올렸다고 한다.

97) 광군제(single's day, 光棍節)는 중국에서 11월 11일을 뜻하는 말이며, 싱글(독신자)들을 위한 날이자 중국 최대 규모의 온라인쇼핑이 이루어지는 날이다. 중국판 블랙 프라이데이

입되지 않는 물품 등을 합리적으로 구입하기 위해 이뤄진다. 해외직구는 보통 배송이 느리고 구입 후 애프터서비스(AS)를 받기 힘들다는 단점이 있지만, 일반적인 유통 과정을 통해 구매하는 것보다 저렴하기 때문에 직구를 이용하는 소비자는 계속 늘어나는 추세다.

해외직구의 유형

해외직구 형태의 전자상거래는 거래 형태에 따라 직접배송, 배송대행, 구매대행 등 3가지 유형으로 구분되는데, <그림 11-2>에 각 유형별 과정을 도시해 놓았다.

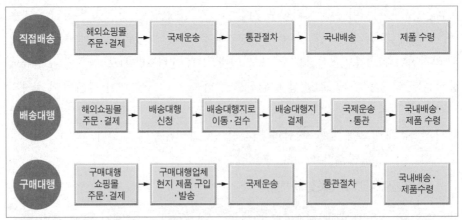

자료: 한국소비자원 홈페이지(http://crossborder.kca.go.kr/home/sub.do?menukey=103).

[그림 11-2] 해외직구 유형별 과정

직접배송은 해외의 온라인쇼핑몰에서 직접 주문·결제한 후 구매 상품을 국내로 직접 배송받는 방식을 말하며, 배송대행은 배송대행업체가 운영하는 해외 현지 물류창고에서 주문 물품을 대신 수령한 후 배송대행 서비스를 이용하여 상품을 배송받는 방식을 말한다. 구매대행에는 쇼핑몰형과 위임형으로 나뉜다. 쇼핑몰형은 구매대행 쇼핑몰에 게재된 해외 상품을 소비자가 직접 주문하여 구매하는 방식을 의미하는 반면에, 위임형은 구매하려고 하는 해외 상품의 견적을

로 불린다. 11월 11일이 광군제가 된 것은 독신임을 상징하는 듯한 '1'이라는 숫자가 4개씩이나 겹쳐 있는 날이기 때문이며, 쌍십일절이라고도 한다.

대행업체에 요청한 후 예상 비용을 전달받아 이를 결제하여 구매하는 방식을 말한다.

이러한 3가지 형태의 해외직구는 각각의 장점과 단점 내지 소비자가 유의할 사항들이 있는데, <표 11-5>에 일목요연하게 정리해놓았다.

〈표 11-5〉 해외직구 유형별 장·단점

유형	장점	단점(소비자 주의사항)
직접배송	• 무료배송 시 가장 저렴 (수수료 등이 절감)	• 피해 발생 시 해결이 어려움 (국내법 적용 불가) • 국제배송비가 비싼 경우가 많음
배송대행	• 국내로 직접 배송되지 않은 제품도 구입 가능 • 배송대행지의 검수·검품서비스로 직접배송보다 교환·반품이 용이	• 제품 종류, 배대지(배송대행지), 배송 대행업체별로 수수료 책정 기준이 달라 비교 필요
구매대행	• 복잡한 해외직구를 비교적 편리하게 이용 가능	• 수수료가 가장 비싼 편 • 반품수수료, 조건이 업체별로 다름 (과다한 반품수수료 주의)

자료: 한국소비자원 홈페이지(http://crossborder.kca.go.kr/home/sub.do?menukey=103).

늘어나는 해외직구

한국의 소비자들이 가장 많이 이용하는 해외직구 대상 국가는 미국으로 전체의 50% 수준이다. 그렇지만 중국과 일본의 비중도 증가하고 있는데 중국은 가성비 측면에서 일본은 가격 경쟁력 측면에서 국내 소비자의 관심을 받고 있다. 2019년 상반기 중 선자상거래(해외직구) 수입액은 1조 8천억 원을 초과하여 전년 동기 대비 20% 증가하여 연말에는 3조 원에 이르렀을 것으로 추정된다. 수입 건수는 2,123건으로 같은 기간 42% 증가했다.

가장 많이 이용되는 대표적 해외직구 사이트로는 아마존, 이베이, 아이허브 등이 있으며 직구를 한 상품은 배송 대행업체를 통해 국내에 들어오는 것이 일반적이다.

최근에는 국내 소비자의 해외직구와는 반대로 해외 소비자가 국내 인터넷 쇼핑몰에서 상품을 구입하는 형태인 '역직구(逆直購)'도 활발히 이뤄지고 있다.

관세청에 따르면 2018년 국내 전자상거래 수출 건수는 961만 5,000건으로 사상 처음 일반 수출 건수(923만 5,000건)를 넘어섰다. 2015년 257만 7,000건과 비교해 3년새 273% 급증했다. 거래 금액도 크게 늘었다. 지난해 국내 전자상거래 수출액은 3억 8,200만 달러(약 4,440억 원)로 3년새 132% 증가했다. 같은 기간 일반 수출액 증가세(15%)보다 빠른 속도다.

국가별 점유율(건수 기준)은 일본 (35.3%), 중국(31.2%), 미국(9.9%) 순이었다. 의류(43.5%)와 화장품 (25.2%)이 전자상거래 수출을 이끌었지만 3~4위인 가방(2.2%), 목욕용품(2.1%) 등과 격차가 커 특정 품목에 대한 수출 의존도를 줄여야 한다는 과제도 확인할 수 있었다. 그 밖에 최근 방탄소년단(BTS)을 중심으로 한 한류열풍 확대로 음반·문구

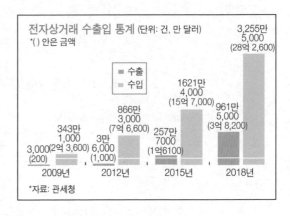

류·캐릭터 등 K팝 관련 상품 수출도 급증했다고 관세청은 밝혔다.

역직구의 힘은 크게 한류와 거대한 통합 세계 시장 두 가지에서 나온다. 중국을 중심으로 한류열풍에 따른 한국 상품에 대한 호감을 기반으로 역직구가 확산되는 추세다. 아마존, 이베이 등 글로벌 전자상거래 플랫폼을 활용해 미국과 유럽, 남미 등 세계 시장에 접근할 수도 있다. 한류열풍이 강한 곳에선 역시 패션·화장품 등 한류 상품 인기가 높다. OKDGG 주문의 58.8%는 중국·타이완·홍콩 등 중화권에서 나온다. 미국과 일본 등이 뒤를 잇는다. 영문 11번가의 인기 상품군도 의류(45%)나 잡화·뷰티(34%), 식품·유아동(10%) 등 한류 영향권 상품이 주로 포진했다.

아마존 역시 한국의 패션 의류 판매자에 관심을 보이고 있다. 이베이를 통한 해외 판매 인기 상품은 화장품이 1위지만 휴대폰 액세서리나 컴퓨터·자동차 부품도 대거 포함돼 눈길을 끈다. 판매도 다양한 국가에서 이뤄진다. G마켓 해외 판매 지원 플랫폼(GEP)에서 가장 성장률이 높은 국가는 페루(650), 인도네시아(129%), 폴란드(89%) 등이다.

정부는 수출 활성화와 창업 확대를 통한 창조경제 구현을 기대한다. 성장이 정체된 오픈마켓도 해외 직접 판매로 성장 돌파구를 찾는다. 아마존, 이베이, 알리바바 등 해외 전자상거래 기업도 국내 판매자 유치에 적극적이다. 정부는 공인인증서 의무 사용을 폐지하는 등 외국인의 국

내 쇼핑을 가로막는 각종 규제 철폐에 나섰다. 페이팔 등 해외 결제 수단으로 손쉽게 결제할 수 있는 해외 직판 쇼핑몰 K몰도 최근 열었다.

이베이의 CBT와 GEP를 통한 해외 거래는 작년보다 20% 이상 성장할 전망이다. 코리아센터 닷컴은 영어·일본어·중국어 등 3개 언어로 쇼핑몰을 열 수 있는 '메이크글로비'를, 심플렉스 인터넷은 아마존·알리바바와 손잡고 글로벌 쇼핑 플랫폼 입점을 지원한다.

자료 : 『머니투데이』(2019. 11. 12., 이원광 기자), 『전자신문』(2014. 7. 21., 한세희 기자)

2) 글로벌 전자상거래 소비자문제

글로벌 거래의 활성화에 따른 소비자문제 중 가장 큰 비중을 차지하는 것이 국제전자상거래에서의 소비자 피해이며, 매년 증가세를 보이고 있다. 또한 다자 간 무역질서 내지 자유무역협정(FTA: Free Trade Agreement)과 같은 양자·지역 간 무역협정의 확대로 인해 글로벌 거래가 더욱 늘어날 것이다. 따라서 소비자문제도 확대될 전망이다.

최근 경제체제가 국제화되고 해외직구·역직구 형태의 온라인 거래가 증가함에 따라 소비자문제도 국제화되는 추세에 있다. 예컨대 국내 소비자들의 해외 쇼핑몰 이용이 빈번해지면서 다양한 형태의 피해를 입는 경우가 종종 발생하고 있는 것이다.

해외직구사이트 등 글로벌 온라인쇼핑몰을 이용하면 국내에서 찾기 어려운 제품을 보다 저렴하게 구입할 수 있다는 이유로 이용자들이 증가하고 있으나, 국제 배송의 특수성으로 배송이 지연되거나, 청약 철회·제품 하자에 따른 반품 시 국제 배송비를 소비자에게 전가하거나 위약금을 요구하는 등 소비자 피해가 발생하고 있다. 한국소비자원에서 운영 중인 '국제거래 소비자 포털'에 따르면 지난 2015년 11월 이후 6개월간 85건의 피해 상담건이 접수되었는데, <표 11-6>에서 보듯이 피해 유형별로는 '배송비 부당 청구'와 '계약 불이행'이 가장 많고, 취소·환불을 지연하거나 거부하는 경우가 그 뒤를 이었다.

<표 11-6> 국제거래 소비자 피해 상담 및 유형별 피해 현황

소비자피해 상담 접수 현황	피해 유형별 현황		
	피해 유형	2015. 11.~2016. 4.	
		건수	비중
	배송, 계약 불이행 관련	24	28.3%
	취소·환불 지연 및 거부	21	24.7%
	사기 의심	21	24.7%
	제품 하자 및 AS 불만	8	9.4%
	결제 관련	3	3.5%
	관세·통관 문제	3	3.5%
	기타	5	5.9%
	합계	85건(100.0%)	

자료: 한국소비자원 보도자료(2016. 5)

소비자피해 상담 접수 현황 (단위: 건)
- 2015년 11월: 3
- 2015년 12월: 11
- 2016년 1월: 19
- 2016년 2월: 14
- 2016년 3월: 11
- 2016년 4월: 27

　　서울시에서 운영하는 전자상거래센터 자료에 따르면 지난 2018년 중국 최대 쇼핑 시즌인 광군제(11월 11일)를 시작으로 블랙 프라이데이(11월 23일), 사이버먼데이(11월 26일), 박싱데이(12월 26일) 등 연말 쇼핑 시즌을 앞두고 저렴하게 제품을 구매하려는 해외직구 소비자가 늘어남에 따라 사기 사이트도 급증했다고 한다. 인스타, 페이스북(SNS) 등을 통해 85% 파격 할인 광고, 소비자 유인하는 사기 사이트 등이 급증하고, 관련 소비자 피해도 다수 접수되었다는 것이다.[98]

　　글로벌 상거래는 소비자들이 다양한 서비스와 물품을 싼 가격에 이용할 수 있는 등 다양한 장점이 있지만 국제 거래이기 때문에 비대면, 적시성, 선지불 후 배송 등의 전자상거래의 특성에 의해 예상치 못한 피해를 입을 가능성이 매우 높다. <표 11-7>에 실제 피해 사례를 소개한다.

---

98) 서울시전자상거래센터 보도자료(2018. 11. 22.)

〈사례 1〉 사기 사이트 피해
H씨는 2018년 11월 블랙 프라이데이 인스타그램 광고를 통해 알게 된 로저비비에 사이트에서 구두 3켤레를 209.5달러에 구매했는데 중국 위안화로 결제가 되어 다시 확인해보니 공식 홈페이지와 유사하게 만들어진 피싱사이트라는 것을 알게 되었다. 카드결제 취소를 원하나, 사업자 정보가 전혀 없어 사이트 내 contact us를 통해 문의하였지만 아무런 답변이 없는 상황이다.

〈사례 2〉 상품 주문 후 배송지연·환불거절
소비자는 2015년 7월, 일본 구매대행업체를 통해 일본인 판매자로부터 블루투스 헬멧을 구입하고 대금 약 39만 원을 지급했으나 2개월 이상 배송이 되지 않았다. 이에 환불을 요구하자 판매자 측은 해당 상품은 예약 주문 상품이라며 환불을 거부하였다.

〈사례 3〉 해외 인터넷쇼핑몰 예약 주문 취소 불가
소비자는 2016년 4월, 미국 인터넷 사이트에서 물품 인도 사전 예약을 하고 대금 115만 원을 지급함. 이후 동 계약을 취소하고 싶어 해당 사이트를 방문하였으나 취소 방법이 없어 신용카드사에 문의하니 정상 승인 건을 카드사에서 일방적으로 취소할 수 없다고 했다. 신청인은 결제대금 인출 전 취소를 요구하였다.

자료: 서울시전자상거래센터 보도자료(2018. 11. 22.)·한국소비자원 보도자료(2016. 5.) 재정리.

읽을거리 11.3 해외구매 단계별 소비자 주의사항

✐ 주문 단계
① 국제거래 소비자 포털(http://crossborder.kca.go.kr)을 통해 사기 의심 사이트 여부를 확인한다.
② 쇼핑몰 주문 취소 및 변경 규정을 반드시 확인하고 홈페이지 내 사업자 소개('about us'), 주소 및 연락처('contact us')가 제대로 표시되어 있는지 체크한다. 사기 의심 사이트는 사업자 정보를 제공하지 않는 경우가 대부분이며, 사이트 평판을 확인할 수 있는 게시판 등 양방향 커뮤니케이션 공간을 제공하지 않는다.
③ 처음 구매하는 쇼핑몰인 경우, 사이트 신뢰도를 판별해주는 서비스를 이용하여 믿을 만한 사이트인지 점검한다. 스캠어드바이저, 위뷰테이션, 도메인툴즈, WOT 등을 활용한다. 잘 알려지지 않았거나 신생 사이트인 경우는 가급적 이용하지 않는 것이 좋다.

✎ 결제 단계

결제 전, 해당 쇼핑몰로부터 피해를 입은 소비자가 없는지 인터넷 검색을 통해 확인한다.

✎ 배송 단계

익숙하지 않은 배송 대행지 주소 이용시 주소 실수의 위험이 크고, 해외 배송 대행지 물류 센터가 이전하는 경우도 있으므로 주문 전에 배송 대행지 상태와 주소를 확인한다.

✎ 통관 단계

주문 상품의 관세·부가세 부과 기준을 확인하여 부과 예상 세액을 미리 계산해 본다.

✎ 수령 단계

해외직구는 단순변심으로 인한 반품 시 비용이 많이 발생하므로, 충동구매를 자제하고 주문 전 사이즈·색상 등을 잘 파악하여 주문한다.

출처: 한국소비자원 보도자료(2016. 5.) 재정리.

③ 글로벌 전자상거래 소비자 분쟁의 해결

1) 글로벌 전자상거래 여건과 소비자 분쟁

국제거래에서의 소비자문제는 오프라인 거래와 온라인 거래로 구분할 수 있다. 국제배송, 해외 이삿짐 관련 소비자 피해, 해외여행자의 해외 상품 구매·이용에 관련된 소비자 피해 등 오프라인 거래상에서의 소비자 피해는 다양한 형태로 나타나고 있지만, 대부분 문서화되어 있고 거래 당사자 간 대면성이 높기 때문에 기존 피해 구제 법제도에 의해서도 처리가 가능하다.

온라인을 통한 글로벌 상거래에서의 분쟁 역시 일반 오프라인 거래에서와 마찬가지로 거래 당사자 간 분쟁의 자주적 해결 외에 사법적 판결에 의한 분쟁의 해결, 기존의 관련 원칙이나 규칙, 절차 등에 따른 분쟁의 해소, 중재·조정·알선 등의 재판 외 분쟁 해결(ADR: alternative dispute resolution)이 활용될 수 있다. 하지만 국가 간 서로 다른 법제와 상관습에 기인하여 그 실효성이 미미한 실정이다. 예컨대 우리나라의 소비자보호에 관련된 법과 제도들을 보면 대부분 국내 소비자문제 중심으로 편제되어 있어 국제적 표준(global standards)에 부합하지 않는 점이 많다. 또한 주요 교역 대상국들의 소비자보호 관련 기본법과 같은 각종 소비자보호 법규와 제도에 대한 구체적인 분석과 활용이 제대로 이루어지지 않고 있는 실정이다.

이러한 여건 아래 국제 전자상거래에서의 소비자 피해에 대한 국제적 협력의 중요성이 높아지자 OECD, ICPEN 등 국제기구에서도 이러한 국경을 넘는 온라인 상거래에서의 분쟁 해결 문제에 관심을 보이고 있다. 실제로 OECD의 경우는 세계시장에서의 분쟁 해결과 피해 구제의 문제를 주요 의제로 정하여 컨퍼런스를 개최하는 등 국제 거래에서의 소비자 분쟁 해결을 위한 논의를 추진해 왔다. ICPEN에서도 국제 ADR 형태의 국제 전자상거래 피해 구제 프로그램을 추진 중이다. 하지만 국제기구를 통한 이러한 노력들도 여러 현실적 제약 앞에 실질적인 성과가 분명하지 않은 실정이다.[99]

2) 관련법과 제도

(1) 전자상거래 관련법

우리나라에서는 전자상거래에서의 분쟁 해소만을 위해 마련되어 있는 별도의 법규나 제도는 없다. 하지만 관련 조항을 포함한 「전자거래기본법」 등 전자상거래에서의 소비자보호를 위한 여러 법제가 제정되어 시행 중이다. 1999년 2월에 제정된 「전자거래기본법」은 지난 2002년 1월에 개정된 바 있으며, 2000년 1월에는 OECD의 '전자상거래 소비자보호 가이드라인(Guidelines for Consumer Protection in the Context of Electronic Commerce)'의 후속 조치의 하나로 사업자의 영업 행위에 대한 자율규제 지침의 성격을 갖는 '전자거래소비자보호지침'이 제정되었다.

1999년 2월에는 '인터넷 사이버몰 이용 표준약관'(이하 전자상거래표준약관이라 칭한다)이 마련(2003년 10월 개정)되었고, 2001년 10월에는 '전자금융거래 표준약관'이 제정되어 업계에 사용이 권장되고 있다. 또한 2001년 10월에는 '소비자 피해 보상 규정'에 인터넷쇼핑몰업, 인터넷콘텐츠업, 네트워크형 전자화폐 규정

---

99) 본 절의 내용은 다음 자료를 주로 참고했다. 이종인(2007), 「국제 전자상거래 분쟁 해소를 위한 법·정책적 대응방안 연구」, 『제도와 경제』 제1권 제1호, 110~125쪽.

등이 추가되었다. 2002년 3월에는 「전자상거래소비자보호법」100)을 제정하였고 이후 2018년 6월 등 여러 차례 개정되었다. 이외에도 「전자서명법」, 「할부거래법」, 「정보통신망이용촉진 및 정보보호 등에 관한 법률」 등 다양한 법들이 전자상거래 분쟁 해소를 포함한 제반 소비자보호에 관한 규정들을 두고 있다.

이러한 전자상거래에서의 소비자보호에 관련된 우리나라 법규에는 소비자 피해와 분쟁의 해결에 관한 사항들을 규정하고는 있으나 대부분 국내 사업자(또는 수입업자)의 위반 행위를 상정하여 규정하는 등 국내 거래에 한정하고 있으며, 국경을 넘는 글로벌 전자상거래에서의 분쟁에 관해서는 별도의 규정은 두고 있지 않다.101)

(2) 소비자문제의 해결 수단

시장경제 아래 온·오프라인 거래를 불문하고 사업자와의 거래에서 발생한 소비자 피해는 소비자와 사업자 상호 교섭을 통해 해결하는 것이 가장 바람직하면서 빈번하게 이용되는 구제 방법이다. 또한 소비자들은 관련 법률에 따라 스스로의 권익 보호를 위해 단체를 결성하여 소비자 피해에 대처할 수 있다.

이와 같이 피해 당사자나 소비자단체를 통한 자주적인 피해의 구제 내지 분쟁의 해결이 원만히 이루어진다면 행정기관이나 법원 등을 통한 분쟁의 해결이 필요하지 않게 된다. 하지만 현실적으로 상당 부분의 소비자 분쟁이 자주적인 상호 교섭에 의해 해결되지 못하고 정부의 행정적·사법적 분쟁 해결 메커니즘에 의존하게 된다.

우선, 우리나라의 행정적 분쟁 해결 메커니즘을 보면, 중앙정부에서는 관련 부처에 독립(산하)기관을 설치하거나 민원실을 통해 소비자 불만과 피해를 처리하고 있으며, 지방자치단체들도 소비생활센터와 같은 소비자보호 전담조직이나 지역경제과 등 기초 조직을 설치하여 소비자 피해를 처리하고 있다. 일반 오프

---

100) 이 법의 정식 명칭은 「전자상거래에서의 소비자보호에 관한 법률」이며, 「전자상거래소비자보호법」, 전소법, 전상법 등의 약칭으로도 불리고 있다.

101) 다만, 「전자상거래소비자보호법」, 전자상거래표준약관 등 국제거래에서의 재판관할과 준거법에 관한 내용을 규정해놓은 경우는 있으나, 대부분 「민법」상의 관련 규정을 옮겨놓은 원칙적 수준이다. 다만, 「대외무역법」(제41조)과, 동법 시행령(제104조) 및 「상사중재법」(제35조, 제39조, 제40조)에 국내외 기업 간에 발생하는 분쟁에 대한 알선과 중재에 관한 사항이 규정되어 있으나, 이 또한 B2C 거래가 대부분인 전자상거래 소비자 분쟁에 적용하는 데 한계가 있을 수밖에 없다.

라인 거래 분쟁과는 달리 전자상거래 B2C 거래에서의 소비자 피해 내지 분쟁의 경우는 재판을 통한 방법보다는, 법원 외의 공정하고 중립적인 제삼자의 조정자로 하여금 조정, 중재 등의 방법으로 분쟁을 해결토록 하는 이른바 재판 외 분쟁 해결(ADR) 방안이 보다 효과적일 수 있다.

소비자 분쟁의 해결을 위한 우리나라 ADR 제도는 행정부, 사법부 및 민간 부문에서 각각 발전되어왔는데, 이 중 전자상거래에 관련된 분쟁이 발생할 경우 이용할 수 있는 국내의 ADR 제도로는 <표 11-8>에서 보듯이 한국소비자원에 설치되어 있는 '소비자 분쟁조정위원회', 정보통신산업진흥원에 설치되어 있는 '전자문서·전자거래분쟁조정위원회', 한국정보보호진흥원의 '개인정보분쟁조정위원회'가 있으며, 국내외 기업 간 분쟁의 알선·중재 업무를 담당하는 대한상사중재원에서도 일부 소비자 분쟁의 처리가 가능하다. 하지만 국경을 넘는 국가 간 전자상거래를 포함한 국제적인 분쟁 해결을 위한 ADR은 아직까지 체계화되어 있지 않다.

〈표 11-8〉 전자상거래 관련 국내의 ADR 관련 기구

구 분	소비자 분쟁 조정위원회	전자문서·전자거래 분쟁 조정위원회	개인정보분쟁 조정위원회	중재판정부, 알선중재부
운영	한국소비자원	정보통신산업진흥원	한국정보보호진흥원	대한상사중재원
근거법률	「소비자기본법」	전자거래 기본법 시행령	정보통신망법	대외무역법 및 시행령, 중재법
업무 영역	B2C 분쟁	B2B, B2C, C2C 전자거래 분쟁	개인정보침해 관련 분쟁	국내외 B2B 분쟁

자료: 해당 기구들의 홈페이지(2020년 1월 현재).

다음으로 사법적 분쟁 해결 메커니즘으로서, 민사소송을 통한 방법과, 분쟁 해결을 위한 사법적 간이절차로서 법원에 의한 조정 및 소액사건 심판제도가 있다. 법원에 소를 제기함으로써 피해를 보상받고자 하는 사법적 구제는 소비자 피해의 최종적 구제 방법이면서 판결의 집행이 확실한 구제 방법이다. 하지만 소송을 통한 피해의 구제는 그 절차가 까다롭고 복잡하며 많은 비용과 시간이 소요되는 단점이 있을 뿐 아니라, 피해자가 직접 피해의 원인을 규명하기 어려운 경우가 많기 때문에 특히 국제거래에서는 용이하지 않다. 그렇더라도 전자상

거래에서의 소비자 피해가 거래 당사자인 소비자와 사업자 간의 상호 교섭에 의해 해결되지 않거나, 앞서 살펴본 행정적 구제 절차에 의해서도 해결될 수 없는 경우에는 분쟁 당사자인 피해자는 소송이나 조정요청 등 법원에 의한 피해 구제를 기대할 수밖에 없다.

3) 선진국·국제기구의 정책

주요 선진국의 경우를 보면, 미국과 유럽연합(EU) 등은 이미 전자상거래에 관한 상당한 정도의 법적·정책적 대응을 마련하였고 지금도 전자상거래의 활성화와 소비자보호를 위한 제도적 환경의 정비를 추진해가고 있다. 하지만 국경을 넘는 국제 온라인 거래에서의 소비자 분쟁 해소를 위한 법·제도적 기반은 우리나라의 수준을 크게 능가하지는 않는다. 미국의 경우 전통적으로 시장경쟁과 거래 당사자 간의 자유계약을 우선시하는 자율규제에 의한 소비자 분쟁의 해소에 중점을 두고 있는 반면, 영국이나 독일 등 유럽 국가들은 법적·제도적 정비에 의한 분쟁의 해소에 중점을 두고 있는 등 나라마다 다소 차이가 있다.

최근 통신 및 물류산업의 발전으로 국경을 넘은 소비시장이 급격히 형성되고 있다. 그렇지만 국경을 넘은 거래에서 발생하는 분쟁을 효과적으로 해결할 수 있는 제도의 부재는 안정적인 시장 형성을 저해하는 걸림돌이 되고 있다. 2010년부터 유엔상거래법위원회(UNCITRAL: Untied Nations Commission on International Trade Law)는 온라인 분쟁 해결(ODR: Online Dispute Resolution)을 위한 절차 규칙을 만들고 있다. ODR 절차 규칙은 국경을 넘은 전자상거래에서 B2B와 B2C로 이어지는 소액의 대량 피해 사건을 해결하기 위해 만든 규범 모델이다. ODR은 ADR에서 파생된 것이지만 기본적으로 온라인과 오프라인이라는 실행 환경에서 발생하는 근본적인 차이, 당사자에 관한 구속력, 분쟁 해결 장소에 관한 지리적 접근성의 차이 등 기존의 ADR과는 상당한 차이가 있다.

한편 인터넷쇼핑과 같은 전자적 수단에 의한 국가 간 상거래가 증가하고, 관련 소비자 피해도 늘어남에 따라 국제 전자상거래에서의 소비자 피해에 대한 국제적 협력의 중요성이 더욱 증대되었고, 이에 OECD 소비자정책위원회(CCP: Committee on Consumer Policy)와 ICPEN 등 국제기구들에서 국제 전자상거래상의 소비자문제에 관심을 갖고 지속적으로 논의해왔다.

이러한 논의의 중심이 바로 OECD CCP에서 1999년 말 채택한 '전자상거래 소비자보호 가이드라인(Guidelines for Consumer Protection in the Context of Electronic Commerce)'이며, OECD 회원국을 포함한 세계 여러 나라들이 이 가이드라인을 자국의 관련 법제에 반영해왔다. 또한 ICPEN, 아·태경제협력체(APEC) 등 다른 여러 국제기구에서도 국제 전자상거래에서의 소비자보호 문제가 논의되어왔으며 향후에도 지속적으로 쟁점화될 것으로 보인다.

검토 과제

01 전자상거래의 제 특성을 관련된 소비자문제와 연관시켜 설명하라.

02 글로벌 유통업계의 국내 진출이 국내 소비자에게 미치는 긍정적·부정적 영향을 논하고 국가 정책의 방향을 제시하라.

03 전자상거래 분쟁의 해결 수단으로서 ADR의 장점 및 한계점은 무엇인가?

04 소셜미디어나 그루폰(groupon)과 같은 단체구매가 소비자와 유통 흐름에 미치는 영향을 논하고 전망해보라.

주요 참고문헌

김현윤, 국은숙 (2014) 「의류·신발 인터넷쇼핑몰, 소비자 청약 철회 요구 나몰라라」, 한국소비자원 보도자료(2014. 5. 26.).

김성천(2014), 「글로벌 소비자법제 동향, 영국 소비자계약 규칙 2013」, 한국소비자원.

이종인(2007), 「국제 전자상거래 분쟁 해소를 위한 법·정책적 대응방안연구」, 『제도와 연구』, 제1권 제1호.

이종인(2006), 「전자상거래 소비자보호제도의 실효성 확보에 관한 연구」, 한국소비자보호원.

이종인(2004), 「국제기구의 소비자정책 이슈분석 및 대응방안 연구」, 한국소비자보호원.

이종인(2005), 「국제 전자상거래 소비자 피해 구제방안 연구」, 한국소비자원.

이하나(2013), 「국가의 경계를 넘나드는 소비, 전자상거래 여파로 확대되는 '해외직구'」, 소비자시대 42-43.

한국소비자원 보도자료(2016. 5), 「해외구매 소비자 피해, 국제거래 소비자 포털 사이트에서 해결」.

서울시 전자상거래센터 보도자료(2018. 11), 「블프 해외직구 소비자 피해주의보 발령」.

소비자 불만과
분쟁의 해결

소비자는 사업자가 제공하는 상품의 거래나 사용 과정에서 불편을 겪거나 피해를 입는 경우가 종종 발생한다. 이러한 경우 소비자는 해당 불만을 해소하거나 발생된 피해에 대해 사업자에게 보상을 요구할 수 있다. 다시 말해 시장에서 소비자와 사업자 간 분쟁(다툼)이 발생한 경우이다.

어떠한 경우이든 분쟁은 당사자 간의 자발적 합의를 통해 해결하는 것이 가장 바람직하다. 분쟁의 해소에 드는 제반 비용, 이른바 거래비용을 줄일 수 있으며, 제삼자 개입에 따른 부담 증가와 문제의 복잡해짐에 따른 해결의 어려움을 줄일 수 있다. 일반적으로 시장 거래 과정이나 소비 상품의 사용(또는 이용) 과정에서 분쟁이 발생한 경우, 앞서 언급한 분쟁 당사자 간의 자율적 합의가 이루어지지 않을 경우 어쩔 수 없이 법적 구속력이 요구되는 소송의 수단을 택할 수밖에 없다.

하지만 법적 소송은 전문적 지식이 필요할 뿐 아니라 절차도 복잡하여 많은 시간과 비용이 들며, 그 결과도 엄중한 승패로 귀결되는 등 많은 한계점을 안고 있다. 그럼에도 불구하고 사업자를 대상으로 한 소비자의 소송은 분쟁의 해결을 위해 불가피한 경우가 적지 않으며, 보다 용이한 소송을 위한 이른바 '소비자 집단소송'제도와 같은 제도적 개선이 추진되고 있다. 더불어서 이러한 소송을 통한 분쟁 해결의 어려움을 보완하기 위한 방편의 하나로 '재판 외 분쟁 해결(ADR: Alternative Dispute Resolutions)' 수단에 대한 관심이 높아지게 되었다. 1987년 한국소비자원에 설치된 소비자분쟁조정위원회가 대표적이며, 최근에는 금융분쟁조정위원회, 의료분쟁조정중재원, 개인정보분쟁조정위원회 등이 설립되어 소비자 분쟁에 대한 ADR을 담당해오고 있다.

이러한 배경 아래 제1절에서는 소비자와 사업자 간에 발생하고 있는 불만과 분쟁의 현황을 살펴본다. 이어 제2절에서 소비자 분쟁의 전반적인 해결 절차와 체계를 구체적으로 고찰하고, 제3절에서 글로벌 ADR 동향과 국제거래에서의 소비자 분쟁에 관련된 이모저모를 살펴본다. 끝으로 제4절에서는 2007년 「소비자보호법」(현 「소비자기본법」) 개정을 통해 새로이 도입되어 시행 중인 '집단분쟁조정제도'와 '단체소송제도'에 관해 살펴본다.

1 소비자 불만 및 분쟁의 전형

1) 소비자 불만·피해 현황

　　소비자는 소비생활에서 발생하는 불만이나 피해에 대해 한국소비자원이나 소비자단체, 지방자치단체 등에 상담을 신청할 수 있다. 정부는 지난 2010년 1월부터 한국소비자원의 상담실과 소비자단체 상담센터 및 광역지방자치단체 소비자상담센터를 통합한 이른바 '1372소비자상담센터'를 운영해오고 있다.[102] 최근의 소비자 불만이나 피해 현황은 1372소비자상담센터에서 운영하는 월별 '소비자 빅데이터 트렌드'를 통해 어느 정도 파악이 가능하다.

단위: 건

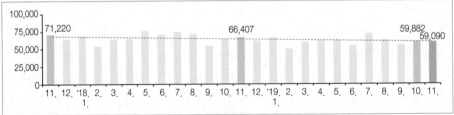

자료: 1372소비자상담센터(www.1372.go.kr), 2020년 1월.

[그림 12-1] 월별 소비자상담 건수

---

102) 1372소비자상담센터는 10개 소비자단체, 16개 광역시·도 지방자치단체, 한국소비자원이 참여하는 전국 단위의 통합 상담 처리 시스템이다.

<그림 12-1>에서 보듯이 2019년 11월 중 '1372소비자상담센터'에 접수된 상담 건수는 5만 9,090건으로, 연간으로는 70만 건 정도가 된다. 이러한 사례들을 유형별로 분석해보니 '품질·AS 관련'이 전체의 29.7%로 가장 많았고, 이어 '계약 해제·위약금(19.6%)', '계약 불이행(14.8%)', '청약 철회(10.1%)'의 순이었다.

판매 방법별로는 <표 12-1>에서 보듯이 특수판매 중 '국내 전자상거래' 관련 상담이 1만 4,671건으로 전체 상담의 24.8%를 차지했고, 이어서 '방문판매'(4.3%), '전화권유판매'(2.9%), 'TV홈쇼핑'(2.2%) 등이 뒤를 이었다.

<표 12-1> 판매 방식별 소비자상담 현황

단위: 건

판매 방법			2018. 11.		2019. 10.		2019. 11.			
									증감률	
			건수	비율	건수	비율	건수	비율	전년 동월비	전월비
일반판매			33,366	50.2%	32,180	53.7%	31,612	53.5%	-5.3%	-1.8%
특수판매	통신판매	국내 전자상거래 (소셜커머스 포함)	14,562	21.9%	15,636	26.1%	14,671	24.8%	0.7%	-6.2%
		국제 전자상거래	538	0.8%	364	0.6%	383	0.6%	-28.8%	5.2%
		TV홈쇼핑	1,372	2.1%	1,241	2.1%	1,299	2.2%	-5.3%	4.7%
		기타 통신판매	1,139	1.7%	1,186	2.0%	1,050	1.8%	-7.8%	-11.5%
	방문판매		2,162	3.3%	2,455	4.1%	2,535	4.3%	17.3%	3.3%
	전화권유판매		1,687	2.5%	1,737	2.9%	1,713	2.9%	1.5%	-1.4%
	다단계판매		100	0.2%	96	0.2%	106	0.2%	6.0%	10.4%
	노상판매		79	0.1%	74	0.1%	73	0.1%	-7.6%	-1.4%
기타			11,402	17.2%	4,913	8.2%	5,648	9.6%	-50.5%	15.0%
합계			66,407	100.0%	59,882	100.0%	59,090	100.0%	-11.0%	-1.3%

자료: 1372소비자상담센터(www.1372.go.kr).

최근 소비자 피해 상담 건수는 소폭 줄었지만 60세 이상 고령 소비자들의 피해 상담은 오히려 크게 늘어난 것으로 나타났다. 한국소비자원에 따르면 2018년 한 해 동안 접수된 소비자 피해 상담 건수는 79만 2,439건으로 전년 대비 0.4% 감소했다. 하지만 고령 소비자 피해 상담은 7만 7,588건으로 지난해 같은 기간에 비해 15.2% 증가했다. 이는 지난해 60세 이상 인구 증가율 4.9%보다 3배가량 높은 수치다.

고령 소비자들의 피해 상담이 가장 많았던 품목은 침대였다. 지난해 발생한 '라돈 침대' 사건의 여파로 분석된다. 침대 수거·교환 지연 관련 불만 접수 건수는 전년 대비 20배 늘어난 5,780건에 달했다. 다음으로 이동전화서비스(2,919건), 상조서비스(2,380건), 주식·투자전문(1,970건), 스마트폰·휴대폰(1,947건) 등이 뒤를 이었다.

스마트폰 사용이 보편화하면서 고령 소비자들의 전자상거래 관련 피해 상담도 늘고 있다. 고령 소비자 상담 중 전자상거래나 방문판매, 전화권유판매 등 특수판매와 관련된 것은 1만 9,310건이다. 이 중 전자상거래 관련 상담은 5,270건으로 가장 많았다. 한국소비자원은 이 같은 분석 결과를 지방자치단체 등과 공유하고 고령 소비자 정책 개발 등에 활용할 수 있도록 할 계획이다

자료: 『서울경제』(2019. 5. 8., 서종갑 기자), 〈www.sedaily.com/NewsView/1VJ29CKY7W〉

2) 소비자 분쟁의 전형

상담을 통해 접수된 소비자 피해 사건은 피해 구제와 분쟁 조정의 절차를 거치게 된다. 소비자 분쟁은 민사를 통한 해결이 원칙이지만 소송에는 비용과 시간이 많이 소요되므로, 이에 대체할 수 있는 분쟁의 해결 방법이 재판 외 분쟁 해결, 이른바 소비자 ADR이다. 한국소비자원과 민간 단체, 정부기관 등에 접수된 소비자 상담(민원)으로 문제가 해결되지 않은 경우 피해 구제 절차를 거치게 되며, 이 단계에서도 해소가 안 될 경우에는 한국소비자원에 설치되어 있는 소비자 ADR인 소비자분쟁조정위원회에서 조정 절차를 통해 소비자 분쟁의 해결이 가능하다. 여기에서는 소비자분쟁조정위원회에 접수되어 처리된 몇몇 사례를 소개한다.

(1) 항공권 취소수수료 면제약관 미고지 여행사에 손해배상 결정 사례[103]

해외여행이 늘면서 소비자가 여행사를 통해 항공권을 구입한 후 예기치 못한 질병으로 인한 수술, 입원 등으로 항공권을 취소하는 경우에 취소수수료를 둘러싼 분쟁이 적지 않게 발생하고 있다. 한국소비자원 소비자분쟁조정위원회는 '소비자가 질병으로 항공권을 취소하면서 기지급한 취소수수료의 배상을 요구' 한 사건에서 여행사가 항공사의 항공권 취소수수료 면제 약관을 소비자에게 미리 고지하지 않았다면 여행사가 소비자에게 취소수수료 상당액을 배상해야 한다고 결정했다. 국토교통부 「항공교통이용자 보호기준」(고시 제2017-1035호)에 따르면 여행업자가 전자상거래로 항공권을 판매하는 경우 계약 체결 전에 비용의 면제 조건을 항공교통 이용자에게 고지하도록 되어 있다.

사건의 개요

A씨는 2018년 3월경에 B여행사 홈페이지를 통해 C항공사의 왕복항공권을 구입하고 한 달 뒤 수술이 필요한 질병이 발생해 B여행사에 항공권 구입 취소를 요청했다. B여행사는 항공사 취소수수료 33만 원을 부과했다. 이후 A씨는 C항공사 약관에 따르면 질병으로 인해 탑승할 수 없는 경우 승객이 여행 가능한 날짜로 유효기간을 연장할 수 있고, 환급에 관한 규정은 고객센터 상담원을 통해 전달받을 수 있다고 규정되어 있음을 알게 되었다. C항공사 고객센터 상담원은 질병의 경우 취소수수료가 면제되나 이미 A씨의 항공권 취소 처리가 완료되어 취소수수료 환급이 어렵다고 답변했고, 이에 신청인은 B여행사에게 위 취소수수료 환급을 주장했으나 B여행사는 이를 거절했다.

사건의 처리 결과 및 시사점

이 사건에서 B여행사는 항공사마다 취소수수료 면제 약관이 다르기 때문에 항공권 판매 당시 이를 일일이 소비자에게 고지하기 어렵다고 주장했다. 그러나 소비자분쟁조정위원회는 취소수수료가 면제되는 조건은 계약 체결의 중요한 내용이므로 여행사는 계약 체결 전 소비자에게 이를 고지해야 할 의무가 있다고

---

103) 한국소비자원 보도자료(2019. 7. 9.) 내용을 발췌하여 정리하였다.

판단했다.

이번 조정 결정은 소비자에게 항공권 취소수수료 면제 조건에 대해 정확히 알리지 않았던 여행사의 부당한 관행에 제동을 걸어 소비자의 권익을 대변했다는 점에서 그 의의가 있다.

(2) 안전상 중대 결함 전동휠, 판매자에게 배상 책임 결정 사례[104]

최근 전동킥보드, 전동휠과 같은 개인형 이동수단(personal mobility)의 이용이 증가하면서 안전관리 강화가 요구되고 있는 가운데, 전동휠에 안전상 중대한 하자가 있다면 제조사가 도산했더라도 판매자가 구입 대금을 환급해야 한다는 조정 결정이 나왔다. 한국소비자원 소비자분쟁조정위원회는 '배터리가 급속도로 방전되는 전동휠의 구입 대금 환급 요구' 사건에서 배터리 하자는 전동휠 구매 계약의 목적인 '안전한 운행'을 달성할 수 없는 중대한 하자이므로 제조사가 도산했더라도 판매자가 구입대금을 환급해야 한다고 결정했다.

사건의 개요

A씨(남, 30대)는 2017년 11월에 소셜커머스를 통해 B사로부터 전동휠을 구입해 사용하던 중 2018년 3월부터 배터리가 급속히 방전되면서 운행이 중단되는 하자가 발생해 수리를 받았다. 이후 동일 하자가 재발하고 양 바퀴의 회전 속도가 달라지는 등 하자가 추가로 발생했으나 B사는 전동휠을 제조한 회사가 도산했다는 이유로 수리를 거부했다. 이에 A씨는 전동휠 구입 대금의 환급을 요구하였다.

사건의 처리 결과 및 시사점

이 사건에서 전동휠을 판매한 B사는 품질보증책임이 있는 제조사가 도산했으므로 수리가 불가하며 제조사를 대신해 구입 대금을 환급할 의무도 없다고 주장했다. 그러나 소비자분쟁조정위원회는 전동휠과 같은 개인형 이동수단의 배터리가 급속도로 방전되는 것은 이용자의 생명, 신체에 심각한 위험을 미칠 수 있는 중대한 하자에 해당한다고 판단했다. 또한 배터리를 수리한 지 한 달여 만에

---

104) 한국소비자원 보도자료(2019. 10. 4.) 내용을 부분 수정하였다.

하자가 재발했고, 제조사가 도산했다는 이유만으로 판매자의 하자담보책임이 면책되는 것은 아니므로 B사는 판매사로서 「민법」상 하자담보책임을 지고 A씨에게 구입 대금을 환급해야 한다고 결정했다.

이번 조정 결정은 개인형 이동수단의 급증에 따라 이용자의 안전에 관한 법적 기준의 재정비가 요구되고 있는 가운데 소비자의 안전에 관한 판매자들의 책임을 다시 한 번 확인했다는 점에서 의의가 있다.

② 소비자 분쟁의 해결: 소비자 ADR

시장 거래에서 소비자가 사업자가 제공한 상품에 불만이 있거나 피해를 입었을 경우 소비자는 「소비자기본법」 등 관련법에 따라 ① 소비자상담 → ② 피해 구제 신청 → ③ 분쟁의 조정 → ④ 소송의 절차를 밟을 수 있다.[105] 이 중 ①~③의 과정이 소송을 통한 분쟁 해결의 대안이 될 수 있는 이른바 재판 외 분쟁 해결(소비자 ADR) 절차에 해당한다. 본 절에서는 이러한 단계별 절차와 내용을 관해 살펴본다.

1) 소비자 상담

소비자가 전화(국번 없이 1372번으로)나 인터넷(www.1372.go.kr)을 통해 상담을 신청하면 '1372소비자상담센터'의 상담원을 통해 신속한 상담이나 피해 구제 접수 서비스를 제공받을 수 있다(<그림 12-1> 참조).

사업자들도 소비자의 불만이나 피해에 대응하기 위한 자체적 시스템을 구비한 경우가 많다. 「소비자기본법」에서는 사업자 내지 사업자단체가 소비자들로부터 제기되는 의견이나 불만 등을 기업의 경영에 반영하고, 소비자의 피해를 신속하게 처리하기 위한 이른바 '소비자상담기구'를 설치·운영토록 권장하고 있기도 하다.

---

105) 「소비자기본법」 제8장(소비자 분쟁의 해결, 제53~83조)을 참고할 수 있다.

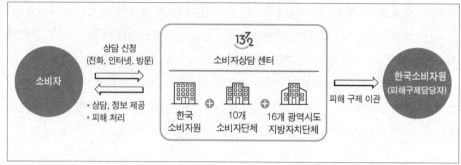

자료: 한국소비자원 홈페이지(2020. 1. 19. 현재) 및 관련 자료 참조

[그림 12-1] 소비자상담 절차

2) 소비자 피해의 구제

소비자 상담을 통해서도 문제가 해결되지 않을 경우 소비자는 한국소비자원이나 지방자치단체의 소비생활센터, 소비자단체 등에 우편이나 팩스, 인터넷을 통해서 자신이 입은 피해에 대한 구제를 신청할 수 있다. 물론 직접 해당 기관을 방문하여 피해 구제를 접수할 수도 있다.

한국소비자원을 통한 피해 구제는 대략 <그림 12-2>의 절차를 거친다. 한국소비자원이 소비자의 피해 구제 신청을 받게 되면 지체 없이 사업자에게 그 사실을 통보하고 해명을 요구하게 된다. 또한 사실 조사와 법률 조사 등을 통해 확인된 내용, 전문위원회의 자문과 시험검사 결과 등을 종합적으로 검토한 후, 이를 근거로 분쟁 당사자에게 합의를 권고하게 된다.

이때 피해 구제 신청일로부터 30일 이내(단, 사실 조사 과정에서 원인 규명을 위한 전문가 감정 및 자문, 시험검사 등의 사유가 발생할 경우에는 90일까지 기간을 연장할수있다)에 합의가 성립되면 사건이 종결되지만, 그렇지 않게 되면 해당 사건이 소비자분쟁조정위원회의 조정 신청 절차로 가게 된다.

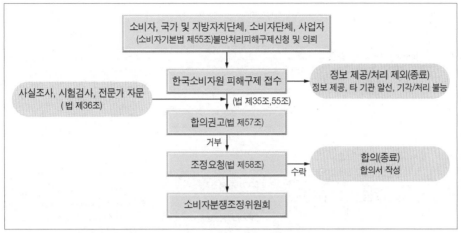

자료: 한국소비자원 홈페이지(2020. 1. 19. 현재) 및 관련 자료 참조.

[그림 12-2] 한국소비자원의 소비자 피해 구제 절차

3) 소비자 분쟁의 조정

앞서 설명했듯이 소비자상담을 통해 접수된 소비자 피해 사건은 피해 구제, 분쟁 조정의 절차를 거쳐 처리된다. 소비자 분쟁을 포함한 사인(私人) 간의 분쟁은 소송을 통해 해결될 수 있지만, 소송에는 많은 비용과 시간이 소요되는 문제가 있다. 소비자분쟁조정위원회를 통한 분쟁의 조정은 그러한 소송을 대체할 수 있는 효율적 분쟁 해결 방법의 하나이다.

소비자분쟁조정위원회는 「소비자기본법」에 의해 한국소비자원에 설치되어 있으며, 분쟁 조정의 개략적 절차는 <그림 12-3>과 같다.[106]

이러한 분쟁 조정의 내용이 비로 분쟁 당사자를 구속하게 되는 것은 아니다. 조정의 내용을 통지받은 양 당사자는 통지받은 날부터 15일 이내에 수락 여부를 조정위원회에 서면으로 통보해야 하는데, 만일 15일 내에 의사 표시가 없으면 자동적으로 조정이 성립되어 해당 조정 내용은 「소비자기본법」 제67조에 따라 '재판상 화해'와 동일한 효력을 갖는다.

한편 비슷한 유형의 분쟁이 다수의 소비자에게 발생하는 경우 해당 분쟁의 일괄적 해결을 위한 이른바 '집단분쟁조정제도'가 있다. 이 제도에 관해서는 다음 제4절에서 구체적으로 살펴보도록 한다.

---

106) 「소비자기본법」 제60~67조를 참고할 수 있다.

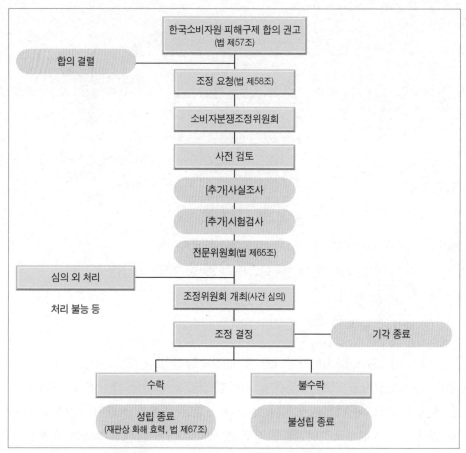

한국소비자원 피해구제 합의 권고
(법 제57조)

합의 결렬

조정 요청(법 제58조)

소비자분쟁조정위원회

사전 검토

[추가]사실조사

[추가]시험검사

전문위원회(법 제65조)

심의 외 처리

처리 불능 등

조정위원회 개최(사건 심의)

조정 결정

기각 종료

수락

불수락

성립 종료
(재판상 화해 효력, 법 제67조)

불성립 종료

자료: 한국소비자원 홈페이지(2020. 1. 19 현재) 및 관련 자료 참조.

[그림 12-3] 소비자분쟁조정위원회의 분쟁 조정 절차

이러한 「소비자기본법」 등에 따라 운용되는 소비자 피해에 대한 소비자 ADR 이외에도 다른 기관·기구에서 운용되는 소비자 ADR이 있다. 앞 장의 <표 11−8>에서도 살펴보았듯이, 전문성이 필요한 소비자 피해와 분쟁을 해결하기 위한 여러 ADR 기구들이 관련 법령에 의해 설치·운용되고 있는 것이다.

예컨대 금융위원회에서 운영하고 있는 금융분쟁조정위원회에서는 금융기관과 예금자 등 금융소비자 간의 분쟁을 조정하고 있으며, 개인정보보호위원회 소관의 개인정보분쟁조정위원회에서는 개인정보에 관련된 분쟁을, 한국의료분쟁조정중재원에서는 의료사고에 관련된 분쟁을 조정하는 기능을 수행하고 있다. 또한 한국콘텐츠진흥원 소관의 콘텐츠분쟁조정위원회에서는 소비자들의 콘텐츠

거래 또는 이용에 관련된 분쟁을, 한국인터넷진흥원의 전자문서전자거래분쟁조정위원회에서는 전자문서 및 전자거래에 관련된 분쟁을 조정하는 기능을 수행하고 있다.

③ 글로벌 ADR과 소비자 분쟁의 해소

1) 글로벌 ADR

소비자 분쟁 해결제도에 대한 국제적 논의는 제11장에서 살펴본 전자상거래의 활성화와 밀접한 관계를 가지고 진행되고 있다. 국경을 넘는 온라인거래가 늘어나면서 특히 온라인을 통한 재판 외 소비자 분쟁 해결 제도(ODR: Online Dispute Resolution)가 주목받고 있다. 국제연합(UN)과 경제협력개발기구(OECD) 등 국제기구, EU 등 지역 차원, 그리고 각 국가별로 이러한 ODR의 활성화를 위한 논의가 진전되고 있다.

UN의 국제상거래법위원회(UNCITRAL)에서는 지난 2010년부터 ODR 실무작업반(working group)을 가동해왔으며, 글로벌 온라인거래에서의 분쟁 해결에 적용되는 ODR 통일 규칙 마련을 추진해왔다. 그동안 OECD 회원국 간 ODR 절차 가이드라인을 확정하는 등 글로벌 온라인 소비자 분쟁 해결에 상당한 진전이 있었다. 가이드라인에는 국제 전자상거래에서 소비자와 사업자 간 분쟁이 발생하면 1단계로 '협상'을 거치고, 다음 단계로 제3자가 개입하는 '조정' 절차를 진행하며, 조정으로도 갈등이 해소되지 않을 때에는 '최종 단계로 갈 수 있다'고 명문화하였다. 하지만 UNCITRAL 회원국은 법적 구속력이 있는 '중재'를 마지막 절차로 검토하기도 했지만, 미국과 EU 등 국가 간 이견으로 통일된 규칙 도출에는 실패했다. 그렇지만 가이드라인이 비록 법적 구속력은 없지만 우리나라를 포함한 60여 개 회원국들 간의 합의로 만들어진 만큼 점차 글로벌 규칙으로 자리 잡을 수 있을 것으로 보인다.

지난 1999년에 '전자상거래에서의 소비자보호를 위한 가이드라인'을 제정한 OECD에서도 ODR의 활성화를 위한 노력을 지속하고 있다. 2016년 3월에는 그간의 ICT 기술의 발전에 따른 새로운 소비자거래와 구매 형태의 출현, 회원국들의 집행 경험 등을 반영한 '전자상거래에서의 소비자보호에 관한 권고'를 채택하였는데, 이것은 1999년의 가이드라인을 대폭 수정·보완한 것이다. 권고 내용에 따르면, 원활한 피해 구제를 위해 사업자는 소비자 불만을 해결하기 위한 절차를 마련하고, ODR을 이용할 수 있도록 했다. 또한 각 회원국들이 해당국의 소비자 보호기관에 합당한 권한을 부여하도록 권고하고 있다.

유럽연합(EU)에서는 지난 2013년에 소비자 ADR 가이드라인과 ODR 규칙을 제정하였다. ADR 가이드라인은 소비자가 온라인 또는 오프라인을 불문하고 제반 ADR 수단을 이용할 권리를 보장하는 것을 주된 내용으로 하고 있다. EU 회원국들은 이러한 EU의 가이드라인을 반영하여 자국 내 관련법을 정비하는 등 소비자 ADR의 활성화를 추진하고 있다.

또한 2017년 2월에는 EU 지역 내 글로벌 소비자거래를 위한 ODR 플랫폼을 개설하여 운영하고 있다. 지역 내 회원국들의 소비자 분쟁 해결 기관들이 서로 플랫폼으로 연계되어 피해를 입은 소비자가 온라인으로 상담 등을 신청하면 적절한 소비자 분쟁 해결기관으로 해당 내용이 자동으로 송신되어 처리될 수 있도록 하고 있다.

2) 국제 상거래에서의 소비자 분쟁의 해소

국경을 초월한 글로벌 상거래에서의 소비자 피해의 경우 내국 사업자와의 분쟁이 아니기 때문에 국내 소비자보호 법규를 적용하여 처리하기가 어려운 경우가 대부분이다.

이 경우 바람직한 해결 방법은 해당 사업자와의 직접적 접촉을 통한 해결일 것이다. 하지만, 국내 소비자와 외국 거주 사업자 간의 분쟁의 경우 이러한 당사자 사이의 대화를 통한 해결이 쉽지 않은 것이 현실이다. 또한 국제거래에서 분쟁이 발생할 경우 이를 법원의 재판으로 해결하는 것도 쉬운 일이 아니다. 즉, 국가 간 준거법(準據法)[107]상의 차이점과 재판 관할의 문제 등으로 인해 국외 거주 가해자인 외국의 사업자를 국내 법정에 세우는 것이 현실적으로 어려운 일이다.[108]

---

107) 거래에서 분쟁이 발생될 경우에 관련된 법들 중 어느 실질법을 적용할 것인가의 문제를 준거법의 문제라고 한다.

이에 대해 글로벌 상거래에 관련된 분쟁을 해결할 수 있는 현실적인 방안이 바로 앞서 살펴본 대안적 분쟁 해결 수단인 ADR이다. 예컨대 대표적인 ADR의 하나인 '국제상사중재'의 경우 중재 결정의 집행이 '외국 중재판정의 승인 및 집행에 관한 협약(1958년)'에 따라 보장되어 있어 소송을 통한 분쟁의 해소보다는 효율적이다. 하지만 ADR 역시 집행의 법적 구속력 제약, 관계 국가 차원의 협력 수준의 상이점 등의 한계에 직면할 수밖에 없다.

이러한 사법적·대안적 분쟁 해결 방안과 더불어 최근에는 국제기구 및 주요 교역 상대국 간의 국제협력협정 등을 통한 다자·양자 간 협력을 통한 해결 방안이 부각되고 있다.

UN, OECD 등 국제기구에서는 소비자의 권익 보호를 위해 소비자 분쟁 해결 정책을 중요한 소비자정책으로 책정하고 회원국들로 하여금 합리적인 소비자 분쟁 해결 체계를 구축하도록 촉구하여왔다. 특히 OECD CCP(소비자정책위원회)에서 1999년 12월에 제정된 '전자상거래 소비자보호 가이드라인'은 국제거래에서의 소비자불만 처리와 분쟁 해결에 대한 내용을 규정하고 있으며, 회원국은 국제 소비자 분쟁의 효율적 해결을 위해 노력한다고 명시하고 있다. 또한 앞서도 살펴보았듯이 '소비자불만을 수집하고 시장 동향을 분석하기 위한 시스템을 운영하고 이 경우 국가 간 상호 활용의 필요성을 고려'해야 함을 강조하고 있다. 유럽연합(EU)의 경우에도 소비자 분쟁 해결과 관련한 각종 소비자보호 가이드라인을 제정하고 소비자보호협력규정(총 5장 22조) 등을 제정하면서 실효성 있는 소비자 분쟁 해결을 위한 노력을 경주하고 있다.

하지만 국제기구와 교역 상대국 간의 협력 협정을 통한 국제 상거래 분쟁의 해소 방안 역시 여러 문제점을 안고 있는 것이 현실이다.

이에 대한 몇 가지 법적, 정책적 방책을 생각해볼 수 있다.

첫째, 위에서 살펴본 현실적 제약들 아래, 국내의 소비자보호 관련법을 역외적용(extraterritorial application)하는 등 국내법의 포괄적 해석과 역외 적용 가능성에 대해 검토할 수 있다.[109]

---

108) 계약 당사자 간의 재판관할권과 준거법에 대한 합의(주로 거래 계약서에 명시되어 있음)가 되어 있다면, 재판을 진행하는 데에 큰 무리가 없지만, 현실적으로 법원 판결의 집행에 대한 실제적인 어려움이 있다는 단점이 존재한다.

109) 실제로 경쟁법 분야에서는 경쟁법의 역외 적용 법리에 따라 외국 사업자의 카르텔 행위에 대해 국내의 경쟁법을 적용하여 집행하는 사례가 종종 있다. 다만 국제 전자상거래

둘째, 국제기구의 분쟁 해소 관련 프로젝트에 적극적으로 참여하고 FTA 등 쌍무협상에서도 구체적인 소비자정책 협력 사항을 포함시킬 필요가 있다. 예컨 대 OECD 소비자정책위원회와 ICPEN에서의 국제 소비자 분쟁 관련 논의에 능 동적·주도적으로 대처하고, 국제분쟁에 관한 이슈를 민간 내지 학술 차원에서 다루고 있는 국제소비자기구(CI: Consumer International)와 국제소비자법정책협 회(IACL: International Association on Consumer Law) 등의 활동에도 적극적으로 참여하여, 이들 국제기구를 통한 국제분쟁의 해결을 도모할 수 있을 것이다.

셋째, 정보기술이 발달되어 있는 우리의 경우 글로벌 소비자 분쟁에 대해서도 온라인을 통한 분쟁 해결, 즉 ODR에 더욱 더 관심을 높일 필요가 있다. OECD와 UNCITRAL 등에서의 ODR 논의에 적극 동참하면서 가상공간 법정(virtual courtroom), 인공지능(AI)을 접목한 분쟁 해결 시스템을 선도적으로 추진하는 것이 바람직하다.

넷째, 관련된 정책을 효율적으로 추진하기 위하여 행정체계를 정비할 필요 가 있다.110) 예컨대 공정거래위원회에서 운영하고 있는 소비자정책위원회에 국 제소비자문제전문위원회가 신설되어 있는데, 이 기구의 활동을 활성화하는 것이 바람직하다. 즉 소비자문제의 국제적 동향과 정보의 교류, 국제 소비자거래에 따른 피해 구제 및 분쟁 해결에 관한 사항을 심의하는 기능을 수행할 수 있다.

일반적으로 시장 거래에서의 소비자 피해는 대부분 거래 당사자 간 정보의 비대칭 상황 아래서 발생한다. 국경을 넘는 글로벌 전자상거래에서도 마찬가지 다. 예컨대 온라인 거래에서 국내의 소비자가 해외에 소재하는 사업자의 행태나 신용에 관한 정보 내지 상품의 품질 특성에 관한 정보가 부족할 경우 해당 거래 에서 피해를 입을 가능성이 높아진다. 바꾸어 말하면, 거래 당사자 간 왜곡된 정 보를 적절히 교정해줄 수만 있다면 이러한 소비자 피해 내지 분쟁의 발생을 사전 에 예방하거나, 야기된 분쟁에 대해서도 적절히 대처할 수 있게 될 것이다.

따라서 정책 차원의 홍보나 교육·계몽을 통한 소비자정보의 제공이 무엇보 다 중요하다.

분쟁에 있어 국내의 소비자보호에 관한 법을 역외 적용할 경우 외국 사업자의 항변이나 국가 간 통상마찰 등이 우려되므로 이러한 국내법의 역외 적용 법리의 적용 가능성에 대한 보다 실질적인 검토가 필요하다.

110) 보다 상세한 해법에 관해서는 다음 자료를 참고할 수 있다. 이종인, 「국제 전자상거래 분쟁 해소를 위한 법·정책적 대응방안 연구」, 『제도와 경제』, 제1권 제1호, 한국제도· 경제학회(2007. 8).

4 소비자 분쟁 해결의 제도적 진전

소비자의 기본적 권리 중 '보상받을 권리'와 '단체를 조직하고 활동할 권리'를 뒷받침해주는 중요한 제도로 집단분쟁조정제도와 단체소송제도가 있다. 집단분쟁조정제도는 「소비자기본법」의 개정을 통해 지난 2007년 3월부터 시행되었으며, 이듬해인 2008년 1월에는 소비자 단체소송제도가 본격적으로 시행되었다.

집단분쟁조정제도는 동일한 유형의 피해가 다수의 소비자에게 발생하는 집단적 분쟁에 대응하기 위한 재판 외 분쟁 해결(ADR) 제도이며, 소비자 단체소송은 소액의 제품을 구매한 후 피해를 본 다수의 소비자들 개개인이 직접 해당 기업에 소송을 제기하기 어려우므로 소비자단체가 이를 묶어 일괄적으로 소송을 제기할 수 있도록 하는 제도이다.

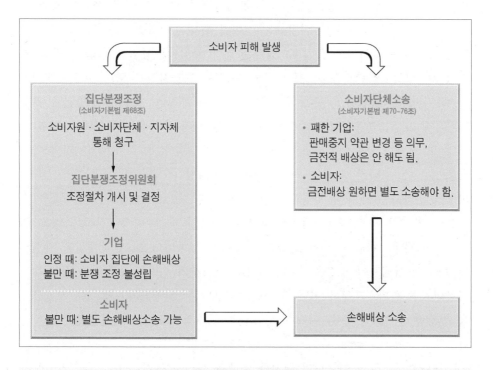

[그림 12-4] 집단적 소비자 권익보호 제도

1) 집단분쟁조정제도

집단분쟁조정제도는 「소비자기본법」 제68조(분쟁조정의 특례)에 따라, 50명 이상의 소비자가 같은 제품이나 서비스에 의해 피해를 받았을 경우 이를 접수한 소비자단체와 행정부처 등이 이들을 대신하여 소비자분쟁조정위원회에 피해 구제를 신청할 수 있도록 한 제도이다. 또한 2011년 8월부터는 같은 법 제68조의 2(대표당사자의 선임 등)를 신설함으로써, 집단분쟁조정에 이해관계가 있는 당사자들은 그중 3명 이하를 대표 당사자로 선임할 수 있도록 하여 집단적 분쟁에서의 이른바 집단소송제의 기능도 부분적으로 취하게 되었다.

이 제도는 개별법에 의해 설치된 특정 목적의 분쟁조정위원회에 의한 조정제도의 특례로 도입되었다. 다시 말해 기존의 분쟁조정제도를 발전시켜 동일한 원인에 의한 소비자 피해가 다수 발생하였거나 발생 가능한 경우에 분쟁조정위원회에 집단적 분쟁 조정을 신청하여 분쟁을 일괄적으로 해결토록 한 것이다.

동일한 형태의 피해가 빈발하는 소비자 피해의 특성상 소송보다는 조정제도를 활용하는 것이 효율적일 수 있다는 점에서 집단분쟁조정제도는 비용과 시간이 많이 드는 집단소송제도를 대체할 수 있는 효과적인 제도로 주목을 받아왔다. 하지만 이 제도의 운용 실적은 그다지 좋지 못하다. 제도가 도입된 2007년 7월의 제1호 사건(새시 보강빔 미설치로 인한 손해배상 요구)을 비롯하여 2019년 11월의 모 전자회사의 의류건조기 관련 집단분쟁조정 결정에 이르기까지 다양한 상품·서비스 소비자 피해에 관련된 집단분쟁조정이 있었으나, 그 수가 기대에 미치지 못하고 있다. 전문가들은 그 주된 이유를 집단소송제도와 조정제도의 혼합으로 양 제도의 장점을 제대로 살리지 못하기 때문이라는 지적을 하고 있다.111) 예컨대 피해소비자의 직접적인 참여가 제한되어 있어 자율성이 제한되며, 다수의 피해자가 조정을 수락하더라도 사업자의 수락이 없으면 조정 결과가 성립되지 못한다. 다행히 지난 2016년 9월부터는 소비자도 직접 집단분쟁조정을 신청할 수 있게 되어, 이러한 문제점은 부분적으로 해소되었다고 볼 수 있다.112)

집단분쟁조정제도의 도입 취지를 제대로 살리지 못하는 또 다른 배경은 제

---

111) 예컨대 서희석(2016)은 집단분쟁조정제도의 제반 문제점을 지적하고, 개선 방안을 제시하고 있다.
112) 「소비자기본법」 제68조 1항을 개정(2016. 3. 29.)하였다.

도에 대한 해당 기업들의 우려 내지 부정적 인식에 있다. 기업들은 자사 상품에 관련된 집단분쟁조정이 신청되면 이미지 훼손 우려 등으로 민사나 행정소송 등을 제기하는 경우가 빈번하다. 그렇게 되면 법에 의해 30일 이내에 종료해야 하는 조정의 개시 절차가 늦어지게 되는 등 제도의 실효성이 약화되는 것이다. 실제로 한국소비자원이 운영하는 소비자분쟁조정위원회는 최근 4년간 집단분쟁조정 신청을 접수받아 개시 여부를 결정하는 데 평균 300일 가까이 걸린 것으로 나타났다.

읽을거리 12.2 ⊕ 의류건조기 집단분쟁… '위자료 10만 원' 지급 결정

의류건조기 '자동세척 기능 불량'으로 논란에 휩싸인 LG전자가 새 국면을 맞았다. 집단분쟁조정을 신청한 소비자에게 10만 원씩을 위자료로 지급하라는 소비자분쟁조정위원회의 결정이 나왔다. LG전자가 조정 결정을 수락하면 재판상 화해 효력이 발생하지만 그렇지 않을 경우 소비자들이 별도의 민사소송을 제기할 수 있다. LG전자는 조정안을 검토한 후 입장을 발표하기로 했다.

한국소비자원 소비자분쟁조정위원회는 LG전자 트롬 의류건조기 소비자 247명이 콘덴서 자동세척 기능 불량을 이유로 구입 대금 환급을 요구한 집단분쟁조정 신청 사건에 대해 LG전자에 위자료 10만 원 지급 결정을 내렸다고 20일 밝혔다.

소비자들은 LG전자의 의류건조기가 광고와 달리 콘덴서 자동세척 기능이 원활하게 작동하지 않아 먼지가 쌓이고, 건조기 내부에 잔류 응축수가 고여 악취와 곰팡이가 발생한다며 지난 7월 집단분쟁조정을 신청했다. 이후 지난달 14일 분쟁조정위원회가 집단분쟁 조정 절차를 개시했다.

LG전자는 "콘덴서 먼지 낌 현상이 건조기 자체 성능에 영향을 미치지 않아 하자로 판단할 근거가 없다. 잔류 응축수와 콘덴서 녹이 의류에 유입되지 않아 인체에 영향을 끼칠 우려가 없다"고 항변했다.

소비자원의 판단은 달랐다. 분쟁조정위원회는 '1회 건조당 1~3회 세척', '건조 시마다 자동으로 세척해 언제나 깨끗하게 유지' 등 표현을 쓴 광고 내용과 달리 실제 자동세척은 일정 조건이 충족돼야 이뤄진다는 점에서 광고를 믿고 제품을 선택한 소비자의 선택권이 제한됐을 여지가 있다고 판단했다. 또 LG전자가 무상 수리를 하고 있지만 수리로 인한 불편 등을 종합적으로 고려해 위자료 10만 원씩을 지급하라고 결정했다. 다만 의류건조기의 잔류 응축수와 녹으로 인해 피부질환 등 질병이 발생했다는 소비자들의 주장은 인과관계를 확인하기 어렵다는 이

유로 인정하지 않았다.

LG전자는 앞서 소비자원의 시정 권고에 따라 '트롬 듀얼인버터 히트펌프 건조기' 145만 대 전량의 무상 수리를 결정한 바 있다. 문제가 된 건조기의 기존 부품을 개선된 부품으로 무상 교체하는 중이다. 소비자원의 이 같은 조정 결정을 LG전자가 수락하면 재판상 화해 효력이 발생한다. 이 경우 피해를 입었지만 분쟁조정 신청을 하지 않은 피해자도 보상받을 수 있게 된다. 위자료 추정 규모만 최소 2,470만 원에서 최대 1,400억 원이다.

LG전자가 수락하지 않으면 소비자가 별도의 민사소송을 제기해야 한다. 집단분쟁조정에 참여한 소비자도 이번 결정을 수락하지 않고 소송을 낼 수 있다. LG전자는 "조정안을 검토한 후 기한 내에 입장을 전달할 계획"이라며 밝혔다. 소비자원은 "이번 결정은 광고에 따른 사업자의 품질보증책임을 인정함으로써 사업자의 정확한 정보제공 의무를 강조했다는 데 의의가 있다"고 설명했다.

출처: 『한국경제』(2019. 11. 20., 김은지 기자), 〈hankyung.com/it/article/201911209732g〉

2) 소비자단체소송제도

소비자단체소송은 제품 구매 등으로 피해를 입은 다수의 소비자들이 해당 기업에 대해 소비자단체를 통해 일괄적으로 소송을 제기할 수 있도록 한 제도를 말한다. 「소비자기본법」 제4절(소비자단체소송), 제70~76조에 따라 제품 결함이나 가격 담합 등으로 피해를 입은 50명 이상의 소비자들이 소비자단체를 통해 소송을 제기할 수 있도록 한 제도이다. 「소비자기본법」 개정을 통해 2008년 1월부터 시행되고 있다.

현실적으로 소액의 제품을 구매한 후 피해를 본 다수의 소비자들 개개인은 해당 기업을 상대로 직접적으로 소송을 제기하기가 매우 어렵다. 소비자단체소송제도는 소비자단체가 이러한 여건의 피해 소비자들을 묶어 일괄적으로 소송할 수 있도록 한 소비자보호 제도이다. 어린이 안전 위협 제품이나 독소조항을 담은 약관 등에 대해 판매 금지나 내용 수정 등을 법원에 청구할 수 있다. 소비자단체는 개별 피해 사례들을 모아 제조회사를 상대로 단체소송을 제기해 해당 제품의 판매를 금지시킬 수 있다. 몇몇 개인들만으로도 소송을 제기할 수 있는 집단소송제보다 한 단계 낮은 제도지만, 유해제품의 판매 금지나 약관 수정 등 소비자 권익을 침해하는 모든 행위를 소송 대상으로 한다는 점에서 약자인 소비

자들에게 힘이 될 수 있다.113)

하지만 앞서 살펴본 집단분쟁조정제도와 마찬가지로 소비자단체소송제도의 활용도 매우 저조한 상황이다. 제도가 도입된 2008년 1월 이래 2020년 1월 현재까지 제기된 소송은 8건에 불과하다. 도입 초기 8년간은 활용이 거의 없었으며 2015년 12월 모 소비자단체에서 통신 3사와 한국스마트카드사, 한국전력, 하이마트 등을 상대로 제기한 6건의 단체소송과 다른 소비자단체 등에서 호텔스닷컴을 상대로 제기한 소송 등이다.

소비자단체소송제도는 집단소송제와는 달리, 판결의 효력이 해당 제품의 판매 금지나 불공정 약관 시정 등 기업의 위법 행위 금지에만 미치는 제약이 있다. 또한 관련 손해배상 규정이 없어서 피해에 대한 금전적 보상을 받기 위해서는 소비자 개개인이 별도의 민사소송을 제기해야 하는 제약도 소비자단체소송이 활성화되지 못하는 배경이 된다. 이러한 제약들을 포함한 여러 문제점이 개선되어 소비자단체소송제도가 활성화될 필요가 있다.

검토 과제

01 국내에 설치된 전문 분야 소비자 ADR의 사례를 들어보고, 해당 대안적 분쟁 해결이 소비자에게는 어떠한 이익이 되는지 그리고 어떤 제약이 있는지 설명하라.

02 국경을 넘는 소비자 분쟁의 해결 수단으로서 ODR은 어떤 장점을 갖고 있는가?

03 소비자단체소송제도가 도입된 지 10년이 지남에도 불구하고 활성화되지 못하는 주된 이유는 무엇인가?

04 집단분쟁조정제도와 집단소송제도의 유사점 및 차이점을 설명하라.

---

113) 네이버 지식백과, 시사용어사전, 2020. 1.

주요 참고문헌

서희석(2016), 「우리나라 집단분쟁조정제도의 현황과 과제」, 『비교사법』 제23권
　　제4호, 한국비교사법학회.

이종인(2007. 8), 「국제 전자상거래 분쟁 해소를 위한 법·정책적 대응방안 연구」,
　　『제도와 경제』, 제1권 제1호, 한국제도·경제학회.

한국소비자원)(2017), 「소비자정책 I 과거, 현재 그리고 미래」.

Jong In Lee(2019), Consumer Policy Development and Implementation System
　　in Korea, 2019 Improving and Specializing Consumer Affairs, 5 June 2019.

한국소비자원 홈페이지(www.kca.go.kr).

1372소비자상담센터(www.1372.go.kr).

4부

시장경제와 소비자정책의 지향

Market Economy and
the Aim of Consumer Policy

제13장 한강의 기적과 소비자정책의 연혁
제14장 소비자정책의 현재와 미래

서문에서도 피력했지만, 이 책은 소비자를 중시(重視)하는 시장경제라는 오늘날의 소비경제 여건을 강조하고자 했으며, 그런 관점에서 지금까지 다양한 논제를 다루어왔다. 제1부에서는 시장의 효율성 추구와 소비자의 합리성과 같은 사회과학의 핵심적 개념들과 함께 시장경제에서의 소비자문제에 관해 고찰하였으며, 제2부에서는 소비자중심의 시장경제를 이해하기 위한 기초적인 미시와 거시 그리고 개방경제 이론들을 살펴보았다. 이어 제3부에서는 시장에서의 소비자안전, 소비자신용, 환경문제, 소비자 거래, 전자상거래, 소비자 분쟁의 해소 등 경제생활에서 직면하는 제반 소비자문제를 6개의 장으로 구분하여 구체적으로 고찰하였다.

제4부에서는 이러한 이론적 배경과 현상에 더하여 시장경제에서의 소비자정책의 방향에 관해 함께 생각해본다. 제13장에서는 소비자정책의 미래를 조망해보는 배경으로서, 소비자정책의 전개 과정을 경제발전 과정 속에서 고찰하고, 이어 제14장에서 소비자정책의 현주소와 더불어 해외 주요국의 소비자정책과 국가·지역 간 협력 문제를 살펴본 다음, 이를 토대로 소비자정책의 미래상(象)을 그려보도록 한다.

13장 한강의 기적과 소비자정책의 연혁

미국 체류 시절이나 빈번한 해외출장에서 만났던 외국인들의 한국에 대한 공통된 관심사는 '한강의 기적'과 그 배경에 관한 것이었다. 사망자만 해도 200만 명이 넘는 큰 전쟁의 아픔을 딛고 반세기 만에 세계의 경제대국으로 우뚝 성장할 수 있었던 숨겨진 스토리를 궁금해했다. 우리나라는 일제강점기 35년간의 국권피탈의 고통이 채 가시기도 전에 6·25동란이라는 민족적 비극을 겪었고, 이후 외세에 의한 남북분단이 고착된 지도 벌써 70여년이 되어간다.

그동안 정치·사회적 발전뿐만 아니라 세계에서 유례 없는 세계 10위권의 경제대국이라는 경제적 성장까지 이루었다. 그것도 좌우의 극한적 이념 대립과 북한과의 적대적 관계 아래서였다. 1997년 말의 IMF 경제위기 등 수차례의 내우외환을 겪으면서 국가경제와 국민경제가 큰 시련을 겪기도 했지만 최단기간에 정치적 자유민주주의와 경제적 고도성장을 함께 이룩한, 세계의 많은 개발도상국들이 닮고자 하는 발전 모델이 된 것이다.

소비자경제, 소비자문제를 다루는 저서에서 웬 경제사?라며 뜬금없다는 생각이 들 수도 있다. 하지만 대한민국의 자랑스러운 경제발전 과정을 살펴보지 않고서는 그에 내재된 소비자문제를 제대로 이해하기 어렵다. 왜냐하면 한국에서의 제반 소비자문제는 전쟁의 폐허 속에서 피어난 경제성장과 함께 태동했기 때문이다. 소비자를 중시하는 시각에서 시장경제를 바라보려면 이러한 우리 경제의 변천 과정에 대한 관심과 이해가 필수라고 저자는 확신한다.

이 장의 제1절에서는 한강의 기적으로 일컬어지는 대한민국 경제발전의 배경과 과정, 그리고 이러한 경제발전 과정에서의 소비자문제들의 태동에 관해 요약하여 살펴본다. 이어 제2절에서는 이러한 경제발전 과정상에서의 소비자문제들에 대응하는 소비자정책의 연혁을 구체적으로 공부한다.

1 경제발전 과정과 소비자문제의 태동

1) 경이로운 경제발전 과정

대한민국은 자유화와 민주화 그리고 산업화(경제부흥)의 3마리 토끼를 한꺼번에, 그것도 최단기간에 잡은 세계 유일의 나라로 알려져 있다. 20세기 중·후반 피식민지 상태에서 독립한 국가들 가운데 1인당 국민소득 2만 달러 이상을 달성한 유일한 국가라는 것이다. 외국인들은 이를 '한강의 기적(miracle on the Han River)'이라고 부르고 있다.

이러한 성과는 하루아침에 달성된 것이 아니며, 한 사람의 지도자나 국가 리더들의 역량 때문이 아니다. 국민의 근면성실과 각계각층의 부단한 노력의 결과라고 단언할 수 있다. 해방 후 지금까지의 다사다난한 역사가 그 모든 것을 말해주고 있다.

(1) 6·25동란 직후의 피폐된 경제

한국갤럽과 한 메이저급 신문사에서 우리 민족의 가장 큰 업적이 무엇인지 국민들에게 물어본 적이 있었다. 조사 결과 새마을운동이 40.2%로 압도적이었다. 1988년도 서울올림픽 개최가 두 번째였고(30.1%), 경제개발 5개년계획과 중화학공업 육성이 그다음이었으며(29.9%), 4위가 경부고속도로 건설(18.8%)로 나왔다. 민족의 최대 업적 4개 중 3개는 아이로니컬하게도 장기 개발독재로 치부되는 박정희 정부에서 이뤄낸 1960~70년대의 업적들이다.[1] 이 시대를 직접 겪지 못한 40대 이하 세대들이 포함된 조사임에도 그러한 결과임에 다소 놀랍다.

사실 6·25전쟁(한국전쟁) 직후 우리나라는 1인당 국민소득은 68달러로 세계 최빈국이었다. 하지만 67년이 지난 2020년 현재 무역 규모가 세계 6위, 경제 규모 11위, 1인당 국민소득 29위 등 세계 10위권의 경제대국으로 성장했다. 1960년대 이후 강력한 국가 주도의 경제발전 전략의 추진과 더불어, 기업(집단)의 기업가 정신(enterpreneurship)이 그 주된 배경이다.

---

1) 조선일보(2008. 3. 5., 홍영림 기자). 5위는 2002년 월드컵 개최(15.1%), 6위는 광주민주화운동(14.9%), 7위는 반도체강국(10.2%), 8위는 국민소득 2만 달러 달성(9.6%)순이었다.

먼저 객관적 경제 지표를 통해 1950년대의 경제 상황을 살펴보자. 1945년 8월 15일 광복 이후 남북의 경제가 단절되고, 이어 1948년 8월 15일 미소 공동위원회에 의해 대한민국 정부가 수립되었다. 해방 이후 남북분단은 농업과 경공업 위주의 남한과 중화학공업 위주의 북한이라는 대조적 경제구조를 초래했다. 6·25동란 직후인 1953년의 남한의 1인당 국민소득은 140달러였던 북한의 절반에도 못 미쳤고, 생산 활동의 위축과 연 40% 이상의 극심한 인플레이션이 만연하고 있었다.

더욱이 좌우 이념 대립의 정치적 불안과 높은 인구증가율, 고실업과 낮은 저축률 아래 미국의 경제원조에 겨우 연명하던 세계 최빈국이었다. 저곡가·저금리·저환율 정책과 농지개혁이 단행된 1954년 이후부터 연평균 4% 수준의 성장을 하기도 했지만, 정치·사회적 불안으로 인해 1960년에는 <표 13-1>에서 보듯이 1% 초반대로 급락했다.

〈표 13-1〉 1950년대 경제성장률 추이

단위: 실질GDP, %

연도	1953	1954	1955	1956	1957	1958	1959	1960
경제성장률 (실질GDP, %)	0.0	5.6	4.5	-1.3	7.6	5.5	3.9	1.2

자료들을 살펴보면, 1960년대 초 우리나라는 '전쟁의 파괴로부터 복구되어 가는 빈곤한 농업사회'로 기록되어 있다. 당시 최대의 사회적 요구는 무상원조로부터 독립된 '자립 경제'이고, 극심한 '가난으로부터의 탈출'이었다. 그러한 배경 아래 군사혁명을 통해 들어선 군사정부의 슬로건은 '경제성장 제일주의'였고, 이를 위해 헌법 개정을 통해 자유경제체제를 기반으로 하되 강력한 정부 주도의 경제성장을 위해 여러 형태의 정부 개입의 여지를 열어두었다.

(2) 경제지표로 보는 1960~70년대의 급성장

다음으로, 1960년대 이후의 경제상을 명확히 이해해 보기 위해 몇몇 경제지표 자료들을 살펴본다.

국민소득은 1960년대 초 80달러 수준에서 1970년대 말에는 1,600달러로 스무 배 증가했다. 같은 기간 절대빈곤율도 80%(1960)에서 10%(1980)로 국민 대다수가 절대빈곤에서 탈출하게 된다. 실업률은 23%(1961)에서 3.8%(1979)로 크게 낮아졌고, 물가도 42%(1961)에서 16%(18년간 평균) 수준으로 크게 개선되었다.

〈표 13-2〉 1960~70년대 국민소득 및 경제성장률 추이

단위: 달러, %

연도	GNP (100만$)	국민소득 (1인당, $)	경제성장률(%)	
			실질GNP	실질GDP
1961	2,103	79	5.6	-
1966	3,671	125	12.7	-
1971	9,145	278	9.4	10.4
1976	27,423	765	15.1	13.5
1978	47,350	1,279	11.6	10.3
1979	60,066	1,676	6.4	8.4
1980	58,384	1,508	-5.7	-1.9

당시 경제성장 정책의 주된 얼개였던 '경제개발 5개년계획'의 추진에 힘입어, 1960년대 말의 경우 타이완의 60%에 불과하던 1인당 국민소득(한국은 210달러였고 타이완은 345달러였다)이 1970년대 말에는 85% 수준으로 추격(한국 1,636달러, 타이완 1,920달러)했다. 아시아 최빈국에서 타이완과 홍콩, 싱가포르와 같은 이른바 아시아 3룡(three Asian dragons)에 버금가는 높은 성장을 하게 된 것이다.

〈표 13-3〉 동아시아 국가들과의 성장률 비교

단위: 실질GDP, %

기간	경제성장률(단위: %, 자료: IMF, 각국 통계)						
	한국	일본	중국	타이완	홍콩	싱가포르	필리핀
1960~1969	7.6	10.5	-	9.1	8.7	8.7	3.0
1970~1979	9.3	5.1	9.6	10.2	8.9	9.4	7.7

몇몇 지표를 더 살펴본다. 예나 지금이나 우리나라 경제성장의 주춧돌은 무역이다. 1960~70년대 우리나라 총수출은 638억 달러로 연평균 38%의 높은 증가율을 보였다. 1961년의 4천만 달러에서 1979년에는 150억 달러로 크게 증가

했다. 물론 같은 기간 동안 전체 수입도 871억 달러나 되어 적자폭이 상당했지만, 무역이 우리 경제의 성장을 확실하게 이끌어온 것은 분명하다.

당시의 수출품은 1960년대 초에는 미국 회사들의 전자 부품이나 완구 부품을 단순 조립한다든지, 일본 회사의 니트웨어나 바느질, 단추 달기와 같은 소규모 위탁 작업이 전부였다. 하지만 1960년대 중반부터 가발과 신발, 의류와 같은 노동집약적인 경공업 제품들의 수출이 늘었고, 1970년대에 들어와서는 자동차와 건설, 철강, 조선, 석유화학과 같은 자본집약적이고 기술집약적인 중화학공업 제품의 수출이 본격화되었다.

하지만 이 시기에는 평균 16.3%의 높은 물가 상승률로 근로자 서민들의 부담이 매우 컸다. (물론 앞서도 언급했듯이 50년대의 40% 수준보다는 안정적이었다). 특히 1979년에는 18.3%의 극심한 인플레이션을 겪음으로써 경제성장을 저해했을 뿐 아니라 국민정신과 생활의 부실화를 초래하기도 했다.

2) 소비자문제의 발생과 소비자정책의 태동

우리나라가 세계 10위권의 경제대국으로의 성장이 가능했던 것은 사실 이러한 1960~70년대의 높은 경제성장과, 수출 증대를 가져온 당시 정부의 '성장 제일주의 경제' 정책이 그 밑거름이다. 이러한 정부의 강력한 지원에 부응하여 기업들이 활발하게 기업가 정신을 발휘한 점이 '한강의 기적'을 일궈낸 핵심 요인일 것이다.

이제 이 책의 본류로 회귀토록 한다. 이러한 급속한 경제성장은 한편으로는 소비 환경을 포함한 국민의 경제생활 환경을 급속하게 변화시켰다. 앞서 살펴본 바와 같이 절대빈곤의 시대였던 1960년대에는 정부가 기업을 독려하고 지원해 국민이 필요한 상품과 외화 획득을 위한 수출품을 생산하는 데 총력을 기울이느라 소비자문제나 취약 소비자보호에는 관심을 기울일 여지가 없었다. 하지만 그 시기에는 다양한 형태의 소비자문제가 발생했다. 예컨대 상품과 서비스 거래 과정에서 많은 소비자들이 부당한 취급을 당하거나 불법 과장광고로부터 사기를 당했다. 또한 1960년대 수출 중심의 경제정책을 추진하는 과정에서 정부의 절대적인 지원 아래 급성장한 일부 기업들의 독과점적 행태로 부당한 취급을 받는 소비자들이 나타나기 시작했다.

당시는 빈곤의 해소가 국가적 과제였기 때문에 소비자의 권리 내지 권익 보장에 대한 사회적 인식이 거의 없었다. 따라서 이에 대응한 행정적 대처나 정책이 없었고, 소비자보호를 직접 목적으로 한 법률의 입법도 생각할 수가 없었다. 그러한 제도적 공백을 여성단체를 중심으로 한 소비자운동이 부분적으로나마 메꾸는 형국이었다.

　　그러한 상황에서 소비자문제 및 소비자 피해가 급증하면서 1970년대 중반부터 소비자문제를 전담하는 몇몇 민간 단체가 발족했는데, 그들의 활발한 소비자 운동이 정부의 소비자정책과 소비자보호 관련법 제정에 상당한 영향을 미쳤다.

읽을거리 13.1 기적으로 이루어진 나라, 대한민국

세계는 한국의 발전을 압축적으로 표현할 때 '한강의 기적'이라고 한다. 6·25 참전 용사들이 한국을 돌아보면서 감탄하며 하는 말이다. 사실 대한민국은 건국할 때부터 기적의 연속이었다. 1948년 8월 15일 건국에서부터 1950년에 6·25전쟁을 거쳐 오늘에 이르도록 보이지 않는 손, 하나님의 선한 손길이 때를 따라 역사하셨다. 그런 기적의 손길은 현재 진행형이자 앞으로도 여전히 기적적으로 다가올 미래진행형이다.

먼저, 남한 정부의 유엔 가입 승인이 통과된 기적이다. 1592년 임진왜란으로 일본이 침략하여 36년간 우리 민족이 일본의 종살이를 하였고, 1950년 북한 공산당의 침략으로 6·25전쟁과 같은 동족상잔의 피비린내 나는 참혹한 전쟁을 경험하였다.

그런데 1945년 우리가 일본으로부터 해방되어 1948년 8월 15일 건국하였고, 신생국들은 유엔 총회에서 공식적으로 가입 승인을 받아야 했다. 대한민국이 건국한 이후 한 달이 못 되어 북한도 1948년 9월 9일 건국을 선포하였다. 그해는 유엔 총회가 10월 15일부터 12월 15일 사이에 파리에서 열렸다. 유엔 총회가 열리자 남한도 북한도 유엔의 승인을 얻기 위해 대표단을 파견하였다.

대한민국은 장면 박사를 대표로 하는 대표단이 파리에 도착하였을 때 북한 대표단도 파리에 도착하였으나 무슨 이유인지 그들은 입국 승인이 거부되어 되돌아갈 수밖에 없었고, 우리 대표단은 유엔 총회에 정부 수립 승인서를 신청하였으나 소련 대표 비신스키가 조직적으로 코리아 승인을 방해하였는데, 총회에 코리아의 승인안이 상정될 때마다 비신스키가 마이크를 잡고 2시간 가까이 장광설을 늘어놓으며 의사 진행을 방해하는 가운데, 비신스키의 연설이 끝나면 공

산권에 속한 동독, 유고, 폴란드 등의 대표들이 필리버스터로 의사 진행을 방해하였다. 드디어 유엔 총회 마지막 전날 12월 14일에 장면 대표는 인근 교회를 찾아가 철야 금식기도하며 승인안이 마지막 날 통과될 수 있도록 하나님께 기도하자고 제안하였다.

이에 동의하는 모윤숙 여사 등이 장면 박사를 선두로 파리 시내의 교회에서 철야 금식기도를 하였다. 역사적인 12월 15일, 코리아 정부 승인안이 상정되자, 여전히 소련의 비신스키가 마이크를 잡고 코리아는 독재자 이승만이 다스리고 미국의 앞잡이이니 승인할 수 없다고 억지떼를 쓰기 시작하였다. 그러나 이때 기적이 일어났다. 비신스키가 목에 결절이 생겨 말을 할 수 없게 되어, 급히 응급차로 병원으로 호송되었다. 다음 발언자로 내정되어 있던 폴란드 대표는 비신스키가 2시간은 끌고 갈 줄 알고 밖에서 커피를 마시고 있었다. 사회자가 '다음 발언자 없습니까' 묻자 아무도 나서지 않았다. 이에 표결에 들어가 47대 8로 코리아 유엔 가입 승인안이 통과되어 생각지 못한 기적이 일어난 것이다.

우리 대한민국은 지금도 애국가를 부를 때마다 '하나님이 보우하사 우리나라 만세' 가슴이 뭉클한 기적의 순간들이다. 제헌국회에서 이승만 의장은 가장 어린 종로 출신 국회의원 이윤영 목사에게 '먼저 하나님께 감사 기도부터 하고 회의를 시작합시다' 제안하자 모두 일어나 기도로 시작한 대한민국이 바로 기적의 나라이다. 그러자 김구 선생도 연설할 때마다 경찰서 한 개 짓는 것보다 교회 10개 짓는 것이 더 낫다고 역설하였다. 세계 어느 나라보다 가장 빠른 산업화와 민주화를 달성한 나라, 대한민국은 분명 기적으로 이룬 나라다.

1598년 임진왜란을 겪으면서 조선 선조는 일본의 침략에 어찌할 바를 모르고 있었는데, 당시 영의정 서애 유성룡은 회고록인 『징비록』에 이순신과 같은 훌륭한 장군의 지혜와 용기로 왜군을 물리쳐서 일본의 종에서 벗어날 수 있었던 것은 하늘의 도움이었다고 회고하였다. 서애 선생이 당시 하나님도 믿지 않은 유학자였는데 어찌 하늘의 도우심을 알 수 있었단 말인가! 이것이 기적의 나라, 대한민국이다!

자료: 『경기신문』(2019. 10. 21.) 손장진 우석대 명예교수, 〈www.kgnews.co.kr〉

2 소비자정책의 연혁

이 책의 제1장에서 시장경제체제에서의 소비자문제의 발생 원인과 바람직한 해결 방안에 관해 살펴보았다. 시장 거래에서의 직접 당사자인 소비자(가계)

와 사업자(기업)가 각각 나름의 역할을 할 수도 있지만, 정책적 관점에서는 정부가 '소비자정책'의 수단을 통해 소비자문제의 해결을 지원하거나 이끌어낼 수 있는 것이다.

소비자정책(consumer policy)은, 여러 관점에서 정의할 수 있지만 한마디로 '소비자를 위한, 소비자문제의 해결을 위한 정책'을 말한다. 구체적으로 표현하면, 시장경제에서 소비자문제 해결을 위해 정부가 법과 제도 등을 통하여 시장에 직·간접적으로 개입하는 일련의 과정을 의미한다.[2]

소비자정책은 여러 형태의 소비자문제의 원인과 해결 방안을 밝혀낼 뿐만 아니라 소비자 피해를 예방하고 구제하는 등 소비자의 기본권을 확보하거나 보장하고자 하는 일련의 정부 또는 공공 부문의 활동이라고 할 수 있다.

세계적으로 소비자정책이 등장한 시기는 1960년대로 알려져 있다. 1962년 3월 15일 미국 케네디 대통령이 의회에 보낸 '소비자 이익의 보호에 관한 특별교서'가 소비자정책의 기원이 된다. 그 후 유럽연합, 영국, 프랑스, 일본 등의 국가에서 소비자정책을 마련하고 소비자보호 관련 법률을 제정해왔다.

우리나라는 이보다 20여 년 뒤처진 1980년에 이르러서야 본격적인 소비자정책이 추진되었다. 1980년 1월에 「소비자보호법」이 제정되고 1987년 7월에는 한국소비자보호원(한국소비자원의 옛 명칭)이 설립되는 등 일련의 소비자(보호)정책과 행정이 1980년대 초중반에 수립되었다. 하지만 그 이후에도 약 20년간은 우리나라 소비자정책의 기조가 소비자 중심은 아니었다. 산업정책의 부작용을 교정하거나 소비자 피해를 사후적으로 구제하는 이른바 '후견적 소비자보호정책'의 형태였던 것이다.

그러다가 2000년도 중반에 이르러서야 소비 환경의 변화와 소비자정책 확대 요구 등 여러 국내외적인 여건 변화를 반영, 정책의 추진 체계가 대대적으로 개편되었으며, 3년마다 소비자정책 기본계획을 수립·시행하는 등 소비자의 권익 증진과 소비생활의 향상을 중시하는 오늘날의 소비자정책에 이르게 된 것이다.

아래에서는 이러한 소비자정책의 연혁을 시기별로 구분하여 살펴보도록 한다. 즉 소비자정책이 전무했던 1960년대와 소비자정책의 태동기로 볼 수 있는 1970년대를 시작으로, 소비자정책의 형성기인 1980년대와 정착기인 1990년대, 소비자정책의 성숙기인 2000년대, 그리고 전환기에 들어선 2010년대 이후로 구

---

2) 이종인(2014), 『경쟁정책과 소비자후생』, 법영사, 48~49쪽.

분하여 그 시대적 배경과 소비자정책과 관련법의 주요 내용에 관해 살펴본다.[3]

1) 태동기(1960~1970년대)

1960년대에는 「식품위생법」(1962년), 「약사법」(1963년), 「공산품품질관리법」(1967년) 등 소비자문제와 밀접한 관련이 있는 다수의 개별법이 제정되었다. 하지만 소비자보호 그 자체를 목적으로 하는 기본법은 물론 소비자의 피해 보상이나 경제적 이익을 보호하는 제도 자체가 마련되지 못했다.

사실 소비자정책의 맹아는 1960년대 말에 이르러서야 싹텄다고 볼 수 있다. 당시에 정부가 물가안정 차원에서 소비자정책에 관심을 갖게 되었는데, 그 구체적인 조치로서 1968년 10월에 국무총리실 직속으로 국민생활향상심사위원회를 설치하고 그 속에 소비자보호분과위원회를 두었던 것이 정부 차원의 소비자보호정책의 출발점이었다. 같은 해 국정감사에서 제기된 신진자동차회사의 폭리 문제를 계기로 정부는 그해 말에 소비자보호를 위한 최초의 규범 내지 행정지침서로 볼 수 있는 소비자보호요강을 제정하게 되었다.[4]

1970년대 들어와서도 거시적 차원에서의 물가안정 외에는 진정한 의미에서의 소비자보호 정책이 마련되지 못했다. 하지만, 이 시기에 여성단체들이 중심이 된 민간 차원의 소비자보호운동이 활발해졌고, 이들 단체들이 선진국과 같은 소비자보호법제의 필요성을 거론하기 시작하였다. 그 여파로 정부에서도 소비자보호정책에 대한 긍정적 인식을 갖게 되었다.

1970년대 정부의 소비자보호 행정은 경제정책을 총괄하던 경제기획원(EPB)에서 주도하였지만, 재무부, 상공부, 보건사회부, 농수산부 등 여러 부처에서도 부분적으로 담당하고 있었다. 1972년 경제기획원 산하에 물가안정국이 설치되었는데, 그 산하에 소비자보호센터와 소비생활합리화추진위원회가 설치되었다.

---

3) 한국소비자원에서 2017년에 출간한 『소비자정책 I 과거, 현재 그리고 미래』와, Jong In Lee(2019), Consumer Policy Development and Implementation System in Korea 등에서 제시된 시대 구분을 일정 부분 참고하였다.

4) 소비자보호요강은 전문 4장 19조로 구성된 행정지침서 형태였다. 요강의 제정 이유를 보면, 소비자의 권익이 부당하게 침해되는 경우에 대해 적절한 조치를 취함으로써 소비자를 보호하고 국민경제의 건전한 발전을 기한다고 되어 있다. 제1장의 기본 요강에 이어 제2장에서 소비자보호 시책을 담고 있으며, 제3장에서는 행정기구와 소비자단체에 관한 사항을, 제4장에서는 국민생활향상심의위원회에 관한 내용을 담고 있다.

경제기획원 총괄 아래 재무부(금융, 증권), 상공부(공업진흥청, 공산품품질관리와 상표·계량), 보건사회부(식품위생·의약품), 농수산부(농수축산물 가격 등) 등이 해당 업무 범위에서 간접적으로 소비자보호 업무를 담당하는 체계였다. 그 후 1977년에 경제기획원 내에 공정거래과가 신설되었는데, 여기서 기업 간 공정거래와 소비자보호에 관한 사항을 담당하였으며, 이후 1979년에 소비자보호 전담부서로서 소비자 행정담당관이 공정거래과에 신설되어 정부의 소비자보호정책을 총괄하는 행정적 기틀이 마련되었다.

2) 형성기(1980년대)

이 시기는 소비자보호정책이 본격적으로 형성된 시기라고 볼 수 있다. 1980년 1월에 「소비자보호법」이 제정되고 1982년 9월에 이 법의 시행령이 시행됨으로써 「소비자보호법」에 의한 소비자정책이 추진된 시기이다. 또한 1987년 7월에는 한국소비자보호원(한국소비자원의 옛 명칭)이 설립되는 등 일련의 소비자(보호)정책과 행정이 80년대 초중반에 수립되었다.

소비자정책의 법제화에 대한 필요성 내지 사회적 요청은 사실 1970년대 초반부터 민간에서 제시되었다. 예컨대 1972년에는 한국부인회가, 1974년에는 유통구조평가교수단에서 소비자보호 시안을 제안하기도 하였다. 그러한 배경 아래 경제기획원에서 1977년 10월 소비자보호기본법안을 심의·의결하여 이듬해 정기국회에 상정하였으나 통과되지 못했다. 하지만 1979년 11월 의원입법 형태의 소비자보호법안이 국회에 제출되었고 동년 12월 본회의 의결로 1980년 1월 4일에 공포됨으로써 소비자보호정책의 법적 기초가 마련되었다.

더불어서, 1980년에는 「공정거래법」이 제정되었고, 1986년에는 「약관규제법」 제정과 「소비자보호법」의 전면개정으로 실질적인 소비자정책의 추진이 가능하게 되었다. 이어 앞서도 언급했듯이 다양한 소비자문제에 대한 종합적 대처와 정책 개발을 위한 전문기관인 한국소비자보호원이 1987년 7월에 설립됨으로써 본격적인 소비자보호와 관련 정책의 시행이 가능해졌다.

3) 정착기(1990년대)

1990년대는 한국의 소비자정책이 정착된 시기로 볼 수 있다. 앞서 살펴본 1980년대의 소비자보호정책들이 가격 규제나 진입 규제 그리고 사업활동 규제 등을 중심으로 한 경제적 규제의 일종이었다면, 1990년대에 들어와서는 소비자 안전과 품질, 소비자정보 제공과 같은 이슈들이 주된 정책의 대상이 되었다.

이 시기에는 소비자의 의식이 강화되고, 민간 소비자단체의 적극적인 활동과 한국소비자보호원의 효과적인 활동이 뒷받침되어 정부의 소비자정책도 활발하게 전개되면서 소비자를 둘러싼 환경이 개선되고 소비자 권익도 과거에 비해 향상되었다(한국소비자원(2017), 28쪽). 그중 제품 결함 시정 제도와 결함 제품의 리콜제도의 도입이 대표적인 사항이다. 리콜제도는 「대기환경보전법」(1991)과 「자동차관리법」(1992)에 우선 도입된 뒤, 1995년 「소비자보호법」 개정으로 식품, 일반공산품에까지 확대되었다. 이어 1996년에 식품 분야로, 1999년에는 전기용품으로까지 확대되었다.

1996년에는 미국의 FDA와 유사한 기능을 담당하는 식품의약품안전본부가 신설되었는데, 2년 후 식품의약품안전청으로 승격되었다. 같은 해 공정거래위원회에는 소비자보호국이 새로이 설치되어 현재까지 그 조직 체계를 유지하고 있다.

4) 성숙기(2000년대)

정치·사회적 변혁기에 해당하는 2000년대는 경제와 국민생활 환경도 급변한 시기였다. IMF 외환위기를 극복하는 과정에서 기존의 공급자 중심 경제가 소비자 중심으로 변화되었으며, 국제화, 개방화뿐 아니라 디지털화, 고령화, 지방화가 빠르게 진행된 시기였다. 이러한 정치·경제·사회적 환경 변화에 따라 소비자정책의 기본 방향도 달라질 수밖에 없었다.

그러한 소비환경의 변화와 소비자정책 확대 요구 등 여러 국내외적인 여건 변화가 반영되어, 2000년대 중반 이후 소비자정책의 추진 체계가 대대적으로 개편되었다. 과거 열등한 지위에 있는 소비자를 보호하는 데 초점을 맞췄던 이른 바 '보호론적 관점'에서 소비자가 자주적으로 문제를 해결할 수 있도록 지원해

주는 '주권론적 관점'으로 패러다임이 전환되었다. 그에 따라 소비자정책도 기존의 '소비자보호'에서 '소비자의 권익 증진과 소비생활의 향상'으로 전환하게 되었다.

2006년 9월에 「소비자보호법」을 「소비자기본법」으로 전부 개정했으며, 이듬해 한국소비자보호원의 명칭을 '한국소비자원'으로 변경하고 조직의 관할 등 국민의 소비생활 향상을 위한 소비자정책의 집행 기능을 공정거래위원회로 이관하도록 했다. 또한 2008년 1월에는 소비자단체소송제도와 집단분쟁조정제도를 새로이 도입했고, 같은 해 2월에 정부 조직을 개편하여 정책의 주관 추진 체계를 재정경제부에서 공정거래위원회로 이관하게 되었다.

이 시기에 도입된 주된 소비자정책으로 제외할 수 없는 몇 가지가 있다. 우선 2002년 7월부터 시행된 제조물책임제도이다. 이 책의 제7장에서 상세히 살펴보았듯이, 제조물의 결함으로 인한 생명, 신체 또는 재산상의 손해에 대하여 제조업자 등이 무과실책임(strict liability)의 법원칙에 따라 손해배상 책임을 지도록 하는 제조물책임제도가 2000년에 도입되고, 2002년 7월부터 본격적으로 시행됨에 따라 피해 입은 소비자의 권리 구제가 더욱 쉬워지고 제품의 안전 의식이 높아지는 계기가 마련되었다

2002년에 제정된 「전자상거래소비자보호법」5)은 이 책의 제11장에서 살펴보았듯이, 디지털시대의 소비자문제에 대처하는 정책의 기틀이 되었다. 2005년에 이 법을 개정하여, 선불식 통신판매의 거래 안전을 위한 결제대금예치(에스크로)제도와 소비자보호를 위한 구매권유광고 수신거부의사 등록시스템 등이 시행되었다.6)

또한, 「방문판매법」, 「약관규제법」, 「표시·광고법」 등을 이 시기에 개정하여 해당 분야의 소비자보호정책을 한 단계 업그레이드할 수 있게 되었다.

---

5) 전체 명칭은 「전자상거래 등에서의 소비자보호에 관한 법률」이다. 줄여서 '전소법' 또는 '전상법'으로 불리기도 한다.

6) 저자는 전자상거래 에스크로제도를 도입하는 데 일조했다는 자부심을 갖고 있다. 2003년에 『전자상거래에서의 에스크로 서비스와 소비자보호 연구』(한국소비자보호원) 보고서를 발간하였는데, 제시된 제도적 대안을 정부에서 '결제대금예치제'의 형태로 반영하였다.

5) 전환기(2010년대)

지난 10년 간에도 소비자정책을 둘러싼 환경의 변화가 지속되었다. 유선 인터넷에서 모바일로, 국경을 넘는 세계화와 지방화로, 환경을 중시하는 지속가능 성장으로의 거시적 변화와 더불어, 국내적으로 양극화의 심화, 금융소비자 피해, 세월호 참사와 가습기살균제 사건과 같은 사건사고가 끊이지 않았다.

이러한 2010년대의 여건 변화에 대응한 대표적 소비자정책이 소비자정책 기본계획의 수립과 이행이다. 공정거래위원회에서는 2007년 4월에 향후 추진할 소비자정책의 발전 방안을 발표했는데, 주된 사항이 정책의 기본 계획이었다. 2007년 3월부터 발효된 「소비자기본법」은 종래의 단년도 위주 시책에서 벗어나 중장기적 관점에서 소비자정책을 체계적이고 일관성 있게 추진해나갈 수 있도록 3년 단위 소비자정책에 관한 기본 계획을 수립할 수 있는 근거 규정을 신설하였다. 해당 규정에 따라 2008년 10월에 제1차 소비자정책 기본계획(2009~2011년)이 공정거래위원회에서 수립되었으며, 2012년 1월에는 제2차 기본계획(2012~2014), 2014년 1월에는 제3차 기본계획(2015~2017), 2017년 1월에는 제4차 기본계획(2018~2020)이 마련되어 시행되고 있다.

2008년 금융위기 이후 최근까지 금융파생상품 키코(KIKO)사태와 동양증권의 회사채·기업어음(CP)의 불완전 판매로 수만 명의 개인투자자가 수조 원대의 금융피해를 입는 사건이 연이어 발생했다. 또한 대형 카드사에서 1억 4천만 건이 넘는 고객정보가 유출되어 2차 피해가 발생하기도 했다. 이러한 금융사건사고에 따른 소비자 보호를 위해 금융소비자보호 기본계획의 수립, 금융소비자보호법 제정, 전담기구 설립 등이 추진되었으나 해당 법안들이 국회 문턱을 넘지 못해 무산된 상황이다.

지난 2011년부터 알려지기 시작된 가습기살균제로 인한 대형 집단적 소비자 피해의 경우, 2016년 11월 기준 5천여 명이 폐질환 등 피해를 신고했으며, 1,064명의 사망자가 발생했다. 이에 대하여 가습기살균제 피해 구제를 위한 특별법이 2017년 2월에 제정되었다.

최근에는 2019년 하반기에 발생한 라임자산운용의 펀드 환매중단사태로 3천 명이 넘는 금융소비자들의 1조 6천억 원의 피해가 예상되고 있다. 우리은행과 대신증권 등 다수의 금융기관들의 이른바 '불완전판매'로 피해자들이 소송전에 돌입하는 등 2020년 1월 말 현재까지도 사태해결의 실마리가 보이지 않고 있다. 일부 판매 금융회사들은 라임운용의 수익률 조작 등 불법행위로 자신들도 피해를 보고 있다며 항변하지만 소송에서 이들의 불완전판매가 입증될 경우 거액의 배상이 불가피할 것으로 보인다.

검토 과제

01 이른바 '한강의 기적'으로 불리는 한국의 급속한 경제성장 과정에서 소비자 문제가 주목받지 못했던 배경과 이유를 피력하라.

02 1960~80년대의 경우 여성단체 등 민간 단체들이 어떻게 소비자정책과 관련 법 제정에 영향을 미쳤는지 사례를 들어 설명하라.

03 1980년대에 「소비자보호법」이 제정될 수 있었던 역사적 배경에 관해 고찰해 보라.

04 오늘날과 같은 소비자정책과 제도가 잘 구비되어 있으며 소비자정보가 넘쳐 나는 시대에도 소비자가 여전히 보호받아야 할 약자인가?

주요 참고문헌

이종인(2015) 『경쟁정책과 소비자후생』, 법영사.
이종인(2015) 「60~70년대 경제상(象) 둘러보기」, 『당신이 소비자라면』, 이담북스.
한국소비자원 정책연구실(2017) 『소비자정책 Ⅰ 과거, 현재 그리고 미래』, 한국소비자원.
Jong In Lee(2019), Consumer Policy Development and Implementation System in Korea, 2019 Improving and Specializing Consumer Affairs, 5 June 2019.

소비자정책의
현재와 미래

14장

지금까지 이 책에서는 소비자 중시의 시장경제라는 관점에서 최근의 여러 관련된 주제들에 관해 살펴보았다. 이러한 다양한 소비자 관련 논제들은 필연적으로 정책 이슈와 결부되어 있다. 이 책이 소비자 제도나 정책에 관한 해설서가 아니라는 측면에서 정책적 이슈와 정보에 관해서는 의도적으로 충실히 다루지 않았다. 하지만 시장에서의 소비자문제의 해결과 관련 논제는 정책으로 귀결될 수밖에 없으므로, 이 장에서는 제13장에서 소개한 소비자정책의 연혁에 이어 소비자정책의 현재상(象)과 미래상에 관하여 서술한다.

우선, 제1절에서는 우리나라 소비자정책의 현주소를 파악해본다. 「소비자기본법」과 소비자정책의 추진 체계, 그리고 정부에서 제시하고 있는 소비자정책의 비전과 목표 및 (3년마다 발표하고 있는) 소비자정책 기본 계획에 관해 구체적으로 고찰한다. 제2절에서는 미국과 일본, 영국 등 해외 선진국들의 소비자정책에 관해 개관하고 이들 국가들의 특징적인 정책이 우리나라 소비자정책에 주는 시사점을 검토해본다. 이어 OECD와 ICPEN 등 소비자정책에 관련된 국제기구들과 국제 소비자조직들이 자국과 지역 또는 국경을 넘는 소비자문제에 어떻게 대처하고 있는지 정리한 후에, 자유무역협정(FTA)의 확대 등 지역·국가 간 협력의 진전이 소비자후생에 미치는 효과를 설명하고, 바람직한 글로벌 협력 방안을 모색한다. 제3절에서는 향후 우리나라 소비자정책의 개선 방향과 구체적인 정책 과제에 관해 살펴본다. 덧붙여 2020년 정초 시점에서 중점적으로 추진해야 할 소비자정책 분야를 선별적으로 검토한다.

1 소비자정책의 현주소

1) 소비자정책의 비전과 목표, 추진 실적 평가

(1) 소비자정책의 비전과 목표

앞서 제13장에서 간단하게 언급했듯이, 2020년까지의 소비자정책의 청사진이 될 '제4차 소비자정책 기본계획'이 2018년 1월 개최된 소비자정책위원회에서 마련되었다.

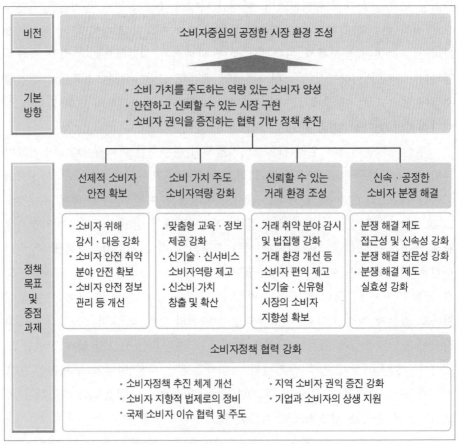

자료: 공정거래위원회 보도자료(2018. 1. 10.)

[그림 14-1] 제4차 소비자정책 기본계획 체계도

제4차 소비자정책 기본계획은 '소비자 중심의 공정한 시장 환경 조성'이라는 비전 아래, 첫째, 소비 가치를 주도하는 역량 있는 소비자 양성, 둘째, 안전하고 신뢰할 수 있는 시장 구현, 셋째, 소비자 권익을 증진하는 협력 기반 정책 추진을 3대 기본 방향으로 설정하고 있다.

더불어서 ① 선제적인 소비자안전 확보, ② 소비자 가치 주도 소비자 역량 강화, ③ 신뢰할 수 있는 거래 환경 조성, ④ 신속·공정한 소비자 분쟁 해결, ⑤ 소비자정책 협력 강화 등 5대 정책 목표를 설정하고, 각 정책 목표에 부응하는 총 17개의 중점 과제와 42개 세부 과제를 제시하고 있다.[7]

(2) 소비자정책 종합 시행 계획

소비자정책에 관련된 정부부처와 지자체에서는 이러한 소비자정책의 비전과 정책 목표를 달성하기 위해 매년 종합적 시행 계획을 마련하여 추진해오고 있다. 가장 최근의 '2018년 소비자정책 종합 시행 계획'의 경우 17개 부처에서 153개 추진 계획을 담고 있으며, 이와 더불어 16개 광역자치단체에서의 소비자정책 추진 계획도 마련·시행되고 있다.

예컨대 소비자안전 확보를 위해서는 소비자위해감시와 대응을 강화하고, 안전 취약 분야의 안전성을 확보하며, 소비자안전 정보 관리를 개선하는 등에 관련된 세부적인 정책시행 계획을 마련하여 제시하고 있다.

(3) 소비자정책 추진 실적 평가

소비자정책위원회에서는 이러한 각 부처·지자체의 소비자정책 종합 시행 계획과 추진 계획에 대한 집행 실적을 평가하고 있다. 처음으로 평가가 시행된 2019년도의 경우, 소비자정책에 대한 집행 실적을 평가함으로써 우수 집행 사례를 발굴·확산하고, 집행 기관의 관심과 책임성을 높이기 위한 것으로, 18개 중앙행정기관과 16개 광역지방자치단체를 대상으로 5개 정책 목표별 17개 분야, 총 185개 과제(중앙 153, 지방 32)의 추진 실적이 대상이었다.

평가 결과를 보면, 총 185개 과제 중 대부분인 168개 과제가 보통 등급 이상이며, 우수 등급 이상도 67개로 나타났다. 구체적으로는, 전체 5등급 중 '매우

---

7) 공정거래위원회 보도자료(소비자 중심의 공정한 시장환경 조성을 위한 제4차 소비자정책 기본계획 및 2018년도 시행 계획 마련, 2018. 1. 10.) 등을 참고할 수 있다.

우수'는 14개(중앙 11개, 지자체 3개), '우수'는 53개(중앙 47개, 지자체 6개), '보통'은 101개(중앙 81개, 지자체 20개), '미흡'은 17개(중앙 14개, 지자체 3개)이고, 최하 등급(매우 미흡)을 받은 기관은 없었다.[8]

2) 소비자정책의 추진 체계

(1) 소비자정책·행정 체계

앞 장에서 살펴보았듯이 2008년 전후 대대적으로 개편된 소비자정책 추진 체계의 기본 틀이 현재까지 유지되고 있다.[9] 이는 개정 「소비자기본법」(2006. 9. 27.) 및 동법 시행령(2007. 3. 27.)을 근거로 한다.[10]

중앙 소비자정책·행정

중앙정부 차원에서는 소비자정책위원회를 상위 조직으로 두고 있으며, 소비자정책의 주무부처인 공정거래위원회 및 기획재정부, 보건복지부, 지식경제부, 농림수산식품부 등 12개 중앙행정기관에서 대체로 산업별로 소관 분야를 담당하고 있다. 더불어서 공정거래위원회 산하에서 소비자정책을 종합적으로 추진하는 한국소비자원이 있다.

공정거래위원회에서는 '소비자정책국'을 두어 소비자정책에 관한 전반적 사항을 관장하고 있다. 동 부서는 소비자안전정보과, 특수거래과, 약관심사과, 전자거래과, 할부거래과, 소비자종합지원팀으로 구성되어 있다. 공정거래위원회는 「소비자기본법」에 의거하여 한국소비자원 관할 등 소비자정책의 집행 기능을 총괄하고 있으며,[11] 국가 소비자 기본 정책의 심의·의결 자문기구인 소비자정책위원회와 그 산하 분과회의의 운영을 주관하고 있다. 더불어 소비자원의 업무 추진을 감독하고 있다.

소비자정책위원회는 주된 소비자정책을 심의·의결하는 기구로서 형식상

---

8) 구체적인 평가 내용은 공정거래위원회 보도자료(각 부처·지자체 소비자정책 추진실적에 대한 평가 최초 시행, 2019. 7. 12.)를 참고할 수 있다.

9) 이 책의 제13장 2절의 5항(소비자정책의 연혁 중 전환기)의 내용을 살펴보기 바란다.

10) 2006년 9월 27일 「소비자기본법」으로 전부 개정 이후 6차례 부분 개정이 있었다.

11) 공정거래위원회 홈페이지(www.ftc.go.kr) 및 관련 자료를 참고할 수 있다.

국가의 소비자정책을 총괄·조정하는 기능을 수행하고 있다. 연초에 소비자정책의 시행 계획을 점검하고 연말경에는 해당 정책에 대한 평가 결과를 의결하는 등 2차례 내외의 회의를 개최하고 있다.

한국소비자원은 (제13장에서 소개하였듯이) 1987년 7월 제정된 「소비자보호법」에 따라 소비자 권익 증진 시책의 종합적인 추진을 위하여 경제기획원 산하에 '한국소비자보호원'이라는 명칭으로 설립되었다. 이후 대폭적인 소비자정책의 전환에 따라 2007년 3월 「소비자보호법」이 「소비자기본법」으로 개정되면서 소관부처가 공정거래위원회로 이관되었고, 기관명도 '한국소비자원'으로 변경되었다. 한국소비자원은 소비자전문기관으로서 제도·정책연구·건의, 시험·검사, 거래조사·분석, 소비자정보 수집·제공, 국제협력, 소비자교육·홍보·방송, 소비자 불만처리 및 피해 구제, 소비생활 조사·연구, 국가 또는 지자체 의뢰 업무, 기타 소비자 권익 증진 및 안전과 관련한 업무 등 소비자 권익과 관련한 다양한 업무를 수행하고 있다.[12]

지역 소비자정책·행정

지난 1995년부터 지방자치제가 실시되면서 지역민들의 생활과 삶의 질에 영향을 미치는 지역 소비자 행정의 활성화가 추진되어왔다. 특히 같은 해인 1995년 「소비자보호법」 개정을 통해 지역 소비자 행정의 구현을 위한 기반을 마련했으며, 이어 2003년에는 전국의 16개 광역 지방자치단체별로 소비자 행정 전담기구인 소비생활센터를 설립하였다.

현재 각 지역에는 (지역)소비자정책위원회와 광역자치단체의 소비자보호기관인 소비생활센터와 한국소비자원의 지방지원이 설치되어 운영되고 있다. 17개 광역자치단체 중 세종특별자치시를 제외한 16개 시·도에 소비생활센터가 설치되어 있으며, 한국소비자원의 지방지원이 설치된 곳은 서울, 부산, 광주, 대전, 대구, 강원, 경기, 인천 등 8개 지역이다.

---

12) 한국소비자원(2017), 『소비자정책 I 과거 현재 그리고 미래』, 154~155쪽.

	중앙			지방
	소비자정책위원회	공정거래위원회	한국소비자원	소비생활센터
기능	소비자정책 심의·의결	소비자정책 총괄·조정	소비자정책 종합 추진	지역소비자 권익 증진·시책 추진
성격	심의·의결 기구	중앙행정기관	정부출연기관	지역소비자 전문기구
주요 역할	• 소비자정책 기본계획, 종합 시행계획 등 주요 소비자정책에 대한 심의·의결 • 정부 법령 등의 소비자 지향성 평가 등	• 소비자정책의 수립·총괄·조정 • 분야별 소비자 시책의 수립·시행 • 소비자정책 기본계획·시행 계획 수립 • 소비자단체 등록·지원 • 지역 소비자시책 기본계획 수립·시행 • 「소비자생활협동조합법」 운용 등	• 제도·정책연구 • 시험검사·거래조사·분석 • 소비자정보수집·제공 • 국제협력 • 소비자교육·홍보 • 소비자상담·피해구제 • 소비생활조사·연구 • 국가·지자체 의뢰 업무 수행 • 소비자 권익 증진·안전 관련 업무	• 소비자 교육 • 소비자 정보 제공 • 소비자상담·피해처리 • 기타 지역소비자 권익 관련 업무 수행

자료: 한국소비자원(2017), 『소비자정책Ⅰ 과거 현재 그리고 미래』, 160쪽.

규제정책·행정과 지원정책·행정

소비자정책의 추진은 크게 규제행정과 지원행정으로 구분되며, <그림 14-2>에서 보듯이 관련 법령[13]에 근거하여 여러 부처와 기관에서 담당하고 있는 실정이다.

---

13) 주요 법령을 보면, 공정위 소관으로는, 「공정거래법」, 「표시광고법」, 「할부거래법」, 「방문판매법」, 「약관규제법」, 「전자상거래소비자보호법」, 「소비자기본법」, 「제조물책임법」 등이 있으며, 기타 부처 소관으로는 「민법」, 「품질경영법」, 「산업표준화법」, 「약사법」, 「식품위생법」, 「평생교육법」 등이 있다.

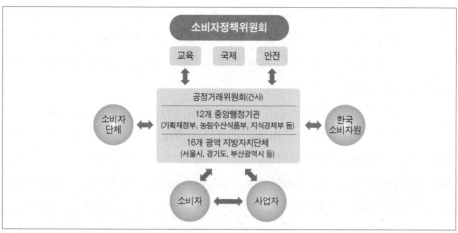

자료: 공정거래위원회 홈페이지(www.ftc.go.kr, 2020년 1월)

[그림 14-3] 소비자정책 추진 체계

(2) 소비자정책의 영역

소비자정책의 영역은 크게 거래의 적정화, 안전성 보장, 정보 제공, 소비자 교육, 피해 구제 등 5개로 구분된다.

〈표 14-2〉 우리나라 소비자정책·행정의 영역

구분		주요 법령		주요 관련 기관
		공정거래위원회 소관	타 부처 소관	
규제행정	거래 적정화	공정거래법 표시광고법 할부거래법 방문판매법 약관규제법 전자상거래소비자보호법	품질경영및공산품안전관리법, 산업표준화법 등	공정거래위원회 지식경제부
	안전성 보장	소비자기본법 (제조물책임법)	약사법, 식품위생법, 품질경영및공산품안전관리법 전기용품 및 생활용품안전관리법	보건복지부 (식품의약품안전처), 지식경제부
지원행정	정보 제공	표시광고법	각 부처 개별법령	공정거래위원회 한국소비자원
	소비자 교육	소비자기본법	평생교육법	각 부처 공통
	피해 구제	소비자기본법, 제조물책임법	민법	공정거래위원회 한국소비자원

우리나라는 미국이나 일본과 같은 분산형 소비자정책 추진 체계를 하고 있다. 다시 말해 전담 추진 독립 규제기관이 없으며 그 대신 여러 행정부처와 기관에서 소관 업무별로 나뉘어 수행되고 있다. 다만 소비자정책을 총괄하고 조정하는 기구를 별도로 두고 있다.

선진국들의 소비자정책 추진 체계는 해당국의 정치·경제·사회적 여건이 반영된 형태로 서로 다른 특징을 갖고 있다. 미국과 달리 일본과 영국은 정책의 기획·입안·집행을 통합한 형태이며, 소비자정책 전담기관을 두고 있다. 하지만 미국, 일본, 영국 모두 우리나라 공정거래위원회와 같은 경쟁정책과 소비자정책을 통괄하는 형태는 아니다.[14]

〈표 14-3〉 주요국의 소비자·민생정책 추진 형태 비교

	일 본		미 국	영 국	프랑스	독 일	한 국
	과거	현재					
전담기관 (유무)	해당 성·청	소비자청	없음 (개별 기관)	시민고충 상담부 (CAB)	경제산업 고용성 (경쟁·소비· 사기방지 총국)	없음 (각 주)	공정거래 위원회 (한국 소비자원)
안전과 거래	분리	통괄	분리	통괄	통괄	각 주	통괄
소비자정책과 경쟁정책	분리	분리	부분통괄 (분리)	분리	통괄	분리	통괄
정책의 기획· 입안·집행	부분 통괄	통괄	분리	통괄	통괄	각 주	통괄 (2008)

(3) 소비자정책과 현실 적용상의 문제점

소비자정책은 앞서 설명한 경쟁정책과 더불어 경제발전과 국민의 후생 증진을 위한 주된 정책의 하나이다. 경제수준이 향상됨에 따라 소비자 권익 증진과 소비생활 향상을 위한 소비자정책의 중요성이 더욱 부각되고 있고, 소비자정책의 강화는 소비자의 권익 실현을 통한 국민 복지 증진과 직결되며, 나아가 기

---

14) 경쟁정책과 소비자정책이 통합 운영 중인 나라는 호주와 프랑스가 유일하다. 호주는 경쟁소비자위원회(ACCC)를 두고 있으며 프랑스는 경제산업고용성 내 경쟁소비사기방지총국 (DGCCRF)에서 양 정책을 함께 추진하고 있다.

업과 국가 경쟁력 제고에 기여하게 된다. 따라서 경쟁정책과 소비자정책은 상호 밀접한 관련성이 있다.

소비자정책은 서민 내지 저소득층의 소비생활에 관련된 제반 문제들과 밀접한 관계가 있기 때문에 이들을 포함한 국민의 행복을 추구하는 한 나라의 정책 방향에 매우 중요한 위치를 차지하고 있다. 다시 말해 한 나라의 관련된 여러 행정·정책 시스템상 문제점 개선을 지향함으로써 소비자정책과 행정, 그리고 경제 정책·제도의 발전을 기대할 수 있는 것이다.

우리나라는 현재 소비자정책 추진 체계상의 여러 문제점이 표출되고 있다. 소비자정책의 목표와 수단, 그리고 정책의 대상 등에 관한 다소의 혼란과 타 정책과의 중복 논란이 끊이지않고 있으며, 형식상 소비자정책의 최고 의사결정기구인 소비자정책위원회의 기능과 역할이 매우 부실하다. 당초 기대했던 경쟁 정책과 소비자정책의 결합에 따른 시너지효과가 미진하다는 평가도 있다. 1987년 설립된 소비자정책 수행기관인 한국소비자원의 기능이 상당 부분 제약받고 있으며, 식품 안전과 같은 여러 분야에서 타 정부부처 기능과 중복 수행됨으로써 발생하는 비효율이 상당하다. 따라서 향후 정부에서 종합적인 행정체계 개편 필요성을 논의할 때 소비자정책 추진 체계의 개선에 관해서도 함께 논의할 필요가 있다.

2 글로벌 소비자정책의 현재와 전망

세계경제는 2007년 미국의 서브프라임모기지(sub-prime mortgage loan) 사태와 2008년의 리먼(Lehman Brothers Holdings) 파산사태 등의 파생금융상품 손실이 발생하고 이와 연관된 각국 금융기관 등이 막대한 경제적 손실을 입으면서 글로벌 금융위기를 겪게 되었다. 그러한 위기 속에서 세계경제는 저금리, 저출산, 고령화, 인플레이션 등 여러 가지 사회적 이슈들이 복잡하게 서로 연관되어 개인의 삶과 소비생활에 직접적인 영향을 미치고 있다.

이 절에서는 이러한 글로벌 경제의 변화 속에 소비자 권익 옹호를 위한 선진국들과 국제기구, 글로벌 소비자 조직들에서의 소비자 관련 정책이 어떻게 추진되고 있는지, 그리고 자유무역협정(FTA)과 같은 국가·지역적 경제협력의 진전은 소비자후생에 어떤 영향을 미치는지 등에 관해 살펴본다.

1) 주요 선진국의 소비자정책

(1) 미국

소비자정책의 연혁

미국에서 소비자문제와 관련된 정책 문제가 본격적인 사회적 이슈가 된 시점은 1960년대라고 할 수 있다. 당시 전후(戰後) 경제성장 과정에서 주택 문제, 인플레이션과 같은 다양한 경제사회적 어려움이 존재하는 상황 아래 1962년 케네디(John F. Kennedy) 대통령의 '소비자의 권리' 선언으로 소비자보호에 관한 사회적 관심이 높아졌으며, 연방정부 차원에서도 여러 소비자보호 관련 입법과 조치가 뒤따랐다.

예컨대 1964년에는 연방 차원의 소비자보호 전담 기구인 소비자보호청(OCA: U.S. Office of Consumer Affairs)이 대통령 소비자 이익위원회(Committee on Consumer Interests)의 후신으로 설치되었다. 이 기구는 연방정부기관 중에서 소비자보호를 위해 가장 활발한 활동을 해온 기관이며, 편의상 후생성(Department of Health and Human Services) 산하에 설치되어 있었으나 실질적으로는 대통령에게 직접 업무 보고를 하는 등 독립적인 조직으로서의 업무를 수행하였다. 소비자청은 소비자정책의 심의와 종합 조정, 소비자교육, 소비자주간의 실시, 소비자 이익의 국제적 대변, 기업의 소비자보호 지원 등과 같은 미국의 소비자정책의 주관기관으로서 기능을 담당해왔지만, 예산상의 제약으로 1998년 폐쇄되었다.

1966년에는 「고속도로안전법」이 제정되고 이듬해 제품안전위원회가 설립되었으며 1972년에는 미국 최초의 독립적 소비자보호 연방기관인 소비자제품안전위원회(CPSC)가 설립되었다. 물론 상거래에서의 부당경쟁 방지를 위하여 1914년 설립된 연방거래위원회(FTC)도 1938년부터 「소비자보호법」에 관련된 사항을 처리할 수 있는 권한이 부여되고 조직 내 소비자보호국이 설치되었다. 또한 고속도로 교통사고로 인한 상해·사망 및 경제적 손실을 줄이기 위한 조치로 1970년에 전미고속도로교통안전위원회(NHTSA)가 설립되었다. 그 외에도, 상무성, 법무성, 노동성 등 연방정부부처에 일정 단위의 소비자보호부서가 설치되었으며, 주(州)정부 차원에서는 대부분의 주에서 소비자보호를 위한 내부 조직이 설치되었다.

이러한 일련의 소비자보호를 위한 연방정부 내지 주정부의 기구 설치·운영에도 불구하고 소비자 입장에서 적절한 보호를 받지 못하는 경우가 많았으며, 또한 소비자보호청(OCA)의 경우와 같이 정부 예산 삭감으로 소비자정책의 종합조정기능이 폐지되기도 하였다. 그러한 배경에는 기본적으로 시장 중심의 자유방임주의 경제 사조 아래 민간 소비자단체의 역할 증대와 소비자보호를 위한 기업의 자율규제의 활성화가 자리 잡고 있다.

정책 추진 체계

미국의 소비자정책 추진 체제는 크게 연방정부 차원과 주정부 차원으로 구분되며, 연방정부 차원의 소비자정책 담당기관의 경우도 해당 주에 직할 분소 등을 설치하여 해당 주정부의 소비자 행정과 직간접적인 협력관계를 갖고 있다.

연방 차원에서는 거래와 관련된 것은 연방거래위원회(FTC)가, 각종 공산품 안전에 관해서는 소비자제품안전위원회(CPSC), 식품이나 의약품 등의 안전은 식품의약국(FDA)이 각각 담당하고 있다. 기타 증권이나 금융에 관련된 소비자문제는 증권거래위원회(SEC), 도로교통안전에 관련된 문제는 전미고속도로교통안전위원회(NHTSA), 환경에 관련된 문제는 환경청(EPA), 술·담배나 소화기 및 폭발물 등에 관한 문제는 법무성(Department of Justice) 내의 주류담배화기단속국(ATF)에서 담당하며, 연방 차원에서 시민정보센터(FCIC)가 설치·운영되고 있다.

이러한 소비자 관련 연방 기관들은 ① FCIC와 같은 정보 수집 및 의견 수렴기구, ② CPSC, FDA, EPA, NHTSA, ATF 등 품목별 안전관리업무 담당기구, ③ FTC와 같은 거래 질서 및 소비자 불만 처리 담당기구 등으로 구분할 수 있으며, 기구별 역할 분담이 기능에 따라 세분화되어 있다. 이러한 각 기관들은 해당 법률에 따라 독립적으로 운영된다.

한편 주 차원에서는 대개 해당 주정부 내 사법장관부처를 두고 있으며, 일부 주의 경우는 주정부 내 소비자문제전담부서를 설치·운영하고 있다. 예컨대, 캘리포니아주의 경우 소비자 행정 업무를 전담하는 기구로서 '소비자보호청 (DCA: Department of Consumer Affairs, 1970년 설립)'을 두고 있을 뿐 아니라 주내 LA 카운티(county)에도 소비자보호국을 설치·운영하고 있다.

이상에서 논의한 미국의 소비자정책 관련기구 및 체제를 〈그림 14-3〉과 같이 나타낼 수 있다.

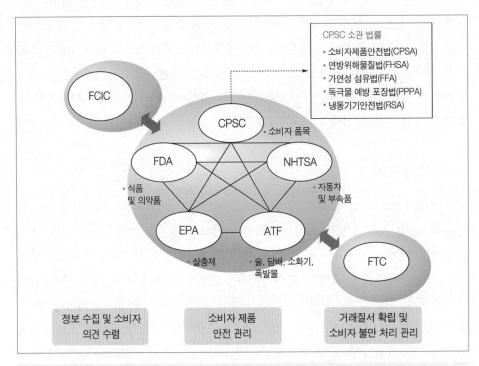

[그림 14-3] 미국 연방정부의 소비자정책 기구

소비자정책 추진 기관

미국 연방 차원의 소비자정책 추진은 앞에서도 소개했던 연방거래위원회 (FTC), 소비자제품안전위원회(CPSC), 식품의약국(FDA), 연방시민정보센터(FCIC) 등이 대표적이다.

연방거래위원회(FTC)는 「연방거래위원회법」(FTC법) 등에 기초하여 경쟁 및 공정거래를 담당하는 연방 독립기관으로서, 소비자들이 양질의 상품을 저렴한 가격에 구입할 수 있도록 시장에서의 건전한 경쟁을 유지하기 위한 목적으로 1914년 설립되었다. 설립 초기에는 상거래의 불공정 경쟁의 방지 등 경쟁 정책 부문에 주력하였으나, 1938년에는 의회에 의해 특정 산업의 불공정·기만적 행위 등 반경쟁적 행위에 대한 규제 권한이 추가되었다. 이어 관련 법에 의해 다양한 형태의 소비자보호를 위한 기능이 추가되었는데, 「방문판매법(Telemarketing Sales Rule)」, 「페이퍼콜법(Pay-Per-Call Rule)」, 「평등신용기회법(Equal Credit Opportunity Act)」이 대표적인 경우이다. 연방거래위원회는 미국에 있어서 가장 광범위한 소비자문제 관련 권한을 갖고 있는 연방기관으로서, 소비자문제에 관해서는 소비자보호국(Bureau of Consumer Protection)에서 담당한다.

소비자제품안전위원회(CPSC)는 「소비자제품안전법(Consumer Product Safety Act, CPSA)」, 「위해물질법(Federal Hazardous Substance Act, HSA)」, 「가연성섬유법(Flammable Fabric Act, FFA)」, 「독극물예방포장법(Poison Prevention Packaging Act, PPPA)」 및 「냉동기기안전법(Refrigerator Safety Act, RSA)」 등을 관장하기 위해 1973년 독립 연방기구로 설립되었으며, 연방정부의 소비자 제품의 안전성 확보를 위한 중심적 기관으로서 관련 업무를 담당하고 있다. 위원회는 (자동차와 식료품 등을 제외한) 약 1만 5천 종 이상의 가정·교육·여가용품 등 소비자 제품으로부터 발생하는 불합리한 위험을 제거·저감하여 소비자를 보호하는 것을 주된 목표로 하고 있다. 제품의 안전 정책의 기획, 검증, 기업에 대한 감사·현장조사, 제품 안전에 관한 업계의 자율 기준 설치 활동 지원, 제품의 리콜(recalls)이나 제조 금지 명령, 잠재적 위험성에 대한 조사, 사고 정보 관련 데이터베이스의 구축과 관리, 자발적리콜 정보의 수집·제공 등의 업무를 수행하고 있으며, 이러한 다양한 활동에 관련된 정보를 언론을 통해 제공하며 소비자를 계몽하는 활동을 담당하고 있다.

식품의약국(FDA)은 미국 보건성(Department of Health and Human Services) 산하의 독립된 행정규제기구로서 식품과 의약품 등의 잠재적 위해로부터 공공의 안전을 도모하고, 국민의 건강을 증진하는, 우리나라의 식품의약품안전처와 유사한 역할을 수행하고 있다. 즉 미국 내에서 생산되는 식품, 건강보조식품, 의약품, 화장품뿐만 아니라 수입품과 일부 수출품의 효능과 안전성을 확인하고 승인하는 업무를 담당한다. 예컨대 치료약이나 의료기구는 순도, 강도, 안전성, 효능 등에 대한 FDA 기준을 충족해야만 시판이 가능하다. 새로운 의약품은 동물실험을 거친 뒤 FDA의 인증을 받아야만 하며, FDA는 의약품의 안전성이나 효능에 문제가 있다고 판단되면 회수 명령을 내릴 수도 있다.

연방시민정보센터(FCIC: Federal Citizen Information Center)는 미국 연방정부

의 종합서비스국(General Service Administration)에서 운영하고 있으며, 지난 40년 동안 제반 소비자문제의 해결 방법을 제공하고, 정부기관이나 정부 서비스에 관한 정보를 제공해오고 있다. 소비자들은 동 센터의 무료전화, 발간 자료 및 웹사이트를 통해 필요한 정보를 얻을 수 있다.

(2) 일본

소비자정책의 약사

일본은 전후(戰後) 회복기를 거쳐 1960년대부터 고도경제성장기를 맞으면서 대량생산·대량소비의 과정에서 결함 상품에 의한 소비자위해나 부당 표시에 따른 소비자 피해 사건이 빈발했다. 이에 일본 정부에서는 소비자보호를 위한 법령을 정비하고 행정조직을 개편하는 등 소비자정책 추진 체제를 마련하였다. 그 대표적인 예가 소비자정책의 기본 골격이 되는 1968년의 「소비자보호기본법」의 도입과, 1970년의 소비자정보 제공과 불만 처리를 담당하는 일본 국민생활센터(NCAC)의 설립이다. 그 후 1970~80년대는 경제의 상대적 번영기로서, 역시 「소비자보호기본법」을 토대로 한 정부 규제 강화에 초점을 맞춰왔다.

1990년도에 들어와서는 소비자의 권리 보장과 소비자 권리 침해에 대한 구제를 위한 민사적 책임을 정하는 관련 법률의 제정에 소비자정책의 역점이 주어졌다. 이에 따라 1994년에는 피해자가 해당 제품의 결함 유무만 입증하면 되도록 하는 「제조물책임법」이 제정되었고, 1999년에는 양질의 주택건설의 보장을 위한 「주택품질개선법」이 제정되었다. 이어 2001년 4월에는 사업자와 소비자 간의 계약에 있어서 정보와 협상력 격차를 줄여 공정 계약을 유도하기 위한 「소비자계약법」이 시행되었다. 또한 2001년 4월에는 금융상품에 관련된 여러 정부 부처 소관의 규정들을 통합한 「금융상품판매법」이 제정되었다.

그 후 최근까지 일본의 소비자정책은 소비자보호 수단으로서 사업자의 자율규제를 강화하는 형태로 추진되고 있다. 예컨대 2002년 12월에는 국민생활심의회에서 '소비자 신뢰 획득을 위한 기업의 자발적 행동규범 지침'이라는 가이드라인을 발표하였는데, 이는 기업들로 하여금 자율적으로 사회적 책임을 다하도록 유도하는 의미를 가진다. 또한 2004년 6월에는 「소비자보호기본법」이 소비자가 독립적인 주체가 될 수 있도록 지원하는 노력을 소비자정책의 기초로 설정한 「소비자기본법」으로 개정됨으로서, 시장에서의 소비자의 선택권 제고와 사업자의 자율규제가 강조되는 밑받침이 되었다.

이러한 일련의 소비자정책의 연혁을, 소비자위원회 위원장을 역임하고 현재 일본국민생활센터의 이사장직을 맡고 있는 마쓰모토 교수(松本恒雄, 一橋대학 법학연구과 명예교수)는 <표 14-4>에서와 같이, 1950년대 이전, 첫 번째 물결(1960년대), 두 번째 물결(1990년대), 세 번째 물결(2000년대 이후)로 구분하여 정리하고 있다.

〈표 14-4〉 일본 소비자정책의 연혁

1950년대 이전			타 목적 법규의 집행 결과	부수적 소비자보호의 시대
첫 번째 물결	1960년대	행정 중심	행정규제 + 행정에 의한 피해 상담·알선	Hard Law 시대
두 번째 물결	1990년대	사법(司法) 중시	법원 등을 통한 권리의 행사	민사 규범의 시대
세 번째 물결	2000년대 이후	시장 중시	시장을 이용한 소비자보호	Soft Law 활용의 시대

일본의 소비자정책·행정 추진 체계

일본에서는 지난 2000년대 중반 이후 수년간, 독성 농약이 함유된 중국산 만두나 곤약젤리, 그리고 결함 있는 가스순간온수기 등으로 여러 희생자가 생겨나고, 소비기한(우리나라의 '유통기한'에 해당) 위조 사건이나 국민연금자료의 증발 사건과 같은 소비자문제가 연이어 발생하자 소비자 행정을 개혁해야 한다는 목소리가 높아졌다.

이러한 배경 아래 소비자정책의 사령탑 역할을 할 소비자청 설치 법안이 2009년 5월에 의회를 통과됨으로써, 같은 해 9월 소비자청이 세워졌다. 이어 소비자청의 감시기구인 소비자위원회도 설치되었다. 신설된 소비자청은 지방 조직(소비생활센터)을 통해 접수되는 전국의 다양한 소비 생활 정보와 위해 정보를 심층적으로 조사·분석하고, 사업자의 부당·위법 행위에 대한 현장조사를 통해 필요한 행정처분을 하고 관계부처에 권고하는 기능을 수행하고 있다.

일본국민생활센터(NCAC)는 종래 특별법에 의해 설치된 정부 산하 특수법인으로서 「소비자보호기본법」에 규정되어 있지 않아 소비자정책상의 지위가 애매하였다. 하지만 2003년 10월부터 「독립행정법인 국민생활센터법」에 의거하여 독립 행정법인화되었으며, 「소비자기본법」(제25조)에 '국민생활센터의 역할' 규정이 삽입됨으로써 법적 지위를 부여받았다. 현재 소비자청 소관으로서 전국의 소비생활센터들과 연계하여 소비자 상담과 피해 구제 정보 및 소비자 위해 정보들을 수집하여 분석하고 제공하는 역할을 하고 있다. 상품 테스트와 교육 연수 업무도 수행하며, 신설된 소비자청과 연계하여 정책을 추진하는 기능도 갖고 있다.[15]

한편 우리나라의 공정거래위원회의 기능을 수행하는 공정취인위원회(公正取引委員會)는 자유주의경제에 있어서 경쟁 정책의 촉진을 목적으로 1947년 7월에 설립된 내각총리대신 소관의 합의제 행정위원회이다. 동 위원회는 경제헌법으로도 불리는 「사적독점의 금지 및 공정거래에 관한 법률」을 운용하며, 독점금지법의 특별법인 「하청법」과 「부당경품류 및 부당표시방지법(경품표시법)」을 운용하고 있다. 또한 사적 독점, 부당거래의 제한(가격 카르텔, 시장 분할 카르텔, 입찰 담합 등) 및 불공정한 거래 방법(부당 염가판매, 우월적 지위의 남용 등)을 적발하는 등 공정한 거래질서를 위한 정책을 통해 소비자 권익 증진에 기여하고 있다. 하지만 우리나라 공정거래위원회에서 수행하고 있는 소비자정책 추진 기능은 갖고 있지 않다.

지방정부

일본은 지방 소비자 행정 체계가 잘되어 있는 편이다. 도도부현(都道府縣) 등 지방자치단체는 이미 1970년대 초반부터 중앙정부 시책에 준하여 소비생활센터라는 소비자 행정 전담부서를 전국에 약 400여 개소에 두고, 관련 조례를 제정하는 등 지역 실정에 부합되는 세부 시책을 강구하여 소비자 행정을 추진해 오고 있다.

소비생활센터는 국민생활센터와 제휴하여 전국소비생활정보네트워크(PIO-NET)를 통한 소비자정보 제공, 불만 처리, 상품 테스트 등의 소비자보호 업무를 수행하고 있다. 소비생활센터는 지방자치단체가 조례 등에 의해 독자적으로 설치하여 생활과학센터, 소비자센터, 현민생활센터(県民生活センター) 등 명칭이 일

---

15) 자세한 사항은 센터의 홈페이지에서 확인해볼 수 있다(www.kokusen.go.jp).

정하지 않으며, 그 규모도 지역 실정에 따라 다양하다.

(3) 영국

소비자정책의 연혁

1961년의 「소비자보호법(Consumer Protect Act)」 제정으로부터 가시화된 영국의 소비자보호정책은 1973년 「공정거래법」이 제정되고 이에 근거하여 공정거래청(OFT: Office of Fair Trading)이 설립되면서부터 본격화되었다. 하지만 소비자문제는 그보다 훨씬 앞선 19세기 중반으로 거슬러 올라간다.

19세기 중엽 영국은 자본주의의 확산과 실업의 증대 등으로 불만이 커진 노동자들과 자본가의 대립이 격화됨으로 인해 노동운동이 활발히 전개되고 있었다. 1844년 영국의 로치데일(Rochdale)에서 공장 노동자들이 '로치데일 공정개척자조합(Equitable Society of Rochdale Pioneers)'을 설립하여 조악한 품질과 유해한 식품 및 높은 소비자물가에 대항하였는데 이 조직이 영국의 협동조합형 소비자운동의 시초이다. 하지만 이러한 협동조합형 소비자운동으로는 과잉·저질 생산으로 인한 소비자의 불만과 위해 문제가 해결될 수 없었으며, 당시 영국에 존재했던 공적 보호는 판례법 형태인 커먼로(common law)에 의한 것이 전부였다.

이러한 배경 아래 1887년에 「상품표시법」과 「상표법」, 1893년에는 「상품판매법」이 제정되었고, 20세기에 들어와서는 1938년에 「할부매매법」, 1955년에 「식품의약품법」 등이 마련되었다. 이어 상술한 바와 같이 1961년에 「소비자보호법」이 제정되었고, 1973년에는 「공정거래법」에 의하여 공정거래청(OFT)이 설립되었으며, 동 기관에 소비자보호자문위원회(CPAC: Consumer Protection Advisory Committee)가 설치되어 소비자보호 행정을 전담하게 되었다.

소비자정책 추진 체계

영국은 기본적인 소비자정책과 관계법의 제·개정은 중앙정부에서 담당하지만 실제의 소비자생활에 필요한 소비자 보호 행정, 예컨대 소비자정보 제공, 시장 감시, 사업자 단속, 위험 제품의 리콜, 소비자 불만 처리 등의 업무는 지방자치단체 단위에서 수행하고 있다. 각 시·군 단위에 별도의 지역기관으로 설치되어 있는 거래기준국(TSS: Trading Standards Service)에서 지방의 소비자 행정을 중추적으로 수행한다.

중앙정부의 경우, 소비자정책의 축인 비즈니스·기업·규제개혁성(BERR)을 중심으로 소비자안전, 공정거래, 피해 구제 등의 정책이 입안·수립되고, 공정거래청(OFT)과 식품기준청(FSA) 등의 중앙정부기관과 전국의 지방자치단체에 설치되어 있는 거래기준국(TSS)과 같은 지방정부기관 및 소비자포커스와 같은 정부지원기관 등이 상호 유기적으로 역할을 분담하고 협력 집행함으로써 소비자 보호정책을 추진해가고 있다.

소비자정책 추진 기관

소비자정책과 연관된 영국의 대표적인 조직으로는 비즈니스·기업·규제개혁성(BERR), 공정거래청(OFT), 거래기준국(TSS), 소비자포커스 등이다.

비즈니스·기업·규제개혁성(BERR: Department for Business, Enterprise and Regulatory Reform)은 2007년 6월 영국의 행정조직 개편 시 신설된 부처로서, 종래 소비자정책을 소관하고 있던 통상산업성(DTI: Department of Trade and Industry)에 규제개선국(BRE: Better Regulation Executive)과 통산성(Department of Community) 및 내각부(Cabinet Office)의 일부를 통합한 것이다. 이 조직은 국가경쟁력 강화와 기업 친화적 정부를 지향하는 정책 목표의 달성을 위해 경쟁력 있고 유연한 시장 조성 등 경기 활성화를 기관의 목표로 하고 있다. 이를 위해 국가경제의 생산력 제고를 위해 규제 개혁을 추진하고 타 정부부처 및 지방정부와의 상호협력을 지향하고 있다. 또한 '소비자 주권의 확립과 기업의 성장을 통해 경쟁적 시장을 확대함으로써 국가의 이익 실현'이라는 전략 목표 속에 BERR의 소비자정책을 추구하고 있다.

영국의 공정거래청(OFT: Office of Fair Trading)은 「기업법(Enterprise Act)」(2002)에 의한 독립 행정전문기관으로서 '소비자를 위해 시장이 건전하게 기능하도록' 감시하는 것을 기관의 미션으로 하고 있으며, 공정한 기업 활동, 경쟁과 소비자의 이익 보호·촉진·권리 강화를 도모하고 있다. OFT는 1973년 경쟁 정책의 효과적인 집행을 위해 DTI의 감독을 받는 독립 행정기관으로 설립되었으나, 2003년 4월 「기업법」이 시행되면서 조직이 개편된 바 있다. OFT에서는 개별 소비자의 상담 업무를 수행하지 않지만,[16] 조직 내 정보 제공 창구 웹사이트인 Consumer Direct를 운영하고 있다.

거래기준국(TSS: Trading Standards Services)은 식품표시나 식품 안전 등을 포함한 80여 개의 소비자 및 거래 관련법의 준수 여부의 감시 등 법의 집행을 담당하는 지방 단위의 조직으로 각 지방자치단체에 설치되어 있다. TSS는 관련법의 집행 이외에도 소비자 상담, 상품 테스트, 정보 제공 등의 소비자 관련 업무를 수행한다. 또는 정부기관으로서 약 200여 개의 지역에서 소비자보호 업무를 담당하며, BERR 및 OFT와 업무 연계하여 제품 안전, 공정거래, 부당 표시 등을 규제하는 기능을 수행한다.

소비자포커스(Consumer Focus)는 영국의 독립된 소비자 권익증진 기구인 국립소비자위원회(NCC: National Consumer Council)를 전신으로 하여 출범한 소비자 권익 보호기구이다. 영국 정부는 2008년 10월 1일 NCC와 Postwatch[17] 및 Energywatch를 통합하여 170여 명의 직원을 가진 영국 역사상 최대 규모의 소비자 권익 보호기구를 출범시켰다. 이 기구는 영국 전역(England, Wales, Scotland, Northern Ireland)을 포괄하는 소비자보호 법정 기구로서, 업무 영역은 기존의 NCC 업무에 에너지, 우편 분야 등 공공 부문까지 확대됨으로써 부문 간 업무 전문성 교류를 통한 효율적이고 강력한 소비자 권익의 보호 기능을 수행할 것으로 기대된다.

2) 우리나라 소비자정책에의 시사

지금까지 미국과 일본, 그리고 영국의 소비자정책의 연혁과, 추진 체계, 주요 추진 기관의 활동 등을 살펴보았다. 이러한 선진국에서의 소비자정책의 특징에서부터 우리가 어떤 정책적 시사점을 얻을 수 있는지 살펴본다.

우선, 미국은 시장경제를 기반으로 한 정부와 사업자 및 민간의 협력이 원활한 국가이면서도 특히 제품 안전에 관한 한 소비자제품안전위원회(CPSC)라는 작지만 강력한 규제기관의 역할이 두드러져 보인다. 우리나라도 CPSC의 Fast Track Recall과 같은 일종의 '신속 리콜 절차'를 활성화할 필요가 있다. 즉 사업자의 자발적 리콜 여건을 지원하고 조장함으로써 위해(가능) 제품의 위험성에

---

16) 개별 소비자 상담은 후술하는 각 지방자치단체에 설치되어 있는 거래기준국(TSS)에서 담당한다.
17) 2001년 설립된 우편 관련 소비자보호기구, 법적 명칭은 the Consumer Council for Postal Service이다.

의한 사회적비용을 줄여주는 효과를 기대할 수 있다. 또한 결함 있는 수입 제품으로부터 소비자를 보호하기 위한 보다 적극적 조치도 필요하다. 더불어 우리나라도 CPSC와 같은 소비자제품의 안전성 제고를 위한 독립된 규제기관을 설치할 것도 검토해보면 좋을 것이다.

일본의 국민생활센터는 지방자치단체에서 운영하는 소비생활센터와의 PIO-NET을 이용한 연계를 통해 소비생활 상담, 위해 정보 데이터베이스의 허브로서의 기능을 수행하고 있는 점이 특징적이다. 우리나라도 일본과 같은 범국가적 '소비생활정보네트워크' 시스템을 활성화하면 좋을 것이다. 현재 우리나라는 10개 소비자단체와 16개 광역시도 지자체 그리고 한국소비자원이 함께 참여해 운영하는 통합 1372소비자상담센터가 운영 중에 있다. 하지만 일본의 PIO-NET과 같은 종합 데이터 허브로서의 기능은 미진하다. 사회 전체적 공유 인프라로서의 기능을 하기 위해 시스템의 활용도를 높일 필요가 있으며, 이를 위해 지자체의 소비자 상담창구(소비자상담실)의 수적 확대도 추진할 필요가 있다. 또한 네트워크의 운영 주체와 지자체·유관기관 등의 상담 창구 간의 역할 분담을 통해 원활한 협조가 이루어지도록 하는 체계를 구축해 나가는 것이 바람직하다.

영국은 전통적으로 정부의 핵심 부처에서 소비자정책을 총괄하며, 중앙정부 간, 중앙정부와 지방정부 간 협조 체제와 독립된 소비자 권익보호기구(소비자포커스)의 역량을 강화하고 있는 것이 특징적이다. 우리나라도 영국의 소비자포커스와 유사한 한국소비자원의 독립성과 법적 권한을 강화할 필요가 있다. 예컨대 한국소비자원에 조사권과 사업자의 정보공개요구권 등을 부여하여 감독기관인 공정거래위원회와는 독립적으로 소비자정책 기능을 수행하도록 하는 것이다. 또한 영국과 같은 정부부처·기관 간 유기적인 역할의 분담과 상호 협력하여 집행되는 체제를 강화해가는 것이 좋을 것이다. 필요하다면 소비자포커스의 업무범위 확대 등 역량강화 측면에 관한 사항을 벤치마킹할 수도 있다.

한편 지금까지 살펴본 것과 같이 경쟁 촉진과 공정한 시장 거래를 위한 미국의 연방거래위원회, 영국의 공정거래청, 일본의 공정취인위원회는 해당 국가의 소비자정책을 전담하지 않고 있다. 미국의 연방거래위원회는 거래 분야에 관해서만 소비자보호국에서 담당하며 제품 안전, 식의약품화장품 안전, 교통사고, 환경문제 등은 별도의 연방 기관에서 전담하고 있다. 영국의 공정거래청과 일본의 공정취인위원회 역시 거래 질서 확립에 관련된 소비자 관련법 등의 효율적 집행 기능을 수행하며 소비자정책은 다른 기관에서 수행하고 있는 형태이다. 하지만 우리나라의 경우 2007년 3월부터 국가의 소비자정책이 공정거래위원회로 일원화됨으로써 거래뿐만 아니라 제품 안전, 식의약품 안전, 소비자 교육·훈련, 소비자 불만 처리와 피해구제 등에 관련된 제반 소비자정책을 공정거래위원회에서 맡게 되었다. 더불어 그동안 소비자정책의 추진을 정부로부터 일정 부분 위임받아 수행해왔던 한국소비자원도 독립적 정책 개발과 정책의 추진에 상당한 제약을 받고 있는 실정이다. 이러한 공정거래위원회 전담 형태의 국가 소비자정책의 추진 체계는 바람직하지 않다. 부처 간 정책의 중복 수행과 소비자 권익 증진기관으로 설립된 한국소비자원의 역할 저하에 따른 비효율은 없는지 등에 문제에 관해 앞서 살펴본 미국과 영국, 일본 등 선진국들에서의 경우를 비교 검토해봄으로써 개선 방안을 찾아볼 수 있을 것이다.

앞서 살펴본 미국과 일본, 영국 이외에도, 국민의 대리인 성격의 '옴부즈만(Ombudsman)' 제도가 활성화되어 있는 스웨덴의 소비자정책을 눈여겨볼 필요가 있다. 스웨덴은 옴부즈만 제도와 더불어 정부 조직인 '소비자청'과의 결합된 형태의 특징적인 소비자정책 추진 체제를 갖고 있다. 옴부즈만 제도는 입법통제·사법통제 이외의 제3의 수단에 의해 행정의 책임성을 높여 소비자의 권익 보호가 가능한 시스템이다. 우리나라도 이러한 소비자 옴부즈만 제도의 장점을 살릴 수 있는 소비자정책을 추진하면 좋을 것이다. 국민권익위원회에서도 옴부즈만 제도를 일부 시행하고 있으나 소비자 옴부즈만이라고 보기는 어렵다. 또한 스웨덴은 소비자 분쟁의 처리 체계가 독립된 기구·기관 간(소비자 분쟁조정위원회−소비자청·소비자 옴부즈만−소비자 상담서비스) 유기적으로 연계되는 형태를 하고 있는 점이 우리도 참고할 만한 사항이다.

3·15 완후이(晩会): 소비자 권익 보호? or
글로벌기업 길들이기?

지난 2013년 10월 25일에 개최된 중국의 12기 전국인민대표대회 상무위원회 제5차 회의에서 「소비자권익보호법」 개정안이 통과되었다. 이 법은 발표된 지 거의 20년 만에 처음으로 개정에 들어갔으며 2014년 3월 15일부터 시행되었다.

개정법의 주요 내용을 보면, 소비자에게 온라인 쇼핑 '후회권'을 부여해 소비자가 온라인 방식 등을 통해 제품을 구매했을 경우에 '7일 내 무조건 환불'이 가능하도록 규정하였다. 즉 운영자가 인터넷, TV, 전화, 우편 쇼핑 방식을 통해 제품을 판매할 경우에 소비자에게는 제품을 수령한 후에 7일 내 무조건 환불할 수 있는 권리가 주어진다.

아울러 권리의 남용을 방지하기 위해 환불이 불가능한 경우에 대한 조항도 명시해놓았다. 만약 소비자가 주문 제작한 물건이거나 부패가 용이한 생물, 신문 및 간행물과 같은 제품일 경우에 별도의 약정이 있는 경우를 제외하고는 환불 운송료는 소비자가 부담하도록 규정했다.

운영자 의무 강화 차원에서 '증거책임전도' 규정은 소비자의 '권익 수호의 어려움'과 '권익 수호 고(高)비용'을 해결하는 방안으로 마련되었다. 그리고 운영자가 제공하는 차량, 계산기, TV, 냉장고, 에어컨, 세탁기 등과 같은 내구재와 인테리어 서비스의 경우는 소비자가 제품을 수령하고 또 서비스를 받은 지 6개월 안에 하자가 발생해 분쟁이 발생하면 운영자가 관련 하자에 대한 증거 책임을 져야 한다고 규정했다.

「소비자권익보호법」이 시행된 3월 15일은 중국의 소비자 권익 보호의 날로 지정되었는데, 중국 관영매체인 CCTV에서는 매년 이날에 기업의 불량 제품과 부정부패를 파헤치는 프로그램을 방송하고 있다. 방송사는 대상이 된 기업을 6개월 이상 조사하고 자료를 수집하여 기업의 문제점을 낱낱이 고발하고 있다.

고발 대상은 특정되어 있지 않지만, 주로 글로벌 거대 기업이 표적이 되는 경우가 많다. 2011년에는 한국의 금호타이어가 고무 배합 문제로 고발을 당했으며 2012년에는 맥도날드 식재료 유통기한 문제, 2013년에는 애플의 A/S 문제 등이 고발되어 해당 기업의 CEO가 공개 사과하는 일이 이어졌다. 이와 같이 외국 기업에 대한 고발이 증가하자 미국 등 해외에서는 중국 소비자들의 불만 빈도가 높은 중국의 독과점 국유기업은 제외되는 등 편파적이라는 불만과 음모론이 제기되기도 했다.

실질적인 소비자의 권익 보호이든 중국 정부의 글로벌 기업에 대한 길들이기 수단이든 관계없이, 3·15완후이(3·15晩会)라 불리는 이 프로그램에 대한 소비자의 관심과 반응은 상당히 높은 편이다.

자료: 중국 人民網 한국어판(2013. 11. 18.) 등을 참고하여 저자(이종인) 작성.

3) 소비자정책의 국가·지역 간 협력

외국 사업자에 의한 국내 소비자 피해의 증가 등 국제화되어가는 소비자문제에 효과적으로 대응하기 위해서는 글로벌 협력이 필수적이며, 그 주된 방안으로는 소비자보호에 관련된 국제기구와의 적극적인 교류를 통한 협력과, 주요 교역국과의 양자 내지 지역 간 협력 채널의 구축을 통한 협력이 있을 수 있다. 또한 다양한 형태의 민간 국제 소비자활동을 지원함으로써 글로벌 협력의 기초를 다질 수 있으며, 글로벌 상거래에 관련된 나라들의 소비자보호 제도에 관한 기초 연구와 국제 기준(global standards)에 부합하는 국내의 관련 법체계를 마련함으로써 간접적으로 글로벌 소비자문제에 대처할 수도 있다.

(1) 국제기구 및 국제조직에서의 소비자정책의 추진

새로운 글로벌 경제·사회적 여건 아래 경제협력개발기구(OECD) 등 여러 국제기구에서 소비자 관련 이슈를 주요 정책으로 다루고 있다. OECD의 소비자정책위원회(CCP: Committee on Consumer Policy)의 경우 최근 수년 동안 전자상거래를 통한 소비자 편익 증대 방안과 국가 간 집행 협력을 위한 소비자정책 개발 등을 추진해왔으며, 국제소비자보호집행기구(ICPEN: International Consumer Protection Enforcement Network)는 국제 상거래의 사기적 행위를 근절하고 국제전자상거래에서의 소비자 피해 구제를 위한 여러 방안을 마련해오고 있다. 기타 세계무역기구(WTO), 아시아·태평양경제협력체(APEC), 국제표준화기구(ISO)의 소비자정책위원회(COPOLCO) 등의 국제기구들도 국제 및 지역 간 경제협력 기조 아래 전자상거래, 안전, 환경, 경쟁, 제품·서비스의 국제표준 등 소비자와 관련된 쟁점들을 의제화해 오고 있는 실정이다.

또한 110여 나라에서 270여 개 단체가 회원으로 활동하고 있는 국제소비자기구(CI: Consumers International)와, 각국의 소비자법과 정책 전문가들과 학자들이 참여하고 있는 국제소비자법협회(IACL: International Association for Consumer Law) 등의 소비자보호 관련 민간 차원의 국제기구들도 해당 기구의 성격에 부합하는 소비자보호 쟁점들을 개발하고 문제의 해결책을 모색하는 노력을 기울여오고 있다.

그동안 우리나라는 이러한 소비자보호에 관련된 국제기구들의 활동에 정부나 민간 또는 학술적 차원에서 활발히 참여해왔으며, 국제기구에 참여하는 회원국들과의 교류도 비교적 잘 추진해왔다. 그럼에도 불구하고, 이러한 국제기구를 통한 글로벌 협력활동에는 몇몇 문제가 있었다고 생각된다. 예컨대 OECD나 WTO와 같은 국제기구들의 소비자정책 동향에 대한 장기적이고 지속적인 분석이 미흡하다는 점, 국내의 관련 정부부처, 기관, 업체, 단체 간 정보 교류 등 상호 협력이 원활하지 못한 점도 지적할 수 있다. 또한 여러 국제기구와 해당 기구에 속한 주요 회원국의 소비자정책과 법제도에 대한 체계적인 연구와 자료화도 부족하다. 더불어 WTO, ISO COPOLCO, APEC 등과 같은 기구들에 대해서는 소비자정책 차원의 대응이 그다지 활발하지 않은 모습이다.

이러한 문제점들은 향후 주요 국제기구들의 소비자문제 관련 논의 동향이나 정책 이슈 등을 정확하게 파악하여 분석하는 한편 민간 소비자보호 국제기구와의 상호 교류를 활성화함으로써 해소해나갈 수 있을 것이다. 더불어 이러한 국제기구와 조직들에서의 동향을 국내의 소비자정책 수립에 적극적으로 반영함으로써, 국내 소비자의 권익도 함께 증진할 수 있을 것이다.

(2) 지역·국가 간 협력과 소비자후생

자유무역협정(FTA)과 소비자후생

최근 글로벌화 및 세계적인 지역주의의 확산에 따라 국가 간 내지 지역 간 경제통합의 형태인 자유무역협정(FTA)이 활발히 추진되고 있다. 우리나라는 2004년 4월 최초의 FTA인 한 - 칠레 FTA 발표를 시작으로, 2019년 10월 현재까지 <그림 14-4>에서 보듯이 총 16건(53개국)의 FTA를 체결하여 발효됨으로써, 무역 장벽이 허물어지고 있으며, 이외에도 여러 국가들과 FTA 협상 중이거나 진행 예정이다.[18]

이러한 국가 간 그리고 지역 간 FTA의 진전으로 인해 섬유산업을 필두로 한 전기, 전자, 통신, 자동차 산업에서의 수출 및 수입이 증대되었으며, 이러한 활발한 제휴는 우리 기업들의 세계 경쟁력을 높이는 데 일조하고 있다.

---

18) 2019년 중에는 한 - 이스라엘, 한 - 영, 한 - 인도네시아 FTA가 타결되어 발효를 기다리고 있으며, 한중일, 역내 포괄적 경제동반자협정(RCEP), 한 - 에콰도르, 한 - MERCOSUR, 한 - 필리핀, 한 - 러시아, 한 - 말레이시아 FTA가 협상 중이다. 또한 멕시코와 중동 6개국(사우디, 쿠웨이트, 아랍에미리트, 카타르, 오만, 바레인)과도 협상 재개 내지 협상 여건 조성 중이며, EAEU(러시아, 카자흐스탄, 벨라루스, 키르기즈스탄, 아르메니아)와도 협상을 준비 중이다.

<표 14-5> 한국의 FTA 체결 현황(16건)

상대국	추진 현황			의의
	협상 개시	서명	발효	
칠레	1999년 12월	2003년 2월	2004. 4. 1	• 최초의 FTA, 중남미 시장의 교두보
싱가포르	2004년 1월	2005년 8월	2006. 3. 2	• 아세안 시장의 교두보
EFTA(4개국)	2005년 1월	2005년 12월	2006. 9. 1	• 유럽 시장의 교두보
아세안(10개국)	2005년 2월	2006년 8월 (상품협정)	2007. 6. 1 (국가별 상이)	• 제2의 교역 대상
인도	2006년 3월	2009년 8월	2010. 1. 1	• BRICs국가, 거대 시장
EU(28개국)	2007년 5월	2010년 10월	2011. 7. 1	• 세계 최대 경제권
페루	2009년 3월	2011년 3월	2011. 8. 1	• 자원부국, 중남미 시장의 교두보
미국	2006년 6월	2007년 6월	2012. 3. 15	• 거대 선진 경제권
터키	2010년 4월	2012년 8월	2013. 5. 1	• 유럽 · 중앙아 진출 교두보
호주	2009년 5월	2014년 4월	2014. 12. 12	• 자원부국, 오세아니아 주요 시장
캐나다	2005년 7월	2014년 9월	2015. 1. 1	• 북미 선진시장
중국	2012년 5월	2015년 6월	2015. 12. 20	• 우리의 제1위 교역 대상
뉴질랜드	2009년 6월	2015년 3월	2015. 12. 20	• 오세아니아 주요 시장
베트남	2012년 9월	2015년 5월	2015. 12. 20	• 우리의 제4위 투자국
콜롬비아	2009년 12월	2013년 2월	2016. 7. 15	• 자원부국, 중남미 신흥시장
중미(5개국)	2015년 6월	2018년 2월	2019. 10. 1	• 북미와 남미를 잇는 전략적 요충지

자료: 관세청(www.customs.go.kr) 및 관련 자료.

이와 같이, 세계 무역의 확대와 더불어 FTA를 통한 지역 간, 국가 간 협력이 진전되면서 생산자와 기업뿐 아니라 소비자에게도 후생을 높여주는 등 긍정적인 효과를 미치고 있다. 그중 가장 즉각적으로 나타나는 소비자후생 효과는 수입 상품의 가격 인하이다. 예를 들면 한미 FTA 경우, 관세 인하와 철폐로 인해 약 10% 미국 제조업 제품들의 가격이 인하되었다. 이러한 가격 인하는 미국

제품에만 국한되는 것이 아니라, 그와 경쟁 관계에 있는 다른 일본, 유럽의 수입 상품 및 국내 제조업 제품에도 영향을 미친다. 뿐만 아니라 선진 기업들과의 기술제휴는 국내 기업들의 기술경쟁력을 높이고, 이는 품질 개선으로도 이어지게 된다. 궁극적으로는 국내소비자들이 좋은 품질의 상품을 저렴한 가격에 구매할 수 있게 되고, 이는 소비자후생으로 이어지게 된다.

마지막으로는 국내외 기업들의 경쟁에서 비롯되는 소비자 선택의 폭을 증대시키는 효과가 있게 된다. 이와 같은 세계화의 긍정적인 효과는 연령 및 계층을 초월하여 모든 소비자에게 두루 나타난다고 볼 수 있다.

읽을거리 14.2 ⊕ 일본 주도 CPTPP 협정에 우리도
적극적으로 참여해야 한다

2019년 초 트럼프 대통령의 서명 철회와 탈퇴 선언으로 좌초 직전이었던 환태평양경제동반자협정(TPP)이 '포괄적·점진적환태평양경제동반자협정(CPTPP)'으로 개명하여 새로이 닻을 올렸다. 미국을 제외한 TPP 11개국이 우선 참여한 'TPP11' 형태로 아시아·태평양 지역을 아우르는 대형 자유무역협정의 형태로 추진되는 모양새다.

지난 2017년 11월 11일 아태경제협력체(APEC) 정상회의에 참석한 11개국의 정상들은 기존 TPP 조항 중 핵심 요소에 대한 합의를 도출함으로써 협정의 비준을 위한 최대 난관을 통과했다. 이 합의는 향후 6개국 이상의 참여국에서 비준이 되면 발효되는 수순을 밟게 된다. 비록 경제대국인 미국이 빠져 있지만 세계 GDP의 12.9%, 교역량의 14.9%, 인구의 6.9%를 차지하는 글로벌 거대 경제권의 탄생을 눈앞에 두고 있는 것이다.

그동안 우리나라는 세계에서 가장 많은 국가들과 무역협정을 맺은 FTA 강국이라는 자신감과 더불어 낮은 실현 가능성 등을 이유로 미국이 주도해온 TPP뿐만 아니라 중국이 야심차게 추진해온 역내포괄적경제동반자협정(RCEP)에서도 비교적 소극적이었다. 하지만 폐기 수순을 밟던 TPP가 일본의 선봉장 역할을 통해 재가동됨으로써 향후 아·태시장에서 일본의 영향력이 매우 커질 것으로 보인다. 중국과 미국 역시 아·태지역 내 자국의 경제적 입지 확대를 위해 무진장 애쓰고 있다. 이러한 상황 아래 우리나라의 전략적 선택이 무엇보다 중요한 시점이며, 그중에서도 CPTPP 협정 참여 여부가 주된 현안 과제이다.

참여에 따른 득과 실에 대한 구체적 검토가 선결돼야 하겠지만, 그동안 지속해온 FTA 확대 전략의 연장선상에서 CPTPP에의 참여가 바람직하다. 높은 무역 의존도, 세계 52개국과의 FTA가 타결·발효되어 있는 시점에서 CPTPP에의 적극적인 참여는 세계적인 자유무역협정의

확산 추세에 부응하면서도 안정적인 해외시장 확보와 경쟁력 강화에 큰 도움이 될 것이다.

무엇보다 아·태지역 내 강국들과의 역학관계를 고려할 때 미국이 탈퇴해 있는 현 시점이 우리나라가 CPTPP에 무리 없이 참여할 수 있는 적기이다. 그렇게 함으로써 트럼프 행정부와의 한·미 FTA 개정 문제에 대한 부담도 일정 부분 비켜갈 수 있는 장점도 있다. 더불어서, 제1 교역국인 중국과의 경제 관계 등을 고려할 때, 중국 주도의 RCEP 협정에서도 우리나라의 역할과 비중을 높여가는 것이 바람직하다.

자료: 저자(이종인) 글.

주요 교역국과의 지역 간 소비자정책 협력

우리나라는 그동안 국가 간에 소비자보호를 위한 구체적인 상호협력 채널을 구축한 사례가 거의 없다. 다만 지난 2000년 초 공정거래위원회가 일본의 내각부와 경제산업성, 공정취인위원회의 실무 책임자가 참여하는 한·일 간 소비자정책 실무협의체를 구성하여 정례 모임을 추진하기로 하였으며, 2004년 가을에도 한·중·일 3국 간 소비자활동의 협력을 위한 정책 포럼이 개최되기도 했었다. 그 이후에도 최근까지 한국과 일본, 한국과 중국 등 인근 국가 간 소비자보호 및 소비자정책의 상호 협력을 위한 시도가 이따금 추진되어왔으나 지속적이고 활발하지는 않은 실정이다.

앞으로 이러한 협력 활동들이 지역 간 공통의 소비자문제에 대한 실질적인 해법을 찾는 채널이 지속될 수 있는 것이 바람직하다. 또한 장기적인 관점에서 볼 때 일본과 중국뿐 아니라 우리나라와 지리적으로 인접한 여러 국가들과의 상호협력 채널의 마련과 추진도 필요할 것이다.

3 소비자정책의 미래상(象)

앞서 제1절에서 살펴 본 우리나라 소비자정책 추진 체계상의 여러 문제들은 현 체계에서는 개선될 여지가 상당히 제한적이다. 따라서 적절한 시점에 이러한 문제들이 해소되는 것이 바람직하다.

향후 소비자정책의 주요 개선 원칙 내지 방향으로는 우선 국민에게 편의적인 정책 추진 체계 및 행정조직이어야 하며, 소비자의 실질적 후생을 증진하고 이들의 생활 편의를 가져오는 체계, 즉 소비자 주권이 실현되도록 해야 한다. 또한 다양한 소비자문제에 대한 신속한 대응이 가능하고, 중복 기능의 축소·배제 및 상호 협력을 통한 효율성을 확보할 수 있는 체계여야 하며, 민간 부문의 진전에 부응하는 전문성이 확보될 수 있어야 한다. 또한, 민생 문제가 포함된 광의의 소비자문제에 대응할 '국민생활정책'의 추진이 요망된다.

1) 소비자정책 추진 체계의 개선

소비자정책은 '경쟁정책'과 더불어 경제발전과 국민의 후생 증진을 위한 국가의 핵심 정책 중의 하나이다. 효과적인 소비자정책의 추진을 통해 전형적인 거래상의 소비자 피해뿐만 아니라 생활안전과 주거불안 등을 포함한 제반 국민생활 문제들의 통합적 해결을 모색할 수 있다.

공정거래위원회로 일원화된 현재의 소비자정책의 추진 체계는 상당한 제약과 문제점을 갖고 있어 개선이 시급하다. 앞서 살펴보았듯이 우리나라는 2007년 이후 국내외 여러 여건 변화를 반영하여 「소비자기본법」을 개정하고 공정거래위원회로의 정책 집행 기능을 이관하였다. 또한 소비자단체소송제도와 집단분쟁조정 제도를 도입·시행하는 등 정책이 크게 개편되었다.

이러한 13년 전의 대대적인 소비자정책의 전환도 현 시점에서 볼 때, 정부 부처·기관별 소비자정책 중복 수행에 따른 비효율, 생활물가·주거안정·안전·의료·금융소비자 등의 분야에 대한 적절한 대응 부재 등 수많은 문제점을 안고 있는 것으로 보인다. 최근에는 여러 부처들이 소비자정책에 대한 참여를 경쟁적으로 늘려가면서 소비자정책의 중복과 사각지대 문제가 주된 이슈로 부각되기도 했다. 또한 정부의 반시장·친노동 정책 기조와 더불어, 행정조직상 공정거래위원회의 소비자정책 총괄·조정기능의 제약으로 소비자정책 기능이 상당히 위축된 실정이다.

따라서 이러한 여러 참여자들의 소비자정책을 총괄·조정하기 위한 메커니즘의 확보뿐 아니라, 범국민생활정책으로의 패러다임의 전환을 통해 시장의 효율성에 기반을 둔 소비자정책 추진 체계를 구축하는 것이 바람직하다.

국민생활정책으로의 추진 체계 개편

관계부처의 여러 소비자 관련 정책을 실질적으로 종합·조정할 수 있도록 정책의 주관을 현행 공정거래위원회에서 국무총리 소속 독립 상설기구 내지 산하 기관으로 이관하는 것이 바람직하다. 예컨대 국무총리 소속 독립 상설기구 (합의제 행정기관) 형태의 (가칭)국민생활위원회를 설치하고, 산하에 현 한국소비자원을 이관한 '국민생활(정책)원'을 두어 위원회의 사무기구 임무 수행을 포함한 국민생활정책 전반을 관장토록 하는 방안이다.[19]

또한 운용 실적이 미미한 '소비자정책위원회'의 실효성을 재검토하고 필요한 개선 방안을 강구해야 하며, 소비자정책 추진 정부기관인 한국소비자원을 효과적으로 운용하기 위한 다각도의 방안을 마련해야 할 것이다. 예컨대 앞서도 언급했듯이 국민생활(정책)원으로 명칭과 기능을 조정하고, 조직을 확대·개편하는 것도 긍정적으로 검토할 필요가 있다. 최근 정부에서는 이른바 '소비자 권익 증진재단'을 새로이 설립하려는 움직임을 보이고 있는데, 이는 한국소비자원의 기능과 거의 중복되며, 민간 재단으로 설립한 후 공공기관으로 전환하려는 의도가 보이는 것으로 바람직해 보이지 않는다.

2) 소비자정책 중점 추진 분야

(1) 안심·안전한 소비생활 환경

소비자의 생활안전정책 컨트롤 타워가 부재한 우리나라의 실정을 고려할

---

19) 구체적인 내용은 다음 자료를 참조할 수 있다. 이종인, 『소비자정책 추진 체계의 문제점 및 개선방안』, 여의도연구원(2014. 10. 23.).

때 소비자정책위원회뿐 아니라 소비자정책 주관부처의 소비자안전 총괄·조정 기능이 원활히 작동해야 한다. 우리나라는 관련 법체계와 제도, 전담기관 등은 선진국 수준으로 정비되어 있다고 볼 수 있다. 하지만 정책의 추진과 운영에 상당한 문제가 노출되고 있는 실정이다. 소비자의 실질적인 생활편의와 후생 증진을 저해하지 않으면서도 일상생활에서의 안전을 확보할 수 있는 체계와 운영을 지향해야 할 것이다.

소비자안전법의 제정

국민이 안심하고 안전한 소비생활을 할 수 있도록 생활안전 업무를 총괄하는 국가 차원의 생활안전 내지 소비자안전에 특화된 일반법제가 마련될 필요가 있다. 다시 말해 국가 전체적으로 국민생활안전에 대한 철학과 기본 방향, 그리고 부처 간 역할과 협력 사항 등을 규정한 이른바 '소비자안전법'이 마련되어야 한다.

사실 소비자안전법 제정의 필요성과 이에 포함될 규정 등은 이미 수년 전부터 논의되어왔다. 일본의 경우도 우리와 같이 오랜 논의 끝에 2009년 5월에 「소비자안전법」을 제정하여 시행하고 있다.

국민의 생활안전을 소비자정책 영역으로 전환

앞서 피력한 이른바 국민생활위원회 또는 국민생활(정책)원에서 생활안전을 포함한 국가 차원의 소비자정책을 추진토록 하는 것이 바람직하다. 여의치 못할 경우의 대안으로는 국가 재난안전 총괄 부처로 설립된 현 '국민안전처'의 생활안전 기능을 활성화하고, 유관부처들의 소비자안전 업무를 총괄토록 하는 것도 긍정적으로 검토해볼 만하다. 또한 소비자정책위원회의 전문위원회로 '소비자안전분과'를 신설하고, 품목과 부처 간 종합 조정하는 기능을 부여하는 것도 좋을 것이다. 미국의 소비자제품안전위원회(CPSC), 일본의 소비자청은 소관 산업에 대한 종단적 관리를 하는 부처로부터 독립된 정부기관으로서 각각 소비자(제품)안전에 대한 총괄적 역할을 수행하고 있는 점을 참고할 만하다.

(2) 국민의 주거권 실현

우리나라는 그동안 성장 위주의 경제·사회적 목표 아래 '한강의 기적'을 이루었으며 기본적인 주거문제 해결을 위한 주택공급량도 급증하여 수도권을 제외한 주택보급률이 이미 100%를 넘어섰다. 하지만 윤택한 경제생활의 바탕이면서 사회 안정을 위한 주거생활의 질적인 측면은 소홀했던 측면이 강하다.

근래 '인간의 존엄과 가치 유지에 요구되는 주생활을 누릴 수 있는 권리'인 주거권이 국민의 기본적 인권의 하나라는 인식이 확산되고 있다. 이는 "모든 국민은 건강하고 쾌적한 환경에서 생활할 권리를 가지며"라는 헌법상의 환경권(35조 1항)에도 부합하는 권리이다.

이러한 배경 아래 지난 2015년 6월 「주거기본법」이 제정되었다. 이 법은 국민의 주거 안정 중시의 주거복지체계 확립이라는 시대적 사명을 반영하고, 기본적 인권으로서의 주거권을 명확히 하고 있다. 하지만 아직 정부에서는 구체적 시행 방안을 제시하지 못하고 있는 실정이다. 향후 이 법의 효과적 시행을 통한 주거정책의 안착 등, 국민의 주거권 실현을 위한 제반 시책이 강구되어야 한다.

이제는 서민층의 주거 불안과 열악한 주거환경 해소 등 국민의 기본적 인권인 주거권이 보장되도록 기존의 양적 주택정책을 질적 주거정책으로 패러다임 자체를 전환하여 추진할 필요가 있다. 「주거기본법」에서 명시하고 있지만 아직 마련되지 않는 최저주거기준 등 제반 시책을 조속히 마련하고, 획일적인 공급 중심의 주택 공급정책을 지양하고, 급격한 인구 감소, 노령화, 수도권 인구 유입 감소 등 전반적 주택 수요 감소 추세를 반영, 주택의 공급을 수요 여건에 맞춰 추진해야 한다.

(3) 금융 분야 소비자 보호 강화

예기치 못한 각종 사고(accidents)는 여객선의 침몰이나 건물의 붕괴에 한정되지 않는다. 모 증권회사의 회사채나 기업어음(CP)의 불완전 판매로 수만 명의 개인 투자자들이 1조 원대가 넘는 금융 손실을 당한 사건도 커다란 사고인 것이다. 부산저축은행사태까지 거슬러가지 않더라도, 각종 금융사고로 소비자가 피해를 입는 사례가 얼마든지 있다. 2019년 하반기에 발생한 해외금리연계 파생결합펀드(DLF) 불완전 판매, 라임투자자문펀드환매중단 사태 등으로 많은 금융 소비자가 커다란 손실을 입었다.[20] 수년 전에는 대형카드사의 금융사고로 자그마치 1억 4천만 건의 고객정보가 유출되었는데, 일부가 보이스피싱에 악용된 사실이 밝혀지는 등 2차 피해 우려가 현실이 되었다.

이러한 금융사고로 인한 소비자 피해 문제는 1차적으로는 해당 금융회사나 관계자의 책임이지만, DLF 사태에서 보듯이 고금리 위험 자산에 투자한 일부 소비자 책임도 있다. 더불어 금융 감독당국의 책임 소홀과 감독 체계상의 여러 문제도 상당한 책임이 있으며, 우선적으로 금융 소비자 보호를 위한 금융 감독 체계의 개편이 급선무라는 시각도 적지 않다.

그동안 금융 분야 소비자문제에 대한 정책이 상대적으로 취약했다. 금융감독원의 소비자보호센터 기능 강화, 서민금융진흥원 설립 등에도 불구하고, 금융 소비자 보호 문제가 여전히 주된 이슈의 하나가 되고 있다. 특히 금융 소비자 보호법제를 마련하고 전담 기구를 운영할 필요가 있다는 주장이 수년 전부터 논의되어 왔으며, 범 정부·입법부·전문가 간의 공감대가 형성되어왔다.

그 결과 금융 소비자 보호 기본법안과, 관련 기구의 설립과 분쟁 조정 기능 강화 등에 관한 다수의 제·개정 법안이 국회에서 발의되어왔다. 하지만, 다양한 정치적 이해관계 속에서 아직 입법화가 이루어지지 않고 있는 실정이다.

따라서 소비자 신용 및 금융 분야의 소비자 피해 방지와 올바른 금융 서비스 정보제공을 위해 금융 소비자 보호법제를 조속히 마련하고, (현재의 금융감독원 기능을 분리한) 전담 기구인 금융소비자(보호) 기구를 설치하여 운영하는 것이 바람직하다.

---

20) DLF는 주가 및 주가지수를 비롯해 실물자산 등을 기초자산으로 하는 파생결합증권(DLS)을 편입한 펀드들을 말한다. 이 상품은 사전에 정해진 방식에 의해 수익률이 결정되는 특징이 있어 고수익이 기대될 수 있지만, 경우에 따라서는 원금 손실을 감수해야 하는 고위험 요소를 갖고 있어 금융 소비자들의 주의가 요망된다.

 검토 과제

01 소비자정책은 크게 규제정책과 지원정책으로 구분해서 살펴볼 수 있다. 그 중 지원정책의 의의와 종류 및 특징을 설명하라.

02 일본의 국민생활센터(NCIC)는 지자체에서 운영하는 소비생활센터와의 PIO-NET을 이용한 연계를 통해 소비생활 상담, 위해 정보 데이터베이스의 허브로서의 기능을 수행하고 있다. 이러한 정보 네트워크를 우리나라에서는 어떻게 벤치마크할 수 있겠는가?

03 선진국에서 소비자안전을 전담하는 정부기구(기관) 사례를 들고 구체적인 기능과 역할을 분석해보라.

04 소비자 옴부즈만(consumer ombudsman) 제도의 장점과 단점을 검토하여 정리해보라.

05 향후 소비자정책·행정의 최우선 과제가 무엇이라고 생각하는가?

주요 참고문헌

김도년(2014), 「국경을 넘은 소비자거래에 관한 국제적 규율 정비현황과 과제」, 『글로벌 소비자법제 동향』, 제1권 2호, 한국소비자원.

김성천(2013), 「유엔소비자보호지침(UNGCP): 과거, 현재 그리고 미래」, 『소비지정책동향 제47호』, 한국소비자원.

백병성·곽윤영(2011), 「온라인 분쟁 해결에 관한 국제적인 논의와 시사점」, 『소비자정책동향 제27호』, 한국소비자원.

이종인(2004), 「국제기구의 소비자정책 이슈분석 및 대응방안 연구」, 한국소비자보호원.

이종인(2004), 「소비자보호 국제협력활동의 현황과 정책 추진 방향」, 『소비자문제연구 제27호』.

이종인(2008), 「해외 주요소비자기관의 기능 및 정책 추진 체계 연구」, 한국소비자원.

한국소비자원(2017), 『소비자정책 I 과거 현재 그리고 미래』.

한국소비자원(2014), 제3차 소비자정책 기본계획 수립.

미국 식품의약품국(www.fda.gov).

미국 연방거래위원회(www.ftc.gov/ftc/about.shtm).

미국 연방시민정보센터(www.pueblo.gsa.gov).

미국 제품안전위원회(www.cpsc.gov/about/about.html).

영국 소비자포커스(www.ncc.org.uk).

일본 공정취인위원회(www.jftc.go.jp).

일본국민생활센터(www.kokusen.go.jp).

일본 내각부(www.cao.go.jp).

Consumer Focus(2008), Consumer Focus Work Programme to March 2010.

CPSC(2008. 2), 2009 Performance Budget Request.

Matsumoto Tsuneo(2004), *Some Features of Japanese Consumer Policy*, 「한·중·일 3국간 소비자문제의 특징 및 소비자 권익향상을 위한 협력방안」(한·중·일 소비자정책 포럼 자료).

内閣府(2007), 日本の消費者政策体制の概要.

찾아보기

(ㄱ)

가격기구(price mechanism / 27

가능성 제약(feasibility constraint) / 25

가습기살균제 피해 / 329

가치재 / 95

강제리콜(mandatory or compulsory
recall) / 158

개방경제(open economy) / 125

개인가처분소득(DPI) / 110

개인소득(PI) / 110

개인신용정보 / 201

개인워크아웃 / 185

개인파산 / 185

개인회생 / 185

거래원칙(bargain principle) / 233

거시경제학(macroeconomics) / 105

게임이론(game theory) / 77, 235

결과의 형평성(equity of outcomes) / 31

결제대금예치(에스크로)제도 / 328

경상수지(balance of current account)
/ 127

경영개선협의회(BBB: Better Business
Bureau) / 264

경제개발 5개년계획 / 318

경제기획원(EPB) / 325

경제영토 / 131

경제적 비용(economic costs) / 36

경제적 이윤(economic benefits) / 38

경제적 인간(homo economicus) / 49

경제활동 순환도 / 104

경제활동인구(economic-activities
population) / 115

경제활동참가율(participation rate of
economic activities) / 115

계속거래 / 249

계약갱신청구권 / 86

고용률(employment-population ratio)
/ 116

고정환율제도(fixed exchange rate
system) / 129

공개시장조작(open market operation)
/ 124

공공재(public goods) / 11, 79

공급의 가격탄력성 / 35

공동보험(co-insurance) / 56

공동불법행위(joint tort) / 218

공유자원의 비극(tragedy of the
commons) / 94, 226

공익사업(public utilities) / 82

공적외부효과(public externality) / 222

공정채권추심법 / 201

공정취인위원회(公正取引委員會) / 346

공제(deduction) / 56

공해(pollution) / 222

공해(公害, public bads) / 94, 226

과실책임 법리(negligence rule) / 167

과점시장(oligopoly) / 77, 85
과정의 형평성(equity of process) / 31
광군제(single's day, 光棍節) / 279
교차탄력성(cross elasticity of demand) / 34
교환적거래이론(bargain theory of contracts) / 232
구매 경험(learning by doing) / 22
구매대행 / 280
구매력(purchasing power) / 118
구매력평가설(購買力平價說) / 112
구제역 / 145
구축효과(crowding-out effect) / 122
국내총생산(GDP: gross domestic product) / 107, 108
국민생활정책 / 359
국민소득 3면등가의 법칙 / 107
국민소득(NI: national income) / 110
국민순생산(NNP) / 109
국민총생산(GNP: gross national product) / 109
국제소비자기구(CI: Consumer International) / 306, 353
국제소비자법정책협회(IACL: International Association on Consumer Law) / 306
국제수지(BP: balance of payments) / 126
규모의 경제(economy of scale) / 37, 82
근원 소비자물가지수 / 112
금본위(gold standard) / 129
금융소외 / 197
금융채무불이행자(구 신용불량자) / 182
급발진 사고 / 172
긍정적 외부효과 또는 외부경제(positive externalities) / 90

기능성식품(dietary supplement and functional food) / 153
기대(이익)손해배상(expectation damages) / 234
기대효용가설(expected utility theorem) / 48
기대효용이론 / 48
기업가 정신(enterpreneurship) / 318
기펜재(Giffen's goods) / 34
기회비용(opportunity costs) / 36
긴축재정정책 / 121

(ㄴ)
녹색소비(green consumption) / 208
농산물보조금제도 / 96

(ㄷ)
다단계판매 / 249
다중채무 문제 / 204
대공황(great depression) / 58, 105
대기오염 / 211
대부업법 / 203
대체재(substitutes) / 70
도덕적 해이(moral hazard) / 43, 55
독점시장(monopoly market) / 77
독점적 경쟁시장(monopolistic competition) / 85
디스인플레이션(disinflation) / 118
디프레션(depression) / 118
디플레이션(deflation) / 117

(ㄹ)
리먼(Lehman Brothers Holdings) 파산사태 / 339
리우환경회의 / 228

(ㅁ)

마켓플레이스 / 271
맞받아치기 전략(tit-for-tat strategy) /
    235
맥도날드 커피 소송 사건 / 174
무과실책임(strict liability) / 213, 328
무역장벽(trade barriers) / 130
무임승차자(free rider) / 11
무임승차자(free rider) 문제 / 13, 93
무차별곡선(indifference curve) / 66
무차별지도(indifference map) / 65
미세먼지 / 211

(ㅂ)

반복게임(repeated game) / 235
방문판매법 / 247
배송대행 / 280
법적 제한(legal limitations) / 140
변동환율(flexible exchange rate) /
    129
보이스피싱(voice phishing) / 17
보이지 않는 손(invisible hand) / 6
보증책임(warranty) / 166
보편적 서비스(universal services) / 33
보호무역주의(protectionism) / 130
복수통화바스켓제도(multicurrency
    basket system) / 129
본인-대리인 문제 / 56
부분균형이론(partial equilibrium theory)
    / 27
부정적외부효과·외부불경제(negative
    externalities) / 90
불법채권추심 / 199
불안정균형(unstable equilibrium) / 26
불완전 정보(imperfect information) / 52
불완전판매 / 330
블랙 프라이데이 / 279

블랙아웃(black out) / 84
비경합성(non-rivalry) / 79
비관세장벽(non-tariff barriers) / 130
비교우위(comparative advantage)이론
    / 36
비교정학(comparative statistics) / 26
비대칭 정보(asymmetric information) /
    48
비배제성(non-excludability) / 79
빅맥지수(Big Mac index) / 112

(ㅅ)

사업권유거래 / 250
사전광고심의제도 / 258
사치재(luxury goods) / 70
사회적 규제(social regulations) / 141
사회적잉여(social surplus) / 100
사회적후생(social welfare) / 100
산성비(acid precipitation) / 214
삶은 개구리 증후군 / 37
상대소득가설(relative income
    hypothesis) / 46
상트페테르부르크의 역설 / 49
생산기술(technology of production)의
    제약 / 72
생산자잉여(producer's surplus) / 99
생애소득가설(life-cycle income hypothesis)
    / 46
생활물가지수(CPI for living necessaries)
    / 111
서민금융기관 / 198
서민금융진흥원 / 203, 362
서브프라임모기지(sub-prime mortgage
    loan) 사태 / 339
석유파동 / 96
선호의 연속성(continuity) / 64
선호의 완비성(completeness) / 63

선호의 이행성(transitivity) / 64
선호체계의 기본 공리(axiom) / 63
소득 제약선(income constraint line) / 66
소득소비가설 / 44
소득의 한계효용 / 101
소멸 시효 / 219
소비경제학(Consumer Economics) / 57
소비생활센터 / 288, 335
소비자 분쟁조정위원회 / 289
소비자 옴부즈만 제도 / 351
소비자계약 / 236
소비자금융(consumer financing) / 178
소비자기본법 / 16
소비자단체소송 / 310
소비자문제(consumers' affairs) / 8, 78
소비자물가지수(CPI: consumer price index) / 110
소비자보호요강 / 325
소비자보호운동 / 325
소비자분쟁조정위원회 / 296
소비자상담기구 / 299
소비자선택이론 / 63
소비자신용(consumer credit) / 178
소비자안전(consumer safety) / 138
소비자안전법 / 360
소비자의 기본적 권리 / 15
소비자잉여(consumer's surplus) / 99
소비자정책(consumer policy) / 324
소비자정책 기본계획 / 333
소비자정책위원회 / 332
소비자제품안전위원회(CPSC) / 343
소비자주권(consumers' sovereignty) / 8, 88
수요의 가격탄력성(price elasticity of demand) / 33, 70
수요의 법칙(law of demand) / 68, 69

수요의 소득탄력성(income elasticity of demand) / 34
스태그플레이션(stagflation) / 118
승수효과(multiplier effect) / 121
시장수요함수(market demand function) / 69
시장실패(market failure) / 6, 12, 87
시장청산가격(market clearance price) / 80
식품의약국(FDA) / 343
식품이력추적관리제도(foods traceability system) / 145
신선식품지수 / 112
신용등급 / 196
신용정보이용보호법 / 201
신용회복지원제도 / 185
실업률(unemployment rate) / 115
쌍방향광고 / 257

(ㅇ)
안전 기준(safety standards) / 140
안전규제(safety regulations) / 140
안정균형(stable equilibrium) / 26
약관규제법 / 241
약관의 계약에의 편입 / 242
약인(約因, consideration) / 233
엄격책임(strict liability) / 167
에코슈머(eco+consumer) / 208
역선택(adverse selection) / 54
역외적용(extraterritorial application) / 305
역직구(逆直購) / 281
연방거래위원회(FTC) / 342
연방시민정보센터(FCIC: Federal Citizen Information Center) / 343
열등재(inferior good) / 34
영미법(common law) / 232

예산선(budget line) / 66
오염물질거래제(pollution permit) / 32
오염배출권 거래 / 224
오픈마켓(open market) / 271
온라인 분쟁 해결(ODR: Online Dispute Resolution) / 290
온라인광고(인터넷광고) / 260
온라인을 통한 재판 외 소비자 분쟁 해결 제도(ODR: Online Dispute Resolution) / 303
완전경쟁시장(perfectly competitive market) / 77
외부효과(externality) / 10
위해요소중점관리제도(HACCP: Hazard Analysis Central Critical Points) / 153
유사수신행위 / 200
유엔상거래법위원회(UNCITRAL) / 290
UN의 국제상거래법위원회(UNCITRAL) / 303
유전자변형식품(Genetically Modified Organism) / 146
윤리적 소비(ethical consumption) / 209
이윤 극대화(profit- maximizing) / 73
이자제한법 / 200
인간광우병 / 145
인과관계(causality) / 142
인지경제학(cognitive economics) / 23, 49
인플레이션(inflation) / 117
인플레이션세(inflation tax) / 122
일반균형(general equilibrium) / 27
일본국민생활센터(NCAC) / 345
1372소비자상담센터 / 294
일시소득(transitory income) / 45
일시소비(transitory consumption) / 45

1회성 게임(one-shot game) / 235
임대료 상한(ceiling)제 / 86

(ㅈ)
자본수지(balance of capital account) / 127
자연독점(natural monopoly) / 82
자유무역주의(free trade movements) / 130
자유무역협정(FTA) / 257
자유방임(laissez-faire) / 30
자유시장기구 / 6
자진리콜(voluntary or uninfluenced recall) / 158
잠재적 파레토효율성(potential Pareto efficiency) / 29
장기반복게임(long-run repeated game) / 235
장기복합불황 / 5, 119
장바구니 물가지수 / 111
재판 관할 / 304
재판 외 분쟁 해결(ADR: alternative dispute resolution) / 14, 286, 293
재할인율(rediscount rate) / 123
저탄소 녹색성장(low-cabon green growth) / 228
전시효과(demonstration effect) / 47
전자상거래(e-commerce) / 268
전자상거래소비자보호법 / 328
전화권유판매 / 248
절대소득가설(absolute income hypothesis) / 44
정보 비대칭 / 11
정부실패(government failure) / 6, 87
정상재(normal good) / 34
제조물책임(Product Liability) / 157

조건부극대화(constrained maximization) / 67

조세귀착 / 70

주거권 / 361

주거기본법 / 361

주택임대료상한정책 / 96

준거법 / 304

준거집단(準據集團) / 11

중고차시장(레몬마켓) / 53

지구생태발자국네트워크(GFN: Global Footprint Network) / 208

지구온난화(global warming) / 208, 213

지급준비율(cash reserve ratio) / 124

GDP 디플레이터(GDP deflator) / 110, 114

직불카드(debit card) / 193

직접배송 / 280

진입장벽(barriers to entry) / 75

집단분쟁조정제도 / 301, 308

집단소송(class-action suit) / 216

집합재(collective goods) / 93

징벌적 배상(punitive damages or exemplary damages) / 172

(ㅊ)

천부의 형평성(equity of endowments) / 30

청약 철회(cooling off) / 251

체리피킹(cherry picking) / 55

초인플레이션(hyperinflation) / 105

총공급(aggregate supply) / 80

총수요(aggregate demand) / 80

최저임금제도 / 96

최적화 행동(optimizing behavior) / 24

최적화(optimization) / 24

친환경농산물 표시 인증제도 / 151

(ㅋ)

칼도-힉스효율성(Kaldor-Hicks efficiency) / 29

코즈정리(Coase Theorem) / 92, 227

크림스키밍(cream skimming) / 55

(ㅌ)

탄력성(elasticity) / 33

텔레마케팅 / 248

톱니효과(ratchet effect) / 47

통신판매 / 248

통화정책(monetary policy) / 123

특허권(patent) / 82

(ㅍ)

파레토개선(Pareto improvement) / 29

파레토효율성(Pareto efficiency) / 28, 29

평균 자본수익률(average rate of return) / 75

평판효과(reputation effect) / 234

폐쇄경제(closed economy) / 125

표준약관 / 243

프리워크아웃(사전채무조정) / 185

피구세(Pigouvian tax) / 223

피라미드 상술 / 249

(ㅎ)

한강의 기적(miracle on the Han River) / 318

한계비용(marginal cost) / 68

한계편익(marginal benefit) / 68

한계효용이론 / 48

할부거래 / 245

합리성(rationality) / 21

합리적 선택이론(theory of rational choice) / 63

합리적 인간(the reasonable man) / 23

항변권 / 246

항상소득 / 45

항상소득가설(permanent income
hypothesis) / 45

항상소비(permanent consumption) / 45

해외직구(oversea direct purchase) / 279

해외직접판매(역직구) / 279

행동경제학(behavioral economics) /
23, 49

현시선호이론(theory of revealed
preference) / 48

형평성(equity) / 30

확대재정정책 / 121

환경오염사고 / 216

환경을 보호하는 차원의 지속가능한
발전(ESSD: Environmentally
Sound and Substainable
Development) / 227

환경호르몬 / 214

회계적 비용(accounting costs) / 38

회계적 비용(financial costs) / 36

효용함수(utility function) / 25, 65

효율성(efficiency) / 28

효율적 소비 / 28

후생경제학(welfare economics) / 77, 98

저자 소개

이종인 李種仁

서울대학(임산공학·농경제학)을 졸업하고 연세대학에서 경제학 석사, 캘리포니아주립대학에서 부동산도시계획학 석사, 서울시립대학에서 경제학 박사학위를 취득했다. 한국소비자(보호)원 정책연구실에서 연구위원을 역임했고, 2010년부터는 여의도연구원 수석연구위원(경제비전센터장)으로 재직하고 있으며 건국대학 겸임교수로 활동 중이다. University of California(Berkeley) 로스쿨과 동아시아연구소 및 히토쓰바시(一橋)대학에서 객원연구원을 역임했고, 서울시립대학, 명지대학, 경희대학, 인하대학, 건국대학, 강원대학 등에서 경제학과 법경제학, 소비자경제학 강의를 담당해왔다.

『법경제학』(역저, 비봉, 2000), 『불법행위법의 경제학』(한울, 2010), 『소비자의 시선으로 시장경제를 바라보다』(이담북스, 2011), 『세상을 바꿀 행복한 소비자』(이담북스, 2012), 『범죄와 형벌의 법경제학』(한울, 2013), 『소비자와 글로벌마켓 중심의 시장경제』(박영사, 2014), 『당신이 소비자라면』(이담북스, 2015), 『경쟁정책과 소비자후생』(법영사, 2015) 등의 저서와, 법경제학과 소비자정책 및 민생경제에 관한 다수의 논문과 연구보고서가 있다.

이메일 jongin_lee@yahoo.com, lee.jong.in@ydi.or.kr

소비자 중시의 시장경제론

초판발행	2020년 4월 10일
지은이	이종인
펴낸이	안종만·안상준
편 집	강진홍
기획/마케팅	정연환
표지디자인	BEN STORY
제 작	우인도·고철민
펴낸곳	(주) **박영사**
	서울특별시 종로구 새문안로3길 36, 1601
	등록 1959. 3. 11. 제300-1959-1호(倫)
전 화	02)733-6771
f a x	02)736-4818
e-mail	pys@pybook.co.kr
homepage	www.pybook.co.kr
ISBN	979-11-303-0953-8 93320

정 가   24,000원